KB033796

할리우드
생활
영어
3000

할리우드 생활 영어 3000

초판 1쇄 발행 2021년 7월 8일
초판 2쇄 발행 2023년 12월 22일

지은이 박신규
발행인 임충배
홍보/마케팅 양경자
편집 김인숙
디자인 정은진
펴낸곳 도서출판 삼육오(PUB.365)
제작 (주)피앤엠123

출판신고 2014년 4월 3일
등록번호 제406-2014-000035호

경기도 파주시 산남로 183-25
TEL 031-946-3196 / FAX 031-946-3171
홈페이지 www.pub365.co.kr

ISBN 979-11-90101-50-9 13740

할리우드 생활 영어 3000

저자 박신규

PUB 3 육오

들어가는 글

오랫동안 현장에서 영어를 강의하고 있는 강사입니다. 다양한 학습자들을 만나며 여러 주제를 가지고 강의하고 있는데요, 평소에 늘 관심 있던 분야가 바로 스크린 영어였습니다. 워낙 영화를 오랫동안 좋아하고 있었던 터라 언젠가는 영화 속에서 자주 나오는 표현들을 꼭 정리하고 싶은 마음이 늘 마음속에 자리 잡고 있었습니다. 영어란 우리말이 아니라 남의 말이고 영어회화를 배운다는 것은 그들이 평소에 자주 사용하는 표현들을 차근차근 하나씩 익혀 내 것으로 만드는 과정입니다. 즉 창조가 아니라 모방인 셈이죠.

그러면 어떤 표현들을 익히면 좋을까요? 영어를 모국어로 사용하는 외국인 친구들이 많으면 그들과 어울리면서 배워나가면 좋겠지만 그런 분들이 주위에 많을까요? 그렇지 않습니다. 그렇다고 아무 영어회화 교재를 선택해서 학습하면 될까요? 좋은 책 선정하기란 말처럼 쉽지 않습니다. 이 표현을 네이티브들이 사용하는지도 확인하기 쉽지 않거든요.

저는 이런 의구심을 갖고 있는 분들에게 영화라는 매체를 추천해 주고 싶습니다. 우선 자기가 좋아하는 영화 부류가 있을 거고 영어 자막도 지원하고 있으니 영화도 즐기고 영어 표현도 배우고 일석이조인 셈이죠.

이 책은 정말 오랫동안 준비했습니다. 몇 년이 걸렸는지 기억도 나지 않습니다. 그냥 평소에 영화 보면서 노트에 차곡차곡 정리한 표현들을 한 권의 책에 실어두려고 했던 게 '할리우드 생활 영어 3000'이라는 책 제목으로 집필한 동기가 된 거죠.

영화 속에는 정말 다양한 표현들이 너무 많습니다. 배울 것도 많고 활용해 볼 만한 표현도 많죠. 그렇다고 영화 한 편에 나온 모든 표현들을 다 익히기란 여간 힘들지 않습니다. 그래서 영화 한 편에 꼭 필요한 표현 5개씩만 잡았습니다. 되도록 주제를 정한 뒤 그 주제별로 표현을 차곡차곡 정리했습니다. 그러다 보니 어느새 수천 편이란 엄청난 영화들을 계속 보게 되었고 모든 표현들을 마치 사전식으로 정리하다 보니 3,000개가 되었습니다. 너무 어렵거나 전문적인 표현들은 모두 배제하려고 했습니다. 일상생활 속에서 꼭 사용할 만한 표현들만 한 곳에 모았습니다.

영어 공부란 단기간에 끝나는 과정이 아닙니다. 어쩌면 평생 공부해도 부족한 게 영어 공부입니다. 그러기에 지루하고 의미 없는 영어책으로 학습하기보다는 영화도 보고 영화 속에서 나온 주옥같은 표현들도 동시에 익힐 수 있는 책을 적극적으로 추천합니다. 현장에서 다양한 경험을 하고 있는 영어 강사라 자신 있게 말씀드릴 수 있습니다.

아무쪼록 지금 자신의 영어 실력을 한 단계 끌어올리는 데 '할리우드 생활 영어 3000' 책이 도움 되었으면 합니다. 영어 강사로서, 영화광으로서 말입니다. 오늘도 영화 속에 푹 빠져 살고 있습니다. 감사합니다.

저자 **박신규**

목차

Unit 08
그런 말 안 믿어요!

Unit 09
제가 도와드릴까요?

Unit 10
지금 휴식이 필요해요!

Unit 11
있잖아요, 비밀이에요!

Unit 12
제 말에 동의하시나요?

Unit 13
이런 행동하면 안 돼요!

목차

학습방법

먼저 **목차**를 둘러보세요. 각 Unit의 상황 주제를 확인할 수 있습니다. 각각의 Unit에서 관심이 가는 SCENE#부터 학습해도 좋습니다. 평소에 익히고 싶었던 표현이 있었다면 바로 거기서부터 시작하세요!

3000문장 **원어민 음성 MP3**를 제공합니다! 각 유닛 도입부의 QR코드를 통해 확인해 보세요.

본문에 들어서면 각 SCENE의 상황 주제에 알맞은 영화 속 대사가 한 문장씩 소개됩니다. 영화 제목과 문장 번호를 확인하고 대사를 읊어보세요. 일상생활에도 얼마든지 활용할 수 있는 문장들로 선별되었습니다.

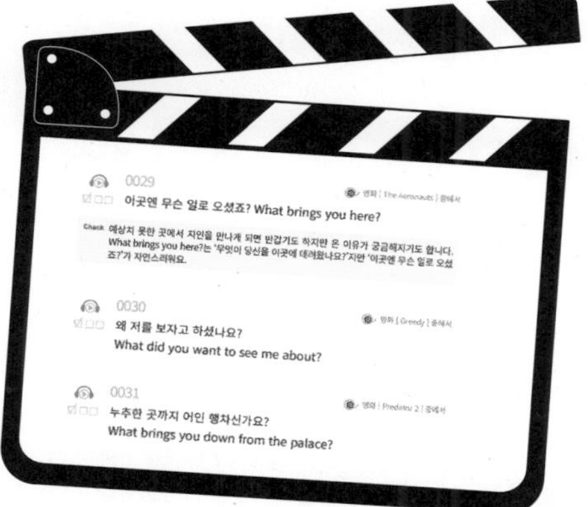

다채로운 상황 문장들을 익혀 보세요. 비슷한 풀이를 갖고 있는 표현이라도 구사하는 방식은 조금씩 다릅니다. 영어 표현의 다양성을 확인할 수 있는 좋은 계기가 되고 영어 말하기의 폭은 더 넓어집니다.

'Check'를 통해 표현에 대한 추가 설명도 꼼꼼하게 읽어 보세요. 어렵거나 설명이 필요하다고 판단되는 표현은 자세한 풀이를 달아두었습니다.

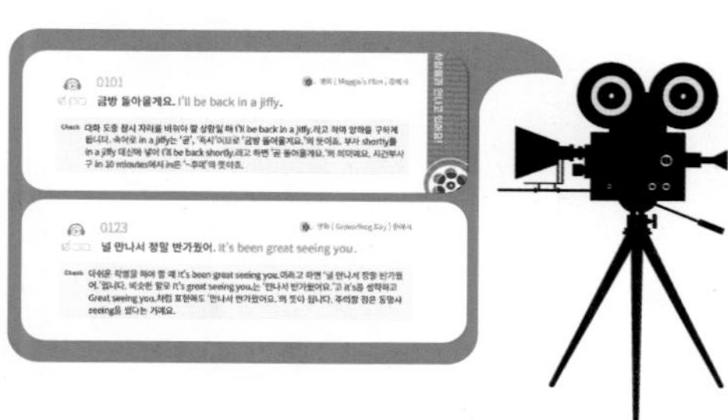

중간중간에 등장하는 **'영화 살짝 엿보기!'**를 통해 선별된 상황 문장의 상세 설명도 읽어 보세요. 실제 대화문의 쓰임새 또한 확인해볼 수 있습니다.

할리우드 영어표현

Unit 01

늘 새로운 사람들과 만나고 있어요!

SCENE # 01 만남

할리우드 표현 0001-0042

SCENE # 02 소개

할리우드 표현 0043-0071

SCENE # 03 이름

할리우드 표현 0072-0078

SCENE # 04 퇴근

할리우드 표현 0079-0084

SCENE # 05 작별

할리우드 표현 0085-0170

* 영화 살짝 엿보기! **0001-0003**

SCENE# 01. 만남

0001

영화 [Fantastic Beasts And Where To Find Them] 중에서

☑☐☐ 이렇게 만나게 돼서 반갑습니다.

It's good to make your acquaintance.

Check 누군가와 통성명을 나눈 뒤 '이렇게 만나게 돼서 반갑습니다.'라고 한마디 더 할 수 있어요. 숙어로 make one's acquaintance는 '~을 알게 되다'로 It's good to make your acquaintance.처럼 네이티브들은 말해요.

0002

영화 [The Aeronauts] 중에서

☑☐☐ 만나서 기뻐요. It's a pleasure to meet you.

0003

영화 [Skyscraper] 중에서

☑☐☐ 드디어 만나게 되어 기쁩니다.

It's a pleasure to finally meet you.

Check 오랫동안 만나고 싶었던 사람을 마침내 보게 되면 '드디어 만나게 되어 기쁩니다.'처럼 말하게 되죠. It's a pleasure to finally meet you.인데요, 부사 finally를 생략하고 말해도 상관없습니다.

0004

영화 [Knight And Day] 중에서

☑☐☐ 만나서 정말 반가워요. It's very nice to meet you.

0005

영화 [Jurassic Park] 중에서

☑☐☐ 드디어 직접 만나 뵙게 되어 기뻐요.

I'm delighted to meet you finally in person.

0006

영화 [Olympus Has Fallen] 중에서

☑☐☐ 잘 오셨어요. I'm glad you could come.

Check 오기만을 기다렸던 사람이 드디어 모습을 보였을 때 I'm glad you could come.처럼 말하며 반갑게 맞이하게 됩니다. 의미는 '잘 오셨어요.'예요.

0007 영화 [Tron : Legacy] 중에서

☑□□ 널 만나 너무 기뻐. I'm very happy to see you.

0008 영화 [Gravity] 중에서

☑□□ 만나서 반갑다고 얘기해야겠어.
I have to say, I'm glad to see you.

Check 아는 지인을 우연히 또 만나게 되면 반갑게 인사를 건네게 되죠. I'm glad to see you.처럼 말이에요. '만나서 반가워.'로 Am I glad to see you!처럼 주어와 동사를 도치해서 말하면 강조의 의미가 훨씬 짙어지죠.

0009 영화 [The Secret Life Of Pets] 중에서

☑□□ 나도 널 보게 되어 너무 흥분돼. I'm so psyched to see you too.

0010 영화 [Punisher 2] 중에서

☑□□ 널 만나 정말 기뻐! Am I glad to see you!

0011 영화 [Remember The Titans] 중에서

☑□□ 잠시 들르려고 했어. I was going to swing by.

Check 가는 길에 어딘가를 잠시 들리는 행위를 swing by라고 해요. '잠시 ~에 들르다'이므로 I was going to swing by.는 '잠시 들르려고 했어.'의 의미가 되지요.

0012 영화 [Rio] 중에서

☑□□ 난 이곳 출신 아니에요. I'm not from here.

0013 영화 [Mamma Mia : Here We Go Again] 중에서

☑□□ 네가 와줘서 너무 기뻐. I'm so glad you're here.

0014 영화 [Resident Evil : Afterlife] 중에서

☑□□ 당신이 와 줘서 기뻐요, 당신이 해내서 기뻐요.

I'm glad you made it.

0015 영화 [Finding Dory] 중에서

☑□□ 널 찾게 되어 너무 기뻐. I'm so glad I found you.

0016 영화 [Spider-Man 3] 중에서

☑□□ 잠깐 들를까 했어요. I thought I'd stop by.

Check 지나가는 길에 누군가의 집이나 사무실에 잠깐 들를 수가 있어요. 미리 약속 잡고 가는 게 아니라면 상대방이 깜짝 놀라기도 하겠죠. 숙어로 stop by는 '잠시 들르다'로 I thought I'd stop by.는 '잠깐 들를까 했어요.'예요.

0017 영화 [Ready Or Not] 중에서

☑□□ 내가 널 여기서 찾을 줄 알았어.

I thought I might find you here.

0018 영화 [The Lord Of The Rings : The Return Of The King] 중에서

☑□□ 네가 날 찾을 줄 알았어. I knew you'd find me.

0019 영화 [Wrath Of The Titans] 중에서

☑□□ 네가 올 줄 알았어. I know you'd come.

0020 영화 [13 Going On 30] 중에서

☑□□ 오늘 밤에 당신을 정말 보고 싶었어요.

I couldn't wait to see you tonight.

0021 영화 [Moneyball] 중에서

☑ □ □ 와줘서 기뻐요. Good to have you here.

Check 초대한 사람이 자신의 집을 찾아왔다면 '와줘서 기뻐요.'하고 반갑게 맞이하게 됩니다. Good to have you here.로 원래는 It's good to have you here.입니다. 동사 have는 '가지다'가 아닌 '초대하다'의 뜻이에요.

0022 영화 [Star Wars : The Rise Of Skywalker] 중에서

☑ □ □ 만나서 반가워요. Good to see you.

0023 영화 [Star Wars : The Rise Of Skywalker] 중에서

☑ □ □ 저도 만나서 반가워요. Good to see you too.

Check 누군가가 만나서 반갑다고 Good to see you.라고 하면 Good to see you too.처럼 대답하면 됩니다. '저도 만나서 반가워요.'인데요, 간단하게 You too.라고 하면 '저도요.'라는 뜻이에요.

0024 영화 [Olympus Has Fallen] 중에서

☑ □ □ 내 집에 온 걸 환영해. Welcome to my house.

0025 영화 [Night At The Museum : Secret Of The Tomb] 중에서

☑ □ □ 집에 잘 왔어. Welcome home.

0026 영화 [007 : Quantum Of Solace] 중에서

☑ □ □ 만나니 무척 반갑군! How nice to see you!

Check 일종의 감탄문으로 How nice to see you!는 '만나서 무척 반갑군!'의 뜻이에요. 이 표현에 부사 again을 넣어 How nice to see you again!처럼 말하면 '다시 만나서 무척 반갑네!'가 되지요.

0027 영화 [Resident Evil : Retribution] 중에서

☑ □ □ 다시 만나니 무척 반갑네! How nice to see you again!

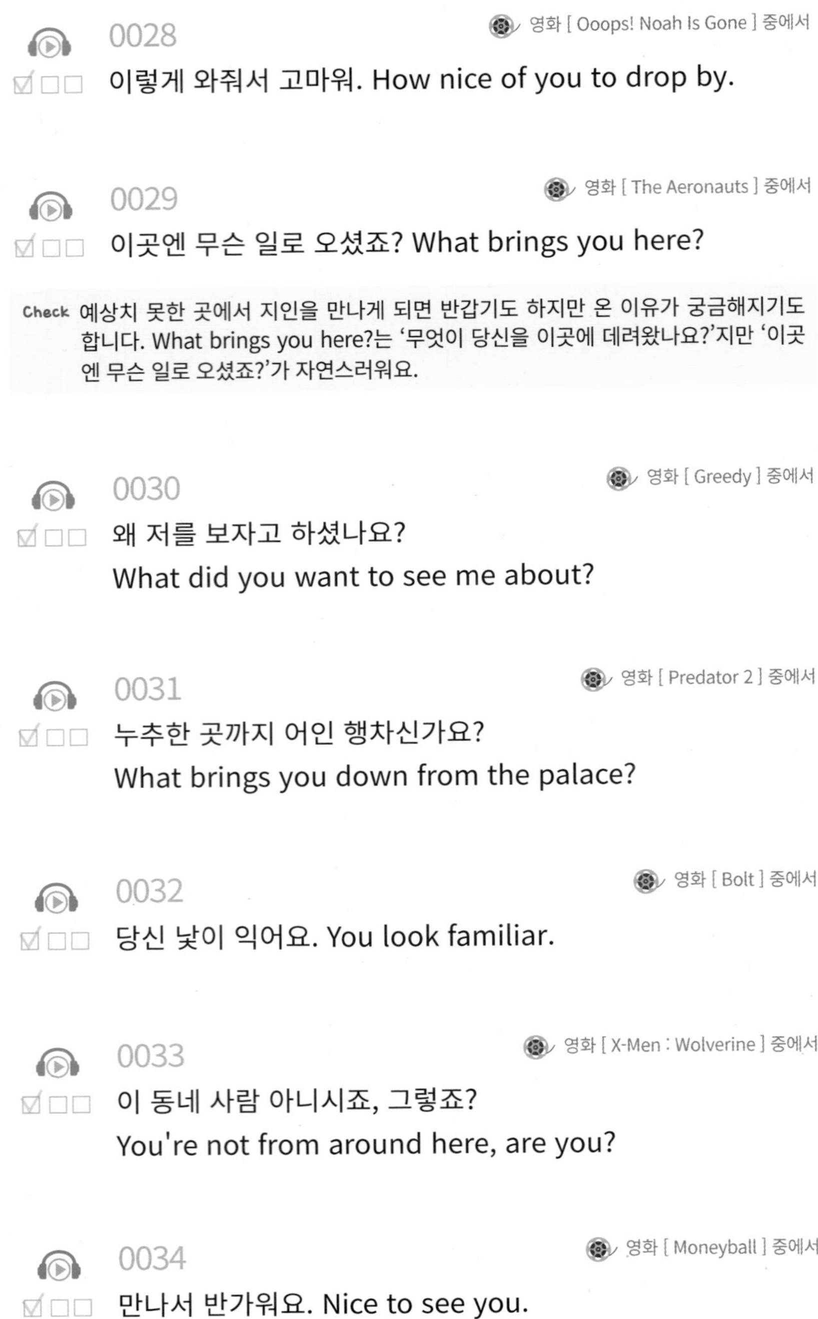

0028 영화 [Ooops! Noah Is Gone] 중에서

☑□□ 이렇게 와줘서 고마워. How nice of you to drop by.

0029 영화 [The Aeronauts] 중에서

☑□□ 이곳엔 무슨 일로 오셨죠? What brings you here?

Check 예상치 못한 곳에서 지인을 만나게 되면 반갑기도 하지만 온 이유가 궁금해지기도 합니다. What brings you here?는 '무엇이 당신을 이곳에 데려왔나요?'지만 '이곳엔 무슨 일로 오셨죠?'가 자연스러워요.

0030 영화 [Greedy] 중에서

☑□□ 왜 저를 보자고 하셨나요?
What did you want to see me about?

0031 영화 [Predator 2] 중에서

☑□□ 누추한 곳까지 어인 행차신가요?
What brings you down from the palace?

0032 영화 [Bolt] 중에서

☑□□ 당신 낯이 익어요. You look familiar.

0033 영화 [X-Men : Wolverine] 중에서

☑□□ 이 동네 사람 아니시죠, 그렇죠?
You're not from around here, are you?

0034 영화 [Moneyball] 중에서

☑□□ 만나서 반가워요. Nice to see you.

0035 영화 [The Matrix : Reloaded] 중에서

☑ □ □ 당신이 돌아와서 기뻐요. It's great to have you back.

0036 영화 [The Greatest Game Ever Played] 중에서

☑ □ □ 호랑이도 제 말하면 온다더니! Speak of the devil!

Check 누군가에 대해 얘기하고 있는데 때마침 그 사람이 등장하면 우린 '호랑이도 제 말하면 온다더니!'라고 하죠. 네이티브들은 Speak of the devil!처럼 표현해요. 즉 '악마를 얘기하면 악마가 온다.'는 뜻이랍니다.

0037 영화 [Toy Story 1] 중에서

☑ □ □ 안녕! Howdy!

0038 영화 [Rango] 중에서

☑ □ □ 당신이 여기 와서 다행이에요. Thank goodness you're here.

0039 영화 [Far And Away] 중에서

☑ □ □ 거기 계셨군요. There you are.

0040 영화 [The Blind Side] 중에서

☑ □ □ 만나서 반갑습니다. Pleased to meet you.

0041 영화 [Mission Impossible : Fallout] 중에서

☑ □ □ 어디서 만나시겠어요? Where would you like to meet?

0042 영화 [Dracula Untold] 중에서

☑ □ □ 어디서 오셨어요? Where are you from?

SCENE# 02. 소개

0043 영화 [Abominable] 중에서

☑□□ 제 소개를 할게요. Let me introduce myself.

Check 누군가를 처음 만나면 통성명을 주고받거나 때로는 자신이 하는 일을 얘기하기도 합니다. 영어로 Let me introduce myself.는 '제 소개를 할게요.'의 뜻으로 자신을 어떻게 소개하느냐에 따라 첫인상이 달라지죠. 비슷한 표현으로 Allow me to introduce myself.가 있어요. 동사 allow는 '허락하다'예요.

0044 영화 [The Chronicles Of Narnia : The Lion, The Witch And The Wardrobe] 중에서

☑□□ 제 소개를 할게요. Please allow me to introduce myself.

0045 영화 [The Legend Of Extraordinary Gentlemen] 중에서

☑□□ 제 소개를 하겠습니다. Allow me to introduce myself.

0046 영화 [Wonder Woman] 중에서

☑□□ 제 소개할게요. I'm introducing myself.

0047 영화 [Mrs. Doubtfire] 중에서

☑□□ 본인 소개 좀 해주시겠어요?
Would you tell me a little bit about yourself?

0048 영화 [Sunshine] 중에서

☑□□ 자신의 신원을 밝혀주세요. Please identify yourself.

0049 영화 [Frequency] 중에서

☑□□ 자신에 대해 얘기 좀 해봐. Tell me about yourself.

0050 영화 [G.I. Joe] 중에서

당신 얘기 많이 들었어요. I've heard a lot about you.

Check 아는 지인으로부터 누군가를 소개받게 될 경우 이미 그 사람에 대해 많이 듣고 있던 상태라면 I've heard a lot about you.처럼 응대하면 됩니다. '당신 얘기 많이 들었어요.'의 뜻이에요.

0051 영화 [Spider-Man 3] 중에서

너에 대해 다 알아. I know all about you.

0052 영화 [A Monster Calls] 중에서

난 너에 대해 모든 걸 알아. I know everything about you.

0053 영화 [Die Hard 4.0] 중에서

당신에 대해 이미 많은 걸 알고 있어요.
I already knew so much about you.

0054 영화 [Avatar] 중에서

당신에 대해 좋은 얘기 듣고 있어요.
I hear good things about you.

0055 영화 [Mrs. Doubtfire] 중에서

대니가 당신 얘기 다했어요. Danny's told me all about you.

0056 영화 [Inception] 중에서

코브 씨와 인사 나누세요. I'd like you to meet Mr. Cobb.

Check 지인을 누군가에게 소개할 때 I'd like you to meet+사람.을 쓰면 '~와 인사 나누세요'입니다. 동사 meet은 '만나다'지만 '소개받다'라는 뜻도 되죠. 즉 I'd like you to meet Mr. Cobb.는 '코브 씨와 인사 나누세요.'예요.

0057 영화 [The Curious Case Of Benjamin Button] 중에서

☑□□ 당신을 알게 되어 기뻐요. It's a pleasure to know you.

0058 영화 [The Walk] 중에서

☑□□ 제프로 불러주세요. Please call me Jeff.

0059 영화 [Death Race] 중에서

☑□□ 소개할 사람이 있어요.

There's someone I want you to meet.

Check 자신이 알고 지내는 사람에게 새로운 누군가를 소개할 때 동사 meet을 활용해서 There's someone I want you to meet.처럼 말하면 그 뜻은 '소개할 사람이 있어요.'입니다.

0060 영화 [Rock Of Ages] 중에서

☑□□ 소개해줄 사람이 있어요. I got someone I'd like you to meet.

0061 영화 [The Mummy : Tomb Of The Dragon Emperor] 중에서

☑□□ 당신을 내 친구에게 소개하고 싶어요.

I'd like to introduce you to a friend of mine.

0062 영화 [Resident Evil : Apocalypse] 중에서

☑□□ 둘 다 서로 알아? You two know each other?

0063 영화 [The 5 Wave] 중에서

☑□□ 둘이 서로 알고 있었어? You two knew each other?

0064 영화 [Julie & Julia] 중에서

☑□□ 서로 모르는 사이야? You don't know each other?

0065 영화 [Ocean's Twelve] 중에서

☑□□ 우리 서로 아는 사이인가요? Do we know each other?

Check 나는 모르는데 상대방은 자신을 잘 알고 있다고 하면서 다가올 때 '우리 서로 아는 사이인가요?'라고 물어보게 되죠. Do we know each other?처럼 말하며 You two know each other?처럼 응용하면 '둘 다 서로 알아?'의 뜻이랍니다. 숙어로 know each other는 '서로 알다'예요.

0066 영화 [Max Payne : Harder Cut] 중에서

☑□□ 어떻게 아는 사이였죠? 어떻게 서로 알고 지냈죠?

How was it you knew each other?

0067 영화 [Hunter Killer] 중에서

☑□□ 우리는 이제부터 가까운 사이죠?

Are we on a first-name basis now?

Check 누군가와 친한 사이라는 것을 강조할 때 be on a first-name basis라고 합니다. '서로 이름을 부르는 친밀한 사이'를 뜻하므로 Are we on a first-name basis now?는 '우리는 이제부터 가까운 사이죠?'입니다.

0068 영화 [Last Christmas] 중에서

☑□□ 이 사람은 제 도우미예요. This is my little helper.

0069 영화 [Cold Pursuit] 중에서

☑□□ 그 사람 어떻게 생겼어요? What does he look like?

0070 영화 [King Arthur] 중에서

☑□□ 그녀는 내 친구야. She's a friend of mine.

0071 영화 [Blade Runner] 중에서

☑□□ 친구를 데리고 왔어요. I brought a friend.

SCENE# 03. 이름

0072

영화 [Ice Age] 중에서

☑□□ 이름을 제대로 못 들었어요.

I didn't get your name.

Check 처음 만나는 사람과는 통성명을 나누는 게 당연합니다. 혹시나 상대방의 이름을 제대로 듣지 못했거나 묻지 않았다면 I didn't get your name.처럼 말하면 되죠. 의미는 '이름을 제대로 못 들었어요.'입니다.

0073

영화 [Australia] 중에서

☑□□ 미안합니다. 이름이 뭐라고 하셨죠?

I'm sorry. What was your name again?

0074

영화 [Jaws] 중에서

☑□□ 이름이 뭐라고 했죠? What's your name again?

Check 상대방의 이름을 제대로 듣지 못했을 때 What's your name again?처럼 다시 물어보게 됩니다. 의미는 '이름이 뭐라고 했죠?'인데요, 때로는 I'm sorry. What was your name again?이라고도 할 수 있죠. 이때 뜻은 '미안합니다. 이름이 뭐라고 하셨죠?'가 된답니다.

0075

영화 [6 Underground] 중에서

☑□□ 이름을 안 물어봤네요. I didn't catch your name.

0076

영화 [Terminator : Salvation] 중에서

☑□□ 난 네 이름조차도 몰랐어. I didn't even know your name.

0077 영화 [Unknown] 중에서

성함 말씀해주시겠어요? May I have your name?

Check 누군가와 처음 대면할 때 제일 먼저 하는 게 통성명을 나누는 겁니다. 상대방의 이름을 알고 싶다면 May I have your name?처럼 정중하게 물어볼 수가 있어요. 뜻은 '성함 말씀해주시겠어요?'입니다.

0078 영화 [Gravity] 중에서

그게 당신 이름이에요? Is that your name?

MEMO)

SCENE# 04. 퇴근

0079 영화 [Surrogates] 중에서

☑☐☐ 오늘 할 일 다 했어, 오늘은 그만해.

You're done for the day.

Check 오늘 할 일을 다 했을 때 퇴근하게 됩니다. 영어로 be done for the day라고 하죠. 즉 You're done for the day.는 '오늘 할 일 다 했어.', '오늘은 그만해.'의 의미로 주어를 we로 바꿔 We're done for the day.라고 하면 '우린 오늘 할 일을 다 했어.'예요.

0080 영화 [AVP : Alien Vs Predator] 중에서

☑☐☐ 우린 오늘 할 일을 다 했어. We're done for the day.

0081 영화 [Van Heldsing] 중에서

☑☐☐ 퇴근합시다, 그만합시다. Let's call it a day.

Check 직역하면 '그것을 하루 일과처럼 부르자.'입니다. 왠지 생뚱맞게 들리죠! 다시 말해서 Let's call it a day.는 '지금까지 한 일을 하루치 일한 것처럼 하자.'로 자연스럽게 의역하면 '퇴근합시다.' 또는 '그만합시다.'입니다. 때로는 call it a day 대신에 call it a night을 넣어 표현하기도 해요.

0082 영화 [Shall We Dance?] 중에서

☑☐☐ 이제 그만 끝내죠? Why don't we call it a night?

0083 영화 [Sleepless In Seattle] 중에서

☑☐☐ 끝낼 시간이 됐네요. It's time to wrap it up.

Check 뭔가 마무리 할 시간이 다가 오면 '끝낼 시간이 됐네요.'라고 얘기하게 되죠. 동사 wrap를 사용해서 It's time to wrap it up.처럼 표현하는데요, 동사 wrap는 '포장하다'의 뜻 말고도 '완료하다'라는 의미로도 쓰입니다.

0084 영화 [Miracle] 중에서

☑☐☐ 오늘은 그만하죠. That's it for today.

SCENE# 05. 작별

0085 영화 [Official Secrets] 중에서

내일 또 봐요. I'll see you again tomorrow.

Check 즐거운 대화를 나눈 뒤 아쉬운 작별을 할 때 I'll see you again tomorrow.처럼 표현하면 '내일 또 봐요.'의 뜻이 되지요. 응용해서 I'll be seeing you around.(조만간에 봐), I'll see you after work.(퇴근 후에 봐요)와 같이 만들 수가 있어요. 이 모두 작별 인사로 사용하는 표현들이에요.

0086 영화 [The Expendables 2] 중에서

조만간에 봐. I'll be seeing you around.

0087 영화 [Daylight] 중에서

퇴근 후에 봐요. I'll see you after work.

0088 영화 [The Warrior's Way] 중에서

곧 쫓아갈게, 곧 뒤따라갈게. I'll catch you up.

0089 영화 [Knowing] 중에서

곧 따라갈게. I'll catch up with you.

0090 영화 [Despicable Me 3] 중에서

좋은 하루 보내세요. Have a good one.

Check 작별인사로 하는 말이 정말 다양합니다. 그 중에 하나인 Have a good one.은 '좋은 하루 보내세요.'입니다. 물론 one은 상황에 따라 time, day, night 또는 weekend를 대신할 수 있어요.

0091 영화 [Ready Or Not] 중에서

좋은 밤 보내세요. Have a great night.

0092 영화 [The Reaping] 중에서

주말 잘 보내. Have a great weekend.

0093 영화 [Official Secrets] 중에서

좋은 하루 보내세요. Have a nice day.

0094 영화 [I Feel Pretty] 중에서

좋은 수업 들으세요. Have a good class.

0095 영화 [A Nightmare On Elm Street] 중에서

안전한 비행 되세요. Have a safe flight.

0096 영화 [My Best Friend's Wedding] 중에서

즐거운 시간 보내. Have fun.

0097 영화 [Ghost In The Shell] 중에서

거기서 만나. I'll meet you there.

Check 누군가와 헤어질 때 어떤 장소에서 다시 만날 것을 약속하고 싶어 I'll meet you there.처럼 말하게 되면 그 의미는 '거기서 만나.'입니다. 여기에 in two hours(두 시간 후에), in just a minute(잠시 후에)처럼 시간 부사구를 넣어 문장을 좀 더 길게 만들 수가 있어요.

0098 영화 [Man On Fire] 중에서

두 시간 후에 거기서 봐요. I'll meet you there in two hours.

0099 영화 [Up] 중에서

잠시 후에 짐차에서 보자고.

I'll meet you at the van in just a minute.

0100 영화 [World War Z] 중에서

☑□□ 여기서 다시 봐요. I'll meet you back here.

0101 영화 [Maggie's Plan] 중에서

☑□□ 금방 돌아올게요. I'll be back in a jiffy.

Check 대화 도중 잠시 자리를 비워야 할 상황일 때 I'll be back in a jiffy.라고 하며 양해를 구하게 됩니다. 숙어로 in a jiffy는 '곧', '즉시'이므로 '금방 돌아올게요.'의 뜻이죠. 부사 shortly를 in a jiffy 대신에 넣어 I'll be back shortly.라고 하면 '곧 돌아올게요.'의 의미예요. 시간부사구 in 10 minutes에서 in은 '~후에'의 뜻이죠.

0102 영화 [The Sorcerer's Apprentice] 중에서

☑□□ 곧 돌아올게요. I'll be back shortly.

0103 영화 [The Bourne Identity] 중에서

☑□□ 10분 후에 돌아올게요. I'll be back in 10 minutes.

0104 영화 [Terminator 2 : Judgment Day] 중에서

☑□□ 돌아올게. I'll be back.

0105 영화 [Shall We Dance?] 중에서

☑□□ 그때 돌아올게요. I'll come back then.

0106 영화 [Rock Of Ages] 중에서

☑□□ 서둘러 가야겠어요, 급히 가야겠어요. I gotta dash.

Check 급한 일로 빨리 가야겠다고 할 때 I gotta dash.라 합니다. 의미는 '서둘러 가야겠어요.', '급히 가야겠어요.'로 동사 dash가 자동사로 쓰일 때는 '급히 가다'입니다.

0107 영화 [Into The Storm] 중에서

☑□□ 이제 가야겠어요, 이제 전화 끊어야겠어요. I gotta go.

0108 영화 [Transformers : Dark Of The Moon] 중에서

☑□□ 가야겠어. I gotta run.

0109 영화 [Once] 중에서

☑□□ 난 이쪽으로 가야겠어요. I've got to go this way.

0110 영화 [The Dark Tower] 중에서

☑□□ 미안한데 가야겠어. 나중에 얘기해.
Sorry, I gotta go. Talk to you later.

0111 영화 [Search] 중에서

☑□□ 가야겠어, 전화 끊어야겠어. I have to go.

0112 영화 [Dairy Of The Dead] 중에서

☑□□ 우리 가는 게 좋겠어요. We should hit the road.

Check 시계를 쳐다보니 어느새 길을 떠날 시간이 되었다는 것을 알게 될 때 hit the road를 사용해서 We should hit the road.처럼 말하게 됩니다. '우리 가는 게 좋겠어요.'라는 뜻이지요.

0113 영화 [Dairy Of The Dead] 중에서

☑□□ 우린 가야 해. We gotta get going.

0114 영화 [Hunted] 중에서

☑□□ 우리 이곳을 떠나야 해. We gotta leave here.

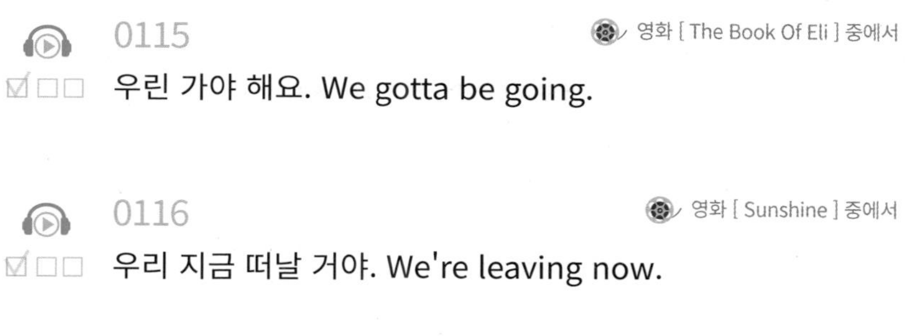

0115 영화 [The Book Of Eli] 중에서

☑□□ 우린 가야 해요. We gotta be going.

0116 영화 [Sunshine] 중에서

☑□□ 우리 지금 떠날 거야. We're leaving now.

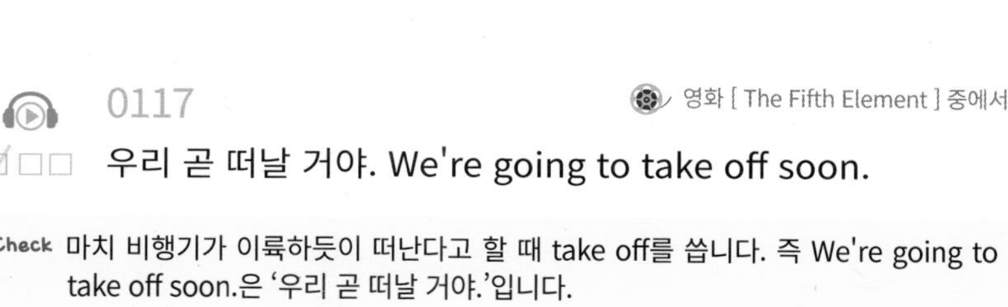

0117 영화 [The Fifth Element] 중에서

☑□□ 우리 곧 떠날 거야. We're going to take off soon.

Check 마치 비행기가 이륙하듯이 떠난다고 할 때 take off를 씁니다. 즉 We're going to take off soon.은 '우리 곧 떠날 거야.'입니다.

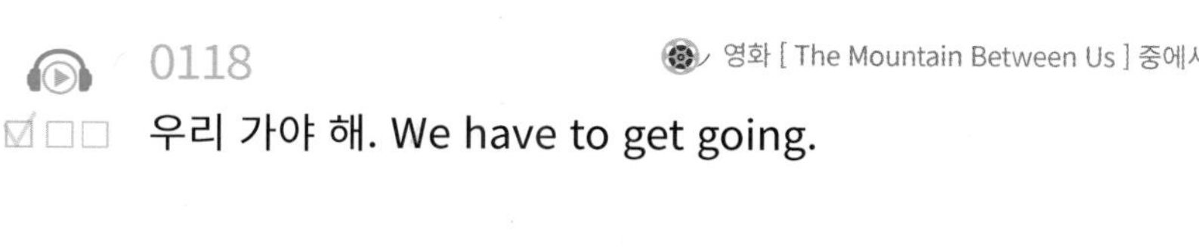

0118 영화 [The Mountain Between Us] 중에서

☑□□ 우리 가야 해. We have to get going.

0119 영화 [Anna] 중에서

☑□□ 우리 연락하며 지내는 게 좋겠어요. We should keep in touch.

0120 영화 [Whiplash] 중에서

☑□□ 만나서 반가웠어요. Good seeing you.

Check 아는 사람을 만나면 반갑기도 하지만 헤어질 생각을 하니 그냥 아쉬움만 남게 됩니다. 작별할 때 Good seeing you.라고 하면 '만나서 반가웠어요.'입니다. 동사 see는 아는 사람을 만날 때 사용하죠.

0121 영화 [2012] 중에서

☑□□ 만나서 정말 반가웠어요.

It was a great pleasure meeting you.

0122 영화 [Welcome To Marwen] 중에서

두 분 만나서 반가웠어요. It was nice meeting both of you.

0123 영화 [Groundhog Day] 중에서

널 만나서 정말 반가웠어. It's been great seeing you.

Check 아쉬운 작별을 해야 할 때 It's been great seeing you.이라고 하면 '널 만나서 정말 반가웠어.'입니다. 비슷한 말로 It's great seeing you.는 '만나서 반가웠어요.'고 it's를 생략하고 Great seeing you.처럼 표현해도 '만나서 반가웠어요.'의 뜻이 됩니다. 주의할 점은 동명사 seeing을 썼다는 거예요.

0124 영화 [Deadpool 2] 중에서

만나서 반가웠어요. It's great seeing you.

0125 영화 [Twins] 중에서

만나서 반가웠어요. Great seeing you.

0126 영화 [Forrest Gump] 중에서

얘기 잘 나눴어요. It was nice talking to you.

Check 즐거운 만남 뒤에는 아쉬운 작별이 있습니다. 작별 인사로 It was nice talking to you.라고 하면 '얘기 잘 나눴어요.'로 간단하게 Nice talking to you.처럼 말하기도 하죠.

0127 영화 [Sideways] 중에서

얘기 잘 나눴어요. I loved talking with you.

0128 영화 [Up] 중에서

얘기 잘 나눴어요. Nice talking with you.

0129 영화 [Yesterday] 중에서

나중에 봐. Catch you later.

Check 즐거운 시간을 함께 보낸 뒤 아쉬움에 작별을 고하게 될 때 Catch you later.처럼 말하면 '나중에 봐.'의 뜻이에요.

0130 영화 [Once] 중에서

잘 가. See you.

0131 영화 [Alita : Battle Angel] 중에서

다음에 봐요. See you next time.

Check 작별 인사 중에서 See you next time.은 '다음에 봐요.'인데요, next time 대신에 in a minute(조금 있다가), soon(조만간에)넣어 See you in a minute.(조금 있다가 봐), See you soon.(조만간에 봐요)처럼 응용할 수도 있어요.

0132 영화 [Yesterday] 중에서

조금 있다가 봐. See you in a minute.

0133 영화 [Redcon-1] 중에서

조만간에 봐요. See you soon.

0134 영화 [Black Swan] 중에서

나중에 잠시 들를게요. I'm coming by later.

Check 지금은 시간 안 되지만 나중에는 괜찮을 것 같다고 하며 come by(들르다)를 활용해서 I'm coming by later.처럼 하면 그 의미는 '나중에 잠시 들를게요.'입니다.

0135 영화 [World War Z] 중에서

돌아올게. I'm coming back.

0136 영화 [Rise Of The Planet Of The Apes] 중에서

☑☐☐ 곧 돌아올게. I'm coming back soon.

Check '돌아오다'라는 뜻의 come back을 활용해서 I'm coming back soon.처럼 표현하면 '곧 돌아올게.'의 뜻입니다. 현재 진행형 be coming back으로 가까운 미래를 나타낼 수 있는 거예요. 부사 soon은 '곧', '조만간'의 의미입니다.

0137 영화 [Glory Road] 중에서

☑☐☐ 나 돌아갈래. I'm going back.

0138 영화 [Punisher 2] 중에서

☑☐☐ 잠시 도시를 떠나려고 해. I'm going out of town for a while.

0139 영화 [Click] 중에서

☑☐☐ 이만 가보겠습니다. I'm gonna get going now.

0140 영화 [Eagle Eye] 중에서

☑☐☐ 자 출발합시다. Let's get going.

Check 떠날 시간이 되면 '자 출발합시다.'라고 하죠. 영어로는 Let's get going.입니다. 숙어로 get going은 '시작하다' 또는 '서두르다'이죠.

0141 영화 [Need For Speed] 중에서

☑☐☐ 갑시다. Let's go.

0142 영화 [Free Birds] 중에서

☑☐☐ 그냥 집에 돌아갑시다. Let's just get back home.

0143 영화 [Flags Of Our Fathers] 중에서

난 집에 빨리 들어가야 돼요. I need to rush home.

Check 서둘러서 집으로 가야만 할 경우 동사 rush를 가지고 I need to rush home.처럼 표현할 수 있어요. 의미는 '난 집에 빨리 들어가야 돼요.'입니다.

0144 영화 [The Good Dinosaur] 중에서

나 집에 가야 돼. I need to get home.

0145 영화 [The Rundown] 중에서

나 그냥 집으로 돌아가야 해. I just have to get home.

0146 영화 [The Wild] 중에서

나 가봐야 할 것 같아. I'm afraid I've got to run.

0147 영화 [Clash Of The Titans] 중에서

넌 너무 늦기 전에 가야 해. You must go before it's too late.

0148 영화 [Wild Hogs] 중에서

당신들은 가봐야 해. You gotta get going.

0149 영화 [The Rock] 중에서

이제 각자의 길을 갈 때야.
This is when we go our separate ways.

0150 영화 [The Magnificent Seven] 중에서

☑□□ 언제든지 떠나도 좋아. Feel free to leave.

Check 떠나고 싶을 때 언제든지 떠나도 좋다고 할 때 Feel free to leave.라고 합니다. 숙어로 Feel free to+동사.는 '마음대로 ~하다'이므로 '언제든지 떠나도 좋아.'라는 의미가 되죠.

0151 영화 [There's Something About Mary] 중에서

☑□□ 학교에서 봐. Catch you back at school.

0152 영화 [Reign Of Fire] 중에서

☑□□ 몸조심해. You look after yourself.

0153 영화 [John Wick : Chapter 2] 중에서

☑□□ 그와 함께 있는 게 즐거웠어요. I have enjoyed his company.

0154 영화 [Tears Of The Sun] 중에서

☑□□ 얼른 다녀와. Hurry back.

Check 볼일 때문에 잠시 자리를 비운 지인에게 Hurry back.처럼 말하면 그 뜻은 '얼른 다녀와.'입니다. 글자 그대로 직역하면 '서둘러서 돌아오라.'라는 말이지만 자연스럽게 의역해서 '얼른 다녀와.'가 되는 거죠.

0155 영화 [The Transporter] 중에서

☑□□ 아무 때나 돌아와요. Come back anytime.

0156 영화 [Pirates Of The Caribbean : At The World] 중에서

☑□□ 어느 쪽으로 갈 거야? 어느 방향으로 갈 거야?

Which way are you going?

0157 영화 [Gulliver's Travels] 중에서

☑□□ 조만간 또 만나길 학수고대 해.
I look forward to seeing you around.

0158 영화 [Mission Impossible : Rogue Nation] 중에서

☑□□ 오래 걸리지 않아요, 곧 올게요. I won't be long.

Check 형용사로 long은 '긴'이지만 때로는 '시간을 끄는', '지체하는'이요. 스스로 판단하기에 그리 오랜 시간이 걸리지 않을 것 같다고 할 때 I won't be long.이라고 하죠. 의미는 '오래 걸리지 않아요.', '곧 올게요.'입니다.

0159 영화 [Cloudy With A Chance Of Meatballs] 중에서

☑□□ 숲 속에서 만나. Meet me in the forest.

0160 영화 [The Punisher] 중에서

☑□□ 바에서 보자고. Meet me at the bar.

0161 영화 [Run All Night] 중에서

☑□□ 와주셔서 고마웠어요. It was nice of you to show up.

0162 영화 [John Wick : Chapter 2] 중에서

☑□□ 즐거웠습니다. It has been a pleasure.

0163 영화 [Gladiator] 중에서

☑□□ 내가 떠날 시간이 된 것 같아.
I think it is time for me to leave.

Check 시계를 보니 떠날 시간이 됐다는 걸 알게 되면 누군가에게 작별을 고하게 되죠. I think it is time for me to leave.는 '내가 떠날 시간이 된 거 같아.'로 I think는 '~인 것 같다'의 뜻이에요.

0164 영화 [Nim's Island] 중에서

☑□□ 이제 당신이 떠날 시간이 됐네요.

It's time for you to leave now.

0165 영화 [Sing] 중에서

☑□□ 일찍 들어와. Don't be long.

Check 집을 나서는 가족에게 '일찍 들어와.'로 말하고 싶다면 Don't be long.처럼 구사하면 됩니다. 형용사인 long은 '긴'이지만 '(시간을) 지체하는' 뜻도 되죠. 즉 '시간 지체하지 마.'가 의역하면 '일찍 돌아와.'가 되는 거예요.

0166 영화 [The Lord Of The Rings : The Return Of The King] 중에서

☑□□ 그들을 다시 볼 수만 있다면 좋겠어.

I wish I could see them again.

0167 영화 [Kill Bill : Volume 2] 중에서

☑□□ 어떻게 하면 당신을 다시 만날 수 있을까요?

How am I able to see you again?

0168 영화 [Body Of Lies] 중에서

☑□□ 또 만나도 될까요? May I see you again?

0169 영화 [Big Miracle] 중에서

☑□□ 난 여기 남아 있어야겠어요. I think I'll stick around here.

0170 영화 [Tears Of The Sun] 중에서

☑□□ 우린 또 보게 될 거예요. We'll see each other again.

영화 살짝 엿보기!

영화 [Frozen] 중에서

0001 I'm coming. 지금 가, 지금 가는 중이야, 가고 있어.

빨리 오라고 재촉하는 누군가에게 지금 가고 있으니 잠시만 기다리고 있으라고 말하게 됩니다. I'm going.처럼 표현할 것 같지만 아닙니다. 비록 내가 상대에게 가는 거지만 상대방 입장에서 보면 자신에게 오는 것이므로 I'm coming.이라고 표현하는 게 옳아요. 의미는 '지금 가.', '지금 가는 중이야.', '가고 있어.'입니다.

A Help us out. Sven. Come on, Olaf!
B I'm coming. Let's go kiss Hans!
A 우리 좀 꺼내줘. 스벤. 어서 가자, 올라프!
B 지금 가고 있어. 가서 한스에게 키스하자고!

영화 [Battleship] 중에서

0002 Wait up! 기다려!

보통 앞에 가는 사람을 뒤따라가면서 상대방에게 외치는 말이에요. '기다려!'로 Wait up!은 사용 빈도가 높은 편이죠.

A Hey, wait up! Don't leave! Don't leave!
B Stop right there!
A 이봐요, 기다려요! 떠나지 마요! 떠나지 말란 말이에요!
B 거기 꼼짝 말아요!

영화 [Madagascar] 중에서

0003 Here it comes. 저기 오네.

기차나 버스처럼 대중교통을 기다리고 있는 상황에서 사용할 수 있어요. 오랜 기다림 후에 Here it comes.라고 하면 '저기 오네.'가 되죠. 여기서 대명사 it은 자신이 이용하려던 교통수단을 나타내요.

A Now, where's the train?
B Ah, here it comes.
A 이제, 기차 어딨어?
B 아, 저기 오네.

할리우드 영어표현

Unit 02

MP3

오늘은 어떻게 지내세요?

SCENE # 06 안부

할리우드 표현 0171-0213

SCENE # 07 기분

할리우드 표현 0214-0254

SCENE # 08 상태

할리우드 표현 0255-0332

SCENE # 09 외모

할리우드 표현 0333-0366

* 영화 살짝 엿보기! **0004-0006**

SCENE# 06. 안부

0171 영화 [Welcome To Marwen] 중에서

☑☐☐ 좀 어때? 잘 돼? How's tricks?

Check 친한 사이에서 비격식적인 인사말로 사용되는 How's tricks?는 '좀 어때?', '잘 돼?'의 뜻입니다. 영어 How are you?처럼 안부를 물을 때 사용하죠.

0172 영화 [Source Code] 중에서

☑☐☐ 오늘은 어때요? How's everything today?

0173 영화 [Zombieland : Double Tap] 중에서

☑☐☐ 어떻게 지내요? How are you doing?

Check 안부 인사차 건네는 말로 How are you doing?은 '어떻게 지내요?'인데요, 간단하게 How are you?라고도 하죠. 의미는 '어떻게 지내?'입니다.

0174 영화 [Need For Speed] 중에서

☑☐☐ 어떻게 지내? How are you?

0175 영화 [I Am Number Four] 중에서

☑☐☐ 적응은 잘돼? 잘 적응하고 있어? How are you settling in?

Check 낯선 상황에 어떻게 적응하면서 지내는지 궁금해서 묻는 말이 How are you settling in?입니다. 뜻은 '적응은 잘돼?', '잘 적응하고 있어?'로 settle in은 '적응하다'로 쓰입니다.

0176 영화 [Wall Street : Money Never Sleeps] 중에서

☑☐☐ 오늘 하루 어때요? How's your day going?

0177 영화 [Thor : Ragnarok] 중에서

☑☐☐ 뭐하며 지냈어? 어떻게 지냈어? What have you been up to?

0178 영화 [Mechanic : Resurrection] 중에서

☑□□ 좀 괜찮아? 그래 좀 어때? 어떻게 견디고 있어?

How are you holding up?

Check 어려운 상황을 잘 견디고 있는 지인에게 How are you holding up?처럼 안부의 말을 건네게 됩니다. 의미는 '좀 괜찮아?', '그래 좀 어때?' 또는 '어떻게 견디고 있어?'예요.

0179 영화 [Kubo And The Two Strings] 중에서

☑□□ 오늘은 일 어땠어요? How was it today?

0180 영화 [Full Count] 중에서

☑□□ 장사는 어땠어? How's sales been?

0181 영화 [Hot Fuzz] 중에서

☑□□ 집안은 어때? How are things at home?

0182 영화 [The Fighter] 중에서

☑□□ 케이시에게 안부나 전하고 싶어서 그래.

I just want to say hi to Kasie.

Check 누군가에게 안부를 전하고 싶을 때 say hi to의 표현을 사용합니다. 그러므로 I just want to say hi to Kasie.라고 하면 '케이시에게 안부나 전하고 싶어서 그래.'입니다.

0183 영화 [Minority Report] 중에서

☑□□ 안부 전하고 싶어요. I'd love to say hello.

0184
영화 [Project : Puppies For Christmas] 중에서

☑ □ □ 그저 밤 인사하고 싶었을 뿐이었어.

I just wanted to say good night.

Check 잠자리에 들기 전에 누군가에게 I just wanted to say good night.이라고 말했다면 그 의미는 '그저 밤 인사하고 싶었을 뿐이었어.'입니다. 영어 패턴 I just wanted to~는 '단지 ~하고 싶었어요'가 되지요.

0185
영화 [Flighting] 중에서

☑ □ □ 당신에게 인사말 건네려고 했어요. I meant to say hi to you.

0186
영화 [Frozen 2] 중에서

☑ □ □ 그저 그래요. I've been better.

Check 누군가에게 안부를 묻게 되면 상황에 따라 다양한 답변을 들을 수가 있어요. 만약 I've been better.처럼 말했다면 '더 나을 수가 있었어요.'가 직역이고요, 정확한 의미는 '그저 그래요.'입니다.

0187
영화 [Solo : A Starwars Story] 중에서

☑ □ □ 최고예요! Never better!

0188
영화 [The Amazing Spider-Man] 중에서

☑ □ □ 기분 최고야. Never been better.

0189
영화 [Need For Speed] 중에서

☑ □ □ 잘 지내요, 전 됐습니다. I'm good.

Check 안부의 답변으로 I'm good.은 '잘 지내요.'의 뜻이지만 때로는 제안에 대한 거절 의사로 '전 됐습니다.'의 의미로도 I'm good.이 사용됩니다.

0190 영화 [6 Underground] 중에서

그저 그래요. Could be worse.

0191 영화 [Yes Man] 중에서

그럭저럭 잘 지내요. Can't complain.

0192 영화 [Wreck-It Ralph] 중에서

괜찮아요. 아주 건강해요. I'm okay. Fit as a fiddle.

Check 자신은 괜찮다고 하며 (as) fit as a fiddle(건강하여)를 활용해 I'm okay. Fit as a fiddle.이라고 하면 뜻은 '괜찮아요. 아주 건강해요.'입니다.

0193 영화 [A Christmas Carol] 중에서

몸이 깃털처럼 가볍네. I'm light as a feather.

0194 영화 [The Hurt Locker] 중에서

별일 없어. Not much.

Check 보통 What's up?이라고 하면 '잘 지내?', '별일 없어?'의 뜻으로 친한 사이에서 자주 사용합니다. 답변으로 Not much.라고 하면 '별일 없어.'가 되죠. 질문과 답변을 함께 익혀두면 좋아요.

0195 영화 [National Treasure 2 : Book Of Secrets] 중에서

별일 없지? What's new with you?

0196 영화 [The A-Team] 중에서

늘 똑같지 뭐. Same old, same old.

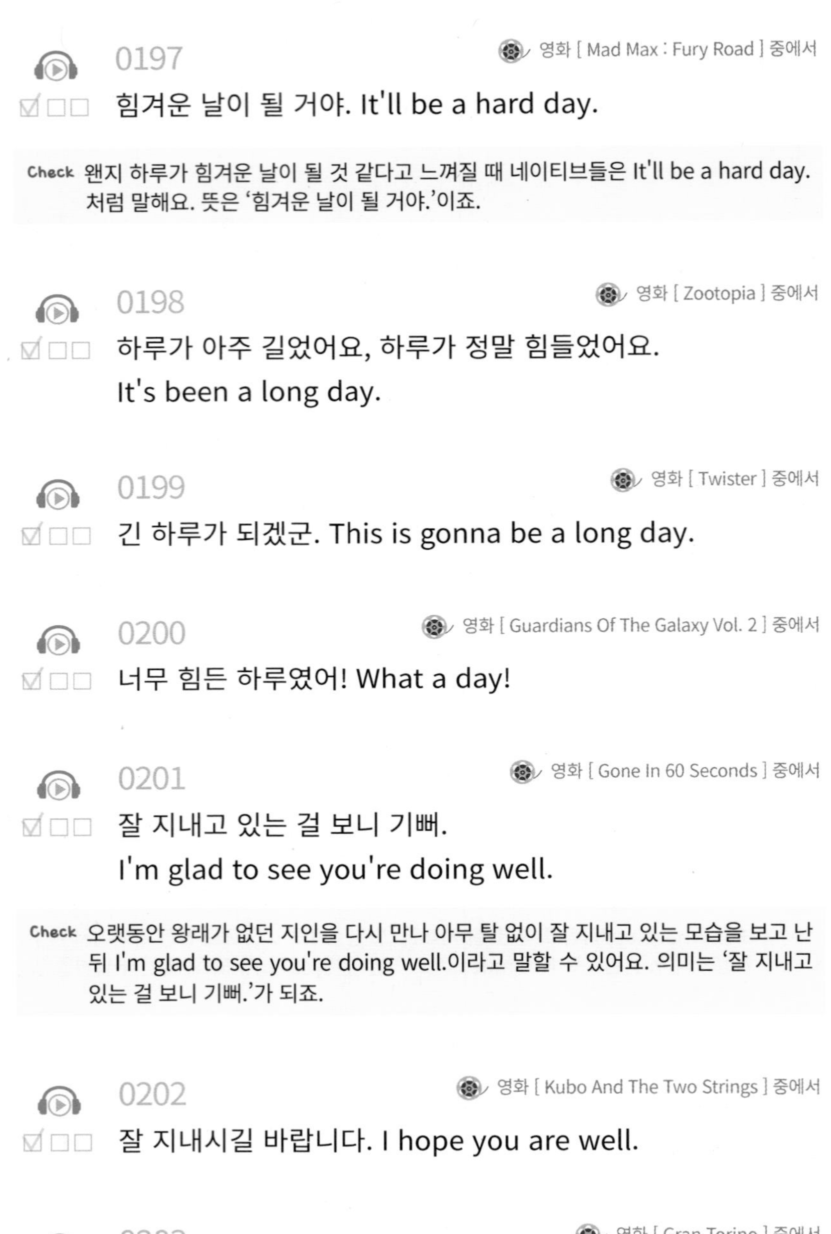

0197 영화 [Mad Max : Fury Road] 중에서

힘겨운 날이 될 거야. It'll be a hard day.

Check 왠지 하루가 힘겨운 날이 될 것 같다고 느껴질 때 네이티브들은 It'll be a hard day. 처럼 말해요. 뜻은 '힘겨운 날이 될 거야.'이죠.

0198 영화 [Zootopia] 중에서

하루가 아주 길었어요, 하루가 정말 힘들었어요.
It's been a long day.

0199 영화 [Twister] 중에서

긴 하루가 되겠군. This is gonna be a long day.

0200 영화 [Guardians Of The Galaxy Vol. 2] 중에서

너무 힘든 하루였어! What a day!

0201 영화 [Gone In 60 Seconds] 중에서

잘 지내고 있는 걸 보니 기뻐.
I'm glad to see you're doing well.

Check 오랫동안 왕래가 없던 지인을 다시 만나 아무 탈 없이 잘 지내고 있는 모습을 보고 난 뒤 I'm glad to see you're doing well.이라고 말할 수 있어요. 의미는 '잘 지내고 있는 걸 보니 기뻐.'가 되죠.

0202 영화 [Kubo And The Two Strings] 중에서

잘 지내시길 바랍니다. I hope you are well.

0203 영화 [Gran Torino] 중에서

정말 즐거운 하루를 보내고 있었어.
I was having such a pleasant day.

0204 영화 [Freaks] 중에서

좋아 보이네요. You're looking good.

Check 안부 말로 You're looking good.이라고 하면 '좋아 보이네요.'의 뜻입니다. 동사 look 다음에 형용사 good을 넣어 말하면 '좋아 보이다'도 되지만 It looks good.처럼 하면 '(음식이) 맛있어 보여.'도 되지요.

0205 영화 [Blade 3 : Trinity] 중에서

어서 일어나, 잠꾸러기야. Rise and shine, sleepyhead.

0206 영화 [The BFG : Big Friendly Giant] 중에서

일어날 시간이야. It's time to wake up.

0207 영화 [The Commuter] 중에서

우린 근근이 먹고살아요. We're hand-to-mouth.

Check 풍족한 삶은 못 누리고 그저 하루하루 근근이 먹고산다고 할 때 hand-to-mouth라고 합니다. 손에 있는 것을 입으로 먹고사는 것을 빗댄 말입니다. 즉 We're hand-to-mouth.는 '우린 근근이 먹고살아요.'예요.

0208 영화 [The Bank Job] 중에서

요즘에는 뭐해요? What are you doing these days?

0209 영화 [Pirates Of The Caribbean : At The World] 중에서

그렇게 해서 내가 겨우겨우 살아가. That's how I get by.

0210 영화 [The Expendables] 중에서

한 달 넘게 당신으로부터 소식 못 들었어요.
I haven't heard from you in over a month.

0211 영화 [Starship Troopers] 중에서

너로부터 소식 듣게 되어 너무 기뻐.
It's just good to hear from you.

0212 영화 [1917] 중에서

오늘이 좋은 날이었으면 좋겠어.
I hope today might be a good day.

0213 영화 [The Bourne Identity] 중에서

일찍 일어났네요. You were up early.

MEMO)

SCENE# 07. 기분

0214 영화 [My Best Friend's Wedding] 중에서

☑□□ 내 기분이 어떨 것 같아?
How do I think I feel?

Check 영어로 How do I think I feel?은 '내 기분이 어떨 것 같아?'로 자신의 기분 따위를 상대방이 제대로 알고 있는지 묻고 싶을 때 씁니다. 주의할 점은 How do you think 다음에는 '주어+동사'의 구조가 나와야 해요.

0215 영화 [The Specialist] 중에서

☑□□ 기분 어때요? How are you feeling?

0216 영화 [Arrival] 중에서

☑□□ 기분 어때요? How do you feel?

0217 영화 [Black Panther] 중에서

☑□□ 오늘은 기분이 어때요? How are you feeling today?

Check 누군가를 만나면 가볍게 인사를 먼저 나누게 됩니다. 영어로 How are you feeling today?는 '오늘은 기분이 어때요?'로 today를 생략하고 How are you feeling?처럼 말하면 '기분 어때요?'가 됩니다.

0218 영화 [Fantastic Four] 중에서

☑□□ 괜찮아? Are you feeling okay?

0219 영화 [Mamma Mia : Here We Go Again] 중에서

☑□□ 그럴 기분 아냐. I'm not in that mood.

Check 오늘 따라 기분이 별로라면 아무리 좋은 제안도 거절하게 됩니다. 기분 탓이겠죠. 영어로 I'm not in that mood.는 '그럴 기분 아냐.'입니다. 뭔가를 하고 싶은 생각이 전혀 들지 않는다는 애기인 거죠.

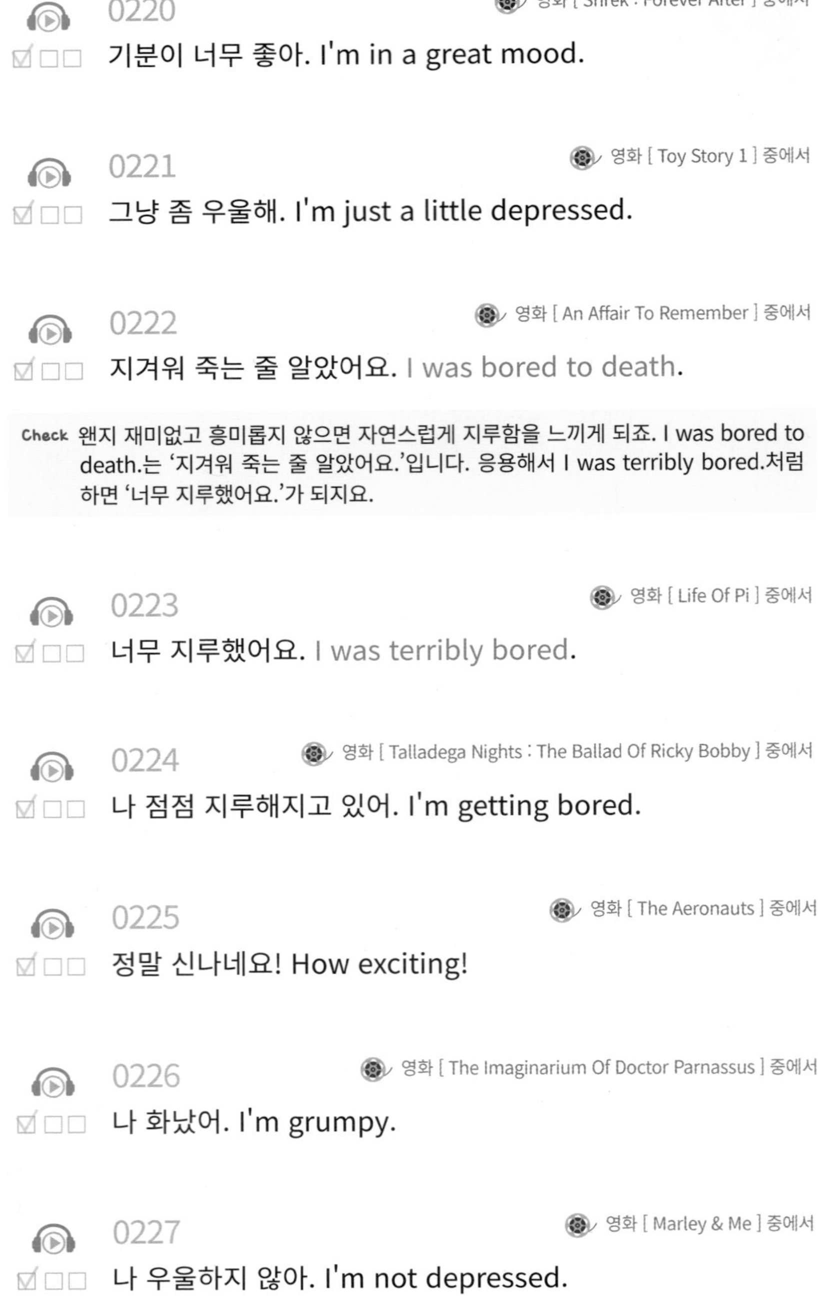

0220 영화 [Shrek : Forever After] 중에서

☑□□ 기분이 너무 좋아. I'm in a great mood.

0221 영화 [Toy Story 1] 중에서

☑□□ 그냥 좀 우울해. I'm just a little depressed.

0222 영화 [An Affair To Remember] 중에서

☑□□ 지겨워 죽는 줄 알았어요. I was bored to death.

Check 왠지 재미없고 흥미롭지 않으면 자연스럽게 지루함을 느끼게 되죠. I was bored to death.는 '지겨워 죽는 줄 알았어요.'입니다. 응용해서 I was terribly bored.처럼 하면 '너무 지루했어요.'가 되지요.

0223 영화 [Life Of Pi] 중에서

☑□□ 너무 지루했어요. I was terribly bored.

0224 영화 [Talladega Nights : The Ballad Of Ricky Bobby] 중에서

☑□□ 나 점점 지루해지고 있어. I'm getting bored.

0225 영화 [The Aeronauts] 중에서

☑□□ 정말 신나네요! How exciting!

0226 영화 [The Imaginarium Of Doctor Parnassus] 중에서

☑□□ 나 화났어. I'm grumpy.

0227 영화 [Marley & Me] 중에서

☑□□ 나 우울하지 않아. I'm not depressed.

0228 영화 [The Guardian] 중에서

그냥 마음이 불편해요. I just don't feel comfortable.

0229 영화 [2012] 중에서

함께 있고 싶은 기분이 아니에요.

I'm not very good company, I'm afraid.

Check 기분이 별로 안 좋아 누군가와 함께 하거나 말 섞고 싶은 심정이 아닐 때 I'm not very good company, I'm afraid.라고 해요. 뜻은 '함께 하고 싶은 기분이 아니에요.'이죠. 명사 company는 '함께 있음'을 뜻해요.

0230 영화 [The Hobbit : The Battle Of The Five Armies] 중에서

내 기분이 어떤지 알아. I know how I feel.

0231 영화 [Backdraft] 중에서

내 기분이 어땠는지 알기나 해? You know how I felt?

0232 영화 [The Mummy Returns] 중에서

정말 행복해요, 너무 행복해요. Couldn't be happier.

Check 오늘따라 너무너무 행복한 기분이 들면 Couldn't be happier.처럼 말하죠. 직역하면 '이 보다 더 행복할 수 없었어요.'지만 이 표현은 '정말 행복해요.', '너무 행복해요.'처럼 행복감을 극대치로 승화한 말이에요. 주어 we를 넣어 We couldn't be happier.식으로 표현하면 '우린 너무나도 행복해요.'의 뜻입니다.

0233 영화 [When In Rome] 중에서

너무 행복해요. I've never been happier.

0234 영화 [Hulk : The Incredible] 중에서

훨씬 좋아졌어. I feel a lot better.

0235 영화 [Bad Boys For Life] 중에서

지금은 훨씬 더 좋아졌어. I am much better now.

0236 영화 [The Pursuit Of Happyness] 중에서

우린 너무나도 행복해요. We couldn't be happier.

0237 영화 [Edge Of Darkness] 중에서

난 기뻐 날뛰고 있었어. I was jumping for joy.

Check 기쁜 소식을 듣게 되었다면 하루 종일 기분이 좋아지는 것은 당연합니다. I was jumping for joy.처럼 얘기할 수 있겠죠. 의미는 '난 기뻐 날뛰고 있었어.'입니다.

0238 영화 [Split] 중에서

울적했어요, 기운이 없었어요. I was down.

0239 영화 [The King's Speech] 중에서

끔찍해요. I feel dreadful.

0240 영화 [Gringo] 중에서

끔찍해, 소름끼쳐. I feel horrible.

0241 영화 [Everest] 중에서

그저 그래. Fair to middling.

Check 누군가가 자신에게 How are you feeling?(컨디션은 어때?)라고 물어올 때 Fair to middling처럼 대답하면 그 의미는 '그저 그래.'라는 뜻이에요.

0242 영화 [Jurassic Park : The Lost World] 중에서

☑ □□ 그건 좀 섭섭한데. That hurts my feelings.

0243 영화 [The Big Sick] 중에서

☑ □□ 넌 날 슬프게 해. You just make me sad.

0244 영화 [Mall Cop] 중에서

☑ □□ 마음이 울적했다는 걸 알아요.
I know you have been feeling down.

0245 영화 [The Air Up Three] 중에서

☑ □□ 이 일이 잘될 것 같은 느낌이 들어요.
I got a good feeling about this.

0246 영화 [Home Alone] 중에서

☑ □□ 불길한 느낌이 들어요. I have a terrible feeling.

0247 영화 [Ghost] 중에서

☑ □□ 표정이 왜 그래요? What's that look for?

0248 영화 [Slumdog Millionaire] 중에서

☑ □□ 난 그게 어떤 느낌인지 알아. I know what it feels like.

Check 상대방이 느끼는 감정을 자신도 똑같이 느낀다고 할 때 I know what it feels like. 라고 합니다. 이 표현의 뜻은 '난 그게 어떤 느낌인지 알아.'예요.

0249 영화 [Charlie's Angels] 중에서

네 심정 이해해. I feel you.

0250 영화 [Spies In Disguise] 중에서

당신이 속상하다는 걸 알아요. I know you're upset.

Check 상대방이 왜 기분 나빠하는지 자신은 잘 알고 있다고 할 때 I know you're upset.이라고 합니다. 형용사 upset는 '기분 나쁜'의 뜻인데요, I know you're upset and tired as hell.처럼 응용해서 표현하면 '무척 화나고 피곤하다는 거 알아요.'가 되죠. 숙어로 as hell은 '무척', '몹시' 또는 '엄청나게'의 의미로 쓰입니다.

0251 영화 [Freedomland] 중에서

무척 화나고 피곤하다는 거 알아요.
I know you're upset and tired as hell.

0252 영화 [The Hunger Games : Mockingjay Part 2] 중에서

회복돼서 다행이야. I'm glad you're feeling better.

0253 영화 [Easy Rider] 중에서

이후로 기분이 한결 나아질 거예요.
You'll feel a lot better after this.

0254 영화 [The Messenger] 중에서

네가 나라면 기분이 어떨 것 같아?
How would you feel if you were me?

0255 영화 [Creed] 중에서

간 떨어질 뻔했잖아.

You almost gave me a heart attack.

Check 상대방의 갑작스러운 행동 때문에 너무 놀란 나머지 '간 떨어질 뻔했잖아.'라고 얘기할 때가 있어요. 영어로 You almost gave me a heart attack.처럼 표현하죠. 여기서 heart attack은 '심장 마비', '심장 발작'입니다.

0256 영화 [Rush Hour 3] 중에서

겁나요. I'm scared.

0257 영화 [A Good Day To Die Hard] 중에서

무서워 죽겠어. I'm scared to death.

Check 공포 영화를 보다 보면 나도 모르게 무서움을 느끼게 됩니다. 우리말 '무서워 죽겠어.'를 I'm scared to death.라고 하죠. 그냥 I'm scared.이라고 하면 '겁나요.'가 되고 부사 really를 넣어 I'm really scared.처럼 표현하면 '정말 무서워요.'의 뜻이 되는 거예요. 이처럼 다양하게 응용할 수 있답니다.

0258 영화 [Gravity] 중에서

정말 무서워요. I'm really scared.

0259 영화 [Last Christmas] 중에서

난 그냥 항상 두려워요. I'm just scared all the time.

0260 영화 [Cloverfield] 중에서

간 떨어질 뻔했어. That scared the shit out of me.

0261 영화 [Extraordinary Measures] 중에서

너무 무서워. It scares the hell out of me.

0262 영화 [Rocky Balboa] 중에서

☑□□ 당신은 겁먹은 거 같지 않아요. You don't look scared.

0263 영화 [The Pink Panther] 중에서

☑□□ 절 계속 놀라게 하시는군요. You continue to surprise me.

0264 영화 [Repomen] 중에서

☑□□ 너 때문에 우리 너무 놀랐어. You gave us a big scare.

0265 영화 [Pirates Of The Caribbean : The Curse Of The Black Pearl] 중에서

☑□□ 무서웠어. It was terrifying.

0266 영화 [27 Dresses] 중에서

☑□□ 난 멘붕 상태야, 나 미쳐 버리겠어. I'm freaking out.

Check 하는 일이 잘 안 풀리거나 자꾸 꼬이게 되면 '난 멘붕 상태야.' 또는 '나 미쳐 버리겠어.'라고 하며 푸념하게 되죠. I'm freaking out.에서 숙어로 freak out은 '흥분하다'입니다. 이 말 뒤에 right now를 넣어 I'm freaking out right now.라고 하면 '나 지금 겁나 죽겠어.'처럼 해석합니다.

0267 영화 [The Devil Wears Prada] 중에서

☑□□ 저 절박해요. I'm desperate.

0268 영화 [XXX : Return Of Xander Cage] 중에서

☑□□ 감동받았어. I'm touched.

0269 영화 [Batman Begins] 중에서

☑□□ 난 모욕을 당했어. I'm insulted.

0270 영화 [Chronicle] 중에서

나 지금 겁나 죽겠어. I'm freaking out right now.

0271 영화 [The Hunger Games : Mockingjay Part 2] 중에서

난 아직도 소름 돋아. I still have goose bumps.

Check 두려움 때문에 왠지 소름 돋는 것처럼 느껴질 때 I still have goose bumps.라고 하는데요, 숙어로 have goose bumps는 '닭살이 돋다', '소름이 돋다'입니다. 즉 '난 아직도 소름 돋다.'의 의미죠.

0272 영화 [Source Code] 중에서

절 놀라게 하고 있어요. You're kind of freaking me out.

0273 영화 [Monster VS Alien] 중에서

겁먹었나 보군. You must be terrified.

0274 영화 [Chronicle] 중에서

그거 정말 소름끼쳐. It's really creepy.

0275 영화 [Green Lantern] 중에서

제가 좀 놀랐던 것 같아요.

I guess I got a little freaked out or something.

0276 영화 [Monster VS Alien] 중에서

내가 좀 기진맥진한 상태야. I'm just a little frazzled.

Check 몸 상태를 마치 너덜너덜 닳아 떨어진 상태를 비유해서 한 말이 be frazzled입니다. 이 말에는 '지치게 되다'라는 뜻이 있어 I'm just a little frazzled.처럼 표현하면 '내가 좀 기진맥진한 상태야.'가 되는 거예요.

0277 영화 [Lucy] 중에서

☑□□ 지쳤어. I'm exhausted.

0278 영화 [A Nightmare On Elm Street] 중에서

☑□□ 그냥 너무 지쳐서 그래. I'm just really exhausted.

Check 몸이 지치고 힘들면 아무것도 하고 싶지 않아집니다. 영어로 I'm exhausted.는 '지쳤어.'인데요, just really를 넣어 I'm just really exhausted.처럼 표현하면 그 의미는 '그냥 너무 지쳐서 그래.'입니다.

0279 영화 [Crank 2 : High Voltage] 중에서

☑□□ 나 기운이 다 떨어져 가고 있어, 나 체력이 바닥나고 있어.
I'm running on empty.

0280 영화 [The Curious Case Of Benjamin Button] 중에서

☑□□ 추워 죽겠어요, 얼어 죽을 것 같아요. I'm freezing.

Check 유난히 추위를 잘 타는 사람이 주위에 많아요. 추운 날씨에 I'm freezing.이라고 하면 '추워 죽겠어요.', '얼어 죽을 것 같아요.'로 동사 freeze는 '얼다', '얼리다'입니다.

0281 영화 [Priest] 중에서

☑□□ 땀이 나고 있어. I'm sweating.

0282 영화 [The Hobbit : The Desolation Of Smaug] 중에서

☑□□ 몸도 춥고 피곤해. I'm cold and tired.

0283 영화 [Mr. Woodcock] 중에서

☑□□ 제가 완전히 이성을 잃었어요. I just totally lost my head.

Check 너무 화가 나 흥분한 나머지 자신도 모르게 이성을 잃게 되는 경우가 종종 있어요. 숙어로 lose one's head는 '흥분하다', '어쩔 줄 모르다'로 I just totally lost my head.는 '제가 완전히 이성을 잃었어요.'가 되지요.

0284 영화 [The Pirates : Band Of Misfits] 중에서

☑□□ 그게 날 미치게 해. It drives me crazy.

0285 영화 [Super 8] 중에서

☑□□ 내가 미친 거 같아. I feel like I'm crazy.

0286 영화 [Sin City] 중에서

☑□□ 내가 정신 나갔나봐. I'm out of my mind.

0287 영화 [Percy Jackson & The Lightening Thief] 중에서

☑□□ 내가 혹시 미친 건가요? Am I crazy or something?

0288 영화 [300] 중에서

☑□□ 미쳤어요? 제정신이에요? Have you gone mad?

0289 영화 [Spider-Man : Into the Spider-Verse] 중에서

☑□□ 지겨워 죽겠어. I'm sick of it.

Check 같은 일을 반복해서 하다 보면 어떨 때는 그냥 하기 싫어집니다. 이때 우린 '지겨워 죽겠어.'하며 한숨만 내쉬죠. I'm sick of it.에서 숙어로 be sick of는 '~이 지겹다' 예요.

0290 영화 [Jason Bourne] 중에서

☑□□ 기다리는 게 지겨워. I'm tired of waiting.

0291 영화 [Redbelt] 중에서

☑□□ 나 쓰러지겠어. I'm passing out.

0292 영화 [Half Past Dead] 중에서

너 화낼지도 몰라, 너 열 받을지도 몰라.
You might be pissed off.

Check 내가 하는 말이나 행동 때문에 상대방이 화내거나 열 받을 수 있을지도 모르겠다고 속마음을 얘기할 때 You might be pissed off.라고 합니다. '너 화낼지도 몰라.', '너 열 받을지도 몰라.'로 piss off는 '열 받게 하다'예요.

0293 영화 [It Could Happen To You] 중에서

넌 날 열 받게 해. You piss me off.

0294 영화 [Gringo] 중에서

그게 정말 날 열 받게 해. It just pisses me off.

0295 영화 [Inside Out] 중에서

좀 긴장돼요. I'm kind of nervous.

Check 중요한 모임이나 인터뷰가 있다면 나도 모르게 긴장하게 됩니다. 형용사 nervous를 활용해서 I'm kind of nervous.라고 하면 '좀 긴장돼요.'로 kind of는 '좀', '약간'의 뜻이에요.

0296 영화 [Ice Age : Collision Course] 중에서

가슴이 떨리네, 흥분되고 가슴이 두근거려.
I'm getting butterflies.

0297 영화 [San Andreas] 중에서

나 조금은 긴장돼. I'm a little nervous though.

0298 영화 [Monsters University] 중에서

넌 좀 긴장도 안 되니? Aren't you even a little nervous?

0299 영화 [Cats] 중에서

혹시 긴장되세요? Do you ever get nervous?

0300 영화 [Robocop] 중에서

긴장할 거 없어. There's nothing to be nervous about.

Check '~에 대해 초조하다'를 영어로는 be nervous about이라고 합니다. 이 표현을 가지고 There's nothing to be nervous about. 또는 You have nothing to be nervous about.처럼 말하면 '긴장할 것 없어.', '걱정할 필요가 전혀 없어.'의 뜻이 되죠.

0301 영화 [The Secret Life Of Pets] 중에서

걱정할 필요가 전혀 없어.
You have nothing to be nervous about.

0302 영화 [Safe House] 중에서

나 때문에 긴장돼? Do I make you nervous?

0303 영화 [Starsky & Hutch] 중에서

당신은 좀 흥분한 거 같아요. You seem kind of wound up.

Check 겉으로 보기에 흥분하거나 긴장된 모습을 보이면 wound up이라고 표현합니다. 뜻은 '흥분한', '긴장한' 또는 '신경을 곤두세운'이므로 You seem kind of wound up.은 '당신은 좀 흥분한 거 같아요.'입니다.

0304 영화 [Pikachu] 중에서

그 정도로는 흥분 안 됐어. I was not that excited.

0305 영화 [Madagascar] 중에서

괜찮다고? 오, 잘됐네. You're fine? Oh, great.

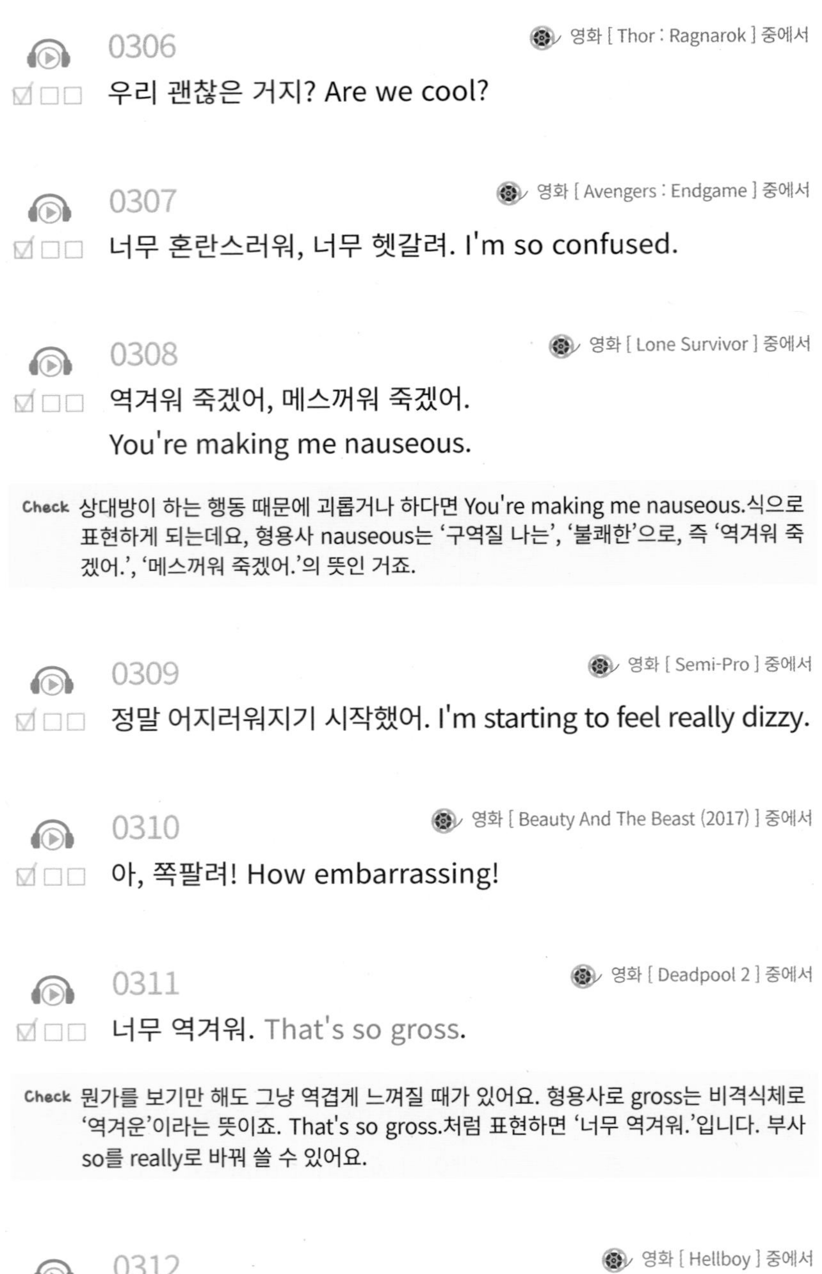

0306 영화 [Thor : Ragnarok] 중에서

☑□□ 우리 괜찮은 거지? Are we cool?

0307 영화 [Avengers : Endgame] 중에서

☑□□ 너무 혼란스러워, 너무 헷갈려. I'm so confused.

0308 영화 [Lone Survivor] 중에서

☑□□ 역겨워 죽겠어, 메스꺼워 죽겠어.
You're making me nauseous.

Check 상대방이 하는 행동 때문에 괴롭거나 하다면 You're making me nauseous.식으로 표현하게 되는데요, 형용사 nauseous는 '구역질 나는', '불쾌한'으로, 즉 '역겨워 죽겠어.', '메스꺼워 죽겠어.'의 뜻인 거죠.

0309 영화 [Semi-Pro] 중에서

☑□□ 정말 어지러워지기 시작했어. I'm starting to feel really dizzy.

0310 영화 [Beauty And The Beast (2017)] 중에서

☑□□ 아, 쪽팔려! How embarrassing!

0311 영화 [Deadpool 2] 중에서

☑□□ 너무 역겨워. That's so gross.

Check 뭔가를 보기만 해도 그냥 역겹게 느껴질 때가 있어요. 형용사로 gross는 비격식체로 '역겨운'이라는 뜻이죠. That's so gross.처럼 표현하면 '너무 역겨워.'입니다. 부사 so를 really로 바꿔 쓸 수 있어요.

0312 영화 [Hellboy] 중에서

☑□□ 역겨워 죽겠어! That's disgusting!

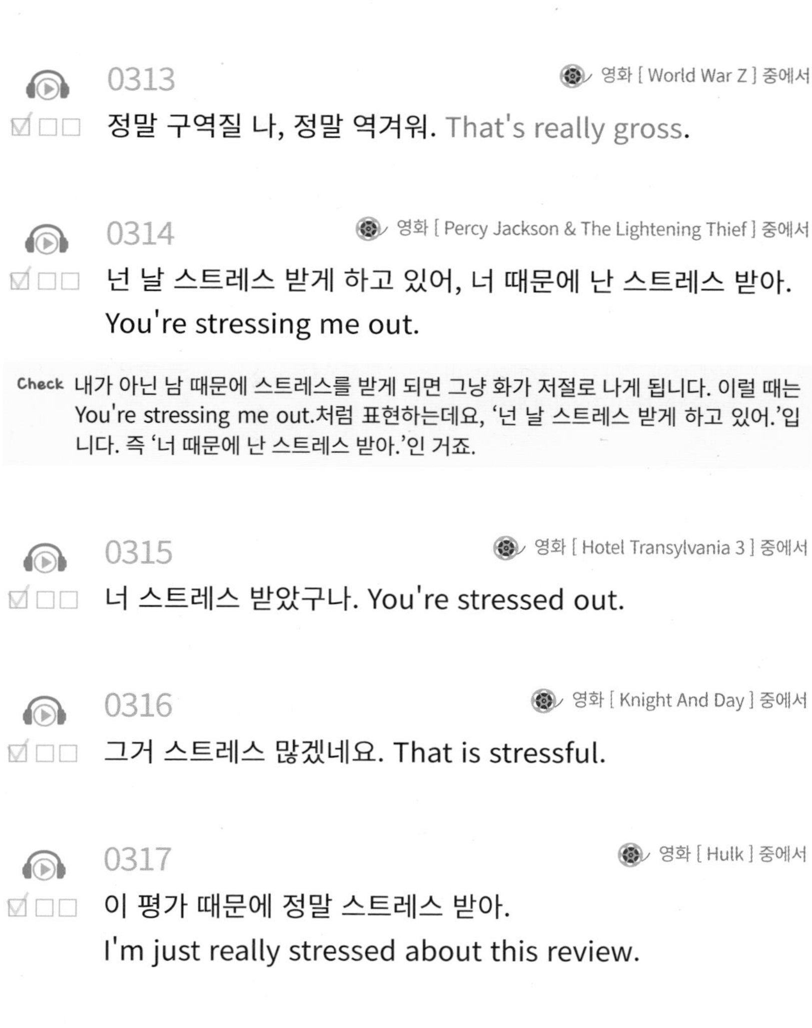

0313 — 영화 [World War Z] 중에서

정말 구역질 나, 정말 역겨워. That's really gross.

0314 — 영화 [Percy Jackson & The Lightening Thief] 중에서

넌 날 스트레스 받게 하고 있어, 너 때문에 난 스트레스 받아.
You're stressing me out.

Check 내가 아닌 남 때문에 스트레스를 받게 되면 그냥 화가 저절로 나게 됩니다. 이럴 때는 You're stressing me out.처럼 표현하는데요, '넌 날 스트레스 받게 하고 있어.'입니다. 즉 '너 때문에 난 스트레스 받아.'인 거죠.

0315 — 영화 [Hotel Transylvania 3] 중에서

너 스트레스 받았구나. You're stressed out.

0316 — 영화 [Knight And Day] 중에서

그거 스트레스 많겠네요. That is stressful.

0317 — 영화 [Hulk] 중에서

이 평가 때문에 정말 스트레스 받아.
I'm just really stressed about this review.

0318 — 영화 [Big Miracle] 중에서

이보다 더 좋을 수는 없어요. Nothing could be nicer.

Check 좋은 일이 생기면 나도 모르게 기분이 좋아지게 됩니다. 내가 직면하고 있는 상황이 그럴 수도 있게죠. Nothing could be nicer.는 '이보다 더 좋을 수는 없어요.'예요.

0319 — 영화 [The Bank Job] 중에서

당신이 부러워요. I do envy you.

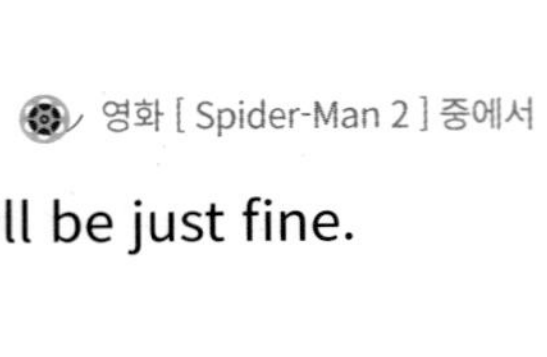

0320 영화 [Spider-Man 2] 중에서

☑□□ 그녀는 틀림없이 괜찮을 거야. She will be just fine.

0321 영화 [Underworld : Evolution] 중에서

☑□□ 너 초초해 보여, 너 불안해 보여. You seem anxious.

Check 상대방의 얼굴을 보니 왠지 모를 불안감이나 초초함으로 가득 차 보일 때 '너 초초해 보여.' 또는 '너 불안해 보여.'라고 하죠. 형용사 anxious를 써서 You seem anxious.처럼 표현하면 돼요.

0322 영화 [Fire Birds] 중에서

☑□□ 정말 괜찮은 거예요? Are you sure you're okay?

0323 영화 [Whiplash] 중에서

☑□□ 그렇게 나쁘지 않아, 그리 나쁘지만은 않아. It's not that bad.

0324 영화 [The Hunger Games : Mockingjay Part 2] 중에서

☑□□ 기억이 점점 좋아지고 있어.
My memories are getting better.

0325 영화 [Faster] 중에서

☑□□ 아무것도 못 느끼겠어. I can't feel anything.

0326 영화 [Gulliver's Travels] 중에서

☑□□ 겁먹은 게 아니야, 난 꽁무니 빼고 달아난 거 아니야.
I didn't chicken out.

Check 뭔가 하기가 두려운 나머지 그 일을 회피하거나 그만두게 될 때 chicken out이라고 해요. 즉 I didn't chicken out.은 '겁먹은 게 아니야.', '난 꽁무니 빼고 달아난 거 아니야.'의 의미예요.

0327 영화 [Invincible] 중에서

지금이 내 생에 가장 컨디션이 좋아요!
I'm in the best shape of my life!

0328 영화 [Resident Evil : Degeneration] 중에서

내가 괜찮을 것 같아? 내가 괜찮은 거 같아 보여?
Do I look like I'm okay?

0329 영화 [Predator 2] 중에서

너 때문에 내 이미지가 안 좋게 보이고 있잖아.
You're making me look bad.

0330 영화 [The Da Vinci Code] 중에서

불편해 보여요. You seem uncomfortable.

0331 영화 [Pearl Harbor] 중에서

정말 부러워. I'm so jealous.

Check 우리말에 '사돈이 땅을 사면 배가 아프다.'이 있습니다. 질투심 때문이겠죠. 영어로 I'm so jealous.는 '정말 부러워.'로 형용사 jealous에는 '시기하는', '부러워하는'의 의미가 있어요.

0332 영화 [Alvin And The Chipmunks] 중에서

나 잠 깼어. I'm awake.

SCENE# 09. 외모

0333 영화 [The Specialist] 중에서

☑□□ 나 어때 보여? How do I look?

Check 새로운 옷을 입거나 화장을 예쁘게 한 상태에서 자신의 모습이 상대방에게 어떻게 비추어지는지 알고 싶어 How do I look?이라고 묻게 됩니다. 의미가 '나 어때 보여?'가 되는 거지요.

0334 영화 [Spider-Man 3] 중에서

☑□□ 내가 제대로 옷 입은 거야?
Do you think I'm dressed all right?

0335 영화 [Harry Potter : And The Deathly Hallows Part 1] 중에서

☑□□ 난 아직도 너보다는 더 잘생겼어.
I'm still better-looking than you.

0336 영화 [Skyline] 중에서

☑□□ 넌 변한 게 하나도 없어. You haven't changed a bit.

Check 오랜만에 만나 친구에게 한마디 덕담을 하게 되죠. 예를 들어 You haven't changed a bit.처럼 말하면 '넌 변한 게 하나도 없어.'로 외모나 성격을 얘기할 때 사용하는 표현이랍니다.

0337 영화 [X-Men : Apocalypse] 중에서

☑□□ 좋아 보이네. You look well.

0338 영화 [Skyscraper] 중에서

☑□□ 정말 멋져 보여. You look very handsome.

0339 영화 [Four Brothers] 중에서

☑□□ 그거 네게 잘 어울릴 거야. That'll look good on you.

0340 영화 [The Hunger Games : Mockingjay Part 2] 중에서

☑☐☐ 넌 여전히 사랑스러워 보여. You look lovely as ever.

Check 예전이나 지금이나 여전히 사랑스러워 볼일 때 You look lovely as ever.라고 합니다. 숙어로 as ever는 '여전히'이므로 '넌 여전히 사랑스러워 보여.'의 뜻입니다. 상황에 따라 as ever를 빼고 You look loverly.라고 해도 되죠.

0341 영화 [Oz : The Great And Powerful] 중에서

☑☐☐ 당신은 사랑스러워 보여요. You look lovely.

0342 영화 [The Patriot] 중에서

☑☐☐ 그 색이 잘 어울려 보여. You look good in that colour.

0343 영화 [Batman Begins] 중에서

☑☐☐ 당신은 엄청 세련돼 보여요. You look very fashionable.

0344 영화 [Happy Feet] 중에서

☑☐☐ 당신은 너무 눈부셔요. You're so dazzling.

0345 영화 [The Simpsons Movie] 중에서

☑☐☐ 넌 정말 많은 표정들을 갖고 있어. You have so many looks.

0346 영화 [007 : Quantum Of Solace] 중에서

☑☐☐ 안색이 안 좋아 보여, 꼴이 말이 아니야. You look like hell.

Check 상대방이 매우 피곤해 보이거나 아파 보일 때 You look like hell.이라고 합니다. 직역하면 '넌 지옥(?)처럼 보인다.'지만 이 말은 원래 '안색이 안 좋아 보여.' 또는 '꼴이 말이 아니야.'의 뜻으로 사용되죠.

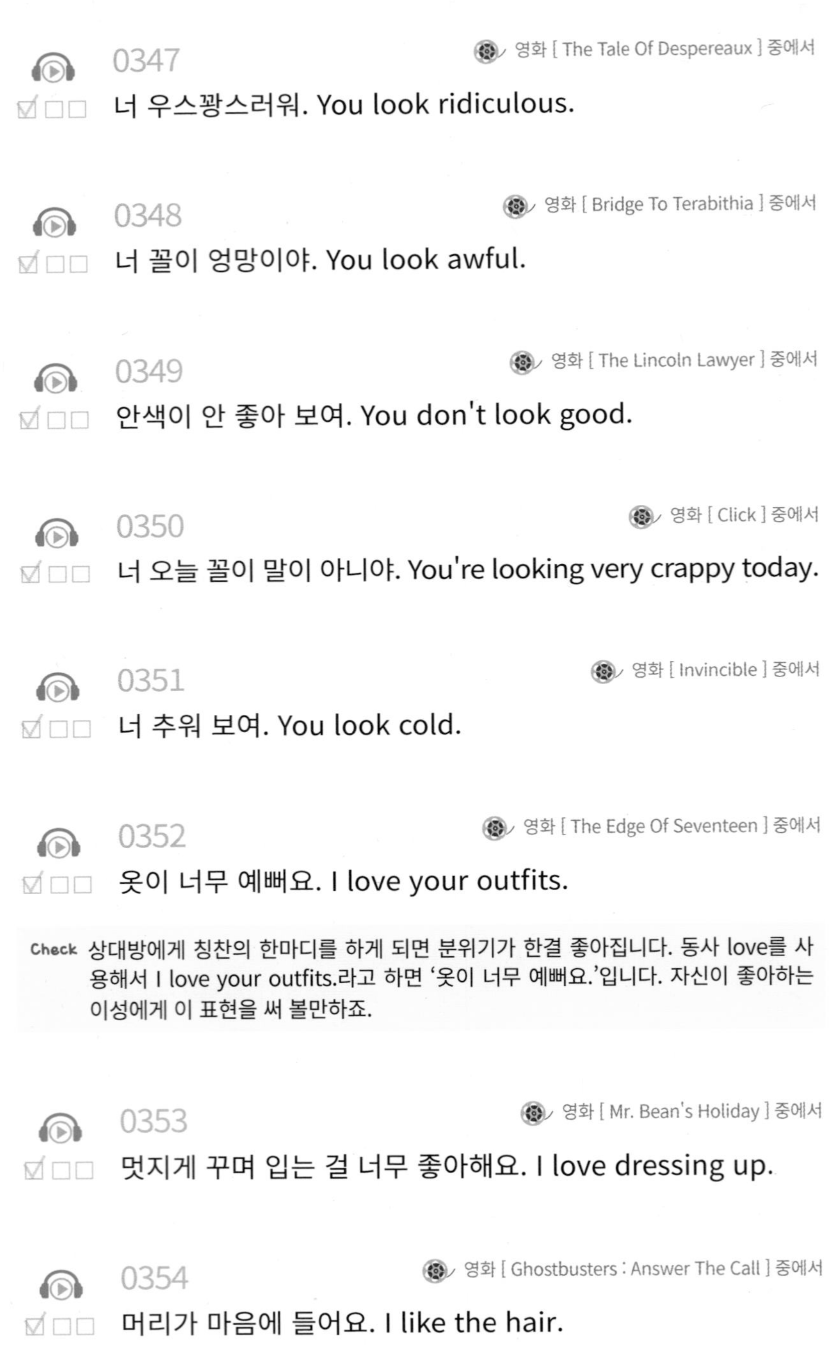

0347 영화 [The Tale Of Despereaux] 중에서

너 우스꽝스러워. You look ridiculous.

0348 영화 [Bridge To Terabithia] 중에서

너 꼴이 엉망이야. You look awful.

0349 영화 [The Lincoln Lawyer] 중에서

안색이 안 좋아 보여. You don't look good.

0350 영화 [Click] 중에서

너 오늘 꼴이 말이 아니야. You're looking very crappy today.

0351 영화 [Invincible] 중에서

너 추워 보여. You look cold.

0352 영화 [The Edge Of Seventeen] 중에서

옷이 너무 예뻐요. I love your outfits.

Check 상대방에게 칭찬의 한마디를 하게 되면 분위기가 한결 좋아집니다. 동사 love를 사용해서 I love your outfits.라고 하면 '옷이 너무 예뻐요.'입니다. 자신이 좋아하는 이성에게 이 표현을 써 볼만하죠.

0353 영화 [Mr. Bean's Holiday] 중에서

멋지게 꾸며 입는 걸 너무 좋아해요. I love dressing up.

0354 영화 [Ghostbusters : Answer The Call] 중에서

머리가 마음에 들어요. I like the hair.

0355 영화 [Bohemian Rhapsody] 중에서

☑☐☐ 코트가 예쁘네요. I like your coat.

Check 상대방을 칭찬하는 표현으로 I like your~는 '~이 예뻐요'입니다. 뒤에 명사만 살짝 바꿔 I like your coat.(코트가 예쁘네요), I like your color.(색깔이 예뻐요)처럼 다양하게 표현할 수 있어요.

0356 영화 [There's Something About Mary] 중에서

☑☐☐ 색깔이 예뻐요. I like your color.

0357 영화 [Mr. Bean's Holiday] 중에서

☑☐☐ 옷 좀 갈아입고 올게요. I'm going to get changed.

Check 입고 있던 옷을 다른 옷으로 갈아입으려고 할 때 I'm going to get changed.라고 합니다. 숙어로 get changed.은 '옷을 갈아입다'이므로 '옷 좀 갈아입고 올게요.'예요.

0358 영화 [Cars] 중에서

☑☐☐ 저에게 정말 잘 어울려 보여요. It looks pretty good on me.

0359 영화 [Death Proof] 중에서

☑☐☐ 그 사람은 호감형이야. He's likable.

0360 영화 [Vicky Cristina Barcelona] 중에서

☑☐☐ 그는 외모가 멋져요. He got a great look.

0361 영화 [Unbreakable] 중에서

☑☐☐ 내가 멋져 보이지 않나요? Don't I look classy?

Check 자신을 모습을 재확인하고 싶어 Don't I look+형용사? 패턴을 사용하기도 합니다. 형용사 classy는 '세련된', '멋진'이므로 결국 '내가 멋져 보이지 않나요?'의 뜻이에요.

0362 영화 [Ice Age] 중에서

☑□□ 정말 엉망이야! What a mess!

0363 영화 [Invictus] 중에서

☑□□ 머리 했네. You've had your hair done.

0364 영화 [Suicide Squad] 중에서

☑□□ 나 때문에 옷을 쫙 뽑아 입은 거야?
You got all dressed up for me?

0365 영화 [Spider-Man 3] 중에서

☑□□ 멋져요! Terrific!

0366 영화 [Warcraft : The Beginning] 중에서

☑□□ 당신은 조금도 늙지 않았군요. You haven't aged a bit.

Check 나이는 점점 들어가는데 외모는 예전이나 지금이나 전혀 변화가 없다면 절로 기분이 좋아집니다. 누군가에게 You haven't aged a bit.이라고 하면 '당신은 조금도 늙지 않았군요.'이죠.

영화 [Bolt] 중에서

0004 What are you up to? 어떻게 지내요? 뭐하려는 거죠?

격이 없이 편한 사이에 안부로 묻는 말이 What are you up to?(어떻게 지내요?)예요. How are you?과 같은 의미를 갖죠. 때로는 계획하고 있는 일이 뭔지 궁금할 때 '뭐하려는 거죠?'의 뜻으로 사용할 수 있어요.

A What are you up to?

B Not a lot. You?

A No, just excited to talk to you.

A 어떻게 지내요?

B 별로요. 당신은요?

A 전혀요. 당신과 얘기 나누게 돼 흥분되네요.

* be excited 흥분되다

영화 [Yes Man] 중에서

0005 Can't complain. 그럭저럭 잘 지내요.

인사 표현이 참 다양한데요, 그중에서 Can't complain.을 잠깐 살펴볼게요. 직역하면 '불평할 수 없어요.'로 지금 생활에 만족하면서 잘 지내고 있기에 불평할 만한 것이 내 주위에 없는 게 되는 거죠. 즉 '그럭저럭 잘 지내요.'라는 뜻이에요.

A How are you doing?

B Can't complain.

A 어떻게 지내쇼?

B 그럭저럭 잘 지내요.

영화 [Skyline] 중에서

0006 You haven't changed a bit. 변한 게 하나도 없네요.

상대방의 겉모습이나 성격 따위가 예전이나 지금이나 변한 게 하나도 없을 때 You haven't changed a bit.이라고 하죠. '변한 게 하나도 없네요.'로 a bit은 '조금', '약간의' 뜻입니다.

A You haven't changed a bit.

B Neither has Terry. You'll see.

A 당신은 전혀 바뀐 게 없어.

B 테리도 마찬가지야. 알게 될 거야.

할리우드 영어표현

Unit 03

고맙기도 하지만 때로는 죄송해요!

SCENE # 10 감사

할리우드 표현 0367-0449

SCENE # 11 사과

할리우드 표현 0450-0519

SCENE# 10. 감사

0367 영화 [The Last Stand] 중에서

갑자기 연락했는데도 만나줘서 고마워.
Thank you for seeing me on such short notice.

Check 갑작스러운 연락에도 흔쾌히 자신을 만나러 찾아온 지인에게 감사의 말로 Thank you for seeing me on such short notice.라고 말하게 되는데요, '갑자기 연락했는데도 만나줘서 고마워.'입니다.

0368 영화 [Charlie's Angels] 중에서

절 만나줘서 고마워요. Thank you for seeing me.

0369 영화 [Redbelt] 중에서

잠시 들러줘서 고마워요. Thank you for stopping by.

0370 영화 [Invictus] 중에서

날 만나러 여기까지 와줘서 고마워.
Thank you for coming all this way to see me.

Check 자신을 만나기 위해 먼 길을 온 사람에게 Thank you for coming all this way to see me.라고 하며 감사함을 표현할 수 있어요. '날 만나러 여기까지 와줘서 고마워.'의 뜻이죠. 비슷한 표현 중에 Thank you for coming on such short notice.는 '급하게 연락했는데 이렇게 와줘서 고마워요.'입니다.

0371 영화 [27 Dresses] 중에서

급하게 연락했는데 이렇게 와줘서 고마워요.
Thank you for coming on such short notice.

0372 영화 [Taken 3] 중에서

와줘서 고마워. Thanks for coming over.

0373 영화 [Surrogates] 중에서

☑□□ 시간 내서 우릴 만나줘서 고마워요.

Thanks for taking the time to see us.

0374 영화 [Spider-Man : Far From Home] 중에서

☑□□ 와줘서 정말 고마워. Thanks so much for coming.

0375 영화 [Spider-Man : Far From Home] 중에서

☑□□ 초대해줘서 고마워요. Thank you for having me.

Check 파티나 중요한 모임에 초대받게 되면 '초대해줘서 고마워요.'처럼 감사의 표현을 하게 됩니다. Thank you for having me.인데요, 동사 have는 '가지다'가 아닌 '초대하다'로 구어체에서 종종 사용되죠.

0376 영화 [Sherlock Holmes : A Game Of Shadows] 중에서

☑□□ 내일 절 초대해줘서 고맙습니다.

Thank you for inviting me tomorrow.

0377 영화 [War Of The Worlds] 중에서

☑□□ 우릴 집에서 지내게 해줘서 고맙습니다.

Thank you for taking us in.

0378 영화 [Dairy Of The Dead] 중에서

☑□□ 여기 있어줘서 고마워. Thanks for being here.

0379 영화 [27 Dresses] 중에서

☑□□ 와줘서 다행이에요. Thank God you're here.

0380 영화 [The Pursuit Of Happyness] 중에서

☑□□ 거래해주셔서 정말 고맙습니다.

Thank you very much for your business.

Check 비즈니스 상에서 자신을 알아주는 사람과 사업 거래를 한다는 것은 정말 축복받은 일입니다. 상대방에게 Thank you very much for your business.라고 말하면 '거래해주셔서 정말 고맙습니다.'의 뜻이에요.

0381 영화 [Rampage] 중에서

☑□□ 도와주셔서 정말 고맙습니다.

Thank you so much for your help.

0382 영화 [Ice Age] 중에서

☑□□ 도와줘서 고마워. Thanks for the help.

0383 영화 [Shutter] 중에서

☑□□ 오늘 도와줘서 고마워요. Thanks for your help today.

0384 영화 [The Kingdom] 중에서

☑□□ 지원해줘서 고마워요. Thanks for volunteering.

0385 영화 [Babe Pig In The City] 중에서

☑□□ 정말 고마워요. That's very kind of you.

Check 직역하면 '매우 친절하시군요.'지만 That's very kind of you.도 Thank you.처럼 감사하다는 뜻을 전하는 표현이에요. 즉 '정말 고마워요.'의 뜻입니다.

0386 영화 [The Legend Of Zorro] 중에서

☑□□ 사려도 깊으시네요, 배려심이 많으시네요. How thoughtful.

0387 영화 [Oz : The Great And Powerful] 중에서

☑□□ 정말 친절하시네요! How kind of you!

0388 영화 [Enchanted] 중에서

☑□□ 정말 사려 깊네요. That's too thoughtful of you.

0389 영화 [Seeking Justice] 중에서

☑□□ 사정을 이해해줘서 정말 감사해요.
I really appreciate your understanding my situation.

Check 자신의 처지를 남이 제대로 이해해 주고 있다면 I really appreciate your understanding my situation.처럼 얘기하게 됩니다. '사정을 이해해줘서 정말 감사해요.'로 명사 situation은 '상황', '처지'의 뜻이며 동사 appreciate은 '감사하다' 입니다. 부사 really를 함께 사용하면 의미가 좀 더 짙어지죠.

0390 영화 [Pacific Rim] 중에서

☑□□ 이 모든 것에 정말 감사합니다. I really appreciate all of this.

0391 영화 [Toy Story 4] 중에서

☑□□ 정말 고맙습니다. I really appreciate it.

0392 영화 [Birds Of Prey] 중에서

☑□□ 제안은 고맙습니다. I appreciate your offer.

0393 영화 [Curly Sue] 중에서

☑□□ 걱정해줘서 고맙습니다. I appreciate your concern.

0394 영화 [The Thirteenth Floor] 중에서

☑□□ 답신전화를 주시면 고맙겠습니다. I'd appreciate a callback.

0395 영화 [Twelve Monkeys] 중에서

☑□□ 지원해줘서 고맙습니다. We appreciate your volunteering.

0396 영화 [Pixels] 중에서

☑□□ 정말 고맙습니다. I can't thank you enough.

Check 감사함을 표현하는 말이 다양합니다. 영어도 마찬가지죠. 네이티브들은 I can't thank you enough.식으로 표현하는데요, '충분히 감사할 수 없어요.'가 직역이지만 '정말 고맙습니다.'라는 의미예요. 이 말에 전치사 for를 넣어 I can't thank you enough for~라고 하면 '~에 정말 감사드립니다'가 되죠.

0397 영화 [The Last House On The Left] 중에서

☑□□ 당신 환대에 정말 감사드립니다.

I can't thank you enough for your hospitality.

0398 영화 [Logan] 중에서

☑□□ 이렇게까지 해주셔서 정말 고맙습니다.

I can't thank you enough for this.

0399 영화 [The Next Three Days] 중에서

☑□□ 걔를 돌봐줘서 정말 고마워요.

I just can't thank you enough for taking care of him.

0400 영화 [Revolutionary Road] 중에서

☑□□ 정말 마음껏 즐겼습니다.

I can't tell you how much we enjoyed it.

Check 영어로 I can't tell you how much we enjoyed it.을 직역하면 '우리가 얼마나 많이 즐겼는지 난 말 할 수 없어요.'지만 자연스럽게 의역하면 '정말 마음껏 즐겼습니다.'입니다.

0401 영화 [Days Of Thunder] 중에서

우리 모두는 당신께 감사드립니다.
I can't tell you how much we all appreciate you.

0402 영화 [The Greatest Showman] 중에서

기다려 주셔서 고맙습니다. Thank you for your patience.

Check 공연이 제시간에 열리지 않으면 기다리는 사람들에게 사과하게 됩니다. Thank you for your patience.라고 하죠. 명사 patience는 '인내'로 '인내에 감사합니다.'지만 '기다려 주셔서 고맙습니다.'의 뜻도 된답니다.

0403 영화 [The Book Of Eli] 중에서

차 잘 마셨어요. Thank you for the tea.

0404 영화 [The Matrix] 중에서

술 잘 마셨어요. Thanks for the drink.

0405 영화 [Rio] 중에서

저랑 저녁식사 함께 해서 고마웠어요.
It was nice of you to join me for dinner.

0406 영화 [Ratatouille] 중에서

음식 잘 먹었다는 말은 누구한테 해야 하지?
Who do I thank for the meal?

0407 영화 [Seventh Son] 중에서

요리하신 분께 찬사를 보냅니다!
My compliments to the cook!

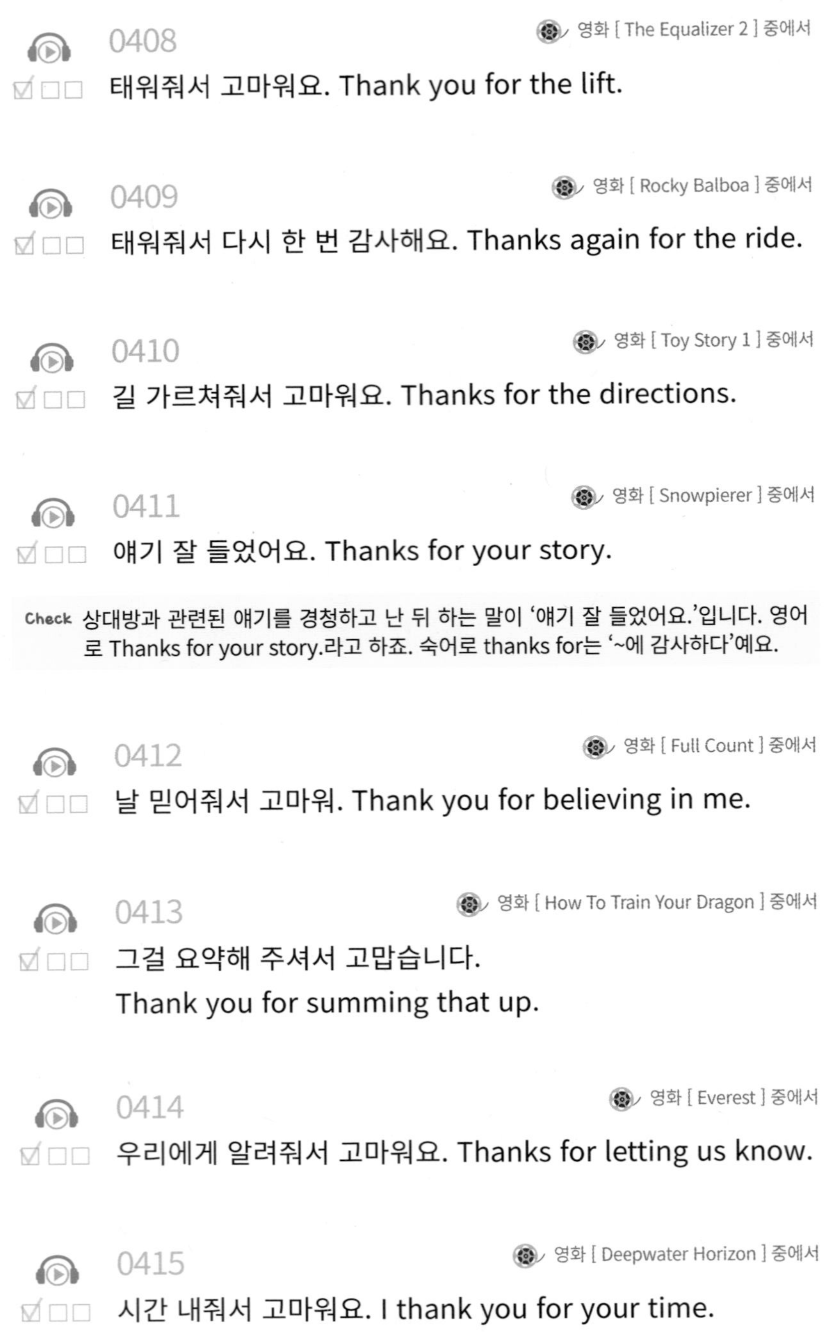

0408 영화 [The Equalizer 2] 중에서

☑☐☐ 태워줘서 고마워요. Thank you for the lift.

0409 영화 [Rocky Balboa] 중에서

☑☐☐ 태워줘서 다시 한 번 감사해요. Thanks again for the ride.

0410 영화 [Toy Story 1] 중에서

☑☐☐ 길 가르쳐줘서 고마워요. Thanks for the directions.

0411 영화 [Snowpierer] 중에서

☑☐☐ 얘기 잘 들었어요. Thanks for your story.

Check 상대방과 관련된 얘기를 경청하고 난 뒤 하는 말이 '얘기 잘 들었어요.'입니다. 영어로 Thanks for your story.라고 하죠. 숙어로 thanks for는 '~에 감사하다'예요.

0412 영화 [Full Count] 중에서

☑☐☐ 날 믿어줘서 고마워. Thank you for believing in me.

0413 영화 [How To Train Your Dragon] 중에서

☑☐☐ 그걸 요약해 주셔서 고맙습니다.
Thank you for summing that up.

0414 영화 [Everest] 중에서

☑☐☐ 우리에게 알려줘서 고마워요. Thanks for letting us know.

0415 영화 [Deepwater Horizon] 중에서

☑☐☐ 시간 내줘서 고마워요. I thank you for your time.

0416 영화 [Open Season] 중에서

☑□□ 고맙지만, 사양할래요. Thank you, but no thank you.

Check 상대방의 제안을 곰곰이 생각해보니 거절하는 편이 더 나을 것 같다는 생각이 들 때 Thank you, but no thank you.의 표현을 사용할 수 있어요. 한마디로 말해서 '고맙지만, 사양할래요.'의 의미인 거죠.

0417 영화 [Mr. Pepper's Penguins] 중에서

☑□□ 고맙지만 사양하겠습니다. Thanks, but no thanks.

0418 영화 [Windtalkers] 중에서

☑□□ 고맙네요! Thanks a bunch!

Check 친구나 가족에게 할 수 있는 말로 Thanks a bunch!는 단순히 고맙다는 얘기가 아니에요. 다시 말해서 빈정대며 하는 말투로 '고맙네요!'로 역설적으로 말할 때 쓰는 표현이죠.

0419 영화 [I Am Legend] 중에서

☑□□ 하나도 안 고마워, 참 도움 안 되네. Thanks for nothing.

0420 영화 [Night At The Museum] 중에서

☑□□ 그건 칭찬으로 한 말이 아니었어요.
That wasn't a compliment.

0421 영화 [Resident Evil : Apocalypse] 중에서

☑□□ 그 점에 감사하는 게 좋을 거야.
You should be thankful for that.

0422 영화 [The Hobbit : The Battle Of The Five Armies] 중에서

☑□□ 어떻게 감사드려야 할지 모르겠어요.

I do not know how to thank you.

Check 뭔가에 대한 고마움을 정확하게 표현하기란 말처럼 쉽지 않습니다. 영어로 I do not know how to thank you.는 '어떻게 감사드려야 할지 모르겠어요.'입니다.

0423 영화 [Alita : Battle Angel] 중에서

☑□□ 정말 고마워요. I'm really grateful.

0424 영화 [Cinderella Man] 중에서

☑□□ 기회에 감사드립니다. I'm grateful for the opportunity.

0425 영화 [Mechanic : Resurrection] 중에서

☑□□ 모든 것에 그저 감사드리고 싶었을 뿐이에요.

I just wanted to thank you for everything.

0426 영화 [Angels & Demons] 중에서

☑□□ 감사 표시로, 고마움의 표시로. As a token of thanks.

Check 고마움의 표시로 뭔가를 줄 때가 있어요. 큰 거든 작은 거든 상관없습니다. 영어로 As a token of thanks라고 하면 '감사 표시로', '고마움의 표시로'의 뜻이에요.

0427 영화 [Rush Hour 3] 중에서

☑□□ 당신 덕분이에요! Thanks to you!

0428 영화 [Jason X] 중에서

☑□□ 고마워. Thanks.

0429 영화 [Yesterday] 중에서

감사합니다, 고맙습니다. Accept my gratitude.

0430 영화 [Air Force One] 중에서

정말 즐거웠어요. It was very enjoyable.

0431 영화 [The Game Plan] 중에서

미리 주의를 줘서 고마워요, 미리 알려줘서 고마워요.
Thanks a lot for the heads up.

Check 영어로 heads up은 '경고'나 '주의'를 뜻합니다. 즉 Thanks a lot for the heads up.은 '미리 주의를 줘서 고마워요.', '미리 알려줘서 고마워요.'의 의미랍니다.

0432 영화 [Space Cowboys] 중에서

곤경을 면하게 해줘서 고마워요. Thanks for saving the day.

0433 영화 [Project : Puppies For Christmas] 중에서

매장에 들러주셔서 감사합니다. Thank you for shopping.

0434 영화 [Ghostbusters : Answer The Call] 중에서

친구 좋다는 게 뭐야! That's what friends are for!

Check 내가 힘들 때 도와주는 친구가 진짜 친구라고 하죠. 별일도 아닌 것 가지고 고맙다고 계속 말한다면 That's what friends are for.처럼 얘기하면 됩니다. 의미는 '친구 좋다는 게 뭐야!'예요.

0435 영화 [Million Dollar Baby] 중에서

나한테 감사할 필요 없어. You don't have to thank me.

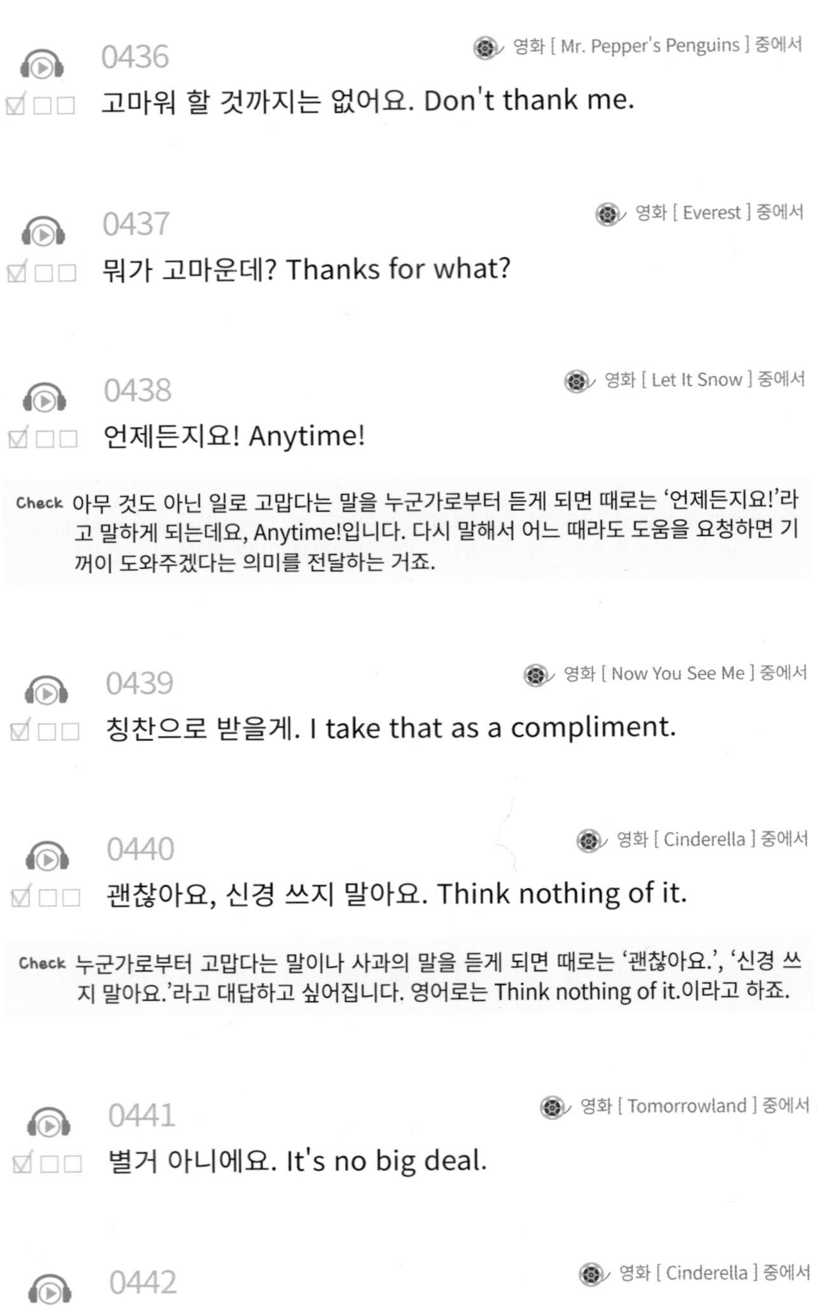

0436 영화 [Mr. Pepper's Penguins] 중에서

☑☐☐ 고마워 할 것까지는 없어요. Don't thank me.

0437 영화 [Everest] 중에서

☑☐☐ 뭐가 고마운데? Thanks for what?

0438 영화 [Let It Snow] 중에서

☑☐☐ 언제든지요! Anytime!

Check 아무 것도 아닌 일로 고맙다는 말을 누군가로부터 듣게 되면 때로는 '언제든지요!'라고 말하게 되는데요, Anytime!입니다. 다시 말해서 어느 때라도 도움을 요청하면 기꺼이 도와주겠다는 의미를 전달하는 거죠.

0439 영화 [Now You See Me] 중에서

☑☐☐ 칭찬으로 받을게. I take that as a compliment.

0440 영화 [Cinderella] 중에서

☑☐☐ 괜찮아요, 신경 쓰지 말아요. Think nothing of it.

Check 누군가로부터 고맙다는 말이나 사과의 말을 듣게 되면 때로는 '괜찮아요.', '신경 쓰지 말아요.'라고 대답하고 싶어집니다. 영어로는 Think nothing of it.이라고 하죠.

0441 영화 [Tomorrowland] 중에서

☑☐☐ 별거 아니에요. It's no big deal.

0442 영화 [Cinderella] 중에서

☑☐☐ 아무것도 아니에요. It's nothing.

0443

영화 [Monsters University] 중에서

천만에요. Don't mention it.

Check 누군가로부터 감사하다는 말을 듣게 되면 '천만에요.'라고 대답하게 되는데요, Don't mention it.은 '그걸 언급하지 말라.', 다시 말해서 '고맙다는 말을 언급하지 말라.'지만 '천만에요.'라는 의미로 사용되는 표현이죠.

0444

영화 [Doctor Strange] 중에서

천만에요. You're very welcome.

0445

영화 [Kingsman : The Secret Service] 중에서

오히려 제가 기쁩니다. Pleasure is all mine.

0446

영화 [Resurrection] 중에서

별말씀을요. My pleasure.

0447

영화 [The Secret Life Of Pets 2] 중에서

당연하지, 천만에. You bet.

Check 영어로 You bet.에서 '내기하다'의 뜻인 bet처럼 이길 승산이 확실한 경우를 얘기할 때 '당연하지.'뜻으로 사용됩니다. 때로는 이 말이 '천만에.'의 의미로 Thank you.의 답변으로 활용되기도 하죠.

0448

영화 [27 Dresses] 중에서

별말씀을요, 고맙긴 뭘요. Sure.

0449

영화 [XXX : Return Of Xander Cage] 중에서

물론이죠, 천만에요. Of course.

Check 영어로 Of course.는 '물론이죠.'의 뜻이지만 때로는 Thank you.의 답변으로 Of course.처럼 대답하면 이때는 '천만에요.'라는 의미로 쓰이는 겁니다.

SCENE# 11. 사과

0450 영화 [Catch & Release] 중에서

☑□□ 사과드립니다. I owe you an apology.

Check 잘못한 게 있으면 사과하는 게 당연합니다. I'm sorry.처럼 말할 수도 있지만 때로는 명사 apology를 사용해서 I owe you an apology.라고도 표현할 수 있어요. '사과를 빚지다.'는 결국 '사과드립니다.'입니다.

0451 영화 [The Bourne Ultimatum] 중에서

☑□□ 내가 너에게 사과해야겠어. I guess I owe you an apology.

0452 영화 [Fantastic Beasts And Where To Find Them] 중에서

☑□□ 저희가 사과드립니다. We owe you an apology.

0453 영화 [Kate & Leopold] 중에서

☑□□ 사과드립니다. My apologies.

Check 사과로 하는 말이 다양한데요, 그중에 하나 My apologies.는 '사과드립니다.'예요. 명사 apology를 사용하죠. 응용해서 '깊이 사과드립니다.'처럼 말하려면 deepest를 넣어 My deepest apologies.라고 하면 됩니다.

0454 영화 [Warcraft : The Beginning] 중에서

☑□□ 깊이 사과드립니다. My deepest apologies.

0455 영화 [Coco] 중에서

☑□□ 그 점에 사과드려요. I apologize for that.

0456 영화 [Yesterday] 중에서

☑□□ 정말 죄송합니다. I can't apologize enough.

0457 영화 [Sunshine] 중에서

오히려 내가 더 미안해. I'm the one apologizing.

0458 영화 [Bridget Jones's Diary] 중에서

다니엘 문제로 사과드립니다.

I owe you an apology about Daniel.

0459 영화 [National Security] 중에서

당신 나한테 사과해야 돼. You owe me an apology.

0460 영화 [Seeking Justice] 중에서

내가 몇 번이나 사과했으면 좋겠어?

How many times do you want me to apologize?

0461 영화 [American Ultra] 중에서

그만 좀 사과해. Stop apologizing.

0462 영화 [Flight Plan] 중에서

불편을 드려서 죄송합니다.

We apologize for the inconvenience.

Check 예상치 못한 일 때문에 불편함을 주게 되면 We apologize for the inconvenience. 식으로 사과의 말을 하게 되는데요, 뜻은 '불편을 드려서 죄송합니다.'입니다. 명사 inconvenience.는 '불편', '폐'라는 의미예요.

0463 영화 [Die Hard 2 : Die Harder] 중에서

저희가 불편을 드려 죄송합니다.

We're sorry for the inconvenience.

0464 영화 [Marley & Me] 중에서

지저분해서 죄송해요, 어질러 놓아서 미안해요.
Sorry about the mess.

0465 영화 [Havana] 중에서

소란 피워서 죄송해요. I'm sorry for the fuss.

Check 소란 피워서 미안하다고 사과할 때 I'm sorry for 패턴을 활용합니다. 즉 I'm sorry for the fuss.는 '소란 피워서 죄송해요.'로 명사 fuss는 '소란', '야단법석'이에요.

0466 영화 [A Good Day To Die Hard] 중에서

오늘 아침 일은 죄송했어요. I'm sorry about this morning.

0467 영화 [Tmnt] 중에서

그 점에 대해 죄송해요. Sorry about that.

0468 영화 [Boomerang] 중에서

실례합니다만, 귀찮게 해서 죄송해요.
Excuse me, I'm sorry to bother you.

Check 여행을 하다 보면 본의 아니게 누군가에게 양해를 구하게 될 때가 있어요. 이때 Excuse me, I'm sorry to bother you.라고 하면 '실례합니다만, 귀찮게 해서 죄송해요.'의 뜻을 전하게 되는 거죠.

0469 영화 [Ghost] 중에서

방해해서 미안해요. I'm sorry to disturb you.

0470 영화 [Click] 중에서

귀찮게 해서 미안해요, 번거롭게 해서 미안해요.
Sorry to bug you.

0471 영화 [Doctor Sleep] 중에서

☑□□ 방해해서 미안해. Sorry to interrupt.

0472 영화 [Goosebumps] 중에서

☑□□ 우리가 방해해서 죄송해요. We're sorry for the disturbance.

0473 영화 [Anna] 중에서

☑□□ 기다리게 해서 미안해요. Sorry to have kept you waiting.

Check 약속 시간에 늦게 도착하게 되면 '기다리게 해서 미안해요.'식으로 말하며 양해를 구하게 됩니다. 네이티브들은 Sorry to have kept you waiting.이라고 하죠. 앞에 I'm이 생략된 거예요.

0474 영화 [The Proposal] 중에서

☑□□ 기다리게 해서 미안해요. Sorry about the wait.

0475 영화 [Green Book] 중에서

☑□□ 기다리게 해서 미안해요. Sorry to keep you waiting.

0476 영화 [Ghostbusters : Answer The Call] 중에서

☑□□ 늦어서 미안해. I'm sorry I'm late.

Check 약속 시간에 늦게 도착하면 '늦어서 미안해.'하고 먼저 사과하게 됩니다. I'm sorry I'm late.처럼 말이에요. 만약에 또 지각했다면 부사 again을 문장 끝에 넣어 I'm sorry I'm late again.이라고 표현하면 됩니다.

0477 영화 [My Bloody Valentine] 중에서

☑□□ 또 늦어서 미안해요. I'm sorry I'm late again.

0478 영화 [Town] 중에서

☑□□ 내가 당신에게 한 짓 사과할게.

I'm sorry for what I did to you.

Check 자신이 상대방에게 잘못한 일을 사과하고 싶을 때 I'm sorry for what I did to you. 처럼 표현할 수 있어요. 다시 말해서 '내가 당신에게 한 짓 사과할게.'의 의미예요.

0479 영화 [Resident Evil : Afterlife] 중에서

☑□□ 아까 거기 일은 미안해요. I'm sorry about back there.

0480 영화 [Rescue Dawn] 중에서

☑□□ 미안해, 나도 어쩔 수가 없어. I'm sorry, I can't help it.

0481 영화 [Battleship] 중에서

☑□□ 내가 일 망쳐서 미안해. I'm sorry I messed up.

0482 영화 [Arthur And The Revenge Of Maltazard] 중에서

☑□□ 이렇게 해서 미안해. I'm sorry about this.

0483 영화 [Oblivion] 중에서

☑□□ 이런 말을 하게 되어 유감이에요.

I'm sorry for what I have to tell you.

Check 솔직히 하긴 싫지만 어쩔 수 없이 상대방에게 어떤 얘기를 해야만 할 때 '이런 말을 하게 되어 유감이에요.'라고 하며 먼저 양해를 구하게 되죠. 영어로 I'm sorry for what I have to tell you.식으로 말이에요.

0484 영화 [Premonition] 중에서

☑□□ 이런 말하게 되어 유감입니다. I'm sorry to tell you this.

0485 영화 [X-Men : Dark Phoenix] 중에서

☑□□ 이런 말씀을 드려 정말 죄송해요.
I'm very sorry to have to tell you that.

0486 영화 [The Final Destination 4] 중에서

☑□□ 직설적으로 말해서 미안해요, 솔직하게 말해서 죄송해요.
I'm sorry for being blunt.

0487 영화 [I, Robot] 중에서

☑□□ 이런 오해를 끼쳐 죄송합니다.
I'm sorry for this misunderstanding.

0488 영화 [Kate & Leopold] 중에서

☑□□ 정말 미안해. I'm truly sorry.

Check 사과에도 정도가 있기 마련입니다. 우리말에 '미안해.'보다는 '정말 미안해.'라고 하면 왠지 그 말에 진심이 더 느껴지게 되는데요, I'm truly sorry.처럼 표현하면 됩니다. 부사 truly 대신에 so(매우) 또는 profoundly(깊게, 완전히)를 사용해도 되죠.

0489 영화 [Cinderella] 중에서

☑□□ 정말 미안해. I am so sorry.

0490 영화 [Spenser Confidential] 중에서

☑□□ 미안해. 진심이야. I'm sorry. I mean it.

0491 영화 [Blood Diamond] 중에서

☑□□ 깊이 사과합니다. I am profoundly sorry.

0492 영화 [Sully] 중에서

☑☐☐ 너무 늦게 전화해서 미안해. I'm sorry to call so late.

Check 어쩔 수 없는 상황 때문에 상대방에게 늦게 전화를 해야 할 경우 '너무 늦게 전화해서 미안해.'라고 먼저 말하게 됩니다. 영어로 I'm sorry to call so late.이라고 하죠.

0493 영화 [Notting Hill] 중에서

☑☐☐ 전화 못 드려서 죄송해요. I'm sorry about not ringing back.

0494 영화 [The Boondock Saints 2 : All Saints Day] 중에서

☑☐☐ 당신을 그렇게 불러서 미안해요. I'm sorry I called you that.

0495 영화 [Bridget Jones's Diary] 중에서

☑☐☐ 정말 미안해요. 그럴 의도는 아니었어요.
I'm so sorry. I didn't mean it.

Check 원래는 그럴 의도는 없었다고 하며 사과할 때 하는 말이 I'm so sorry. I didn't mean it.입니다. 뜻은 '정말 미안해요. 그럴 의도는 아니었어요.'이죠. 동사 mean은 '의도하다'라는 뜻으로 쓰입니다.

0496 영화 [The BFG : Big Friendly Giant] 중에서

☑☐☐ 죄송해요. 무례하게 굴려던 건 아니었어요.
I'm sorry. I didn't mean to be rude.

0497 영화 [Spenser Confidential] 중에서

☑☐☐ 당신을 겁주려고 한 건 아니에요. I don't mean to scare you.

0498 영화 [Beowulf] 중에서

☑☐☐ 도망쳐서 미안해요. I'm sorry I ran away.

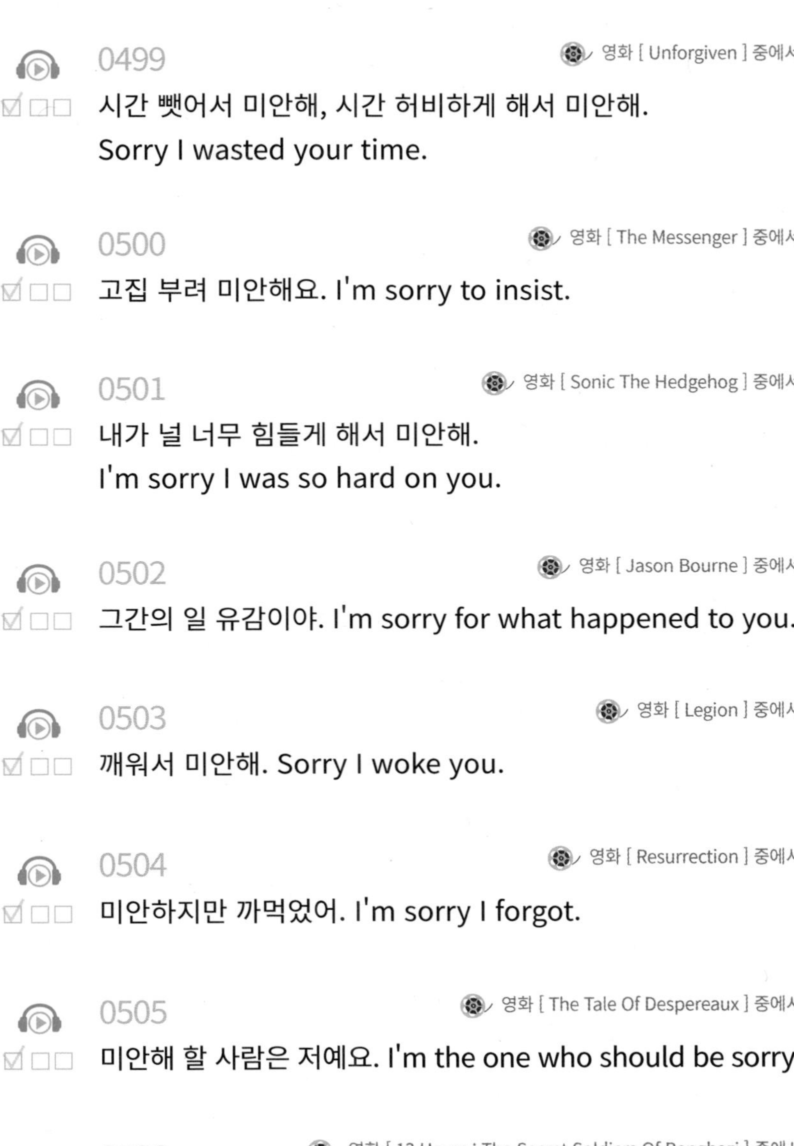

0499 영화 [Unforgiven] 중에서

시간 뺏어서 미안해, 시간 허비하게 해서 미안해.
Sorry I wasted your time.

0500 영화 [The Messenger] 중에서

고집 부려 미안해요. I'm sorry to insist.

0501 영화 [Sonic The Hedgehog] 중에서

내가 널 너무 힘들게 해서 미안해.
I'm sorry I was so hard on you.

0502 영화 [Jason Bourne] 중에서

그간의 일 유감이야. I'm sorry for what happened to you.

0503 영화 [Legion] 중에서

깨워서 미안해. Sorry I woke you.

0504 영화 [Resurrection] 중에서

미안하지만 까먹었어. I'm sorry I forgot.

0505 영화 [The Tale Of Despereaux] 중에서

미안해 할 사람은 저예요. I'm the one who should be sorry.

0506 영화 [13 Hours : The Secret Soldiers Of Benghazi] 중에서

급히 가봐야 해서 미안해요. Sorry to rush off.

Check 황급히 자리를 떠야 할 경우 Sorry to rush off.라고 말하며 양해를 구하게 되는데요, 의미는 '급히 가봐야 해서 미안해요.'입니다. 숙어로 rush off는 '급하게 나가다'예요.

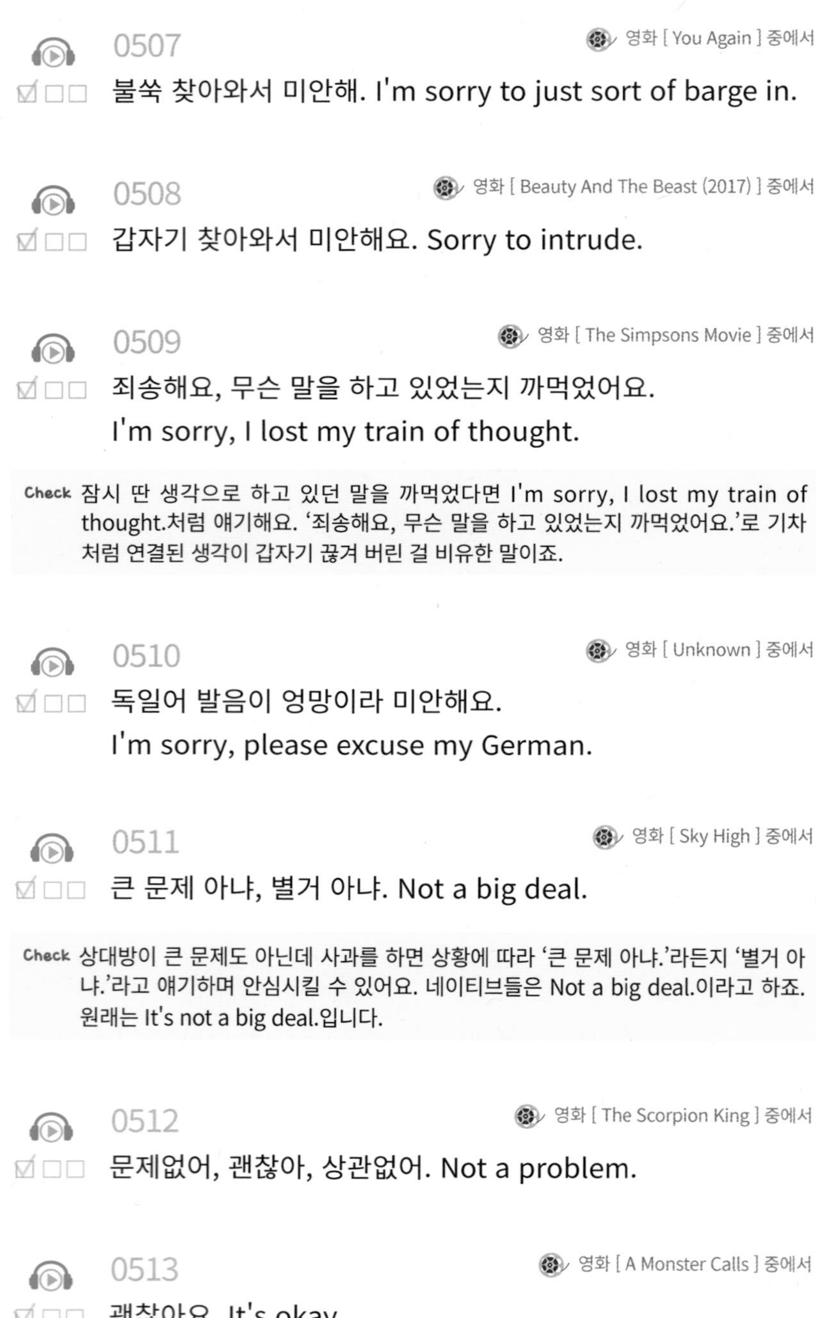

0507 영화 [You Again] 중에서

☑□□ 불쑥 찾아와서 미안해. I'm sorry to just sort of barge in.

0508 영화 [Beauty And The Beast (2017)] 중에서

☑□□ 갑자기 찾아와서 미안해요. Sorry to intrude.

0509 영화 [The Simpsons Movie] 중에서

☑□□ 죄송해요, 무슨 말을 하고 있었는지 까먹었어요.
I'm sorry, I lost my train of thought.

Check 잠시 딴 생각으로 하고 있던 말을 까먹었다면 I'm sorry, I lost my train of thought.처럼 얘기해요. '죄송해요, 무슨 말을 하고 있었는지 까먹었어요.'로 기차처럼 연결된 생각이 갑자기 끊겨 버린 걸 비유한 말이죠.

0510 영화 [Unknown] 중에서

☑□□ 독일어 발음이 엉망이라 미안해요.
I'm sorry, please excuse my German.

0511 영화 [Sky High] 중에서

☑□□ 큰 문제 아냐, 별거 아냐. Not a big deal.

Check 상대방이 큰 문제도 아닌데 사과를 하면 상황에 따라 '큰 문제 아냐.'라든지 '별거 아냐.'라고 얘기하며 안심시킬 수 있어요. 네이티브들은 Not a big deal.이라고 하죠. 원래는 It's not a big deal.입니다.

0512 영화 [The Scorpion King] 중에서

☑□□ 문제없어, 괜찮아, 상관없어. Not a problem.

0513 영화 [A Monster Calls] 중에서

☑□□ 괜찮아요. It's okay.

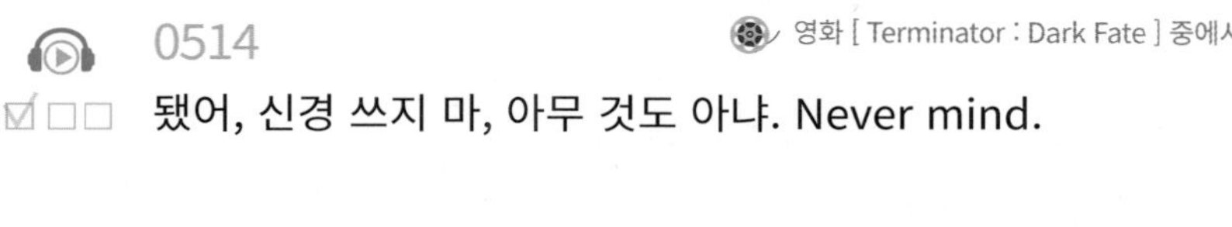

0514 영화 [Terminator : Dark Fate] 중에서

☑□□ 됐어, 신경 쓰지 마, 아무 것도 아냐. Never mind.

0515 영화 [Terminator : Dark Fate] 중에서

☑□□ 그건 상관없어, 그건 중요하지 않아. That doesn't matter.

0516 영화 [The Love Guru] 중에서

☑□□ 당신 아버님 소식은 유감입니다.
I'm sorry to hear about your father.

Check 아는 지인에게 죽음 같은 좋지 않은 일이 생기면 함께 슬퍼하게 되는 게 당연합니다. 영어로 I'm sorry to hear about your father.는 '당신 아버님 소식은 유감입니다.'의 뜻이에요.

0517 영화 [Deadpool 2] 중에서

☑□□ 조의를 표합니다. I'm terribly sorry for your loss.

0518 영화 [Wanted] 중에서

☑□□ 안됐다. I do feel sorry for you.

0519 영화 [Togo] 중에서

☑□□ 너 후회하게 될 거야. You'll be sorry.

할리우드 영어표현

Unit 04

MP3

전화 왔어요!

SCENE # 12 전화

할리우드 표현 0520-0569

SCENE # 13 메시지

할리우드 표현 0570-0578

* 영화 살짝 엿보기! 0007-0009

SCENE# 12. 전화

0520 영화 [Air Force One] 중에서

전화주신 분 누구시죠?
To whom am I speaking?

Check 전화상에서 To whom am I speaking?이라고 하면 '제가 누구한테 말하고 있는 거죠?'지만 이 말은 '전화 주신 분 누구시죠?'의 뜻입니다.

0521 영화 [Search] 중에서

접니다. Speaking.

0522 영화 [Central Intelligence] 중에서

전화하신 분 누구시죠? Who is this?

0523 영화 [Secretariat] 중에서

트위디 댁입니다. 전데요. Tweedy residence. This is she.

0524 영화 [Twins] 중에서

전화 좀 받아. Pick up the phone.

Check 누군가로부터 집 전화로 전화 걸려 왔지만 다른 일 때문에 전화를 못 받는 경우 주위 사람에게 '전화 좀 받아.'라고 말하게 되는데요, 간단하게 Pick up the phone.처럼 표현합니다.

0525 영화 [Spider-Man : Far From Home] 중에서

전화 받아. Answer the phone.

0526 영화 [Big Miracle] 중에서

전화 왔어요. You have a phone call.

0527 영화 [Death Race 2] 중에서

☑□□ 전화기 좀 가져와! Get me the phone!

0528 영화 [Enemy Of The State] 중에서

☑□□ 지금 걸려온 전화 좀 받아야겠어. I gotta take this call.

0529 영화 [Wonder Woman] 중에서

☑□□ 나 전화 받고 있어요. I'm on the phone.

0530 영화 [Toy Story Of Terror] 중에서

☑□□ 당신 전화 좀 써도 괜찮을까요?
Would it be okay if I used your phone?

Check Would it be okay if I+과거동사?는 '제가 ~해도 괜찮을까요?'입니다. 그렇다고 해석까지 과거로 할 필요는 없어요. 즉 Would it be okay if I used your phone?는 '당신 전화 좀 써도 괜찮을까요?'예요.

0531 영화 [Gone In 60 Seconds] 중에서

☑□□ 전화 몇 통 하자고. Let's make a few phone calls.

0532 영화 [Crank 2 : High Voltage] 중에서

☑□□ 나 그 휴대폰이 필요해. I need that cell phone.

0533 영화 [Kate & Leopold] 중에서

☑□□ 전화해야겠어. I have to make a phone call.

0534 영화 [Die Hard 3 : Die Hard With A Vengeance] 중에서

☑□□ 전화 올 곳이 있어요. I'm expecting a call.

0535 영화 [Catch Me If You Can] 중에서

☑□□ 다시 전화할게요. I'm gonna call you back.

Check 전화 통화 중에 급한 일로 나중에 다시 전화하겠다고 하며 양해를 구할 때가 종종 생깁니다. I'm gonna call you back.은 '다시 전화할게요.'입니다. 숙어로 call back은 '다시 전화를 하다'예요.

0536 영화 [Foul Play] 중에서

☑□□ 바로 전화 줄게요. I'll call you right back.

0537 영화 [Bad Company] 중에서

☑□□ 다시 전화 할게요. I'll call you back.

0538 영화 [When A Stranger Calls] 중에서

☑□□ 그밖에 필요한 게 있으면 그냥 다시 전화해.
If you need anything else, just call back.

0539 영화 [Cars 3] 중에서

☑□□ 잊지 말고 나한테 전화해. Don't forget to call me.

0540 영화 [Hitch] 중에서

☑□□ 조만간 저에게 전화해요. Give me a ring sometime.

0541 영화 [Jack Reacher : Never Go Back] 중에서

☑□□ 오늘 밤에 전화할게요. I'll call you tonight.

0542 영화 [Flyboys] 중에서

☑□□ 내가 어떻게 너에게 연락할까? How will I reach you?

0543 영화 [A Star Is Born] 중에서

제 전화번호 있잖아요. You have my number.

Check 어떻게 하면 다시 만날 수 있을지 상대방이 물어올 때 You have my number.라고 하면 '제 전화번호 있잖아요.'의 뜻입니다. 여기서 명사 number는 phone number(전화번호)를 나타내는 거예요.

0544 영화 [Daylight] 중에서

혹시 당신에게 전화해도 될까요?
I was wondering if maybe I could give you a call.

0545 영화 [Spy] 중에서

제 전화번호 여기 있어요. Here is my phone number.

0546 영화 [Bridge Of Spies] 중에서

어디로 전화 연결해 드릴까요? How may I direct your call?

Check 외부에서 전화가 오면 누굴 찾는지 또는 용건이 뭔지 먼저 물어보게 되는데요, 이럴 때 How may I direct your call?이라고 하면 '어디로 전화 연결해 드릴까요?'의 뜻인 거예요.

0547 영화 [When In Rome] 중에서

그녀와 전화 연결해줘. Patch her through.

0548 영화 [The Last House On The Left] 중에서

전화가 끊겨서 들려요. You're breaking up.

Check 누군가와의 전화 통화 중에 기술적인 문제로 상대방의 목소리가 끊겨서 들릴 때 break up을 써서 You're breaking up.이라고 표현하는데요, '전화가 끊겨서 들려요.'의 의미예요.

0549 영화 [Legion] 중에서

네 전화가 끊겨 들리고 있어. Your phone is breaking up.

0550 영화 [Wonder Woman] 중에서

신호가 끊어져서 목소리가 안 들려요. I'm losing you.

Check 전화 통화 중에 기술적인 문제로 상대방의 목소리가 잘 안 들리면 I'm losing you. 라고 표현하죠. 직역하면 '당신을 잃고 있어요.'지만 전화 영어에서는 '신호가 끊어져서 목소리가 안 들려요.'라는 뜻으로 사용됩니다.

0551 영화 [Billy Lynn's Halftime Walk] 중에서

전화가 끊겼네요. We got cut off.

0552 영화 [The 5 Wave] 중에서

내 전화기가 먹통 됐어. My phone's not working.

0553 영화 [The Fifth Element] 중에서

전화 연결 상태가 안 좋아. We have a bad connection here.

0554 영화 [The Hills Have Eyes 2] 중에서

전파 방해가 너무 많아요. There's too much interference.

0555 영화 [Unstoppable] 중에서

내 말 듣고 있어? Are you there?

Check 전화 통화 중에 상대방이 아무런 대답도 없이 가만히 있으면 궁금한 나머지 '내 말 듣고 있어?'처럼 물어보게 됩니다. 영어로 Are you there?라고 하죠.

0556 영화 [The Happening] 중에서

휴대폰으로 줄리안과 통화가 안 돼.
I can't get Julian on his cell phone.

0557 영화 [Fred Claus] 중에서

그녀가 전화 안 받네요. She's not picking up the phone.

0558 영화 [Jack Reacher : Never Go Back] 중에서

통화 괜찮아? 전화 받기 곤란한 거야?
Did I catch you at a bad time?

Check 누군가에게 전화를 걸 때 상대방이 전화 통화가 가능한지 먼저 알고 싶다면 Did I catch you at a bad time?이라고 하면 돼요. '통화 괜찮아?', '전화 받기 곤란한 거야?'의 의미죠.

0559 영화 [Die Hard 3 : Die Hard With A Vengeance] 중에서

왜 전화가 통화 중이었지? Why was the phone busy?

0560 영화 [Clear And Present Danger] 중에서

계속 전화했어요. I've been calling.

0561 영화 [Million Dollar Arm] 중에서

하루 종일 계속 전화했어요. I tried calling you all day.

0562 영화 [Million Dollar Arm] 중에서

휴대폰으로 계속 통화 중이었어요.
I have been busy on my cell phone.

0563 영화 [Sliding Doors] 중에서

☑□□ 잠시 동안 나한테 전화하지 마. Don't phone me for a while.

Check 전화상으로 통화하기가 싫다면 잠시 전화하지 말라고 부탁하게 됩니다. 동사로 사용된 phone은 '전화하다'로 Don't phone me for a while.은 '잠시 동안 나한테 전화하지 마.'의 뜻이에요.

0564 영화 [War Of The Worlds] 중에서

☑□□ 집 전화로 전화하지 마. Don't call the house line.

0565 영화 [Enemy Of The State] 중에서

☑□□ 내 전화 끊지 마. Don't hang up on me.

0566 영화 [Jurassic World : Fallen Kingdom] 중에서

☑□□ 잠깐만 기다려주시겠어요?
Would you mind holding for a second?

Check 전화 통화 중에 상대방에게 전화 끊지 말고 잠시만 기다려 달라고 부탁할 때가 종종 있어요. Would you mind holding for a second?라고 하죠. 의미는 '잠깐만 기다려주시겠어요?'입니다.

0567 영화 [Fast & Furious 4] 중에서

☑□□ 로슨과 방금 통화했어.
I just got off the phone with Lawson.

0568 영화 [Rampage] 중에서

☑□□ 알겠습니다. Copy that.

0569 영화 [Sneakers] 중에서

☑□□ 마음 바뀌면 이 번호로 전화해요.
If you change your mind, call us at this number.

SCENE# 13. 메시지

0570 영화 [The Cabin In The Woods] 중에서

메시지 좀 남겨도 될까요?
Can you take a message?

Check 전화 통화 중에 상대방에게 Can you take a message?라고 하면 '메시지 좀 남겨도 될까요?'입니다. 직역하면 '메시지를 받을 수 있어요?'로 자신의 메시지를 받는다는 것은 내가 메시지를 남길 수 있는지를 묻는 거죠.

0571 영화 [Kingsman : The Golden Circle] 중에서

메시지를 남기세요. Please leave a message.

0572 영화 [The Thirteenth Floor] 중에서

신호음이 울리면 메시지를 남겨주세요.
Please leave a message at the tone.

Check 때로는 부재중일 때 신호음 뒤에 메시지를 남기는 경우가 있습니다. Please leave a message at the tone.은 '신호음이 울리면 메시지를 남겨주세요.'입니다. 숙어로 leave a message는 '메시지를 남기다'예요.

0573 영화 [The 5 Wave] 중에서

집에 있을 때 나한테 문자 보내. Text me when you're home.

0574 영화 [Ant-Man] 중에서

나한테 문자 해. Text me.

Check '문자 보내다'를 영어로 어떻게 표현할까요? 동사 text로 말합니다. 요즘은 스마트폰에 다양한 웹이 있어 무료로 문자를 받고 보내고 그렇게 하고 있습니다. '나한테 문자 해.'를 Text me.라고 합니다.

0575 영화 [The Expendables] 중에서

문자 왔나 봐. I'm getting a text.

0576 영화 [Flighting] 중에서

당신 문자 받았어요. I got your text.

0577 영화 [The 5 Wave] 중에서

네 문자 메시지 못 봤어.
I haven't looked at your text messages.

0578 영화 [In The Valley Of Elah] 중에서

그것들을 이메일로 보내줄 수 있어?
Can you e-mail them to me?

MEMO)

영화 [White House Down] 중에서

0007 Who is this? (전화상에서) 누구시죠?

전화가 걸려오면 수화기를 들고 나서 '누구세요?'라고 묻게 됩니다. 전화상에서는 Who is this? 또는 Who's calling?이라고 표현해요.

A Hello, this is Carol Finnerty. Who is this?

B It's me, Carol. You should've called already.

A 여보세요, 캐럴 핀너티입니다. 누구시죠?

B 나야, 캐럴. 진작 전화했어야지 말이야.

영화 [Once] 중에서

0008 Hang on a second. 잠깐만요, 잠시 기다리세요.

하고 있던 동작을 잠시만 멈추라고 할 때나 전화를 끊지 않고 기다리고 있으라고 할 때 사용합니다. Hang on a second.라고 하면 '잠깐만요.', '잠시 기다리세요.'의 뜻이에요. 명사 second는 여기서 '(시간) 초'가 아닌 '잠깐'의 의미입니다.

A Just hang on a second. Okay. Are we ready?

B Yeah. Let's go.

A 잠깐만. 됐어. 준비됐어?

B 응. 시작해.

영화 [Skyline] 중에서

0009 I gotta go. 이제 가야겠어요, 전화 끊어야겠어요.

급한 일로 지금 자리를 떠야 할 경우, '이제 가야겠어요.'로 I gotta go.라고 합니다. 때로는 전화 통화 중에 '전화 끊어야겠어요.'라고 할 때도 사용하죠. 통화 전까지 하던 일을 끝내기 위해 전화를 끊어야 한다는 뜻이에요.

A Listen, I gotta go. But I'm gonna check in with you every couple hours, okay?

B Promise me you'll be home soon?

A I promise.

A 잘 들어, 전화 끊어야겠어. 하지만 매 두 시간 마다 전화할게, 알았지?

B 곧 집에 온다고 약속하는 거지?

A 약속할게.

* promise 약속하다

할리우드 영어표현

Unit 05

MP3

잠이 보약입니다!

SCENE # 14 숙면

할리우드 표현 0579-0596

SCENE # 15 건강

할리우드 표현 0597-0646

SCENE# 14. 숙면

0579

영화 [Nim's Island] 중에서

☑□□ 잘 자요. Sleep tight.

Check 만남이 있으면 작별도 있기 마련이죠. 저녁 시간 때에 작별인사로 할 수 있는 말이 Sleep tight.입니다. '잘 자요.'라는 뜻이에요. 비슷한 의미로 tight 대신에 well을 넣어 Sleep well.처럼 표현하기도 해요.

0580

영화 [Non Stop] 중에서

☑□□ 잘 자요. Sleep well.

0581

영화 [Lone Survivor] 중에서

☑□□ 좋은 밤 되고. 잘 자. Enjoy the night. Sleep well.

0582

영화 [Lake Placid] 중에서

☑□□ 좀 주무시겠어요? Would you get some sleep?

Check 숙면과 관련된 표현 중에 하나인 get some sleep은 '잠 좀 자다'예요. 즉 Would you get some sleep?처럼 표현하면 '좀 주무시겠어요?'가 되는데요, 보통 Would you+동사?라고 하면 '~하시겠어요?'의 뜻입니다.

0583

영화 [Road To Perdition] 중에서

☑□□ 잠을 좀 자도록 해봐. Try to get some sleep.

0584

영화 [Non Stop] 중에서

☑□□ 좀 자야할 것 같아요.
I think that I'm going to try to get some sleep.

0585

영화 [The Yellow Handkerchief] 중에서

☑□□ 낮잠 좀 자야겠어. I gotta take a nap.

0586 영화 [How To Train Your Dragon] 중에서

난 자러 갈 거야. I'm off to bed.

Check 잘 시간이 됐다고 느껴지면 I'm off to bed.라고 하죠. '난 자러 갈 거야.'인데요, 숙어로 I'm off to~는 '나 이제 ~ 가볼게'라는 뜻이므로 '난 침대로 가볼게.'를 자연스럽게 의역하면 '난 자러 갈 거야.'가 되는 거죠.

0587 영화 [How To Train Your Dragon] 중에서

정말 자러 가야겠어요. I should really get to bed.

0588 영화 [Pan] 중에서

나 다시 자러 갈 거야. I'm going back to bed.

0589 영화 [The Last Samurai] 중에서

잠자리에 들 시간이야, 안 그래? It's about bedtime, isn't it?

0590 영화 [Green Lantern] 중에서

늦잠 자곤 했지. I used to sleep in.

Check 예전에는 그랬지만 지금은 더 이상 안 그렇다고 얘기할 때 I used to+동사. 패턴으로 말합니다. 숙어로 sleep in은 '늦잠 자다'이므로 I used to sleep in.은 '늦잠 자곤 했지.'입니다.

0591 영화 [Stomp The Yard] 중에서

밤새 한 숨도 못 잤어. I haven't slept all night.

0592 영화 [King Ralph] 중에서

지난밤 잘 못 잤어요. I didn't get much sleep last night.

0593 영화 [Monster VS Alien] 중에서

☑□□ 잠을 잘 못 자고 있었어. I haven't been sleeping well.

0594 영화 [The Curious Case Of Benjamin Button] 중에서

☑□□ 잠을 잘 못 자고 있었어요. I was having trouble sleeping.

0595 영화 [Kubo And The Two Strings] 중에서

☑□□ 너 잠꼬대하고 있었어. You were talking in your sleep.

Check 자면서 잠꼬대를 하는 사람이 우리 주변에 종종 있습니다. 영어로 '잠꼬대하다'를 talk in one's sleep이라고 하죠. 즉 You were talking in your sleep.은 '너 잠꼬대하고 있었어.'의 뜻입니다.

0596 영화 [Hancock] 중에서

☑□□ 그거 잘 생각해봐요, 알았죠? You sleep on it, all right?

MEMO)

SCENE# 15. 건강

0597 영화 [Yes Man] 중에서

건망증이 너무 심해졌어요.
I'm getting so forgetful.

Check 뭔가를 쉽게 잊고 지내는 사람들이 주위에 많아요. 그냥 나이 탓이라 말하죠. 형용사 forgetful은 '건망증이 있는'의 뜻으로 '건망증이 너무 심해졌어요.'를 네이티브들은 I'm getting so forgetful.처럼 표현해요.

0598 영화 [Switch] 중에서

☑□□ 나 포도에 알레르기가 있어. I'm allergic to grapes.

0599 영화 [Monsters, Inc.] 중에서

☑□□ 알레르기가 있어. I have allergies.

0600 영화 [The Kingdom] 중에서

☑□□ 차멀미를 해요. I get carsick.

Check 차를 타면 유난히 차멀미로 고생하는 사람이 있습니다. '차멀미를 해요.'를 네이티브들은 I get carsick.처럼 표현하죠.

0601 영화 [Need For Speed] 중에서

☑□□ 고소공포증이 있어요. I'm afraid of heights.

0602 영화 [X-Men : Wolverine] 중에서

☑□□ 머리가 아파요. I have a headache.

0603 영화 [Ice Age : Collision Course] 중에서

☑□□ 나 열이 있는 거 같아. I think I have a fever.

0604 영화 [Rent] 중에서

☑□□ 속이 안 좋아. My stomach doesn't feel right.

Check 전날 과음이나 과식하게 되면 그다음 아침에 속이 안 좋아질 수 있어요. 네이티브들은 My stomach doesn't feel right.처럼 얘기하는데요, 의미는 '속이 안 좋아.'입니다.

0605 영화 [Ice Age : Collision Course] 중에서

☑□□ 속이 메스꺼워. I'm getting nauseous.

0606 영화 [District 9] 중에서

☑□□ 좀 어지러워. I'm a bit dizzy.

0607 영화 [Night At The Museum 2] 중에서

☑□□ 내 코가 너무 가려워. My nose is so itchy.

0608 영화 [The Revenant] 중에서

☑□□ 발의 감각조차도 못 느끼겠어요. I can't even feel my feet.

Check 날씨가 너무 추우면 온몸이 꽁꽁 얼어붙어 몸의 감각조차도 느껴지지 않게 되죠. I can't even feel my feet.처럼 표현할 수도 있는데요, 그 뜻은 '발의 감각조차도 못 느끼겠어요.'이랍니다.

0609 영화 [Rescue Dawn] 중에서

☑□□ 발이 시려. My feet are cold.

0610 영화 [30 Days Of Night] 중에서

☑□□ 다리가 아파요. The leg hurts.

0611 영화 [True Grit] 중에서

다리 아파요. My leg hurts.

0612 영화 [Forrest Gump] 중에서

발이 아파요. My feet hurt.

0613 영화 [Run All Night] 중에서

난 깡말랐어, 난 비쩍 말랐어. I'm skinny.

Check 몸이 다른 사람과 비교해 볼 때 너무 말랐다고 생각되면 형용사 skinny를 사용해서 I'm skinny.라고 말합니다. 의미는 '난 깡말랐어.', '난 비쩍 말랐어.'예요.

0614 영화 [Black Panther] 중에서

나 건강해. I am in good health.

0615 영화 [Chicago] 중에서

난 몸매관리 중이야. I'm watching my figure.

0616 영화 [Getaway] 중에서

내 몸은 내가 챙겨야겠어요. I gotta take care of myself.

Check 타인보다는 나 자신이 더 중요하고 소중하다고 느껴질 때 '내 몸은 내가 챙겨야겠어요.'처럼 말하게 되죠. 영어로 I gotta take care of myself.인데요, 숙어로 take care of는 '돌보다'예요.

0617 영화 [Jumanji : Welcome To The Jungle] 중에서

내 목소리가 왜 이렇지? What's wrong with my voice?

0618 영화 [Hellboy] 중에서

아파든 말이야. It hurts.

0619 영화 [Elysium] 중에서

☑ □ □ 일하다가 다쳤어. I got hurt at work.

0620 영화 [Noah] 중에서

☑ □ □ 고통스러워. It is painful.

0621 영화 [Planet Of The Apes] 중에서

☑ □ □ 당신 때문에 골치 아파 죽겠어요.
You are giving me such a headache.

Check 상대방의 행실 때문에 괜히 짜증 나거나 머리 아파 힘들어할 때가 종종 생기고는 합니다. 이런 상황에서 You are giving me such a headache.라고 하면 '당신 때문에 골치 아파 죽겠어요.'가 되지요.

0622 영화 [The Life Before Her Eyes] 중에서

☑ □ □ 아프단 말이야! You're hurting me!

0623 영화 [The Wolfman] 중에서

☑ □ □ 건강이 회복되어 활동하는 걸 보니 기뻐.
It's good to see you up and around.

Check 질병으로 인해 안 좋았던 몸이 회복되어 다시 활동하는 모습을 up and around이라고 합니다. 그러므로 It's good to see you up and around.라고 하면 '건강이 회복되어 활동하는 걸 보니 기뻐.'라는 뜻이에요.

0624 영화 [Yes Man] 중에서

☑ □ □ 나이 들어가면서 그래. Happens with age.

0625 영화 [Noah] 중에서

☑ □ □ 아직도 아파? It still hurts?

0626 영화 [The Hunger Games : Catching Fire] 중에서

☑☐☐ 당신이 안 다쳤으면 좋겠어요. I don't want you to get hurt.

Check 앞으로 다치지 않기를 바랄 때 I don't want you to get hurt.처럼 말해요. 즉 '당신이 안 다쳤으면 좋겠어요.'입니다. 이와 반대로 I don't want you getting hurt.이라고 하면 '당신이 다치는 걸 원치 않아요.'로 과거에도 다쳤는데 또다시 다치는 걸 자신은 바라지 않는다는 속내가 담겨 있는 거예요.

0627 영화 [Ladder 49] 중에서

☑☐☐ 당신이 다치는 걸 원치 않아요.
I don't want you getting hurt.

0628 영화 [Rio] 중에서

☑☐☐ 쾌유를 빌어요! Get well soon!

Check 몸이 아파 병원에 입원하고 있는 지인을 찾아가 안부를 묻고 난 뒤 '쾌유를 빌어요!' 처럼 말하게 되는데요, Get well soon!처럼 표현하죠.

0629 영화 [Surrogates] 중에서

☑☐☐ 두통은 어때? How's the headache?

0630 영화 [Alvin And The Chipmunks 2] 중에서

☑☐☐ 이게 통증에 도움될 거야. This should help with the pain.

0631 영화 [Madagascar : Escape 2 Africa] 중에서

☑☐☐ 무리하지 말아요. Don't strain yourself.

Check 너무 무리하게 행동하면 몸에 좋을 게 없습니다. Don't strain yourself.라고 하면 '무리하지 말아요.'인데요, 동사 strain은 '혹사하다', '무리를 주다'로 직역하면 '자신을 혹사시키지 마.'가 되는 거죠.

0632 영화 [Predator] 중에서

☑☐☐ 너무 무리하지 마. Make it easy on yourself.

0633 영화 [The Rookie] 중에서

☑☐☐ 너무 애쓰지 마요, 너무 힘쓰지 마요, 너무 무리하진 마요.
Don't hurt yourself.

0634 영화 [AVP : Alien Vs Predator] 중에서

☑☐☐ 심호흡을 천천히 하셔야 해요.
You have to slow your breathing down.

0635 영화 [Quarantine] 중에서

☑☐☐ 넌 좀 아픈 것 같아. You sound a little sick yourself.

0636 영화 [Puss In Boots] 중에서

☑☐☐ 네 목소리가 좀 이상해. You sound weird.

0637 영화 [The King's Speech] 중에서

☑☐☐ 당신은 기억력이 안 좋으시군요. You have a short memory.

Check 방금 전에 얘기해 준 말을 상대방이 금방 잊어버리게 되면 걱정되는 말투로 '당신은 기억력이 안 좋으시군요.'라고 말할 수 있어요. 명사 memory를 활용해서 You have a short memory.처럼 표현합니다.

0638 영화 [White House Down] 중에서

☑☐☐ 설마 폐쇄 공포증 있으신 건 아니겠죠?
Don't tell me you're claustrophobic?

0639 영화 [Deadpool] 중에서

아프겠다. That must hurt.

0640 영화 [Cars 2] 중에서

간지러워. That tickles.

0641 영화 [Eraser] 중에서

좌석 밑에 구급상자가 있어요.
There's a first-aid kit under your seat.

0642 영화 [The Benchwarmers] 중에서

코 좀 그만 후벼, 코 좀 그만 파. Quit picking your nose.

0643 영화 [Twister] 중에서

몸은 어떠신지 알고 싶어요. I want to see how you are.

Check 상대방에게 I want to see how you are.처럼 물어보면 그 의미는 '몸은 어떠신지 알고 싶어요.'입니다. 즉 현재 건강 상태가 어떤지 궁금해서 묻는 표현이에요.

0644 영화 [Project Almanac] 중에서

네 입 냄새 한번 맡아볼게. Let me smell your breath.

0645 영화 [Transformers : The Last Knight] 중에서

체중이 얼마나 나가요? How much do you weigh?

0646 영화 [Blue Thunder] 중에서

살 빠지고 있는 거예요? Are you losing weight?

할리우드 영어표현

Unit 06

MP3

식사 같이 하실래요?

SCENE # 16 흡연

할리우드 표현 0647-0650

SCENE # 17 음주

할리우드 표현 0651-0692

SCENE # 18 식사

할리우드 표현 0693-0749

SCENE # 19 음료

할리우드 표현 0750-0771

SCENE# 16. 흡연

0647 영화 [Redbelt] 중에서

☑□□ 담배 좀 꺼. Put the cigarette out.

Check 흡연 장소가 아닌 곳에서 담배를 피우는 친구나 지인에게 '담배 좀 꺼.'라고 말하게 되죠. 간단하게 Put the cigarette out.처럼 표현합니다. 여기서 put out은 무언가 태우면서 일어나는 불을 '끄다'라는 뜻이에요.

0648 영화 [Superman Returns] 중에서

☑□□ 정말 담배 피우면 안 돼. You really shouldn't smoke.

0649 영화 [Astro Boy] 중에서

☑□□ 흡연석 드릴까요, 금연석 드릴까요?
Smoking or non-smoking?

0650 영화 [Blood Diamond] 중에서

☑□□ 담배 한 대 줄까요? Can I offer you a cigarette?

MEMO)

SCENE# 17. 음주

0651 영화 [Broken : A Musical] 중에서

맥주 한 잔 하자. Let's grab a beer.

Check 아는 지인이나 친구를 만날 때 상황에 따라서는 술 한 잔 하면서 대화하자고 제안할 수 있어요. 이때 Let's grab a beer.라고 하면 '맥주 한 잔 하자.'입니다. 숙어로 grab a beer는 '맥주 한 잔 하다'예요.

0652 영화 [Pacific Rim : Uprising] 중에서

술 한 잔 할래? Want a drink?

0653 영화 [Fantastic 4] 중에서

우리 술 한 잔 더해야 할 것 같아.
It looks like we need another refill.

0654 영화 [Star Trek] 중에서

한 잔 더 줄래요? Can I get another one?

0655 영화 [The Fast And The Furious] 중에서

맥주 한 병 줄까? You want a beer?

0656 영화 [The Punisher] 중에서

술 한 잔 하자. Let's get a drink.

0657 영화 [Max Payne : Harder Cut] 중에서

퇴근 후 맥주 한 잔 어때?
What do you say we grab a beer after work or something?

Check 직장 동료에게 퇴근 후에 맥주라도 한 잔 하면서 못다 한 얘기 나누는 게 어떠냐고 제안하고 싶을 때 What do you say we grab a beer after work or something?이라고 합니다. '퇴근 후 맥주 한 잔 어때?'의 뜻이죠.

0658 영화 [Flyboys] 중에서

☑□□ 나랑 술 한 잔 할까?

Would you care to share a glass with me?

0659 영화 [007 : The World Is Not Enough] 중에서

☑□□ 우리 술 한 잔 하는 게 나을 것 같아.

I think you and I had better have a drink.

0660 영화 [Coyote Ugly] 중에서

☑□□ 술 한 잔 하셔도 괜찮을 것 같네요.

You look like you could use a shot.

0661 영화 [Central Intelligence] 중에서

☑□□ 내가 살게. I'm buying.

Check 아는 지인들과 술 한 잔 생각나 '내가 살게.'라고 먼저 제안할 수 있습니다. 간단하게 I'm buying.처럼 표현하면 되죠. 즉 술이나 음식을 자신이 계산하겠다고 할 때 자주 사용되는 말이랍니다.

0662 영화 [Havana] 중에서

☑□□ 술 한 잔 사도 돼요? Can I buy you a drink?

0663 영화 [Kingsman : The Golden Circle] 중에서

☑□□ 내가 술 한 잔 살게. Let me buy you a drink.

Check 가끔은 아는 지인들에게 술대접을 하고 싶을 때가 있어요. Let me buy you a drink.는 '내가 술 한 잔 살게.'로 조동사 can을 활용해서 Can I buy you a drink? 처럼 말하면 '술 한 잔 사도 돼요?'입니다.

0664 영화 [Semi-Pro] 중에서

☑□□ 내가 술 살게. Drinks on me.

0665 영화 [The Fast And The Furious : Tokyo Drift] 중에서

내가 한 잔 살게. Get you a drink on me.

0666 영화 [Town] 중에서

제가 술 한 잔 사는 게 어떨까요?
Why don't you let me buy you a drink?

0667 영화 [Wild Hogs] 중에서

이것들은 내가 계산할게요. These are on me.

0668 영화 [Coyote Ugly] 중에서

무료예요. It's on the house.

Check 술집이나 식당에서 무료로 손님에게 술이나 음식을 제공하면서 It's on the house.라고 하면 '무료예요.'의 의미입니다. 명사 house는 '집'이 아니라 '술집', '식당'을 뜻하며 on the house는 '무료로 제공되는'이에요.

0669 영화 [Invincible] 중에서

다음 잔은 공짜입니다. Next round's on the house.

0670 영화 [Jaws] 중에서

난 완전히 취했어, 난 완전히 필름 끊겼어.
I was so passed out.

Check 술에 너무 취해 아무것도 기억나지 않을 때 '난 완전히 취했어.', '난 완전히 필름 끊겼어.'처럼 말하는데요, 네이티브들은 I was so passed out.이라고 하죠. 여기서 pass out은 '기절하다', '술에 떨어지다'입니다.

0671 영화 [The Social Network] 중에서

내가 좀 취했어. I'm a little intoxicated.

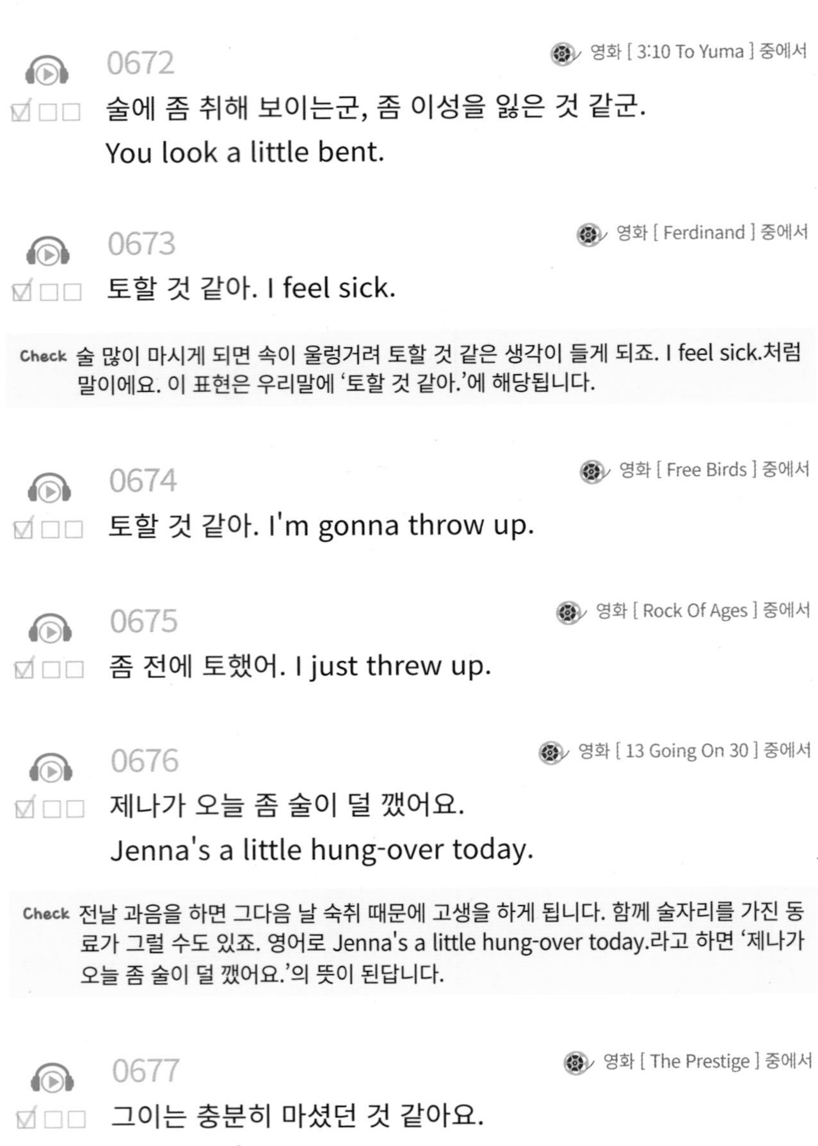

0672 영화 [3:10 To Yuma] 중에서

술에 좀 취해 보이는군, 좀 이성을 잃은 것 같군.

You look a little bent.

0673 영화 [Ferdinand] 중에서

토할 것 같아. I feel sick.

Check 술 많이 마시게 되면 속이 울렁거려 토할 것 같은 생각이 들게 되죠. I feel sick.처럼 말이에요. 이 표현은 우리말에 '토할 것 같아.'에 해당됩니다.

0674 영화 [Free Birds] 중에서

토할 것 같아. I'm gonna throw up.

0675 영화 [Rock Of Ages] 중에서

좀 전에 토했어. I just threw up.

0676 영화 [13 Going On 30] 중에서

제나가 오늘 좀 술이 덜 깼어요.

Jenna's a little hung-over today.

Check 전날 과음을 하면 그다음 날 숙취 때문에 고생을 하게 됩니다. 함께 술자리를 가진 동료가 그럴 수도 있죠. 영어로 Jenna's a little hung-over today.라고 하면 '제나가 오늘 좀 술이 덜 깼어요.'의 뜻이 된답니다.

0677 영화 [The Prestige] 중에서

그이는 충분히 마셨던 것 같아요.

I think he's had quite enough.

0678 영화 [Vampire Hunter] 중에서

그 정도면 충분히 술 마신 거 아냐?

Haven't you had enough?

0679 영화 [The Three Musketeers] 중에서

☑☐☐ 넌 술 충분히 마셨어. I think you've had enough.

0680 영화 [Jerry Maguire] 중에서

☑☐☐ 건배! Cheers!

Check 술 마시기 전에 함께 하는 이들에게 건배 잔을 하자고 제안하고 싶어집니다. 영어로 Cheers!는 '건배!'라는 의미예요.

0681 영화 [Sleepless In Seattle] 중에서

☑☐☐ 건배를 제안하고 싶어요. I would like to propose a toast.

0682 영화 [Cars 2] 중에서

☑☐☐ 우리 건배합시다. Let us have a toast.

0683 영화 [Django : Unchained] 중에서

☑☐☐ 건배를 제안해도 될까요? May I propose a toast?

0684 영화 [Bohemian Rhapsody] 중에서

☑☐☐ 뭘 드릴까요? 주문하시겠어요? What can I get for you?

Check 술집이나 식당을 찾은 손님에게 직원이 다가가서 '뭘 드릴까요?', '주문하시겠어요?' 라고 할 때 What can I get for you?처럼 말합니다.

0685 영화 [Hitman Agent 47] 중에서

☑☐☐ 신분증 좀 보여 주시겠어요? Can I see some ID, please?

0686 영화 [Backdraft] 중에서

☑☐☐ 맥주 한 병 주시겠어요? Can I have a beer, please?

0687 영화 [Gone In 60 Seconds] 중에서

한 잔 더 갖다줄래요? Can I get another shot?

0688 영화 [The Legend Of Extraordinary Gentlemen] 중에서

난 술을 잘 못해요. I'm not much of a drinker.

Check 영어에서 'not much of a+명사'라고 하면 '대단한 ~이 아닌'의 뜻이에요. 다시 말해서 I'm not much of a drinker.는 '난 술을 잘 못해요.'로, 술에는 자신이 없다는 얘기인 거죠.

0689 영화 [Under Siege 2 : Dark Territory] 중에서

난 혼자 술 마시는 거 안 좋아해요. I don't like drinking alone.

0690 영화 [Sweeney Todd : The Demon Barber Of Fleet Street] 중에서

단숨에 들이켜. Drink it down.

Check 술처럼 주류를 단숨에 마시라고 할 때 Drink it down.이라고 하죠. 여기서 대명사 it은 제공되는 술을 의미하는데요, 직역하면 '술을 아래까지 다 마셔.'지만 의역하면 '단숨에 들이켜.'가 되지요.

0691 영화 [Transporter 2] 중에서

술 마시고 있었던 거야? Have you been drinking?

0692 영화 [Terminator 3 : Rise Of The Machines] 중에서

맥주 숨겨. Hide the beer.

SCENE# 18. 식사

0693 영화 [It Could Happen To You] 중에서

☑□□ 배고파 죽겠어. I'm starving.

Check 하루 종일 아무것도 먹지 않은 상태라면 배가 너무 고파 짜증이 날 수 있어요. 영어로 I'm starving.는 '배고파 죽겠어.'로 동사 starve는 '배고프다', '굶주리다'의 뜻이죠.

0694 영화 [Kingsman : The Secret Service] 중에서

☑□□ 배고파 죽을 지경이야. I'm famished.

0695 영화 [Battle : Los Angeles] 중에서

☑□□ 식사 좀 해, 음식 좀 먹어. Get some chow in you.

0696 영화 [Lion King] 중에서

☑□□ 배가 불러. I'm stuffed.

Check 음식을 많이 먹었다면 '배가 불러.'라고 하죠. 영어로는 I'm stuffed.입니다. 마치 위를 음식물로 꽉꽉 채워놓은 것을 비유한 말이에요. 부사 still을 넣어 I'm still stuffed.라고 하면 '나 아직도 배가 불러.'가 되지요.

0697 영화 [Erin Brockovich] 중에서

☑□□ 나 아직도 배가 불러. I'm still stuffed.

0698 영화 [I Am Legend] 중에서

☑□□ 음식 식기 전에 드세요. Don't let it get cold.

Check 초대한 사람에게 정성 들여 차린 음식을 대접하며 '음식 식기 전에 드세요.'라고 한마디 덧붙이죠. 네이티브들은 Don't let it get cold.라고 합니다. 음식이(it) 식도록 내버려 두지 말고 빨리 먹으라는 얘기인 거예요.

0699 영화 [The Game Plan] 중에서

☑□□ 음식 식기 전에 먹는 편이 좋겠어.
You'd better eat your food before it gets cold.

0700 영화 [Blade Runner] 중에서

아침 식사하는 게 어때요? How about some breakfast?

Check 아침에 찾아온 손님에게 식사를 했는지 물어본 뒤 안 했다면 How about some breakfast?처럼 제안할 수 있어요. '아침 식사하는 게 어때요?'의 뜻입니다.

0701 영화 [Real Steel] 중에서

우선 아침밥이나 먹자. Let's do breakfast first.

0702 영화 [Alvin And The Chipmunks] 중에서

아침 식사는 포함됐나요? Is breakfast included?

0703 영화 [Speed Racer] 중에서

제가 아침 식사를 방해했군요.

I seem to have interrupted your breakfast.

0704 영화 [Colombiana] 중에서

평소에 아침밥 안 먹어요. I don't eat breakfast.

0705 영화 [XXX : State Of The Union] 중에서

만나서 점심할 사람이 있어요.

I'm meeting someone for lunch.

Check 누군가를 만나 점심을 함께 할 사람이 있다고 할 때 I'm meeting someone for lunch.라고 합니다. 직역하면 '점심 식사 때문에 누군가를 만날 겁니다.'지만 의역하면 '만나서 점심할 사람이 있어요.'이죠.

0706 영화 [Foul Play] 중에서

점심 먹으면서 얘기해줄게. I'll tell you at lunch.

0707 영화 [Lion] 중에서

점심 준비 안 했어. I didn't make lunch.

0708 영화 [Alvin And The Chipmunks] 중에서

나 점심 먹으로 가야겠어. I've got a lunch to go to.

0709 영화 [Big Hero 6] 중에서

저녁은 제가 살게요. Dinner is on me.

Check 가끔은 친구나 동료에게 식사를 한 턱 내고 싶을 때가 있어요. Dinner is on me.라고 하면 '저녁은 제가 살게요.'의 뜻이죠. 저녁을 자신이 부담하겠다는 의미예요.

0710 영화 [Rent] 중에서

저녁 좀 같이 할 수 있을까 생각했어.

I thought maybe we could all grab some dinner.

0711 영화 [From Paris With Love] 중에서

저녁으로 뭐 먹지? What are we eating for dinner?

0712 영화 [Frankenweenie] 중에서

저녁 준비됐어. Dinner's ready.

0713 영화 [Enemy Of The State] 중에서

오늘밤 저녁 먹고 갈 거야?

Are you staying for dinner tonight?

Check 저녁 먹을 시간이 되었을 때 집을 찾아온 친구에게 Are you staying for dinner tonight?처럼 말 건넬 수 있어요. '오늘밤 저녁 먹고 갈 거야?'로 stay for dinner는 '저녁 먹고 가다'입니다.

0714 영화 [Bohemian Rhapsody] 중에서

저녁 먹고 가. Stay for dinner.

0715 영화 [Beauty And The Beast (2017)] 중에서

저녁 같이 할래요? Will you join me for dinner?

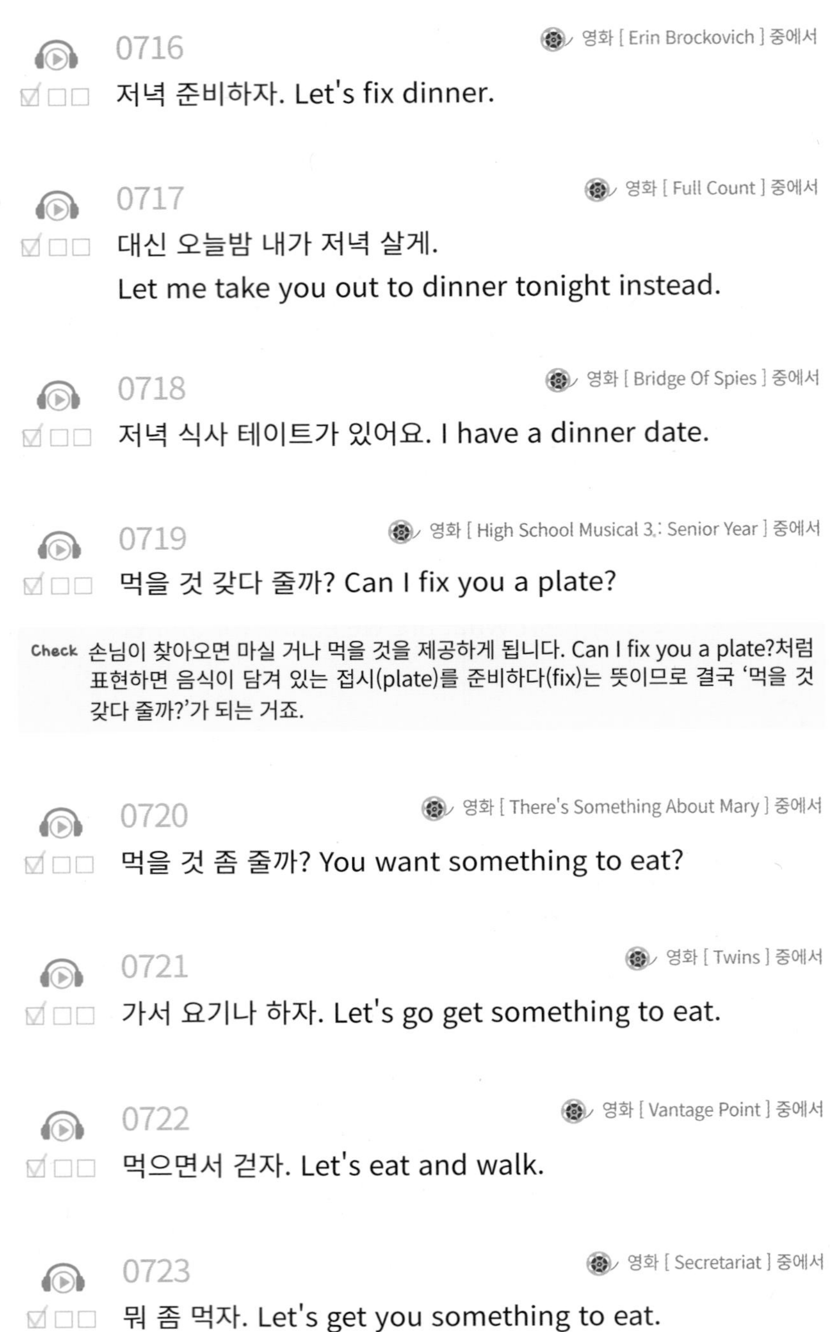

0716 영화 [Erin Brockovich] 중에서

저녁 준비하자. Let's fix dinner.

0717 영화 [Full Count] 중에서

대신 오늘밤 내가 저녁 살게.
Let me take you out to dinner tonight instead.

0718 영화 [Bridge Of Spies] 중에서

저녁 식사 데이트가 있어요. I have a dinner date.

0719 영화 [High School Musical 3 : Senior Year] 중에서

먹을 것 갖다 줄까? Can I fix you a plate?

Check 손님이 찾아오면 마실 거나 먹을 것을 제공하게 됩니다. Can I fix you a plate?처럼 표현하면 음식이 담겨 있는 접시(plate)를 준비하다(fix)는 뜻이므로 결국 '먹을 것 갖다 줄까?'가 되는 거죠.

0720 영화 [There's Something About Mary] 중에서

먹을 것 좀 줄까? You want something to eat?

0721 영화 [Twins] 중에서

가서 요기나 하자. Let's go get something to eat.

0722 영화 [Vantage Point] 중에서

먹으면서 걷자. Let's eat and walk.

0723 영화 [Secretariat] 중에서

뭐 좀 먹자. Let's get you something to eat.

0724 영화 [Iron Man 3] 중에서

간단히 먹었어. I had a quick bite.

Check 식사할 시간이 충분치 않으면 그냥 가볍게 먹게 됩니다. 숙어로 have a quick bite은 '간단히 요기하다'로 I had a quick bite.처럼 표현하면 그 의미는 '간단히 먹었어.'가 되지요.

0725 영화 [Catch Me If You Can] 중에서

한 입 먹어볼래요? You want a bite?

0726 영화 [How To Train Your Dragon] 중에서

고마운데 난 괜찮아. No, thanks. I'm good.

0727 영화 [Once] 중에서

마음껏 드세요. Help yourselves.

Check 손님들을 집에 초대하고 나서 차린 음식을 '마음껏 드세요.'라고 한마디 건네게 됩니다. 이런 상황에서 Help yourselves.처럼 말하는데요, 찾아온 사람이 여러 명일 때 yourselves처럼 복수형을 쓰면 되죠.

0728 영화 [Terminator : Salvation] 중에서

마음껏 먹어. 다 먹어. Help yourself. Eat up.

0729 영화 [50 First Dates] 중에서

식사 잘하세요, 맛있게 드세요. Have a good meal.

Check 맛있는 음식을 먹게 되면 기분이 절로 좋아지게 됩니다. 식사를 하려는 사람에게 Have a good meal.이라고 하면 '식사 잘하세요.' 또는 '맛있게 드세요.'의 뜻이랍니다.

0730 영화 [Glory] 중에서

음식은 어때요? How is your meal?

0731 영화 [Lion] 중에서

☑□□ 냄새 너무 좋아요. It smells so good.

0732 영화 [Cars 2] 중에서

☑□□ 너무 맛있어요. It tastes so good.

0733 영화 [Final Destination 5] 중에서

☑□□ 내가 그거 맛볼게. Let me taste it.

0734 영화 [Django : Unchained] 중에서

☑□□ 영업하려면 한 시간 남았어요.

We won't be open for another hour.

Check 아직 식당 영업시간 전까지는 한 시간이 남았다고 할 때 We won't be open for another hour.식으로 표현할 수 있어요. 의미는 '영업하려면 한 시간 남았어요.'입니다.

0735 영화 [Passengers] 중에서

☑□□ 예약하기가 쉽지 않았어요.

It wasn't easy getting a reservation.

0736 영화 [S.W.A.T.] 중에서

☑□□ 술 첫 잔은 공짜예요. First round's on the house.

Check 술집 같은 곳에서 마시는 술을 손님이 계산하지 않고 무료로 제공될 때 be on the house.라는 표현을 씁니다. 즉 First round's on the house.는 '술 첫 잔은 공짜예요.'의 뜻이랍니다.

0737 영화 [The Last Witch Hunter] 중에서

☑□□ 영수증 받아 올게요. I'll get a receipt.

0738 — 영화 [Terminator 3 : Rise Of The Machines] 중에서

☑ □ □ 그거 계산하실 건가요? Are you gonna pay for that?

0739 — 영화 [Ultraviolet] 중에서

☑ □ □ 메뉴가 뭔지 물어봐도 될까요?

Mind if I ask what's on the menu?

Check 레스토랑 같은 곳에 가서 음식을 주문하기 전에 어떤 메뉴가 있는지 궁금해서 직원에게 '메뉴가 뭔지 물어봐도 될까요?'라고 얘기할 수 있습니다. 영어로는 Mind if I ask what's on the menu?라고 하죠.

0740 — 영화 [The Wild] 중에서

☑ □ □ 메뉴가 뭐야? What's on the menu?

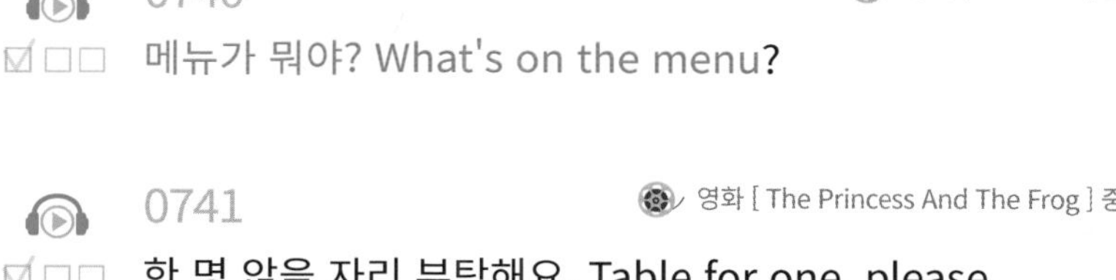

0741 — 영화 [The Princess And The Frog] 중에서

☑ □ □ 한 명 앉을 자리 부탁해요. Table for one, please.

0742 — 영화 [The Road] 중에서

☑ □ □ 그들은 음식이 다 떨어졌어. They ran out of food.

0743 — 영화 [The Island] 중에서

☑ □ □ 그냥 아무 거나요. Surprise me.

Check 식당 같은 곳에서 메뉴를 선택하는 데 좀 어려워하는 사람에게 결정 장애가 있다고 하죠. 직원에게 Surprise me.라고 하면 '그냥 아무 거나요.'처럼 당신이 결정해서 주는 대로 먹겠다는 얘기랍니다.

0744 — 영화 [My Bloody Valentine] 중에서

☑ □ □ 잠깐 쓰레기 버리고 올게.

I'm just taking the garbage out.

0745 영화 [Monster House] 중에서

☑☐☐ 과자 안 주면 장난칠 거예요. Trick or treat.

0746 영화 [Project Almanac] 중에서

☑☐☐ 식탁 좀 치워. Clean off the table.

0747 영화 [Kubo And The Two Strings] 중에서

☑☐☐ 음식 가지고 꼭 장난쳐야겠어?
Must you play with your food?

Check 유난히 먹는 음식 가지고 장난치기를 좋아하는 아이들이 있어요. 이때 훈계조로 '음식 가지고 꼭 장난쳐야겠어?'처럼 말하게 되는데요, Must you play with your food?라고 하면 되지요.

0748 영화 [Signs] 중에서

☑☐☐ 내가 샌드위치 만들게. I'll make sandwiches.

0749 영화 [Stuber] 중에서

☑☐☐ 아직도 그거 먹고 있는 거야? Are you still eating that?

SCENE# 19. 음료

0750 영화 [The Book Of Eli] 중에서

뭘로 드릴까요? 어떻게 해드릴까요?
What will it be?

Check 영어로 What will it be?는 상황에 따라 뜻이 좀 달라집니다. 예를 들어 마실 것은 '뭘로 드릴까요?' 또는 미용실에서 머리를 '어떻게 해드릴까요?'처럼 말입니다.

0751 영화 [The Water Horse : Legend Of The Deep] 중에서

뭘 마시겠어요? What will you have?

0752 영화 [Bridge Of Spies] 중에서

커피 좀 먼저 주세요, 커피부터 좀 마실게요.
I'll start with some coffee, please.

Check 마시고 싶은 게 커피일 경우 '커피 좀 먼저 주세요.' 또는 '커피부터 좀 마실게요.'처럼 부탁하면 됩니다. 이를 영어로 I'll start with some coffee, please.라고 하죠.

0753 영화 [The Fast And The Furious] 중에서

카페인 있는 거요, 없는 거요? Regular or decaf?

0754 영화 [Charlie's Angels] 중에서

카푸치노 한 잔 갖다 줄래요? Can I get a cappuccino?

0755 영화 [Megamind] 중에서

커피나 한 잔 하죠. Let's just get a coffee or something.

0756 영화 [Colombiana] 중에서

5분 쉬면서 커피나 한잔 해. Take a five-minute coffee break.

Check 잠깐 쉬면서 커피 마시자고 제안할 때 사용하는 말이 Take a five-minute coffee break.입니다. 앞에 let's를 넣어 말하면 되죠. 뜻은 '5분 쉬면서 커피나 한잔 해.'인데요, 꼭 커피만 마시는 것을 의미하지는 않아요.

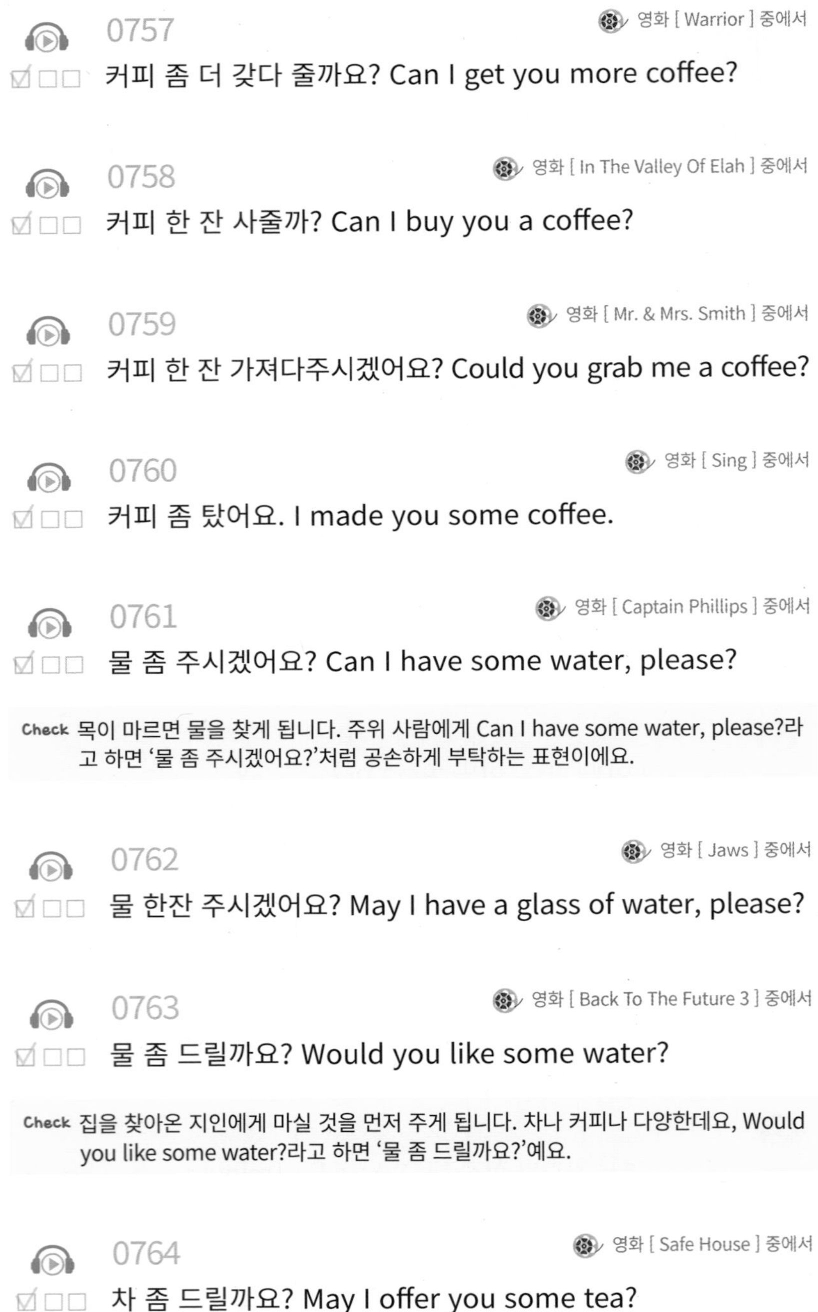

0757 영화 [Warrior] 중에서

커피 좀 더 갖다 줄까요? Can I get you more coffee?

0758 영화 [In The Valley Of Elah] 중에서

커피 한 잔 사줄까? Can I buy you a coffee?

0759 영화 [Mr. & Mrs. Smith] 중에서

커피 한 잔 가져다주시겠어요? Could you grab me a coffee?

0760 영화 [Sing] 중에서

커피 좀 탔어요. I made you some coffee.

0761 영화 [Captain Phillips] 중에서

물 좀 주시겠어요? Can I have some water, please?

Check 목이 마르면 물을 찾게 됩니다. 주위 사람에게 Can I have some water, please?라고 하면 '물 좀 주시겠어요?'처럼 공손하게 부탁하는 표현이에요.

0762 영화 [Jaws] 중에서

물 한잔 주시겠어요? May I have a glass of water, please?

0763 영화 [Back To The Future 3] 중에서

물 좀 드릴까요? Would you like some water?

Check 집을 찾아온 지인에게 마실 것을 먼저 주게 됩니다. 차나 커피나 다양한데요, Would you like some water?라고 하면 '물 좀 드릴까요?'예요.

0764 영화 [Safe House] 중에서

차 좀 드릴까요? May I offer you some tea?

0765 영화 [Oz : The Great And Powerful] 중에서

차 좀 갖다 드릴게요. I'll get you some tea.

0766 영화 [The Yellow Handkerchief] 중에서

뭐 좀 줄까요? Can I get you something?

Check 아는 지인을 집에 초대하게 되면 편히 쉬라고 하며 Can I get you something?처럼 말하게 됩니다. '뭐 좀 줄까요?'로 something 다음에 to eat이나 to drink를 덧붙여 좀 더 구체적으로 물어볼 수 있어요.

0767 영화 [King Arthur] 중에서

가서 마실 것 좀 가져와. Go get us something to drink.

0768 영화 [Gone In 60 Seconds] 중에서

마실만한 시원한 게 필요해. I need something cold to drink.

0769 영화 [Knight And Day] 중에서

그거 한 모금 마셔. Take a sip of that.

0770 영화 [Life Of Pi] 중에서

목마르겠구나. You must be thirsty.

0771 영화 [Repomen] 중에서

병째로 마시지 마. Don't drink out of the bottle.

Check 목이 너무 말라 물을 마셔야 하는데 냉장고 안에 보관해 둔 물병을 컵에 따라 마시고 않고 병째로 마시려고 하면 누군가로부터 Don't drink out of the bottle. 말을 듣게 됩니다. 이 말의 뜻은 '병째로 마시지 마.'입니다.

할리우드 영어표현

Unit 07

MP3

참 잘했어요!

SCENE # 20 행운

할리우드 표현 0772-0791

SCENE # 21 안도감

할리우드 표현 0792-0809

SCENE # 22 놀람

할리우드 표현 0810-0845

SCENE # 23 칭찬

할리우드 표현 0846-0903

SCENE # 24 격려

할리우드 표현 0904-0969

SCENE# 20. 행운

0772 영화 [Die Hard 2 : Die Harder] 중에서

☑□□ 행운을 빌어줘요. Wish me luck.

Check 면접이 있거나 중요한 모임이 있다면 괜스레 긴장되고 초조해집니다. 이때 누군가에게 Wish me luck.이라고 말하면 그 뜻은 '행운을 빌어줘요.'가 되는 거죠. 대명사 me 대신에 us를 넣어 Wish us luck.처럼 표현할 수도 있어요. 의미는 '우리에게 행운을 빌어주세요.'입니다.

0773 영화 [The Aeronauts] 중에서

☑□□ 행운을 빌어요! Best of luck!

0774 영화 [Independence : Resurgence] 중에서

☑□□ 우리에게 행운을 빌어주세요. Wish us luck.

0775 영화 [Shrek The Third] 중에서

☑□□ 행운을 빌어요. Break a leg.

Check 경기나 공연을 앞둔 사람에게 Break a leg.이라고 하면 '행운을 빌어요.'라는 뜻입니다. 직역하면 '다리 부서져라.'처럼 무섭게 들리는데요, 이 표현은 역설적으로 한 말입니다.

0776 영화 [Monkey Shines] 중에서

☑□□ 행운을 빌어요. Good luck to you.

0777 영화 [Resident Evil : Apocalypse] 중에서

☑□□ 운 좋은 날이군. It's your lucky day.

Check 왠지 상황이 더 나빠질 것으로 예상했는데 이와는 반대로 좋게 마무리되었다면 '운 좋은 날이군.'이라고 하며 안도의 한숨을 쉬게 됩니다. 남이 그렇다면 It's your lucky day.라고 얘기하게 되죠.

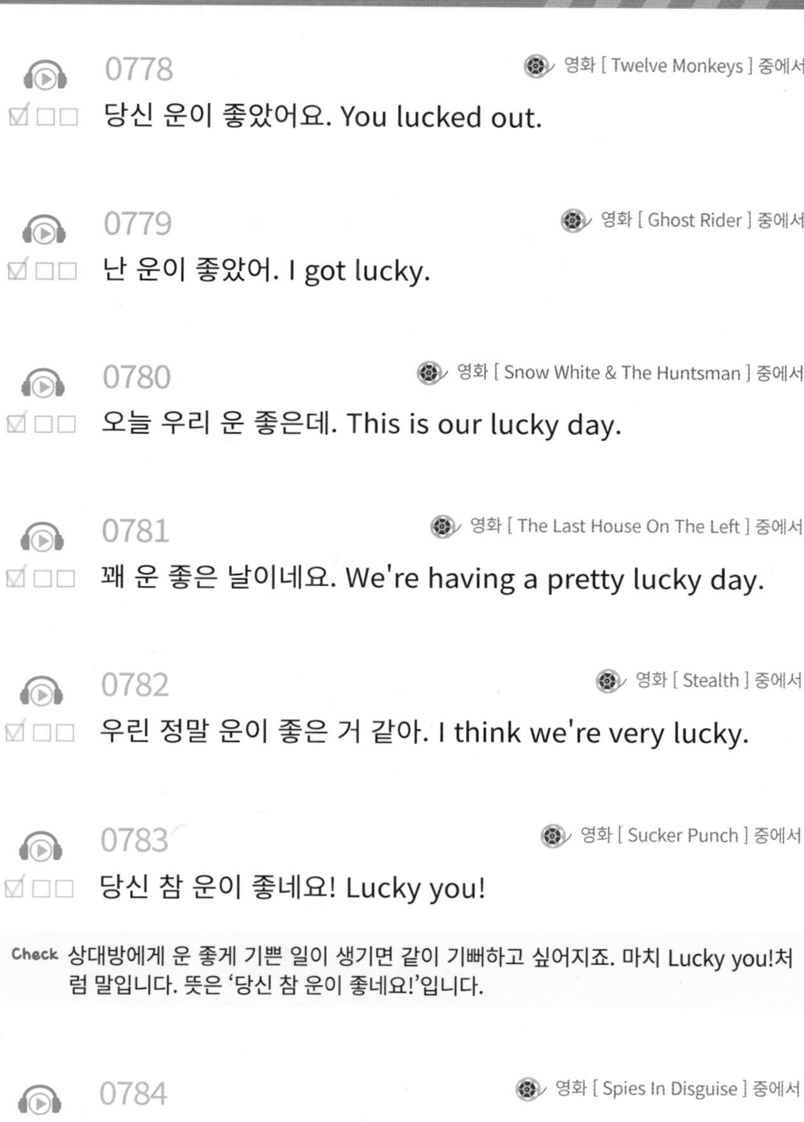

0778 영화 [Twelve Monkeys] 중에서

당신 운이 좋았어요. You lucked out.

0779 영화 [Ghost Rider] 중에서

난 운이 좋았어. I got lucky.

0780 영화 [Snow White & The Huntsman] 중에서

오늘 우리 운 좋은데. This is our lucky day.

0781 영화 [The Last House On The Left] 중에서

꽤 운 좋은 날이네요. We're having a pretty lucky day.

0782 영화 [Stealth] 중에서

우린 정말 운이 좋은 거 같아. I think we're very lucky.

0783 영화 [Sucker Punch] 중에서

당신 참 운이 좋네요! Lucky you!

Check 상대방에게 운 좋게 기쁜 일이 생기면 같이 기뻐하고 싶어지죠. 마치 Lucky you!처럼 말입니다. 뜻은 '당신 참 운이 좋네요!'입니다.

0784 영화 [Spies In Disguise] 중에서

억세게 운이 좋군요. Lucky for you.

0785 영화 [Notting Hill] 중에서

난 정말 운이 좋아요! Lucky me!

0786 영화 [007 : Quantum Of Solace] 중에서

운이 좋아서 여기 있는 거예요. You're lucky to be here.

0787 영화 [Planet Of The Apes] 중에서

내가 당신을 찾아낸 게 다행인줄 알아요.
You're lucky I found you.

0788 영화 [The Rundown] 중에서

가능한 많이 운이 필요할 거예요.
You'll need all the luck you can get.

0789 영화 [Stargate] 중에서

그게 나에게 행운을 가져다줬어요. It has brought me luck.

0790 영화 [Godzilla : King Of The Monsters] 중에서

잘됐어? Any luck?

Check 기대하고 있던 일이 잘 진행되었는지 궁금해서 Any luck?처럼 물어보면 '어떤 행운이라도 있어?'가 직역이지만 '잘됐어?'라고 자연스럽게 의역하는 게 좋아요.

0791 영화 [X-Men : First Class] 중에서

어쩌다 맞춘 거야, 운 좋게 맞춘 거야. Lucky guess.

SCENE# 21. 안도감

0792 영화 [Vicky Cristina Barcelona] 중에서

☑□□ 그렇다니 다행이에요, 잘됐군요.
I'm happy for you.

Check 아는 지인에게 좋은 일이 생기면 마치 내 일처럼 기뻐하게 됩니다. 영어로 I'm happy for you.를 직역하면 '당신 때문에 난 행복해요.'지만 구어체에서는 '그렇다니 다행이에요.'나 '잘됐군요.'처럼 쓰이는 표현이에요.

0793 영화 [Venom] 중에서

☑□□ 마음에 든다니 다행이네요. I'm glad that you like it.

0794 영화 [Bridget Jones's Diary] 중에서

☑□□ 정말 다행이네요. That is very good to know.

Check 남으로부터 좋은 소식을 듣게 되면 '정말 다행이네요.'처럼 말하게 되죠. That is very good to know.입니다. 부사 very를 생략하고 That's good to know.라고도 합니다. 원래는 It's good to know that.인데요, that을 문장 앞으로 도치시킨 거랍니다.

0795 영화 [Shrek The Third] 중에서

☑□□ 그렇게 생각하신다니 다행이에요. I'm glad you think so.

0796 영화 [Madagascar] 중에서

☑□□ 그렇다니 기쁘네요, 다행이네요. That's good to know.

0797 영화 [Resident Evil : Degeneration] 중에서

☑□□ 얼마나 다행인지 이루 말할 수가 없어요.
I can't tell you how relieved I am.

0798 영화 [Let It Snow] 중에서

☑☐☐ 정말 잘됐네. I'm really happy for you.

0799 영화 [Tmnt] 중에서

☑☐☐ 그거 잘됐던 것 같아. I think that went well.

0800 영화 [National Treasure] 중에서

☑☐☐ 정말 좋으시겠어요. That's very fortunate for you.

0801 영화 [2012] 중에서

☑☐☐ 당신 마음에 들 줄 알았어. I thought you'd like it.

0802 영화 [The Green Hornet] 중에서

☑☐☐ 좋겠네요. That must be great.

Check 상대방이 누리고 있는 뭔가가 그저 부럽기만 하면 '좋겠네요.'라는 식으로 한마디 하게 되는데요, That must be great.처럼 표현하죠.

0803 영화 [Trouble With The Curve] 중에서

☑☐☐ 당신이 행복했으면 해요. I want you to be happy.

0804 영화 [A Star Is Born] 중에서

☑☐☐ 축하해. Congrats.

Check 누군가가 학교 졸업을 하거나 취업을 했을 때 당연히 축하한다는 말을 건네게 되죠. 영어로 Congrats.이라고 하면 그 뜻은 '축하해.'예요.

0805 영화 [We Were Soldiers] 중에서

☑☐☐ 축하한다고 말하려고 왔어. I came to say congratulations.

0806 영화 [Whiplash] 중에서

☑□□ 네가 그걸 알게 되어 너무 기뻐.
I'm so glad you figured it out.

0807 영화 [Wall E] 중에서

☑□□ 이 일을 하게 되어 기뻤어요. I was pleased to do this.

0808 영화 [AVP : Alien Vs Predator] 중에서

☑□□ 전문가들을 데리고 오길 잘했어.
It's a good thing we brought the experts.

0809 영화 [Shutter] 중에서

☑□□ 꽤 만족스럽겠네요. That must be pretty fulfilling.

MEMO)

SCENE# 22. 놀람

0810 영화 [Salt] 중에서

☑☐☐ 이거 정말 놀라운 걸! This is astonishing!

Check 가끔 깜짝 놀랄 일들이 주위에서 벌어집니다. This is astonishing!처럼 말하게 되는데요, 그 의미는 '이거 정말 놀라운 걸!'이에요. 형용사 astonishing은 '믿기 힘든', '정말 놀라운'의 뜻이죠.

0811 영화 [Home Alone 2 : Lost In New York] 중에서

☑☐☐ 그거 대단했어요. That was incredible.

0812 영화 [Aquaman] 중에서

☑☐☐ 굉장하네요. 멋져요. That's awesome. Cool.

0813 영화 [How To Train Your Dragon 2] 중에서

☑☐☐ 그거 멋진데요. That sounds amazing.

0814 영화 [X-Men : Apocalypse] 중에서

☑☐☐ 굉장해, 멋있어. That's impressive.

0815 영화 [American Ultra] 중에서

☑☐☐ 그거 끝내주지, 안 그래? That's cool, isn't it?

0816 영화 [Now You See Me] 중에서

☑☐☐ 믿기지가 않아요. 대단해요.
That's incredible. That's amazing.

0817 영화 [Starship Troopers : Traitor Of Mars] 중에서

☑☐☐ 정말 훌륭했어. That was just outstanding.

0818 영화 [Fire Birds] 중에서

완전 끝내줬어요. That was totally cool.

Check 뭔가가 기대 이상이었을 때 That was totally cool.처럼 표현할 수 있어요. '완전 끝내줬어요.'로 형용사 cool은 '멋진', '끝내주는'이라는 뜻으로 사용됩니다.

0819 영화 [Million Dollar Arm] 중에서

그거 정말 멋있네요, 그거 정말 근사하네요. That is really cool.

0820 영화 [The Quick And The Dead] 중에서

그게 놀라울 거야. That surprises you.

0821 영화 [The Dark Knight] 중에서

짐작도 못할 거예요, 상상도 못할 거예요. You have no idea.

Check 전혀 예기치 못할 일이 벌어질 것 같다는 느낌이 들 때 주위 사람에게 You have no idea.라고 하면 '짐작도 못할 거예요.', '상상도 못할 거예요.'의 의미를 전하는 겁니다.

0822 영화 [The Dark Knight] 중에서

놀랍구나! 정말 놀랐어! Fancy that!

0823 영화 [Meet The Robinsons] 중에서

이건 상상 그 이상이야.

This is beyond anything I could've imagined.

0824 영화 [Beta Test] 중에서

이건 말도 안 돼, 이건 꿈이야. This is not happening.

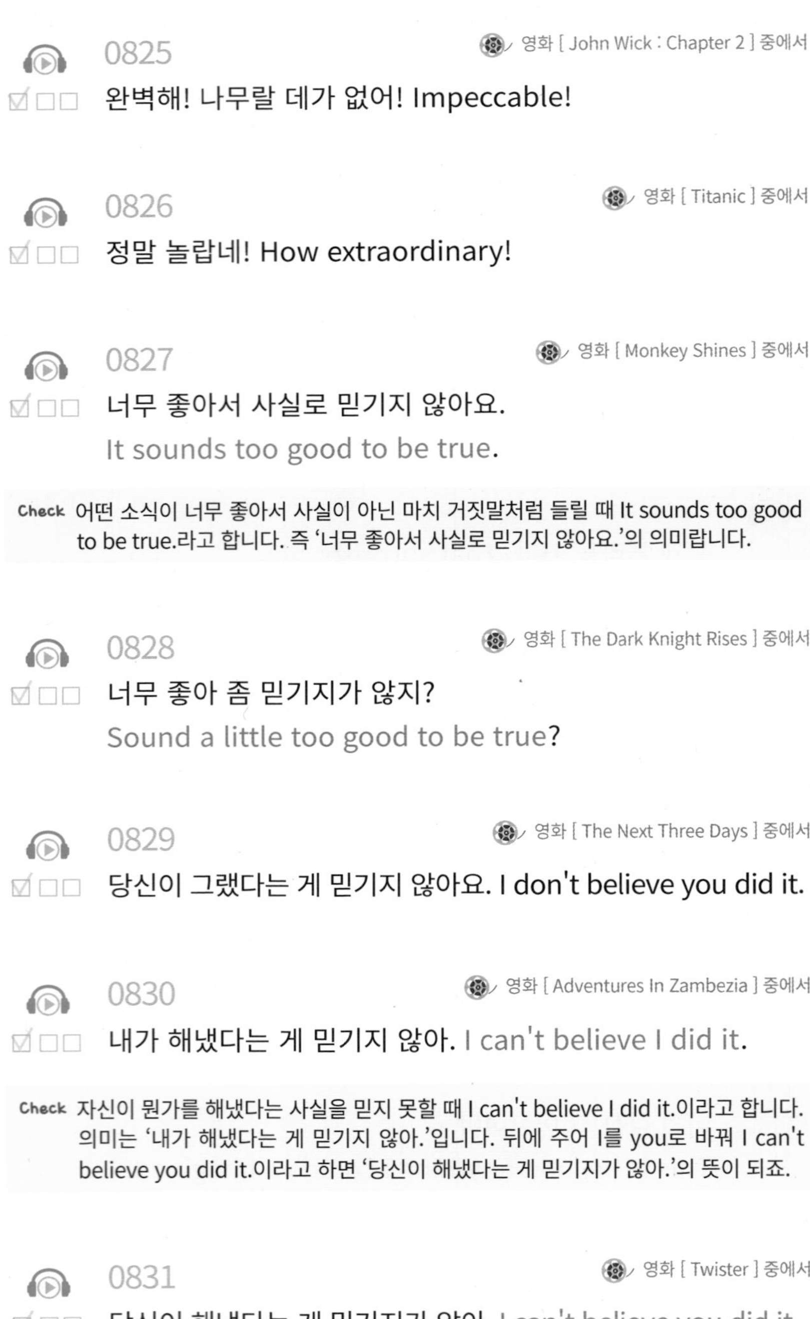

0825 영화 [John Wick : Chapter 2] 중에서

☑□□ 완벽해! 나무랄 데가 없어! Impeccable!

0826 영화 [Titanic] 중에서

☑□□ 정말 놀랍네! How extraordinary!

0827 영화 [Monkey Shines] 중에서

☑□□ 너무 좋아서 사실로 믿기지 않아요.

It sounds too good to be true.

Check 어떤 소식이 너무 좋아서 사실이 아닌 마치 거짓말처럼 들릴 때 It sounds too good to be true.라고 합니다. 즉 '너무 좋아서 사실로 믿기지 않아요.'의 의미랍니다.

0828 영화 [The Dark Knight Rises] 중에서

☑□□ 너무 좋아 좀 믿기지가 않지?

Sound a little too good to be true?

0829 영화 [The Next Three Days] 중에서

☑□□ 당신이 그랬다는 게 믿기지 않아요. I don't believe you did it.

0830 영화 [Adventures In Zambezia] 중에서

☑□□ 내가 해냈다는 게 믿기지 않아. I can't believe I did it.

Check 자신이 뭔가를 해냈다는 사실을 믿지 못할 때 I can't believe I did it.이라고 합니다. 의미는 '내가 해냈다는 게 믿기지 않아.'입니다. 뒤에 주어 I를 you로 바꿔 I can't believe you did it.이라고 하면 '당신이 해냈다는 게 믿기지가 않아.'의 뜻이 되죠.

0831 영화 [Twister] 중에서

☑□□ 당신이 해냈다는 게 믿기지가 않아. I can't believe you did it.

0832 영화 [Fight Club] 중에서

못 믿으실 거예요. You wouldn't believe.

0833 영화 [The Adventures Of A.R.I. : My Robot Friend] 중에서

정말 감동적이었어. It was really touching.

Check 좋은 영화나 공연을 보고 나면 왠지 마음이 뭉클해집니다. 영어로 It was really touching.이라고 하면 '정말 감동적이었어.'로 형용사 touching은 '감동적인'의 뜻입니다.

0834 영화 [The Guardian] 중에서

깜짝 놀랐어. I'm impressed.

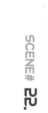

0835 영화 [Wreck-It Ralph] 중에서

그거 멋지지 않아? 그거 근사하지 않아? Isn't that great?

0836 영화 [Coyote Ugly] 중에서

매우 멋진데, 매우 세련됐어. It's very tasteful.

0837 영화 [Shadow Recruit] 중에서

전망은 정말 훌륭하죠. The view is second to none.

Check 찾아간 곳의 주위 전망이 기대 이상일 때 때로는 The view is second to none.이라고 말합니다. 직역하면 '전망은 어느 것에 대해서도 두 번째가 아니에요.'지만 의역하면 '전망은 정말 훌륭하죠.'입니다. 즉 second to none은 '어느 누구에도 뒤지지 않다'이죠.

0838 영화 [An Affair To Remember] 중에서

정말 멋진 곳이네요! What a divine place!

0839 영화 [Cloudy With A Chance Of Meatballs] 중에서

정말 굉장할 거예요. It's going to be so awesome.

0840 영화 [Seventh Son] 중에서

의외네! You surprise me!

Check 전혀 예기치도 못한 행동이나 능력을 상대방이 보여주면 우리는 '의외네!'라고 말합니다. 네이티브들은 동사 surprise를 써서 You surprise me!처럼 표현하죠. 즉 상대방이 자신을 놀랍게 만들었다는 얘기예요.

0841 영화 [Spenser Confidential] 중에서

말도 안 돼요, 그럴 리가 없어요. There's no way.

0842 영화 [Cloverfield] 중에서

깜짝 파티야. It's a surprise party.

0843 영화 [Despicable] 중에서

그렇게 인상 깊지는 않아요, 그렇게 인상적이지는 않아요.
It's not that impressive.

0844 영화 [Devil] 중에서

너무 끔찍하죠, 안 그래요? It's pretty awful, huh?

0845 영화 [Monster VS Alien] 중에서

이런 세상에! O.M.G.

Check 끔찍한 장면을 보게 되면 너무 놀란 나머지 나도 모르게 '이런 세상에!'처럼 말하게 됩니다. Oh, my God!처럼 말이죠. 이 표현을 O.M.G.처럼 줄여서 얘기하기도 합니다.

SCENE# 23. 칭찬

0846 영화 [Sky High] 중에서

잘했어! Good for you!

Check 누군가가 기대 이상으로 뭔가를 잘했다면 칭찬의 한마디를 건네게 되죠. '잘했어!'처럼 말입니다. 네이티브들은 간단하게 Good for you!처럼 표현해요.

0847 영화 [Con Air] 중에서

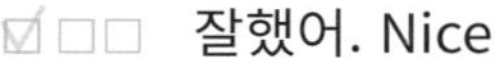
잘했어. Nice work.

0848 영화 [Zombieland : Double Tap] 중에서

잘했어. Great job.

0849 영화 [Justice League : Attack Of The Legion Of Doom] 중에서

정말 잘했어. Excellent work.

0850 영화 [The Shaggy Dog] 중에서

잘했어! 좋아! Attaboy!

0851 영화 [The Adventures Of Tintin : The Secret Of The Unicorn] 중에서

착하지! 잘한다! Good boy!

Check 기르고 있는 애완동물에게 칭찬의 말로 하는 표현이 Good boy!입니다. 우리말에 '착하지!' 또는 '잘한다!'에 해당되죠.

0852 영화 [Togo] 중에서

잘했어. Well done.

0853 영화 [The Pirates : Band Of Misfits] 중에서

☑□□ 잘했어! 잘~한다! Nice going!

Check 칭찬의 뜻으로 '잘했어!'가 Nice going!이지만 이와 반대로 뭔가 잘못했을 때 '잘~한다!'처럼 비꼬아서 얘기할 때도 Nice going!입니다. 상황에 맞게 억양에 주의해야 합니다.

0854 영화 [Monster House] 중에서

☑□□ 시도는 좋았어! Nice try!

0855 영화 [Mune] 중에서

☑□□ 잘했어. Nice job.

0856 영화 [Ghostbusters : Answer The Call] 중에서

☑□□ 잘했어! Way to go!

0857 영화 [Deepwater Horizon] 중에서

☑□□ 정말 잘했어. You did such a good job.

Check 칭찬은 고래도 춤추게 한다고 말하죠. 잘한 것은 잘했다고 말해주는 게 때로는 격려가 됩니다. You did such a good job.은 '정말 잘했어.'의 뜻이에요. 간단하게 You did good.이라고 해도 '잘했어.'가 되지요.

0858 영화 [Hellboy 2 : The Golden Army] 중에서

☑□□ 거기서 잘 해냈어. You did a good job out there.

0859 영화 [From Paris With Love] 중에서

☑□□ 너 오늘 잘했어. You did good today.

0860 영화 [Freaks] 중에서

☑□□ 잘했어. You did good.

0861 영화 [Hunter Killer] 중에서

☑□□ 정말 잘했어. You did real good.

0862 영화 [Fool's Gold] 중에서

☑□□ 잘하고 있어. You're doing a great job.

Check 누군가에게 격려의 말로 You're doing a great job.이라고 할 때 직역하면 '넌 훌륭한 일을 하고 있어.'지만 '잘하고 있어.'라는 칭찬의 뜻으로 사용됩니다. 때로는 You are doing great.이라고도 하고 great 대신에 hell of a를 넣어 You're doing a hell of a job.(너 대단한 일을 하고 있는 거야)처럼 표현할 수 있어요.

0863 영화 [Frozen 2] 중에서

☑□□ 너 잘하고 있어. You are doing great.

0864 영화 [Million Dollar Baby] 중에서

☑□□ 너 대단한 일을 하고 있는 거야. You're doing a hell of a job.

0865 영화 [Real Steel] 중에서

☑□□ 너 잘하고 있어. You're doing fine.

0866 영화 [Getaway] 중에서

☑□□ 바로 그거야, 잘하고 있어. That's it, you're doing great.

0867 영화 [Hulk : The Incredible] 중에서

☑□□ 잘해왔어. You've done a good job.

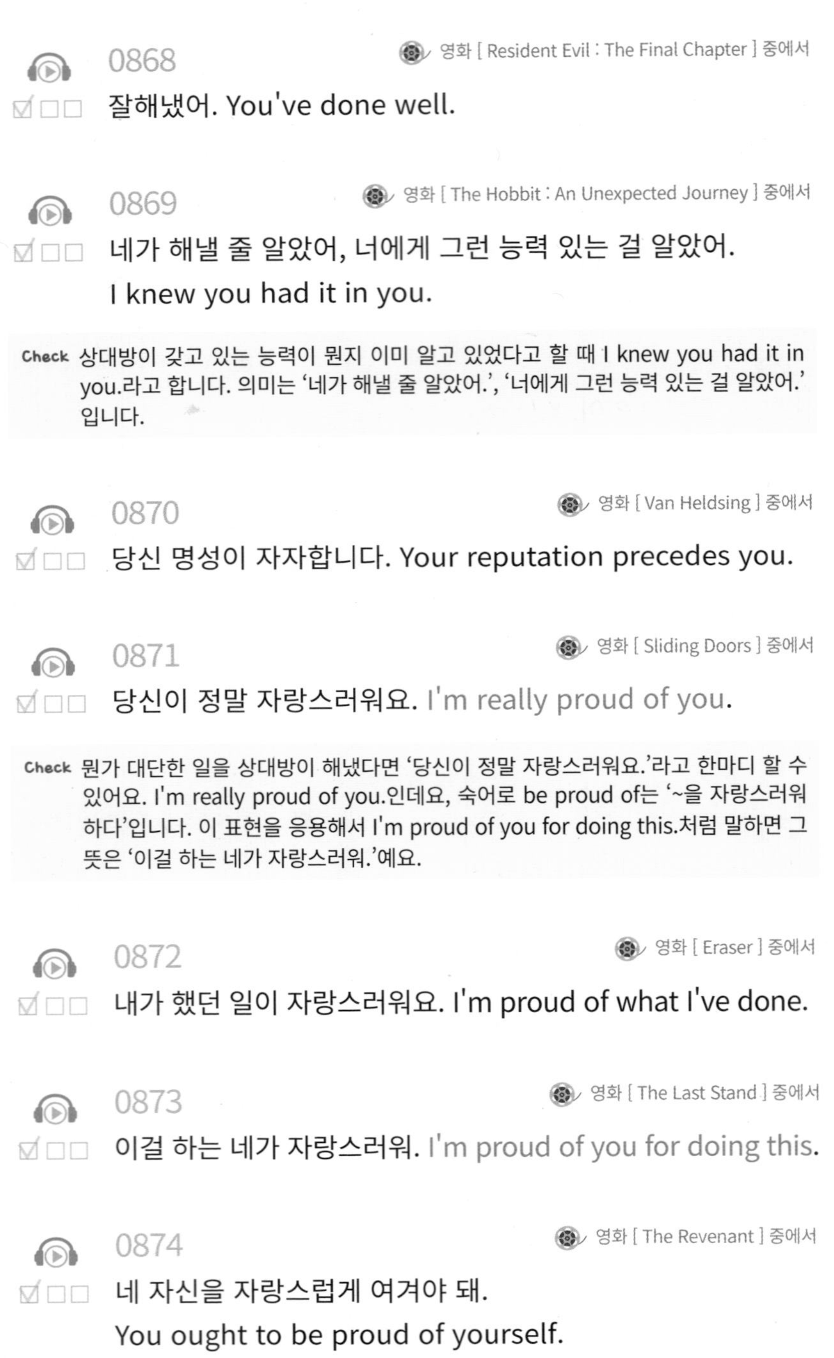

0868 영화 [Resident Evil : The Final Chapter] 중에서

잘해냈어. You've done well.

0869 영화 [The Hobbit : An Unexpected Journey] 중에서

네가 해낼 줄 알았어, 너에게 그런 능력 있는 걸 알았어.

I knew you had it in you.

Check 상대방이 갖고 있는 능력이 뭔지 이미 알고 있었다고 할 때 I knew you had it in you.라고 합니다. 의미는 '네가 해낼 줄 알았어.', '너에게 그런 능력 있는 걸 알았어.' 입니다.

0870 영화 [Van Heldsing] 중에서

당신 명성이 자자합니다. Your reputation precedes you.

0871 영화 [Sliding Doors] 중에서

당신이 정말 자랑스러워요. I'm really proud of you.

Check 뭔가 대단한 일을 상대방이 해냈다면 '당신이 정말 자랑스러워요.'라고 한마디 할 수 있어요. I'm really proud of you.인데요, 숙어로 be proud of는 '~을 자랑스러워 하다'입니다. 이 표현을 응용해서 I'm proud of you for doing this.처럼 말하면 그 뜻은 '이걸 하는 네가 자랑스러워.'예요.

0872 영화 [Eraser] 중에서

내가 했던 일이 자랑스러워요. I'm proud of what I've done.

0873 영화 [The Last Stand] 중에서

이걸 하는 네가 자랑스러워. I'm proud of you for doing this.

0874 영화 [The Revenant] 중에서

네 자신을 자랑스럽게 여겨야 돼.

You ought to be proud of yourself.

0875 영화 [Windtalkers] 중에서

난 이곳에 있게 된 게 자랑스러워. I'm proud to be here.

0876 영화 [Shutter] 중에서

그걸 말이라고 해요? 훌륭해요. Are you kidding? It's great.

Check 너무 마음에 들면 누가 뭐라고 해도 좋아 죽겠다고 말하게 되죠. Are you kidding? It's great.은 '그걸 말이라고 해요? 훌륭해요.'의 의미로 여기서 Are you kidding?을 그냥 '농담해요?'라고 해석하면 안 됩니다.

0877 영화 [Daylight] 중에서

그거 아주 멋진 생각이야. That's a brilliant idea.

0878 영화 [The Magnificent Seven] 중에서

멋진 생각이네! What a charming thought!

0879 영화 [Cloudy With A Chance Of Meatballs 2] 중에서

너 선택 잘했어. You made the right choice.

0880 영화 [Tears Of The Sun] 중에서

오늘 좋은 일 하셨어요. You did a good thing today.

0881 영화 [Armageddon] 중에서

당신을 정말 존경해요. I really look up to you.

0882 영화 [50 First Dates] 중에서

넌 모든 거 잘하잖아. You're good at everything.

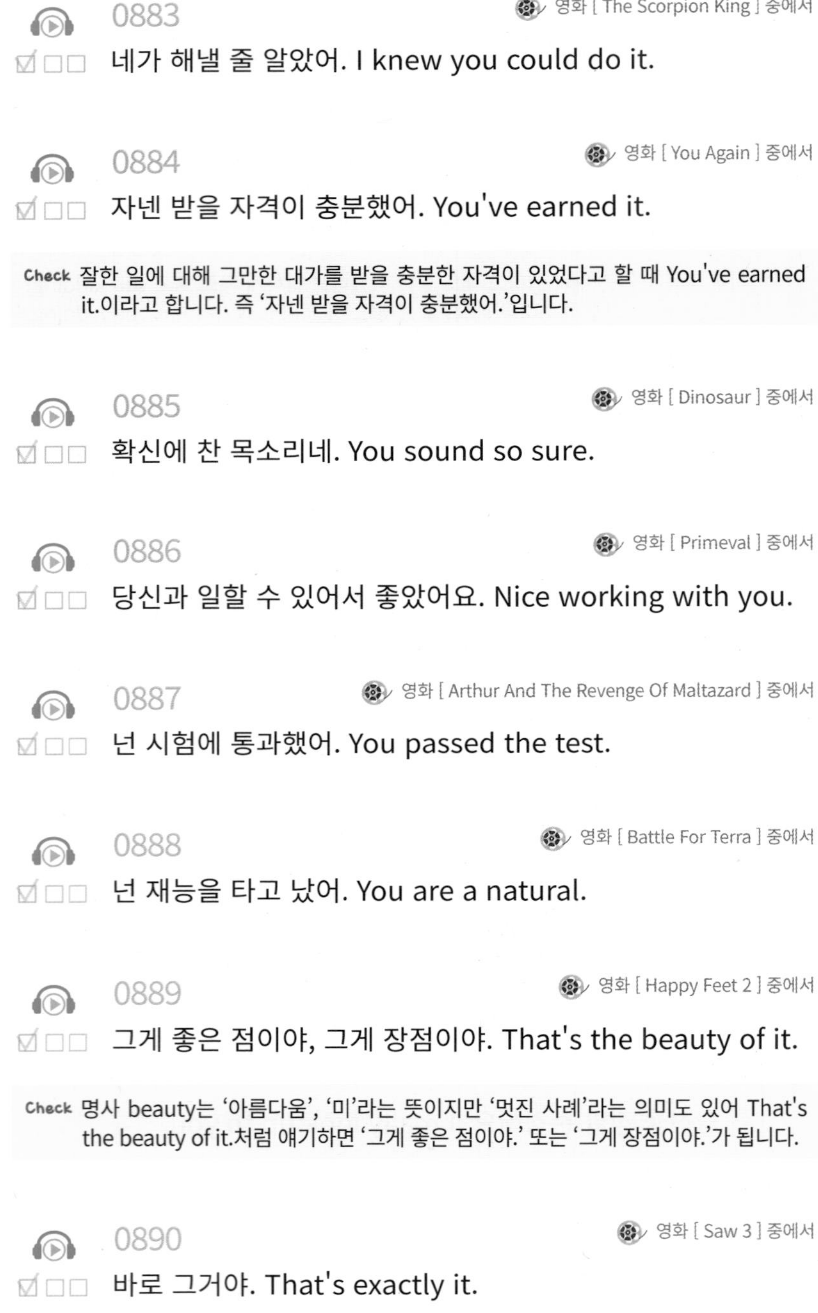

0883 영화 [The Scorpion King] 중에서

네가 해낼 줄 알았어. I knew you could do it.

0884 영화 [You Again] 중에서

자넨 받을 자격이 충분했어. You've earned it.

Check 잘한 일에 대해 그만한 대가를 받을 충분한 자격이 있었다고 할 때 You've earned it.이라고 합니다. 즉 '자넨 받을 자격이 충분했어.'입니다.

0885 영화 [Dinosaur] 중에서

확신에 찬 목소리네. You sound so sure.

0886 영화 [Primeval] 중에서

당신과 일할 수 있어서 좋았어요. Nice working with you.

0887 영화 [Arthur And The Revenge Of Maltazard] 중에서

넌 시험에 통과했어. You passed the test.

0888 영화 [Battle For Terra] 중에서

넌 재능을 타고 났어. You are a natural.

0889 영화 [Happy Feet 2] 중에서

그게 좋은 점이야, 그게 장점이야. That's the beauty of it.

Check 명사 beauty는 '아름다움', '미'라는 뜻이지만 '멋진 사례'라는 의미도 있어 That's the beauty of it.처럼 얘기하면 '그게 좋은 점이야.' 또는 '그게 장점이야.'가 됩니다.

0890 영화 [Saw 3] 중에서

바로 그거야. That's exactly it.

0891 영화 [Fast & Furious 5] 중에서

바로 그 점이야, 바로 그거야. That's just it.

0892 영화 [Freaks] 중에서

바로 그거야. That's exactly right.

0893 영화 [Goosebumps 2] 중에서

좋아, 됐어. All right, there we go.

Check 자신이 생각한대로 일이 착착 잘 진행되고 있을 때 '좋아, 됐어.' 또는 '바로 그거야!', '잘하고 있어!'식으로 말하게 되죠. 영어로는 There we go.입니다.

0894 영화 [Fury] 중에서

바로 그거야! 잘하고 있어! There we go!

0895 영화 [The Water Horse : Legend Of The Deep] 중에서

착하지. That's a good boy.

0896 영화 [1917] 중에서

좋습니다! 그만하면 괜찮습니다! Good enough!

0897 영화 [I, Robot] 중에서

널 칭찬하는 거야. I'm giving you a compliment.

0898 영화 [Pirates Of The Caribbean : On Stranger Tides] 중에서

지금까진 매우 성공적이었던 것 같아.
I'd say it's all been very successful thus far.

0899 영화 [Cast Away] 중에서

☑☐☐ 이건 내가 가장 좋아하는 당신 사진이야.
This is my favorite picture of you.

0900 영화 [Erin Brockovich] 중에서

☑☐☐ 당신 바지가 정말 예쁘네요. I love your pants.

0901 영화 [Urban Legend] 중에서

☑☐☐ 과찬이세요. I'm flattered.

Check 누군가로부터 칭찬을 듣게 될 때 기분이 좋아지는 것은 당연합니다. 하지만 좀 과하다고 느껴진다면 I'm flattered.처럼 말하면 되는데요, 의미는 '과찬이세요.'입니다.

0902 영화 [The Mummy : Tomb Of The Dragon Emperor] 중에서

☑☐☐ 너무 과찬이세요. We'd be so flattered.

0903 영화 [007 Skyfall] 중에서

☑☐☐ 자화자찬 하는군, 잘난척하는군, 우쭐대는군.
You flatter yourself.

Check 자신이 최고라고 하면서 우쭐대거나 자화자찬하는 사람에게 You flatter yourself.라고 얘기하면 '자화자찬 하는군.', '잘난척하는군.', '우쭐대는군.'처럼 해석합니다. 동사 flatter는 '아첨하다', '자만하다'예요.

SCENE# 24. 격려

0904 영화 [Redcon-1] 중에서

☑ □□ 정신 차려, 기운 내. Snap out of it.

Check 좋지 않은 일에 빠지면 하루 종일 그 일로 혼란스러워집니다. 격려의 한마디로 Snap out of it.처럼 말하면 '기운 내.'가 되지만 '정신 차려.'라는 의미도 되죠. 종종 You gotta snap out of it.이라고 말하기도 해요.

0905 영화 [Shrek : Forever After] 중에서

☑ □□ 기운 좀 내! You gotta cheer up!

0906 영화 [Toy Story Of Terror] 중에서

☑ □□ 넌 정신 좀 차려야 돼, 넌 기운 좀 내야 돼.
You gotta snap out of it.

0907 영화 [The Amazing Spider-Man 2] 중에서

☑ □□ 기운 좀 내! 힘내! Chin up!

Check 풀이 죽어 있는 사람에게 '기운 좀 내!', '힘내!'라고 응원의 한마디를 건네게 됩니다. Chin up!이라고 하죠. 풀죽어 있으면 턱(chin)이 아래로(down)로 내려가기에 턱을 들어 올려 당당하게 행동하라는 뜻이 내포되었죠.

0908 영화 [Ferdinand] 중에서

☑ □□ 기운 내! 힘내! Cheer up!

0909 영화 [Eagle Eye] 중에서

☑ □□ 기운 내! Buck up!

0910 영화 [The 6th Day] 중에서

☑ □□ 가슴 펴! Chest out!

0911 영화 [Reign Of Fire] 중에서

☑□□ 긍정적으로 생각해. Look on the bright side.

Check 영어로 Look on the bright side.를 직역하면 '밝은 면을 보라.'인데요, 뭔가를 부정적으로만 생각하지 말고 '긍정적으로 생각해.'라고 할 때 사용하는 표현이에요. 같은 말로 Let's look at the bright side.도 '밝은 면을 보도록 하자.'입니다. 제안의 뜻을 가져요.

0912 영화 [Alita : Battle Angel] 중에서

☑□□ 밝은 면을 보도록 하자. Let's look at the bright side.

0913 영화 [Chappie] 중에서

☑□□ 긍정적으로 생각해, 알았어? Try to think positive, okay?

0914 영화 [Geostorm] 중에서

☑□□ 시작해봐. Have at it.

Check 어떤 일이든 먼저 시도해봐야 결과가 나오기 마련입니다. 작은 일이든 큰일이든 그건 상관없어요. 뭔가 하기를 머뭇거리고 있는 사람에게 Have at it.처럼 말하면 그 뜻은 '시작해봐.'예요.

0915 영화 [Sing] 중에서

☑□□ 부딪쳐 봐! 자, 해봐! Go for it!

0916 영화 [Night At The Museum] 중에서

☑□□ 다시 시도해 볼 겁니다. I'm gonna give it another shot.

0917 영화 [Madagascar 3 : Europe's Most Wanted] 중에서

☑□□ 시도해 볼만해. It's worth a shot.

0918 영화 [Pride And Glory] 중에서

☑□□ 도전 의사를 밝히는 게 어떨까?

How about you throw your hat in the ring?

0919 영화 [Zombieland : Double Tap] 중에서

☑☐☐ 지금이 절호의 기회야. It's now or never.

0920 영화 [Dinosaur] 중에서

☑☐☐ 근성을 보여줘. Show some backbone.

Check 글자 그대로 직역하면 '척추(등뼈) 좀 보여줘.'라는 뜻으로 왠지 무슨 말인지 이해가 안 갈 겁니다. 명사 backbone이 구어체에서 '근성'의 뜻으로도 사용되므로 Show some backbone.은 '근성을 보여줘.'의 뜻이에요.

0921 영화 [Mr. Woodcock] 중에서

☑☐☐ 근성을 보여줄 때가 됐어.

It's about time you showed some backbone.

0922 영화 [Troy] 중에서

☑☐☐ 결코 주저하지 마. Never hesitate.

0923 영화 [Les Miserables : The Musical Phenomenon] 중에서

☑☐☐ 신념을 끝까지 지켜. Keep the faith.

Check 어려운 일을 할 때는 비록 힘들지라도 신념을 가지고 끝까지 하는 게 중요합니다. 영어로 Keep the faith.는 '신념을 끝까지 지켜.'입니다. 즉 '난 할 수 있다.'와 같은 믿음을 갖는 게 때로는 필요합니다.

0924 영화 [Cinderella Man] 중에서

☑☐☐ 우린 이 일을 헤쳐 나갈 거야.

We'll work our way through this.

0925 영화 [Priest] 중에서

☑☐☐ 좀 더 거시적으로 봐야 돼.

You have to look at the bigger picture.

Check 좀 더 큰 그림을 본다는 것은 상황을 전체적으로 분석하여 파악하는 것을 말해요. 이를 look at the bigger picture라고 하죠. 즉 '좀 더 거시적으로 봐야 돼.'를 You have to look at the bigger picture.처럼 표현합니다.

0926 영화 [The Perfect Storm] 중에서

우린 잘 해나갈 거예요. We're gonna make a go of it.

0927 영화 [Con Air] 중에서

넌 할 수 있어. You can make it.

0928 영화 [Rocky Balboa] 중에서

넌 잘해낼 거야. You're gonna do all right.

0929 영화 [Maze Runner : The Scorch Trials] 중에서

우리 해낼 수 있다는 거 난 알아. I know we can make it.

0930 영화 [Ice Age 4 : Continental Drift] 중에서

넌 분명 잘해낼 거야. You'll do just fine.

0931 영화 [Starship Troopers : Traitor Of Mars] 중에서

그래 바로 그거야! That's the idea!

Check 뭔가를 잘하고 있다고 누군가를 격려할 때 사용하는 말로 That's the idea!는 '그래 바로 그거야!'입니다. 격려의 한마디가 상대방에게 큰 힘이 될 수 있어요. 다른 표현으로 That's the spirit.이 있는데요, '바로 그거야.', '바로 그 자세야.'라는 뜻이죠.

0932 영화 [Stuber] 중에서

바로 그거야, 바로 그 자세야. That's the spirit.

0933 영화 [Sicario : Day Of The Soldado] 중에서

계속해. Keep going.

0934 영화 [Fight Club] 중에서

☑□□ 잘하고 있어요! 계속해 나가도록 해요! Keep it up!

Check 누군가가 뭔가를 잘하고 있는 모습을 보았을 때 Keep it up!이라고 하면 '잘하고 있어요!' 또는 '계속해 나가도록 해요!'입니다.

0935 영화 [Armageddon] 중에서

☑□□ 계속 그렇게 하자, 계속 그렇게만 해. Let's keep it up.

0936 영화 [Windtalkers] 중에서

☑□□ 지금처럼만 해, 지금처럼 계속 잘해봐, 수고해.
You keep up the good work.

0937 영화 [Smurfs : The Lost Village] 중에서

☑□□ 계속 나아가자, 계속 진행하자. Let us proceed.

0938 영화 [Ninja Turtles] 중에서

☑□□ 그냥 우리가 잘하는 거 계속하자.
Let's just stick to what we're good at.

Check 스스로 생각하기에 잘하는 게 있다면 그걸 끝까지 끌고 가는 게 중요합니다. 누군가에게 Let's just stick to what we're good at.처럼 얘기하면 '그냥 우리가 잘하는 거 계속하자.'로 stick to는 '고수하다', '충실하다'예요.

0939 영화 [Ghosts Of Mars] 중에서

☑□□ 우리는 뭉쳐야 해. We have to stick together.

0940 영화 [Rango] 중에서

☑□□ 우리가 일치단결하는 한. As long as we stick together.

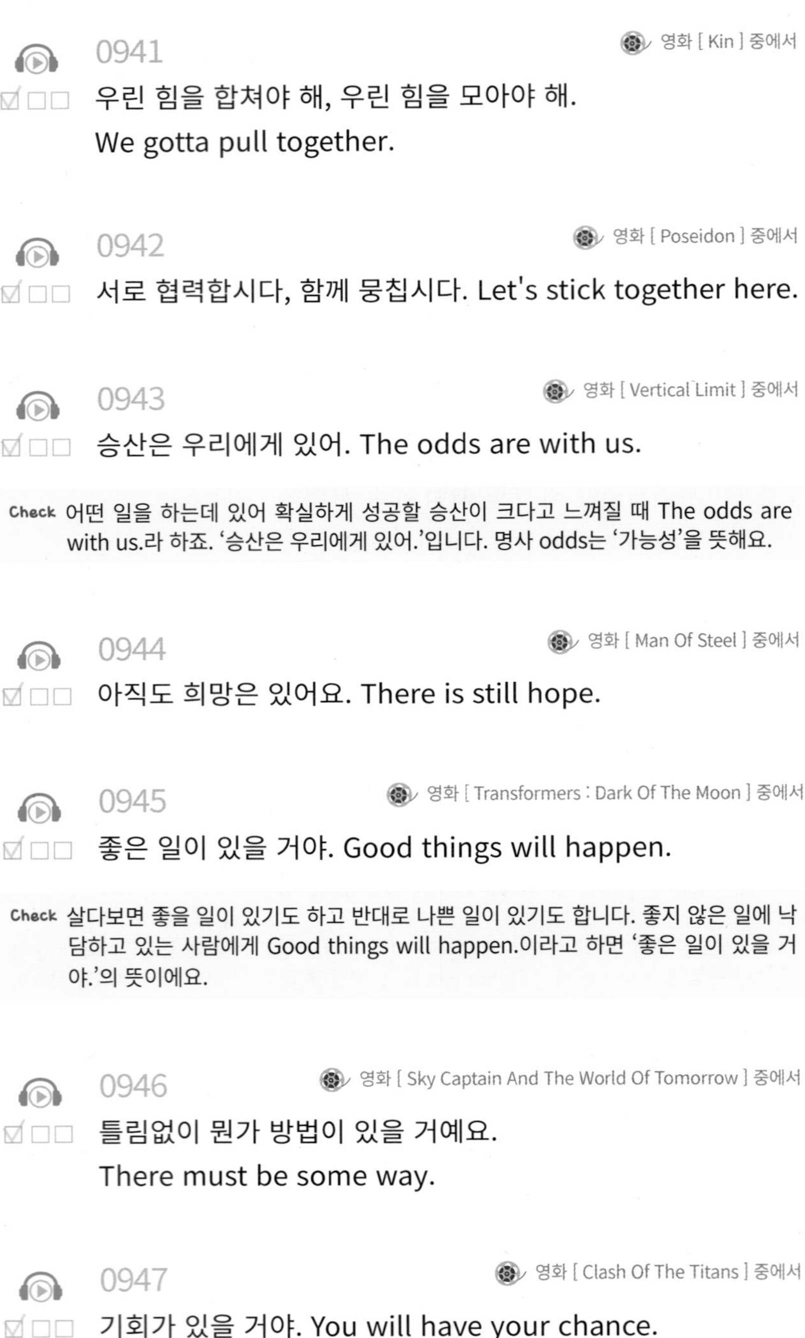

0941 영화 [Kin] 중에서

☑□□ 우린 힘을 합쳐야 해, 우린 힘을 모아야 해.
We gotta pull together.

0942 영화 [Poseidon] 중에서

☑□□ 서로 협력합시다, 함께 뭉칩시다. Let's stick together here.

0943 영화 [Vertical Limit] 중에서

☑□□ 승산은 우리에게 있어. The odds are with us.

Check 어떤 일을 하는데 있어 확실하게 성공할 승산이 크다고 느껴질 때 The odds are with us.라 하죠. '승산은 우리에게 있어.'입니다. 명사 odds는 '가능성'을 뜻해요.

0944 영화 [Man Of Steel] 중에서

☑□□ 아직도 희망은 있어요. There is still hope.

0945 영화 [Transformers : Dark Of The Moon] 중에서

☑□□ 좋은 일이 있을 거야. Good things will happen.

Check 살다보면 좋을 일이 있기도 하고 반대로 나쁜 일이 있기도 합니다. 좋지 않은 일에 낙담하고 있는 사람에게 Good things will happen.이라고 하면 '좋은 일이 있을 거야.'의 뜻이에요.

0946 영화 [Sky Captain And The World Of Tomorrow] 중에서

☑□□ 틀림없이 뭔가 방법이 있을 거예요.
There must be some way.

0947 영화 [Clash Of The Titans] 중에서

☑□□ 기회가 있을 거야. You will have your chance.

0948 영화 [The Accountant] 중에서

내일이면 더 좋아질 거야, 오늘이 끝이 아니니까 낙담하지 마.

Tomorrow is another day.

0949 영화 [13 Going On 30] 중에서

네 꿈이 다 이루어지게 해줄 거야.

It'll make all your dreams come true.

0950 영화 [Mall Cop] 중에서

그냥 저도 그런 일 겪어 봤다는 얘기예요.

I'm just saying I've been down that road.

Check 자신도 과거에 같은 경험을 했다는 걸 길에 빗대어서 한 말로 I'm just saying I've been down that road.의 뜻은 '그냥 저도 그런 일 겪어 봤다는 얘기예요.'입니다.

0951 영화 [Seeking Justice] 중에서

저도 비슷한 일을 겪었어요.

I experienced something similar.

0952 영화 [Percy Jackson & The Lightening Thief] 중에서

얼마나 힘들어 하는지 나도 알아.

I know how hard this is for you.

0953 영화 [Horsemen] 중에서

힘들었겠네요. That must have been hard.

0954 영화 [Pacific Rim : Uprising] 중에서

너무 쉽게 포기하지 마. Don't give up way too easy.

Check 어떤 일이든 그만큼의 대가를 지불해야 합니다. 쉽게 이루어지는 것은 없죠. 누군가에게 Don't give up way too easy.라고 하면 '너무 쉽게 포기하지 마.'라는 뜻이에요.

0955 영화 [13 Hours : The Secret Soldiers Of Benghazi] 중에서

☑□□ 그냥 조금만 참아봐, 그냥 조금만 버티어 봐.

Just hang in there.

0956 영화 [Devil] 중에서

☑□□ 참고 견뎌 봐요. Hang tough.

0957 영화 [The Curious Case Of Benjamin Button] 중에서

☑□□ 난 잘 견뎌 낼 거야. I'm gonna ride it out.

0958 영화 [L.A. Confidential] 중에서

☑□□ 너무 풀죽어 있지 마, 너무 우울해 하지 마.

Don't look so down in the mouth.

Check 풀이 죽어 있거나 우울해져 있는 상황일 때면 입이 아래로 축져서 있는 상태가 됩니다. 이런 상황을 비유해서 Don't look so down in the mouth.라고 하면 '너무 풀죽어 있지 마.', '너무 우울해 하지 마.'의 뜻이죠.

0959 영화 [Flighting] 중에서

☑□□ 웃어 봐요. Put a smile on your face.

0960 영화 [Minions] 중에서

☑□□ 날 실망시키지 않을 거라는 거 알고 있어.

I know you won't disappoint me.

0961 영화 [The Princess And The Frog] 중에서

☑□□ 무슨 일이든 마음먹기에 달렸어.

You can do anything you set your mind to.

Check 어떤 일이든 마음먹기에 달려있습니다. 영어로 set one's mind to는 '~에 전념하다'로 You can do anything you set your mind to.라고 하면 그 의미는 '무슨 일이든 마음먹기에 달렸어.'가 되죠.

0962 영화 [American Sniper] 중에서

넌 네 할 일을 한 거야. You did your job.

0963 영화 [Maximum Risk] 중에서

당신은 해야 할 일을 했던 거예요.
You did what you had to do.

0964 영화 [Wrath Of The Titans] 중에서

일 열심히 해. You do a good job.

0965 영화 [U-571] 중에서

네가 할 수 있는 거 해. Do what you can.

0966 영화 [Robin Hood] 중에서

우리가 해냈어. We've done it.

0967 영화 [Fury] 중에서

식은 죽 먹기죠! 쉬운 일이죠! Just a walk in the park!

Check 크게 노력을 안 해도 쉽게 일이 성취 될 수 있을 때 하는 말이 '식은 죽 먹기죠!', '쉬운 일이죠!'인데요, Just a walk in the park!처럼 말하죠. 마치 공원에서 산책하듯 아주 쉽다고 얘기할 때 사용하는 표현이에요.

0968 영화 [Behind Enemy Lines] 중에서

난 네 편이야. I'm on your side.

0969 영화 [Be Kind Rewind] 중에서

장사가 곧 잘 될 거야. Business is about to pick up.

할리우드 영어표현

Unit 08

MP3

그런 말 안 믿어요!

SCENE # 25 농담

할리우드 표현 0970-0986

SCENE # 26 약속

할리우드 표현 0987-1013

SCENE # 27 믿음

할리우드 표현 1014-1056

SCENE # 28 진심

할리우드 표현 1057-1075

SCENE # 29 거짓

할리우드 표현 1076-1084

* 영화 살짝 엿보기! **0010-0012**

SCENE# 25. 농담

0970 영화 [Star Wars : The Rise Of Skywalker] 중에서

☑☐☐ 농담이야. I'm kidding.

Check 농담조로 한 말을 상대방이 너무 심각하게 받아들일 때 I'm kidding.처럼 말하죠. '농담이야.'라는 의미로 자신이 한 얘기를 너무 진지하게 또는 심각하게 생각하지 말라는 뜻이 담겨 있는 거예요.

0971 영화 [Kick-Ass 2] 중에서

☑☐☐ 그냥 농담하는 거야. I'm just joking.

0972 영화 [Starsky & Hutch] 중에서

☑☐☐ 그냥 너한테 장난치는 거야. I'm just kidding with you.

0973 영화 [50 First Dates] 중에서

☑☐☐ 농담한 거예요! 농담이라니깐요!

I was kidding around with you!

0974 영화 [Thirteen Ghosts] 중에서

☑☐☐ 전에는 그냥 농담이었어요. I was just kidding before.

0975 영화 [Jerry Maguire] 중에서

☑☐☐ 내가 농담하는 것 같아? You think I'm joking?

0976 영화 [Blade 3 : Trinity] 중에서

☑☐☐ 이게 장난인 줄 알아? 이게 농담인 줄 알아?

Do you think this is a joke?

0977 영화 [The Blind Side] 중에서

☑□□ 농담이죠! You're kidding!

Check 상대방으로부터 어이없거나 터무니없는 말을 듣게 되면 '농담이죠!'처럼 말하며 대꾸하게 됩니다. You're kidding!처럼요. 때로는 You're kidding me, right?(농담하는 거지, 맞지?)이라고도 합니다.

0978 영화 [Miracle] 중에서

☑□□ 농담하는 거지, 맞지? You're kidding me, right?

0979 영화 [Ninja Assassin] 중에서

☑□□ 농담이겠지. You gotta be joking.

0980 영화 [Be Kind Rewind] 중에서

☑□□ 농담하는 거죠? 날 놀리는군요. You're pulling my leg.

Check 상대방이 하는 말이 마치 농담처럼 들리면 You're pulling my leg.라고 하죠. '농담하는 거죠?'인데요, 이 말이 때로는 '날 놀리는군요.'의 뜻도 됩니다. 숙어로 pull one's leg는 '놀리다', '농담하다', '속이다'입니다.

0981 영화 [Ghostbusters : Answer The Call] 중에서

☑□□ 설마! 농담이겠지! Shut up!

0982 영화 [Unknown] 중에서

☑□□ 이거 장난인거야? Is this some kind of a joke?

0983 영화 [007 : The World Is Not Enough] 중에서

☑□□ 농담 말아요. Don't make any jokes.

Check 지금은 어떤 농담도 받아들일 만큼 마음의 여유가 없다고 할 때 Don't make any jokes.처럼 얘기하게 되죠. 뜻은 '농담 말아요.'인데요, 숙어로 make jokes는 '농담을 하다'예요.

0984 영화 [Big Hero 6] 중에서

☑□□ 농담하지 마! No kidding!

0985 영화 [The Butterfly Effect] 중에서

☑□□ 웃기지 마, 농담조차 하지 마. Don't even joke.

0986 영화 [S.W.A.T.] 중에서

☑□□ 나랑 농담하지 마, 나랑 장난치지 마. Don't joke with me.

MEMO)

SCENE# 26. 약속

0987 — 영화 [Avatar] 중에서

난 약속을 지키는 사람이야.
I'm a man of my word.

Check 남과의 중요한 약속은 지켜야만 서로간의 신뢰가 한층 더 두터워지게 됩니다. 영어로 I'm a man of my word.라고 하면 '난 약속을 지키는 사람이야.'로 명사 word에는 '약속'이라는 뜻이 있어요.

0988 — 영화 [Rampage] 중에서

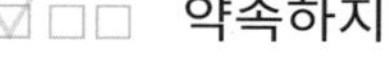

약속하지. I promise.

0989 — 영화 [Troy] 중에서

그건 약속하지. I promise you that.

0990 — 영화 [Puss In Boots] 중에서

이번엔 약속할게, 널 실망시키지 않겠다고.
I promise this time, I will not let you down.

0991 — 영화 [Dragon : The Hidden World] 중에서

내가 약속하지. You have my word.

Check 자신이 한 말이 거짓 아닌 진심임을 알아달라고 하면서 You have my word. 또는 You got my word.처럼 말하면 '내가 약속하지.'나 '약속할게.'의 의미입니다.

0992 — 영화 [The Quick And The Dead] 중에서

약속할게. You got my word.

0993 — 영화 [Frequency] 중에서

맹세합니다. I swear to God.

0994 영화 [A Turtle's Tale 2 : Sammy's Escape From Paradise] 중에서

☑□□ 맹세해. I swear to you.

Check 다시는 같은 실수를 하지 않게 다고 하며 '맹세해.'라고 한마디 덧붙이게 되는데요, I swear to you.처럼 표현해요. 간단하게 I swear.(맹세해요)라고 하거나 때로는 I swear to God.(맹세합니다)처럼 말하기도 하죠.

0995 영화 [Spider-Man : Far From Home] 중에서

☑□□ 맹세해요. I swear.

0996 영화 [Thor] 중에서

☑□□ 일부러 한 건 아니란 걸 맹세해요.

I swear I'm not doing this on purpose.

0997 영화 [Kick-Ass 2] 중에서

☑□□ 맹세 할게요. Cross my heart, hope to die.

0998 영화 [The Day After Tomorrow] 중에서

☑□□ 내 아들한테 약속했어. I made my son a promise.

0999 영화 [It Could Happen To You] 중에서

☑□□ 그녀에게 약속했어요. I gave her my word.

1000 영화 [Fast & Furious 6] 중에서

☑□□ 그건 약속 못하겠어. I can't promise you that.

Check 지킬 수 있는 약속도 있지만 그와 반대로 지키지 못할 약속도 있습니다. I can't promise you that.이라고 하면 '그건 약속 못하겠어.'예요. 스스로 지키지 못할 약속이라면 이런 식으로 말하면 되죠.

1001 영화 [Ninja Assassin] 중에서

난 아무런 약속도 못해줘, 난 장담을 못해.
I can't make any promises.

1002 영화 [Robin Hood] 중에서

약속했잖아요! You gave your word!

Check 상대방이 약속한 것을 지키지 않았을 때는 따지듯이 한마디 하게 됩니다. You gave your word!라고요. 뜻은 '약속했잖아요!'입니다.

1003 영화 [Resident Evil : Extinction] 중에서

그냥 내게 한 가지만 약속해.
You just promise me one thing.

1004 영화 [Suicide Squad] 중에서

당신은 약속 잘 지키잖아, 맞지?
You're a man of your word, right?

1005 영화 [National Treasure] 중에서

네가 약속을 지킬 줄 알았어.
I knew you'd keep your promise.

1006 영화 [Fly Away Home] 중에서

이미 합의가 된 사항이에요. It's a done deal.

Check 이미 서로 합의된 사항에 대해 이러쿵저러쿵 말이 많아지게 되면 '이미 합의가 된 사항이에요.'라고 얘기하게 되죠. It's a done deal.처럼 말이에요.

1007 영화 [Ghost Rider] 중에서

거래는 거래야, 약속은 약속이야. A deal is a deal.

1008 영화 [Freaks] 중에서

우린 약속 했잖아요. We had a deal.

1009 영화 [Cars 3] 중에서

그건 약속이었어. That was the deal.

Check 과거에 약속한 것을 다시금 상기시킬 목적으로 That was the deal.이라고 하면 '그건 약속이었어.'입니다. 명사 deal은 '거래'외에도 '약속'이라는 의미로도 사용되죠. 이 표현 뒤에 right을 넣어 That was the deal, right?처럼 말하면 '그건 약속이었어요, 맞죠?'가 되지요.

1010 영화 [Chicago] 중에서

그건 약속이었어요, 맞죠? That was the deal, right?

1011 영화 [Captain Phillips] 중에서

합의 할까요? Do we have a deal?

1012 영화 [Mechanic : Resurrection] 중에서

우리 거래는 끝이야. Our deal is off.

1013 영화 [Transporter 2] 중에서

지키지 못할 약속은 절대로 하지 마.

Never make a promise you can't keep.

Check 약속을 지킨다는 것은 서로간의 신뢰를 구축하는 것과 같아요. 그만큼 중요하다는 얘긴데요, 상대방에게 '지키기 못할 약속은 절대로 하지 마.'라는 식으로 말할 때는 Never make a promise you can't keep.이라고 해요.

SCENE# 27. 믿음

1014 영화 [Rambo : First Blood Part 2] 중에서

정말이야. I'm telling you.

Check 네이티브들이 자주 사용하는 표현 중에 하나가 I'm telling you.입니다. 뜻은 '정말이야.'로 자신이 하는 말이 거짓 아닌 진심임을 강조할 때 문장 앞에 넣어서 사용하는 표현이죠.

1015 영화 [The Blind Side] 중에서

진심이에요. I'm serious.

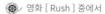

1016 영화 [Rush] 중에서

나 지금 진지하단 말이에요. I'm being serious.

1017 영화 [Billy Elliot] 중에서

정말 진심이에요. I'm perfectly serious.

Check 지금 자신이 하는 말이 진심이라고 할 때 I'm serious.이라고 해요. 여기에 부사 prefectly를 넣어 I'm perfectly serious.처럼 표현하면 '정말 진심이에요.'가 되죠. 때로는 '나 지금 진지하단 말이에요.'를 I'm being serious.처럼 현재 진행형 형태로 표현하기도 합니다.

1018 영화 [The House With A Clock In Its Walls] 중에서

진심이야. I mean it.

1019 영화 [Beauty And The Beast] 중에서

제 말을 믿어주세요. Take my word.

Check 자신이 한 말을 한번 믿어 달라고 할 때 Take my word.라는 표현을 사용합니다. 의미는 '제 말을 믿어주세요.'이죠.

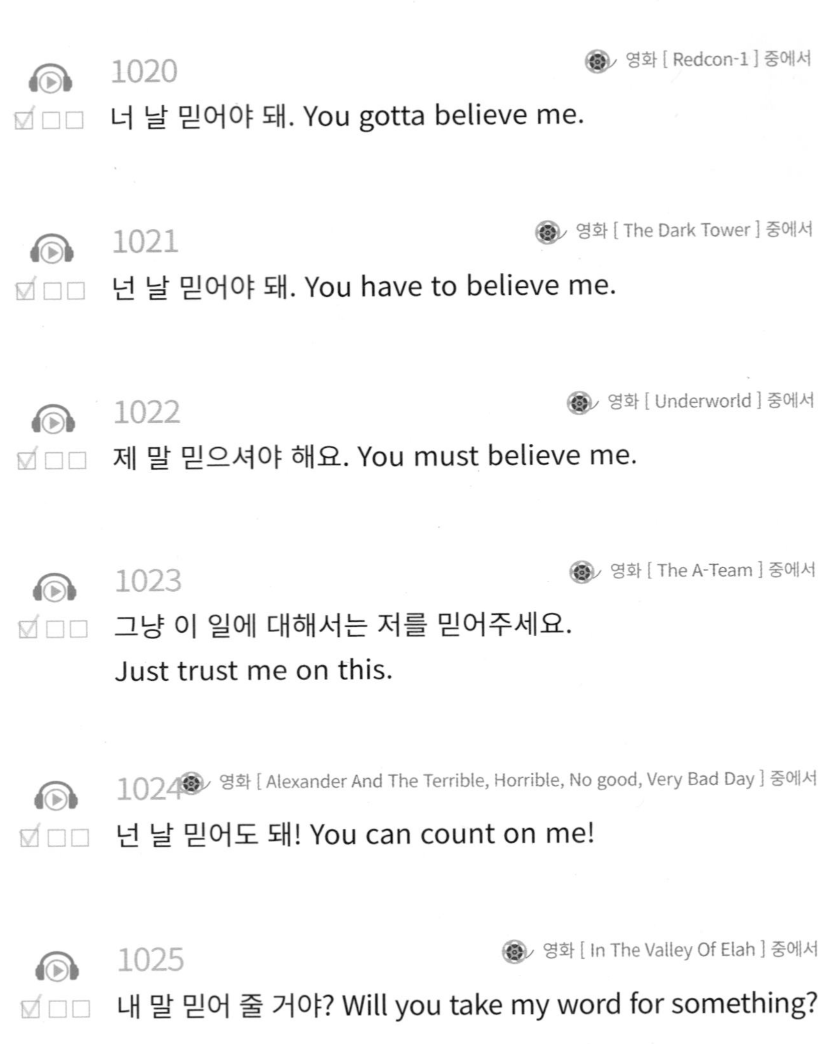

1020 영화 [Redcon-1] 중에서

☑□□ 너 날 믿어야 돼. You gotta believe me.

1021 영화 [The Dark Tower] 중에서

☑□□ 넌 날 믿어야 돼. You have to believe me.

1022 영화 [Underworld] 중에서

☑□□ 제 말 믿으셔야 해요. You must believe me.

1023 영화 [The A-Team] 중에서

☑□□ 그냥 이 일에 대해서는 저를 믿어주세요.

Just trust me on this.

1024 영화 [Alexander And The Terrible, Horrible, No good, Very Bad Day] 중에서

☑□□ 넌 날 믿어도 돼! You can count on me!

1025 영화 [In The Valley Of Elah] 중에서

☑□□ 내 말 믿어 줄 거야? Will you take my word for something?

Check 무슨 말을 하던 남이 믿어준다면 그것만큼 좋은 일은 없을 겁니다. 자신이 하는 말을 믿어 달라고 부탁할 때 Will you take my word for something?처럼 말하게 되죠. '내 말 믿어 줄 거야?'의 뜻입니다.

1026 영화 [Thor : The Dark World] 중에서

☑□□ 왜 날 믿을 수 있다고 생각해?

What makes you think you can trust me?

1027 영화 [Cowboys & Aliens] 중에서

☑□□ 그냥 속는 셈 치고 믿어 볼게요.
I'm gonna give you the benefit of the doubt.

Check 타인이 하는 말이 왠지 믿기지 않지만 I'm gonna give you the benefit of the doubt.라고 하면 뜻은 '그냥 속는 셈 치고 믿어 볼게요.'입니다. 숙어로 give ~ the benefit of the doubt은 '~을 (속는 셈 치고) 믿다'죠.

1028 영화 [Havana] 중에서

☑□□ 당신 말을 믿을게요. I'll take your word for it.

1029 영화 [Harry Potter And The Half-Blood Prince] 중에서

☑□□ 난 널 믿고 있어. I'm counting on you.

1030 영화 [The Mummy : Tomb Of The Dragon Emperor] 중에서

☑□□ 난 널 전적으로 믿어. I have complete faith in you.

1031 영화 [No Country For Old Men] 중에서

☑□□ 나 전혀 의심 안 해. Not a doubt in my mind.

1032 영화 [The Greatest Showman] 중에서

☑□□ 진심이야? Are you serious?

Check 상대방이 한 말이 거짓이 아닌 진심인지를 알고 싶어 Are you serious?라고 물어볼 수 있는데요, '진심이야?'라는 의미로 형용사 serious에는 '진심인'의 뜻이 담겨 있어요.

1033 영화 [Ooops! Noah Is Gone] 중에서

☑□□ 진심이세요? 정말요? You mean it?

1034 영화 [Goosebumps 2] 중에서

☑□□ 믿어지지가 않아, 못 믿겠어. I'm not buying it.

Check 누군가의 말이 도무지 믿어지지 않을 때 I'm not buying it.처럼 자신의 생각을 표현하게 됩니다. 동사 buy는 '사다', '구입하다'지만 구어체에서는 '믿다'로, 즉 '믿어지지가 않아.', '못 믿겠어.'의 뜻이에요.

1035 영화 [There's Something About Mary] 중에서

☑□□ 믿을 수가 없었어. I couldn't believe it.

1036 영화 [Lucy] 중에서

☑□□ 네가 나한테 이런 짓 했다는 게 안 믿겨져.
I can't believe you did this to me.

1037 영화 [Terminator 3 : Rise Of The Machines] 중에서

☑□□ 네가 그걸 기억했다는 게 믿기지가 않아.
I cannot believe you remembered that.

1038 영화 [Vicky Cristina Barcelona] 중에서

☑□□ 그건 믿기 힘들었어요. It was unbelievable.

Check 도무지 눈으로 봐도 믿기 힘든 일이 벌어졌을 때 It was unbelievable.처럼 얘기하게 되는데요, 형용사 unbelievable는 '믿을 수 없는', '믿기 힘든'이므로 '그건 믿기 힘들었어요.'의 뜻입니다.

1039 영화 [Knowing] 중에서

☑□□ 믿거나 말거나. Believe it or not.

1040 영화 [X-Men : Days Of Future Past] 중에서

☑□□ 자넨 그걸 안 믿잖아. You don't believe that.

1041 영화 [Life Of Pi] 중에서

믿기 힘들죠, 안 그래요? It's hard to believe, isn't it?

1042 영화 [Friday The 13th] 중에서

날 믿지 마. Don't believe me.

1043 영화 [X-Men : First Class] 중에서

당신을 믿을 만큼 어리석진 않았어요.

I knew better than to trust you.

Check 누군가의 말을 쉽사리 믿을 만큼 자신은 어리석지 않다고 할 때 I know better than to 표현을 활용할 수 있어요. 즉 I knew better than to trust you.는 '당신을 믿을 만큼 어리석진 않았어요.'입니다.

1044 영화 [Baby Driver] 중에서

서로 두 사람 외에는 아무도 믿지 마.

Don't trust anyone but each other.

1045 영화 [The Prestige] 중에서

절 믿을 이유가 없다는 거 알아요.

I know you've no reason to trust me.

1046 영화 [The Thing] 중에서

누굴 믿어야 할지 모르겠어. I don't know who to trust.

1047 영화 [Ready Player One] 중에서

꺼져! 말도 안 돼! 설마! Get out of here!

Check 네이티브들은 Get out of here!를 여러 상황에서 사용해요. 예로 꼴도 보기 싫은 사람에게 '꺼져!'라는 말투로 사용할 수 있고, 믿기지 않은 얘기를 듣고 나서 '말도 안 돼!', '설마!'라는 반응을 보일 때도 사용하기도 하죠.

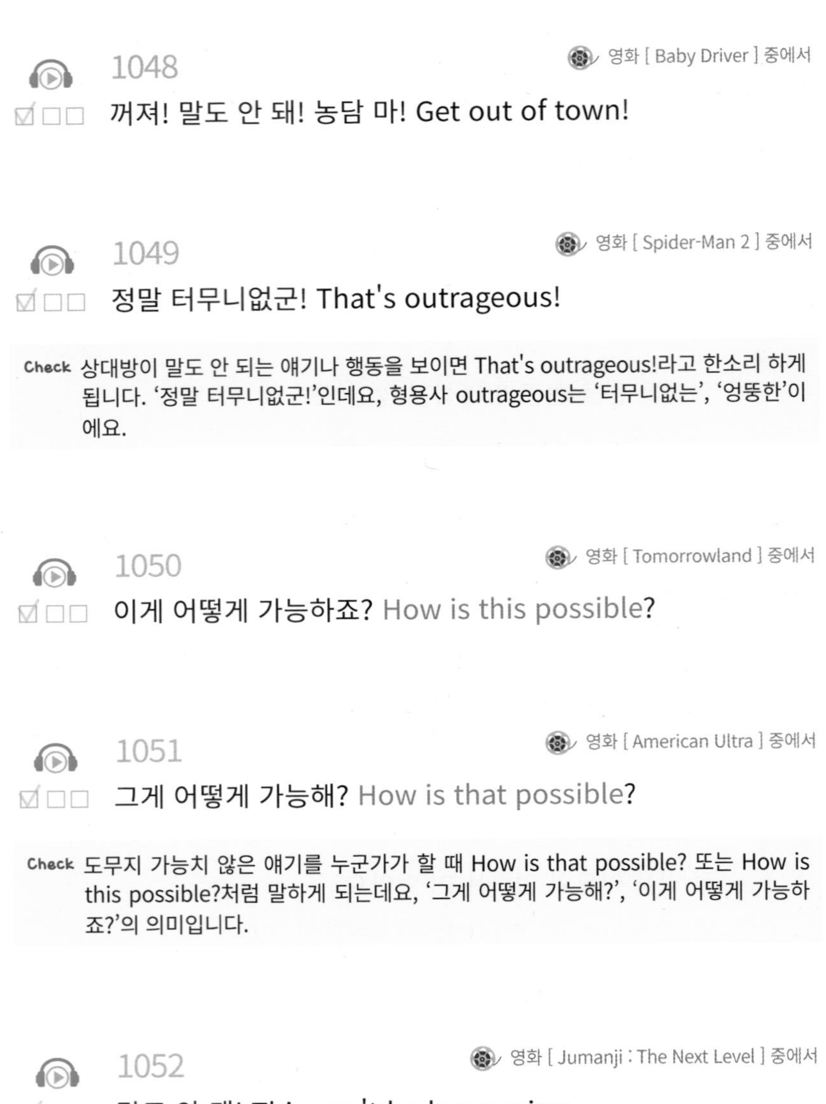

1048 영화 [Baby Driver] 중에서

☑□□ 꺼져! 말도 안 돼! 농담 마! Get out of town!

1049 영화 [Spider-Man 2] 중에서

☑□□ 정말 터무니없군! That's outrageous!

Check 상대방이 말도 안 되는 얘기나 행동을 보이면 That's outrageous!라고 한소리 하게 됩니다. '정말 터무니없군!'인데요, 형용사 outrageous는 '터무니없는', '엉뚱한'이에요.

1050 영화 [Tomorrowland] 중에서

☑□□ 이게 어떻게 가능하죠? How is this possible?

1051 영화 [American Ultra] 중에서

☑□□ 그게 어떻게 가능해? How is that possible?

Check 도무지 가능치 않은 얘기를 누군가가 할 때 How is that possible? 또는 How is this possible?처럼 말하게 되는데요, '그게 어떻게 가능해?', '이게 어떻게 가능하죠?'의 의미입니다.

1052 영화 [Jumanji : The Next Level] 중에서

☑□□ 말도 안 돼! This can't be happening.

1053 영화 [Collateral Damage] 중에서

☑□□ 그건 도저히 받아들일 수가 없어.
That's completely unacceptable.

1054 　영화 [I Am Legend] 중에서

☑☐☐ 그건 받아들이기가 힘드네요. That is unacceptable.

Check 도무지 믿기지 않은 얘기를 들었을 때 쉽게 수긍하기가 힘들어집니다. That is unacceptable.은 '그건 받아들이기가 힘드네요.'로 부사 completely를 넣어 That's completely unacceptable.처럼 표현하면 '그건 도저히 받아들일 수가 없어.'의 뜻이죠. 이처럼 다양하게 응용할 수 있어요.

1055 　영화 [The Prestige] 중에서

☑☐☐ 상상도 할 수 없어. It's unthinkable.

1056 　영화 [Harry Potter And The Half-Blood Prince] 중에서

☑☐☐ 설마 그럴 리가, 글쎄다, 그럴 것 같지 않은데.

I seriously doubt that.

MEMO)

SCENE# 28. 진심

1057 영화 [Freaky Friday] 중에서

☑□□ 실은, 사실은 Truth be told.

Check 솔직하게 자신의 생각을 얘기하는 게 때로는 중요하기도 합니다. 영어로 Truth be told는 '실은', '사실은'의 뜻으로 Honestly와 같은 의미를 갖죠.

1058 영화 [The Edge Of Seventeen] 중에서

☑□□ 솔직히 말하자면. To be completely honest with you.

1059 영화 [Minority Report] 중에서

☑□□ 솔직히 말해서. Quite frankly.

1060 영화 [The Tale Of Despereaux] 중에서

☑□□ 진실을 말하자면, 사실을 말하자면. To tell you the truth.

1061 영화 [Deepwater Horizon] 중에서

☑□□ 사실은. In point of fact.

1062 영화 [The Butterfly Effect] 중에서

☑□□ 정말이야? 정말이야. Straight up.

Check 남이 한 얘기가 사실인지를 확인하고자 할 때나 자신이 하는 말이 사실임을 얘기할 때 Straight up.이라고 합니다. 의미는 '정말이야?' 또는 '정말이야.'이죠.

1063 영화 [The Secret Life Of Pets 2] 중에서

☑□□ 나 너한테 솔직해져야겠어. I got to be honest with you.

1064 영화 [3:10 To Yuma] 중에서

☑□□ 모두에게 솔직해져야겠군. I got to be honest with you all.

Check 솔직하게 말하는 것만큼 좋은 것은 없습니다. 숙어로 be honest with는 '~에게 솔직해지다'이므로 I got to be honest with you all.은 '모두에게 솔직해져야겠군.'의 뜻이랍니다.

1065 영화 [Greedy] 중에서

☑□□ 솔직히 말씀드릴게요, 알겠죠? I'll be honest with you, okay?

1066 영화 [Zero Dark Thirty] 중에서

☑□□ 너에게 솔직하게 말할게. I'm gonna be honest with you.

1067 영화 [The Social Network] 중에서

☑□□ 너에게는 솔직해지고 싶어.
I wanna try and be straightforward with you.

Check 누군가에게 솔직해지고 싶을 때 형용사 straightforward를 씁니다. 뜻은 '솔직한'인데요, I wanna try and be straightforward with you.처럼 표현하면 '너에게는 솔직해지고 싶어.'의 의미입니다.

1068 영화 [Cloudy With A Chance Of Meatballs 2] 중에서

☑□□ 진실을 직시해야만 했어. I had to face the truth.

1069 영화 [True Grit] 중에서

☑□□ 솔직하게 말할게. I'll tell you frankly.

1070 영화 [The Bourne Ultimatum] 중에서

☑□□ 나한테 솔직하게 털어놔요. Level with me.

Check 내 옆에 바싹 붙어서 조심스럽게 비밀을 얘기하는 것을 빗대어 하는 말이 Level with me.입니다. 즉 '나한테 솔직하게 털어놔요.'의 뜻이지요.

1071 영화 [007 : The World Is Not Enough] 중에서

☑□□ 저에게 진실을 말해줬으면 좋겠어요.
I want you to tell me the truth.

1072 영화 [Death Race] 중에서

☑□□ 그냥 진실을 말하시죠? Why don't you just tell the truth?

1073 영화 [Speed Racer] 중에서

☑□□ 진실은 언제가 드러나는 거야. The truth will come out.

1074 영화 [The Taking Of Pelham 123] 중에서

☑□□ 넌 내게 완전히 솔직해야 돼.
You've gotta be completely honest with me.

Check 뭔가 숨기지 말고 솔직하게 있는 그대로 다 말해라고 할 때 You've gotta be completely honest with me.처럼 표현하죠. 의미는 '넌 내게 완전히 솔직해야 돼.' 입니다.

1075 영화 [The Da Vinci Code] 중에서

☑□□ 넌 내게 솔직하지 못했어.
You have not been honest with me.

SCENE# 29. 거짓

1076 영화 [District 9] 중에서

그건 완전 거짓이에요. That's totally untrue.

Check 잘못된 내용이 마치 사실인 것처럼 받아들여진다면 That's totally untrue.라고 말하게 되는데요, '그건 완전 거짓이에요.'입니다.

1077 영화 [Gladiator] 중에서

그럴 리가 없어요. This can't be true.

1078 영화 [Mr. & Mrs. Smith] 중에서

거짓말투성이군! Web of lies!

1079 영화 [Saw 3] 중에서

모든 게 다 거짓이에요. It's all a lie.

1080 영화 [Night At The Museum] 중에서

한 번 속지 두 번 속냐!
Fool me once, shame on you, fool me twice, shame on me.

Check 영어 속담 중에 Fool me once, shame on you, fool me twice, shame on me.는 '한 번 속지 두 번 속냐!'의 의미예요. '날 한 번 속이면 네가 부끄러운 거고 날 두 번 속이면 내가 부끄러운 거라.'는 말이랍니다.

1081 영화 [Resident Evil : Damnation] 중에서

그런 속임수에 안 넘어가. I'm not falling for that.

1082 영화 [Spider-Man : Into the Spider-Verse] 중에서

거짓말 하지 마. Stop lying.

1083 영화 [Moulin Rouge] 중에서

☑□□ 내게 거짓말 할 필요는 없어. You don't have to lie to me.

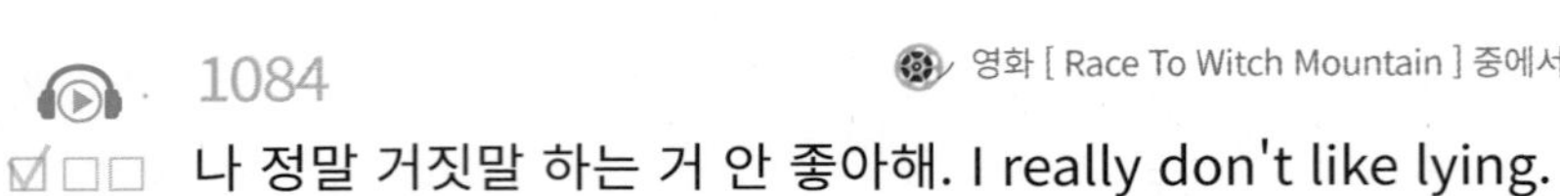

1084 영화 [Race To Witch Mountain] 중에서

☑□□ 나 정말 거짓말 하는 거 안 좋아해. I really don't like lying.

MEMO)

영화 [Night At The Museum] 중에서

0010 I'm telling you. 정말이에요.

문장 맨 앞에 나와 마치 감탄사처럼 사용되는데요, '정말이에요.'의 뜻으로 I'm telling you.라고 하죠. 자신이 하는 말이 진심임을 드러내는 거예요.

A I'm telling you, this is what happens.
B What?
A 정말이야, 이런 일이 벌어진단 말이야.
B 뭐라고?

영화 [Lucy] 중에서

0011 You have my word. 내 말 믿어줘요, 약속할게요.

자신이 한 말에 조금이라도 의심의 여지를 상대방이 보인다면 말끝에 You have my word.을 덧붙여 자신이 한 말이 진심임을 보여주세요. '내 말 믿어줘요.', '약속할게요.'의 뜻입니다.

A I can't believe you did this to me.
B I'll be right here. You have my word.
A 내게 이런 짓을 했다는 게 믿기지 않아.
B 바로 여기 있을게. 약속할게.

영화 [Big Hero 6] 중에서

0012 No kidding. 농담하지 마.

누군가가 터무니없는 말을 하면 '농담이라도 그런 말 하지 마.'라고 말하게 됩니다. 네이티브들은 No kidding.이라고 하죠. '농담하지 마.'의 뜻으로 동사 kid는 '농담하다', '조롱하다'예요.

A I am not fast.
B Yeah, no kidding!
A 난 움직임이 안 빨라.
B 응, 농담하지 마!

할리우드 영어표현

Unit 09

MP3

제가 도와드릴까요?

SCENE # 30 도움

할리우드 표현 1085-1134

SCENE # 31 노력

할리우드 표현 1135-1154

SCENE # 32 곤경

할리우드 표현 1155-1171

SCENE # 33 문제

할리우드 표현 1172-1241

* 영화 살짝 엿보기! 0013-0015

SCENE# 30. 도움

1085 영화 [Passengers] 중에서

☑□□ 난 도움이 필요해. I could use a hand.

Check 혼자서 감당할 수 없는 일이라면 누군가의 도움을 받아야 하는 게 당연합니다. 동사 use를 사용해서 I could use a hand.처럼 얘기하면 '난 도움이 필요해.'입니다. 여기서 can(could) use a hand는 '도움이 필요하다'예요.

1086 영화 [Ghosts Of Girlfriends Past] 중에서

☑□□ 난 지원이 필요해, 난 도움이 필요해. I need assistance.

1087 영화 [Back To The Future 1] 중에서

☑□□ 네 도움이 필요할 거야. I'll need your assistance.

Check 누군가의 도움이 필요하면 즉시 요청하게 됩니다. 명사 assistance는 '도움', '원조'로 I'll need you assistance.는 '네 도움이 필요할 거야.'이죠. 좀 응용해서 I need assistance.라고 하면 '난 지원이 필요해.', '난 도움이 필요해.'이랍니다.

1088 영화 [The Maze Runner] 중에서

☑□□ 부엌일을 하려면 도움이 좀 필요해.
I could use some help in the kitchen.

1089 영화 [Alvin And The Chipmunks 2] 중에서

☑□□ 집에서는 네 도움이 절실히 필요해.
I can really use your help at home.

1090 영화 [The Amazing Spider-Man 2] 중에서

☑□□ 절 좀 도와주시겠어요? Could you give me a hand?

Check 지금 당장 누군가의 도움이 절실하게 필요하다면 주위 사람에게 Could you give me a hand?라고 하며 도움을 요청하게 됩니다. '절 좀 도와주시겠어요?'의 뜻으로 give ~ a hand는 '~을 도와주다'예요.

1091 영화 [Stuber] 중에서

뭐 좀 도와줄래요?
Can you give me a hand with something?

1092 영화 [Terminator Genisys] 중에서

도와줄래요? Give me a hand?

1093 영화 [Sin City] 중에서

저 좀 도와주시겠어요? I was wondering if you could help me.

1094 영화 [Cloudy With A Chance Of Meatballs] 중에서

네 도움 믿어도 돼? Can I count on your help?

1095 영화 [Twins] 중에서

어려운 부탁 좀 들어주시겠어요?
Could you do me a big favor?

Check 혼자서 해결할 수 없는 문제에 직면하게 되면 아는 친구나 지인에게 도와 달라고 부탁하게 됩니다. 영어로 Could you do me a big favor?는 '어려운 부탁 좀 들어주시겠어요?'예요.

1096 영화 [Zero Dark Thirty] 중에서

부탁이 있어. I need a favor.

1097 영화 [Frozen 1] 중에서

우리 좀 꺼내줘. Help us out.

1098 영화 [Super 8] 중에서

그거 큰 도움이 되겠어. That would be a great help.

Check 어떤 조치가 지금 자신이 처해 있는 상황 속에서 문제 해결에 도움이 될 거라고 할 때 That would be a great help.처럼 말 할 수 있어요. 의미는 '그거 큰 도움이 되겠어.'입니다.

1099 영화 [Million Dollar Arm] 중에서

그거 매우 도움이 돼요. That's really helpful.

1100 영화 [Fast & Furious : Hobbs & Shaw] 중에서

넌 아주 도움이 많이 돼. You're very helpful.

1101 영화 [Legion] 중에서

넌 날 도울 거지, 안 그래? You'll help me, won't you?

1102 영화 [Friday The 13th] 중에서

좀 도와주는 게 어때? How about a little help?

1103 영화 [Dracula Untold] 중에서

당신 없이는 이 일 못해. I cannot do this without you.

Check 어떤 일을 처리하는 데 있어 상대방의 도움이 절실하게 필요하게 되면 '당신 없이는 이 일 못해.'처럼 얘기하게 됩니다. 영어로는 I cannot do this without you.가 되죠.

1104 영화 [Chappie] 중에서

너 없었으면 그걸 못했을 거야.

I couldn't have done it without you.

1105 영화 [Catch & Release] 중에서

그대 없이는 아무 것도 못해요.

I can't handle anything without you.

1106 영화 [The Last Samurai] 중에서

그의 도움을 기대할 거야. I will count on his help.

1107 영화 [Class Of '61] 중에서

뭘 도와드릴까요? What can I do for you?

Check 손님이 찾아 왔을 때 직원 입장에서 What can I do for you?라고 하면 '뭘 도와드릴까요?'입니다. 즉 내가 당신을 위해 뭘 할 수 있는지를 묻는 말이죠.

1108 영화 [Hulk : The Incredible] 중에서

내가 어떻게 도와줄까? What can I do to help you?

1109 영화 [Hotel Transylvania 3] 중에서

뭘 도와드릴까요? What can I help you with?

1110 영화 [Kingsman : The Golden Circle] 중에서

어떻게 도와드릴까요? How can I help you?

1111 영화 [John Wick : Chapter 2] 중에서

어떻게 도와드릴까요? How might I be of assistance?

Check 도움이 필요한 사람에게 정중하게 묻고 싶을 때 How might I be of assistance?처럼 말합니다. 명사 assistance는 '원조', '도움'으로 의미는 '어떻게 도와드릴까요?'입니다.

1112 영화 [Mrs. Doubtfire] 중에서

내가 도와줄까요? Can I give you a hand?

1113 영화 [Jumanji : The Next Level] 중에서

도와줄까요? Do you need a hand?

1114 영화 [In The Heart Of The Sea] 중에서

☑□□ 내가 널 도와줄게. I'll give you a hand.

Check 도움이 절실하게 필요한 것처럼 보이면 기꺼이 '내가 널 도와줄게.'라고 말합니다. 숙어로 give ~ a hand는 '~을 돕다'이므로 I'll give you a hand.처럼 표현하면 돼요.

1115 영화 [The Emoji Movie] 중에서

☑□□ 내가 도와줄게. Let me help.

1116 영화 [First Sunday] 중에서

☑□□ 널 도와주려고 하는 거야. I'm trying to help you out.

1117 영화 [Prince Of Persia : The Sands Of Time] 중에서

☑□□ 내 도움이 필요할 거야. You're going to need my help.

1118 영화 [The Secret Life Of Pets] 중에서

☑□□ 넌 도움이 좀 필요한 것 같아.

Looks like you could use a little help.

1119 영화 [The Reaping] 중에서

☑□□ 내가 시간 좀 줄일 수 있게 해줄게.

Let me save you some time.

Check 일을 처리하는 데 오랜 시간이 걸리지 않도록 자신이 도와주겠다고 할 때 Let me save you some time.처럼 말합니다. 뜻은 '내가 시간 좀 줄일 수 있게 해줄게.'예요.

1120 영화 [Ghosts Of Mars] 중에서

☑□□ 필요한 게 있으면 그냥 내게 알려줘.

Just let me know if you need anything.

1121 영화 [The Matrix : Revolutions] 중에서

도울 수만 있다면 정말 좋겠어요. I really wish I could help.

1122 영화 [Suicide Squad] 중에서

어떤 식으로든 당신을 돕기 위해 왔어요.
I'm here to assist you in any way.

1123 영화 [Faster] 중에서

이게 큰 힘이 돼, 이게 큰 도움이 돼. This is such a big help.

Check 비록 누군가의 작은 도움이 내 자신에게는 큰 도움이 된다고 할 때 This is such a big help.라고 표현합니다. 의미는 '이게 큰 힘이 돼.' 또는 '이게 큰 도움이 돼.'입니다.

1124 영화 [Sully] 중에서

도움의 손길이 오는 중이에요. Help is on the way.

1125 영화 [Frankenweenie] 중에서

우리가 도와줄 일이라도 있어?
Is there anything we can do for you?

Check 상대방에게 혹시 도움이 필요한지 묻는 표현 중에 하나인 Is there anything we can do for you?는 '우리가 도와줄 일이라도 있어?'의 뜻입니다.

1126 영화 [Push] 중에서

우린 당신을 도우려고 왔어요. We're here to help you.

1127 영화 [August Rush] 중에서

우리가 도와줄 수 있는 게 뭔지 알아볼게.
We'll see what we can do to help.

1128 　영화 [Desperado] 중에서

내가 이 정도도 못 해주겠어? 이 정도쯤이야.

It's the least I can do for you.

Check 남에게 도움을 주면서 할 수 있는 말이 It's the least I can do for you.입니다. 의미는 '내가 이 정도도 못해 주겠어?' 또는 '이 정도쯤이야.'예요. 때로는 for you를 생략하고 It's the least I can do.처럼 말하기도 하죠.

1129 　영화 [Gone In 60 Seconds] 중에서

이 정도쯤이야, 훨씬 더 한 것도 해 줄 수 있어, 거절 마.

It's the least I can do.

1130 　영화 [Doubt] 중에서

너무 신경 쓰지 마. No bother.

Check 누군가가 자신을 도와주려고 할 때 거절하는 말로 No bother.는 '너무 신경 쓰지 마.'입니다. 이 표현을 '방해하지 마.'처럼 받아들이면 오해의 소지가 생길 수 있어요.

1131 　영화 [D-War] 중에서

네 도움은 필요 없어. I don't use your help.

1132 　영화 [Trouble With The Curve] 중에서

네 도움 필요 없어. I don't need your help.

1133 　영화 [Wreck-It Ralph] 중에서

당신을 못 도와줄 것 같아요. I'm afraid I can't help you.

1134 　영화 [Terminator 3 : Rise Of The Machines] 중에서

이거 도움 안 될 거라는 거 알아. I know this won't help.

SCENE# 31. 노력

1135 영화 [Green Zone] 중에서

노력은 해볼게, 방법을 찾아볼게.
I'll see what I can do.

Check 자꾸 졸라 대면서 계속해서 뭔가 부탁하는 사람에게 I'll see what I can do.라고 넌지시 얘기하면 '내가 할 수 있는 거 알아볼게.', 즉 '노력은 해볼게.', '방법을 찾아볼게.'의 의미로 사용되는 표현이에요. 때로는 I'll see 대신에 let me see를 넣어 Let me see what I can.처럼 말하기도 해요.

1136 영화 [The Devil Wears Prada] 중에서

하는 데까지 최선을 다해볼게요, 노력은 해볼게요.
Let me see what I can do.

1137 영화 [Star Trek : Into Darkness] 중에서

최선을 다할게요. I'll do my best.

1138 영화 [The Hurt Locker] 중에서

최선을 다할 거야. I'm just going to do my best.

1139 영화 [Blades Of Glory] 중에서

뭐든지 할 수 있을 것 같아요. I feel like I can do anything.

1140 영화 [Tinker Bell] 중에서

우리가 할 수 있는 뭔가가 틀림없이 있을 거야.
There must be something we can do.

Check 비록 힘든 상황에서도 자신들이 할 수 있는 뭔가가 있을 거라고 확신이 들 때 There must be something we can do.라고 합니다. 의미는 '우리가 할 수 있는 뭔가가 틀림없이 있을 거야.'입니다. 숙어로 must be는 '~임에 틀림없다'예요.

1141 영화 [Air Force One] 중에서

☑□□ 우린 가능한 모든 조치를 취하려고 해요.

We're trying to do everything that we can.

1142 영화 [When A Stranger Calls] 중에서

☑□□ 우리가 할 수 있는 일이 있어요.

There's something we can do.

1143 영화 [Captain America : The First Avenger] 중에서

☑□□ 방법이 없을까요? Is there anything you can do?

1144 영화 [Thirteen Ghosts] 중에서

☑□□ 지금으로서는 이게 내가 할 수 있는 최선이야.

This is the best I can do for now.

Check 지금으로서는 자신이 할 수 있는 일이 이것 밖에 안 된다고 할 때 This is the best I can do for now.처럼 말합니다. 의미는 '지금으로서는 이게 내가 할 수 있는 최선이야.'입니다.

1145 영화 [The Da Vinci Code] 중에서

☑□□ 최선이라고 생각했던 일을 했어.

I did what I thought was best.

1146 영화 [Cinderella Man] 중에서

☑□□ 내가 할 수 있는 일을 했어요. I did what I could do.

1147 영화 [Sully] 중에서

☑□□ 당신은 충분히 할 만큼 했어요. You've done enough.

1148 영화 [Disturbia] 중에서

☑□□ 네가 할 수 있는 건 다했잖아. You did everything you could.

1149 영화 [Captain America : Civil War] 중에서

당신이 최선을 다 하셨다는 걸 알아요.

I know you did the best you could.

1150 영화 [Kingsman : The Golden Circle] 중에서

우리도 어쩔 수가 없어요. There's nothing we can do.

Check 아무리 노력해 봐도 도저히 문제 해결에 도움이 안 된다고 생각 들면 '우리도 어쩔 수가 없어요.'라고 하며 자포자기 하게 됩니다. There's nothing we can do.처럼 말이에요. 주어를 살짝 바꿔서 There's nothing you can do about it.이라고 하면 '네가 할 수 있는 건 아무것도 없어.'가 되지요.

1151 영화 [Pompeii] 중에서

네가 할 수 있는 건 아무것도 없어.

There's nothing you can do about it.

1152 영화 [The King's Speech] 중에서

고작 그게 다예요? 그거밖에 안돼요?

Is that the best you can do?

Check 상대방이 어떤 동작을 취해도 자신에게는 아무런 도움이 안 된다고 느껴지면 때로는 '고작 그게 다예요?'라든지 '그거밖에 안돼요?'하고 짜증나며 말하게 되죠. Is that the best you can do?처럼 표현해요.

1153 영화 [Kick-Ass] 중에서

어디 한번 네 재주껏 해봐. Let's see what you can do.

1154 영화 [The Mission] 중에서

너 할 수 있겠어? Can you do that?

SCENE# 32. 곤경

1155 영화 [Marley & Me] 중에서

☑□□ 전 곤경에 처했어요. I'm in a bind.

Check 자신이 어려운 상황에 처했다는 사실을 알리고 싶을 때 I'm in a bind.라고 하는데요, 의미는 '전 곤경에 처했어요.'입니다. 숙어로 be in a bind는 '곤경에 처하다'의 뜻으로 쓰이죠.

1156 영화 [Logan] 중에서

☑□□ 나 곤경에 빠졌어. I'm in trouble.

1157 영화 [National Treasure] 중에서

☑□□ 좀 곤란한 상황에 빠졌어요. I'm in a little trouble.

Check 곤란한 입장이나 상황에 처했을 때 be in trouble이라고 하죠. 이 말을 가지고 I'm in a little trouble.처럼 얘기하면 '좀 곤란한 상황에 빠졌어요.'가 되고 I'm in trouble.은 '나 곤경에 빠졌어.', 그리고 Am I in trouble?처럼 말하면 '내가 곤란해지는 건가요?'처럼 다양하게 응용할 수 있어요.

1158 영화 [Minority Report] 중에서

☑□□ 내가 곤란해지는 건가요? Am I in trouble?

1159 영화 [Jojo Rabbit] 중에서

☑□□ 너 큰 곤경에 빠지게 될 거야. You will be in big trouble.

1160 영화 [Race To Witch Mountain] 중에서

☑□□ 너희 둘은 어떤 어려움에 처한 거지?
What sort of trouble are you two in?

1161 영화 [War Of The Worlds] 중에서

☑□□ 문제를 일으키지 않을게. I'm not gonna get in trouble.

Check 자신은 앞으로 어떠한 문제도 일으키지 않겠다고 할 때 I'm not gonna get in trouble.이라고 하며 약속하게 됩니다. 의미는 '문제를 일으키지 않을게.'인데요, 숙어로 get in trouble은 '곤란에 처하다'입니다.

1162 영화 [Zootopia] 중에서

☑□□ 당신에게 문제 일으키고 싶지 않아요.
I don't wanna cause you any trouble.

1163 영화 [Daylight] 중에서

☑□□ 너 때문에 문제가 생기길 원치 않아.
I don't want any trouble out of you.

1164 영화 [Ben-Hur] 중에서

☑□□ 우린 잘못한 게 없었어. We've done nothing wrong.

Check 스스로 판단해 볼 때 잘못한 일이 없었다고 느껴지면 We've done nothing wrong.처럼 표현할 수 있어요. 의미는 '우린 잘못한 게 없었어.'이죠.

1165 영화 [Final Destination 5] 중에서

☑□□ 넌 잘못한 게 없어. You haven't done anything wrong.

1166 영화 [Matchstick Men] 중에서

☑□□ 내가 뭘 잘못했는데? What did I do wrong?

Check 잘못한 게 없는데 상대방이 계속 자신을 훈계할 때 '내가 뭘 잘못했는데?'라고 반문하게 되죠. 형용사 wrong을 사용해서 What did I do wrong?처럼 표현해요. 때론 주어를 I에서 we로 바꿔 말할 수 있답니다.

1167 영화 [A Few Good Men] 중에서

☑□□ 우리가 뭘 잘못했죠? What did we do wrong?

1168 영화 [Fool's Gold] 중에서

☑□□ 내가 뭘 잘못했는지 아직도 모르겠어.
I still don't know what I did wrong.

1169 영화 [Ninja Turtles : Out Of The Shadows] 중에서

☑□□ 뭐가 잘못될 수 있겠어? 잘못될 게 뭐가 있겠어?
What could go wrong?

Check 하고 있는 일이 잘못될 거라고 생각 들지 않을 때 What could go wrong?이라고 합니다. 여기서 go는 be동사로 바꿔 쓸 수 있는데요, 의미는 '뭐가 잘못될 수 있겠어?', '잘못될 게 뭐가 있겠어?'입니다.

1170 영화 [9] 중에서

☑□□ 만약 네가 틀리면 어쩌지? What if you're wrong?

1171 영화 [Fight Club] 중에서

☑□□ 내가 틀릴 수도 있어, 내가 잘못 알고 있을 수도 있어.
I could be wrong.

SCENE# 33. 문제

1172 영화 [Clear And Present Danger] 중에서

왜 그래요? 무슨 일이에요? What's with you?

Check 누군가가 평소와는 사뭇 다르게 행동한다면 걱정스러운 표정으로 '왜 그래요?', '무슨 일이에요?'하고 묻게 되죠. What's with you?는 어떤 문제가 당신과 함께 있길래 그렇게 근심하는지 알고 싶을 때 사용합니다.

1173 영화 [Total Recall] 중에서

☑ □ □ 오늘 너 왜 그래? What's with you today?

1174 영화 [6 Underground] 중에서

☑ □ □ 무슨 일이야? 왜 그래? What's up?

1175 영화 [Final Fantasy VII] 중에서

☑ □ □ 무슨 일이야? 무슨 꿍꿍이속이야? What are you up to?

1176 영화 [Terminator : Dark Fate] 중에서

☑ □ □ 왜 그래요? What's wrong with you?

Check 대화 도중에 상대방이 평소와는 사뭇 다른 표정을 짓고 있다면 '왜 그래요?'하고 걱정스러운 말투로 한마디 하게 되죠. 네이티브들은 What's wrong with you?처럼 말해요. 물론 간단하게 What's wrong?해도 됩니다.

1177 영화 [Les Miserables : The Musical Phenomenon] 중에서

☑ □ □ 오늘 왜 그래? What's wrong today?

1178 영화 [Gladiator] 중에서

☑ □ □ 걱정거리가 뭐야? What's troubling you?

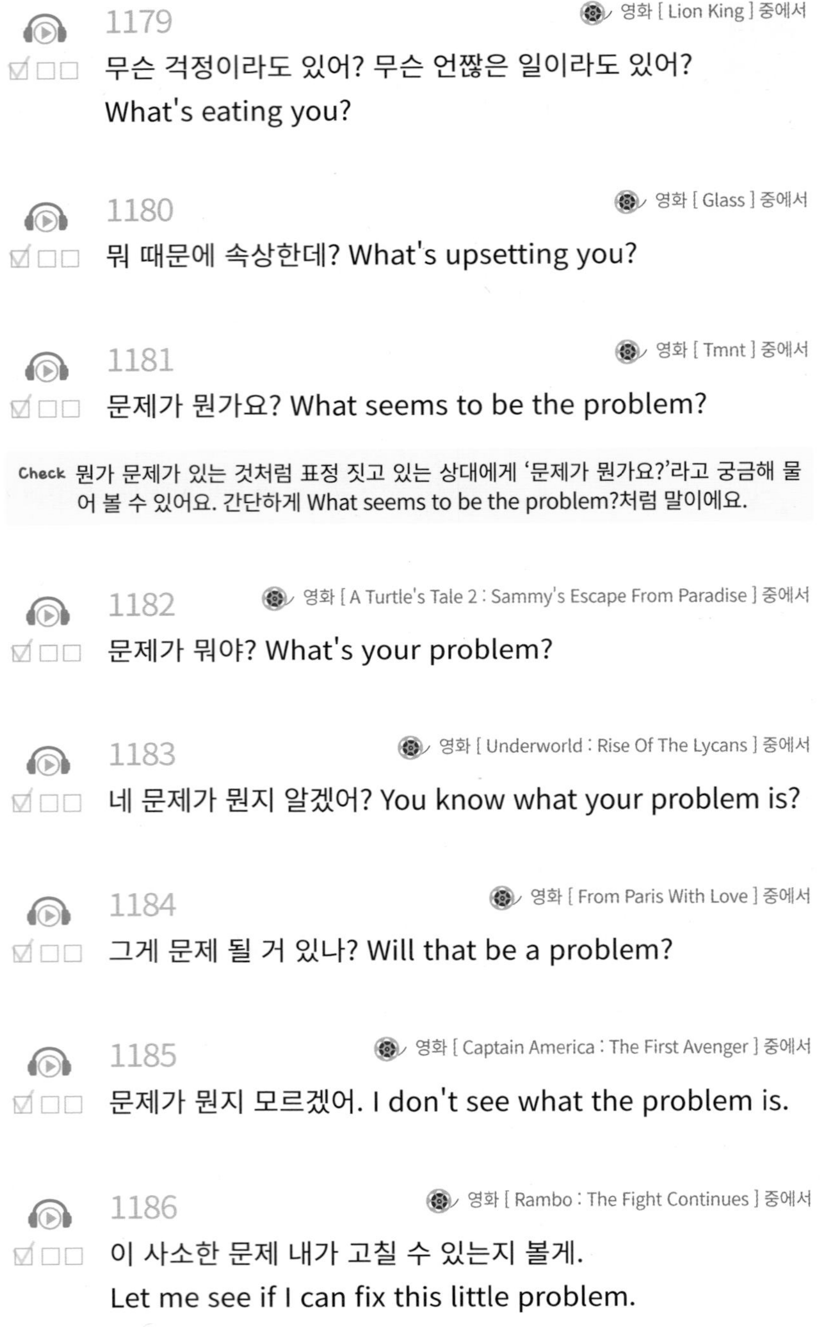

1179 영화 [Lion King] 중에서

☑ □ □ 무슨 걱정이라도 있어? 무슨 언짢은 일이라도 있어?
What's eating you?

1180 영화 [Glass] 중에서

☑ □ □ 뭐 때문에 속상한데? What's upsetting you?

1181 영화 [Tmnt] 중에서

☑ □ □ 문제가 뭔가요? What seems to be the problem?

Check 뭔가 문제가 있는 것처럼 표정 짓고 있는 상대에게 '문제가 뭔가요?'라고 궁금해 물어 볼 수 있어요. 간단하게 What seems to be the problem?처럼 말이에요.

1182 영화 [A Turtle's Tale 2 : Sammy's Escape From Paradise] 중에서

☑ □ □ 문제가 뭐야? What's your problem?

1183 영화 [Underworld : Rise Of The Lycans] 중에서

☑ □ □ 네 문제가 뭔지 알겠어? You know what your problem is?

1184 영화 [From Paris With Love] 중에서

☑ □ □ 그게 문제 될 거 있나? Will that be a problem?

1185 영화 [Captain America : The First Avenger] 중에서

☑ □ □ 문제가 뭔지 모르겠어. I don't see what the problem is.

1186 영화 [Rambo : The Fight Continues] 중에서

☑ □ □ 이 사소한 문제 내가 고칠 수 있는지 볼게.
Let me see if I can fix this little problem.

1187 영화 [Arthur And The Revenge Of Maltazard] 중에서

☑□□ 이건 웃을 일이 아니야, 이건 심각한 문제야.

This is no laughing matter.

1188 영화 [Doctor Sleep] 중에서

☑□□ 무슨 난리법석인지 모르겠어.

I don't see what the fuss is about.

Check 영어로 I don't see what the fuss is about.은 '무슨 난리법석인지 모르겠어.'예요. 명사 fuss는 '혼란', '혼동'을 뜻하며 동사 see는 '이해하다'입니다. 때론 I don't see what all the fuss is about.이라고도 해요.

1189 영화 [Flight Plan] 중에서

☑□□ 무슨 난리법석인지 모르겠어.

I don't see what all the fuss is about.

1190 영화 [Far And Away] 중에서

☑□□ 웬 난리법석이야? 이게 무슨 난리야?

What's all the fuss about?

1191 영화 [The Miracle Season] 중에서

☑□□ 도대체 여기 무슨 일이야? What the heck is going on here?

Check 지금 이곳에 어떤 일이 벌어지고 있는지 궁금해서 What the heck is going on here?처럼 물어보게 되면 '도대체 여기 무슨 일이야?'의 뜻이에요. 여기서 the heck는 '도대체'로 강조의 의미를 가지죠.

1192 영화 [The Emoji Movie] 중에서

☑□□ 어떻게 된 건지 말해봐. Tell me what's going on.

1193 영화 [9] 중에서

☑□□ 무슨 일이 벌어지고 있는지 알아봐야 해요.

We need to figure out what's going on.

1194 영화 [Unstoppable] 중에서

☑□□ 무슨 일인지 말씀해주시겠어요?

Can you please tell us what's going on?

Check 주위에 있는 사람에게 현재 어떤 상황이 벌어지고 있는지 궁금해 Can you please tell us what's going on?처럼 정중하게 여쭤볼 수 있어요. 뜻은 '무슨 일인지 말씀해주시겠어요?'입니다.

1195 영화 [Hacksaw Ridge] 중에서

☑□□ 밖에 무슨 일이야? What's going on out there?

1196 영화 [The Fifth Element] 중에서

☑□□ 무슨 일인지 설명해줄래요?

Will you please explain what's going on?

1197 영화 [The Chronicles Of Narnia : Prince Caspian] 중에서

☑□□ 무슨 일인지 알아봐야 할 때인 것 같아.

I think it's time we found out what's going on.

1198 영화 [X-Men : Apocalypse] 중에서

☑□□ 무슨 일이에요? What's going on? What's happening?

Check 주위에서 어떤 일이 벌어지고 있는지 궁금해 묻는 말이 What's going on? 또는 What's happening?입니다. '무슨 일이에요?'인데요, What's going on? What's happening?처럼 연속으로 말하기도 하죠.

1199 영화 [Avengers : Age Of Ultron] 중에서

그때 무슨 일이 벌어질지 알고 있었나요?
Did you know then what was gonna happen?

1200 영화 [Navy Seals] 중에서

무슨 일 있었는지 들었어? Did you hear what happened?

1201 영화 [The Maze Runner] 중에서

걔네들한테 무슨 일 있었던 거야? What happened to them?

1202 영화 [Fantastic 4] 중에서

정확하게 무슨 일이 있었던 거야? What exactly happened?

Check 어떤 일이 벌어지고 있었던 건지 궁금해서 What exactly happened?라고 하면 '정확하게 무슨 일이 있었던 거야?'입니다. 부사 exactly 대신에 just를 넣어 What just happened?처럼 말하면 '방금 무슨 일이 있었던 거지?'가 된답니다.

1203 영화 [Death Race] 중에서

방금 무슨 일이 있었던 거지? What just happened?

1204 영화 [Immortals] 중에서

나에게 무슨 일 있었던 거죠? What happened to me?

1205 영화 [Dracula Untold] 중에서

무슨 일이에요? What's happening to you?

Check 대화 도중에 심각한 표정을 하고 있는 친구나 지인에게 What's happening to you?처럼 궁금해 묻게 되는데요, '무슨 일이에요?'의 뜻으로 사용되는 표현입니다.

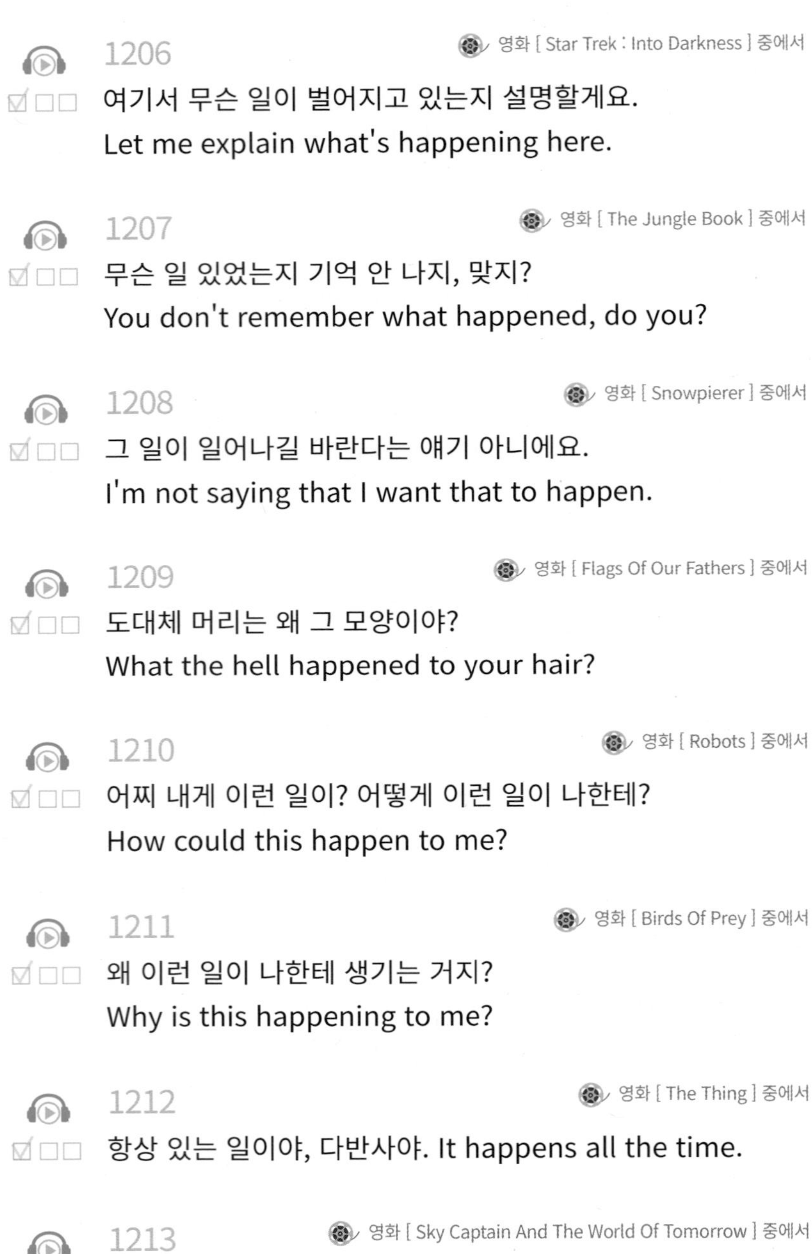

1206 영화 [Star Trek : Into Darkness] 중에서

☑□□ 여기서 무슨 일이 벌어지고 있는지 설명할게요.

Let me explain what's happening here.

1207 영화 [The Jungle Book] 중에서

☑□□ 무슨 일 있었는지 기억 안 나지, 맞지?

You don't remember what happened, do you?

1208 영화 [Snowpierer] 중에서

☑□□ 그 일이 일어나길 바란다는 얘기 아니에요.

I'm not saying that I want that to happen.

1209 영화 [Flags Of Our Fathers] 중에서

☑□□ 도대체 머리는 왜 그 모양이야?

What the hell happened to your hair?

1210 영화 [Robots] 중에서

☑□□ 어찌 내게 이런 일이? 어떻게 이런 일이 나한테?

How could this happen to me?

1211 영화 [Birds Of Prey] 중에서

☑□□ 왜 이런 일이 나한테 생기는 거지?

Why is this happening to me?

1212 영화 [The Thing] 중에서

☑□□ 항상 있는 일이야, 다반사야. It happens all the time.

1213 영화 [Sky Captain And The World Of Tomorrow] 중에서

☑□□ 이곳에서 안 좋은 일이 있었어요.

Something bad happened here.

1214 영화 [Tinker Bell And The Lost Treasure] 중에서

무슨 문제라도 있어? 무슨 일 있는 거야?
Is anything the matter?

Check 얼굴을 보니 뭔가 문제가 생긴 것 같아 보여 Is anything the matter?라고 조심스럽게 물어 볼 수 있어요. 이럴 때 의미는 '무슨 문제라도 있어?' 또는 '무슨 일 있는 거야?'입니다.

1215 영화 [Navy Seals] 중에서

너 왜 그래? What's the matter with you?

1216 영화 [Dawn Of The Dead] 중에서

왜 이렇게 오래 걸려? What's the holdup?

Check 시간이 지체되고 있을 때 하는 말이 What's the holdup?입니다. '왜 이렇게 오래 걸려?'의 뜻인데요, holdup은 명사로 '정지', '정체', '지연'을 뜻합니다.

1217 영화 [Ice Age : The Meltdown] 중에서

왜 머뭇거리죠? What's holding you back?

1218 영화 [Unstoppable] 중에서

왜 이리 오래 걸려? What's taking you so long?

1219 영화 [Primeval] 중에서

도대체 뭐 꾸물거리고 있어?
What the hell are you waiting for?

1220 영화 [The Mountain Between Us] 중에서

뭐가 그리 급해요? What's the rush?

1221 영화 [Dragon : The Hidden World] 중에서

너 답지 않게 왜 그래? 갑자기 왜 그러는 거야?
What's gotten into you?

Check 평소와는 사뭇 다르게 행동하거나 말하면 '너 답지 않게 왜 그래?'나 '갑자기 왜 그러는 거야?'라고 하면서 묻게 됩니다. 어떤 이유로 그런지 궁금해서죠. What's gotten into you?로 표현해요.

1222 영화 [The Accountant] 중에서

도대체 무슨 일에 휘말렸던 거야?
What the hell have you got yourself into?

1223 영화 [Red] 중에서

뭘 보고 픽 웃는 거죠? What are you grinning at?

1224 영화 [Repomen] 중에서

뭐가 그렇게 우스워? What are you laughing about?

1225 영화 [L.A. Confidential] 중에서

무슨 그런 질문이 다 있어? What kind of question is that?

1226 영화 [Madagascar : Escape 2 Africa] 중에서

도대체 뭐야? What in the world?

1227 영화 [The Replacement Killers] 중에서

태도가 왜 그 모양이야? What's with the attitude?

Check 평소와는 사뭇 다른 태도로 자신을 대하면 무슨 이유 때문에 그러는지 궁금해 묻게 됩니다. What's with the attitude?처럼 말이에요. 의미는 '태도가 왜 그 모양이야?'로 명사 attitude는 '태도', '자세'를 뜻해요.

1228 영화 [Saving Private Ryan] 중에서

손이 왜 그래요? What's with your hand?

1229 영화 [Drumline] 중에서

네 양말은 왜 그 모양이야? What's up with your socks?

1230 영화 [Jason Bourne] 중에서

숨기고 있는 게 뭐죠? What are you hiding?

1231 영화 [Cold Pursuit] 중에서

그게 나랑 무슨 상관인데? What's that got to do with me?

Check 영어로 What's that got to do with me?라고 하면 '그게 나랑 무슨 상관인데?'의 뜻입니다. 어떤 일이 자신이랑 아무런 상관없다고 할 때 이렇게 표현하죠.

1232 영화 [Snow White & The Huntsman] 중에서

그게 당신과 무슨 상관이야? What concern is it of yours?

1233 영화 [Bad Boys For Life] 중에서

왜 마음 바꿨어? What made you change your mind?

1234 영화 [The Road] 중에서

어디다 정신 팔고 있는 거야? 대체 무슨 생각 하는 거야?
Where is your head?

Check 뭔가에 정신 팔리게 되면 다른 생각을 하나도 못하게 됩니다. 내가 아닌 상대방이 그렇다면 Where is your head?처럼 말 걸어볼 수 있는데요, 의미는 '어디다 정신 팔고 있는 거야?', '대체 무슨 생각 하는 거야?'입니다.

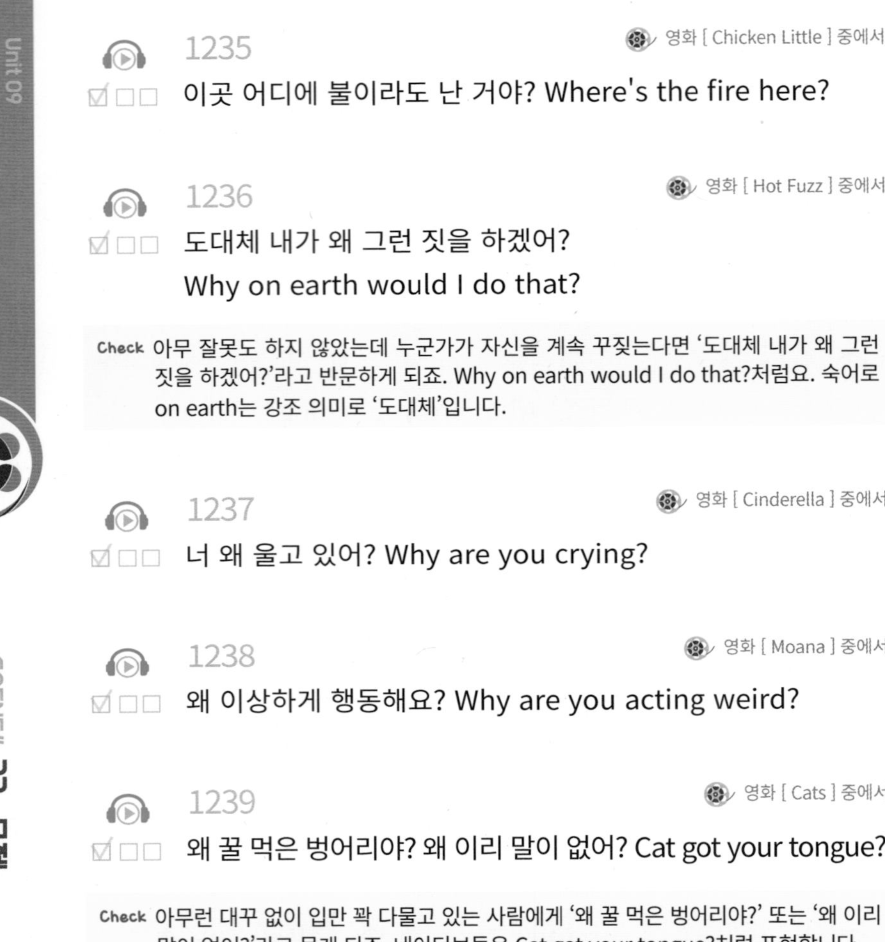

1235 영화 [Chicken Little] 중에서

☑□□ 이곳 어디에 불이라도 난 거야? Where's the fire here?

1236 영화 [Hot Fuzz] 중에서

☑□□ 도대체 내가 왜 그런 짓을 하겠어?
Why on earth would I do that?

Check 아무 잘못도 하지 않았는데 누군가가 자신을 계속 꾸짖는다면 '도대체 내가 왜 그런 짓을 하겠어?'라고 반문하게 되죠. Why on earth would I do that?처럼요. 숙어로 on earth는 강조 의미로 '도대체'입니다.

1237 영화 [Cinderella] 중에서

☑□□ 너 왜 울고 있어? Why are you crying?

1238 영화 [Moana] 중에서

☑□□ 왜 이상하게 행동해요? Why are you acting weird?

1239 영화 [Cats] 중에서

☑□□ 왜 꿀 먹은 벙어리야? 왜 이리 말이 없어? Cat got your tongue?

Check 아무런 대꾸 없이 입만 꽉 다물고 있는 사람에게 '왜 꿀 먹은 벙어리야?' 또는 '왜 이리 말이 없어?'라고 묻게 되죠. 네이티브들은 Cat got your tongue?처럼 표현합니다.

1240 영화 [Elysium] 중에서

☑□□ 무슨 짓을 했는지 알기나 해?
Do you realize what you've done?

1241 영화 [Green Zone] 중에서

☑□□ 이게 얼마나 민감한 문제인지 알기나 해?
Do you have any idea how sensitive this is?

영화 [Non-Stop] 중에서

0013 I have no idea. 모르겠어요.

우리말에 '모르겠어요.'라는 뜻인 I have no idea.에서 명사 idea에는 지식의 뜻이 담겨 있어서 자신의 지식으로는 도무지 알 수가 없다는 의미를 전달하는 겁니다.

A Excuse me, Miss? You were sitting next to that guy, the Marshal?
You know what's happening?

B I have no idea.

A 실례합니다, 아가씨? 그 사람, 연방 보안관 옆에 앉아 있었죠?
무슨 일이 벌어지고 있는지 알아요?

B 모르겠어요.

영화 [American Sniper] 중에서

0014 I'm depressed. 우울해요.

사랑하는 사람과 갑자기 헤어지게 되면 하루 종일 마음이 우울해지고 아무것도 하기 싫어지게 되죠. 이런 자신의 감정을 I'm+형용사. 패턴으로 표현할 수 있어요. 즉 I'm depressed. 라고 하면 '우울해요.'로 형용사 depressed는 '우울한'입니다. 마음이 아래로(de) 눌리는 (pressed) 것처럼 우울하다는 얘기죠.

A Do you like country music?

B Only when I'm depressed.

A 컨츄리 음악 좋아해요?

B 우울할 때만요.

영화 [Tron : Legacy] 중에서

0015 What makes you say that? 왜 그런 말 하죠?

직설적인 Why do you say that? 보다는 좀 더 완곡하게 묻는 말이 What makes you say that?입니다. 뜻은 '왜 그런 말을 하죠?'인데요, 같은 말이라도 듣는 사람에 따라 기분 상할 수 있거든요. 뭔가를 직설적으로 묻기 보다는 돌려서 얘기하면 한결 대화가 부드러워집니다.

A You're looking for someone!

B What makes you say that?

A 누굴 찾고 있는 거죠!

B 왜 그런 말 하는 거죠?

할리우드 영어표현

Unit 10

지금 휴식이 필요해요!

SCENE # 34 여가 생활

할리우드 표현 1242-1282

SCENE # 35 주의

할리우드 표현 1283-1313

SCENE # 36 휴식

할리우드 표현 1314-1335

SCENE # 37 침착함

할리우드 표현 1336-1388

1242 영화 [Drumline] 중에서

☑□□ 난 악보를 정말 못 읽어요.
I can't really read music.

Check 음악에 소질이 없거나 악보를 제대로 읽지 못할 때 하는 말 중에 I can't really read music.은 '난 악보를 정말 못 읽어요.'입니다. 숙어로 read music은 '음악을 읽다'가 아닌 '악보를 읽다'예요.

1243 영화 [The Lego : Ninjago Movie] 중에서

☑□□ 음악 연주 시작해. Hit it.

1244 영화 [13 Going On 30] 중에서

☑□□ 음악 좀 틀어봐. Put some music on.

Check 자기가 유난히 좋아하는 음악이 있어요. 어떤 사람은 음악을 들으면서 일하기도 하죠. '음악 좀 틀어봐.'를 Put some music on.이라고 합니다.

1245 영화 [Anger Management] 중에서

☑□□ 헤드셋 좀 가져다주시겠어요? Could I get a headset?

1246 영화 [Ghosts Of Girlfriends Past] 중에서

☑□□ 이 파트는 내가 제일 좋아해. This is my favorite part.

1247 영화 [Glass] 중에서

☑□□ 내 헤드폰 돌려줘요. I want my headphone back.

1248 영화 [Black Book] 중에서

☑□□ 음악을 아주 좋아하세요? Are you so fond of music?

1249 영화 [Hostage] 중에서

영화나 보러 가자. Let's just go to the movies.

Check 영화를 좋아하는 사람이라면 아는 지인이나 친구에게 같이 영화 보러 극장에 가자고 제안하게 됩니다. Let's just go to the movies.는 '영화나 보러 가자.'로 숙어로 go to the movies는 '영화 구경 가다'예요.

1250 영화 [Sideways] 중에서

영화나 보려고 해요. I'll catch a movie or something.

1251 영화 [The Chronicles Of Narnia : The Lion, The Witch And The Wardrobe] 중에서

표 좀 주시겠어요? May I have your tickets, please?

1252 영화 [Aquaman] 중에서

좀 둘러보시죠? Why don't you look around?

Check 집에 초대받은 사람에게 때에 따라서는 주위를 둘러보라고 얘기할 수 있어요. Why don't you look around?처럼 말입니다. 뜻은 '좀 둘러보시죠?'인데요, 가게를 찾아온 손님에게도 이 표현을 사용할 수 있답니다.

1253 영화 [Blade 3 : Trinity] 중에서

좀 둘러봐. Look around.

1254 영화 [Dumbo] 중에서

둘러볼게요. I'll have a look around.

1255 영화 [The Addams Family] 중에서

주위를 둘러보죠, 어때요?
Let's take a look around, shall we?

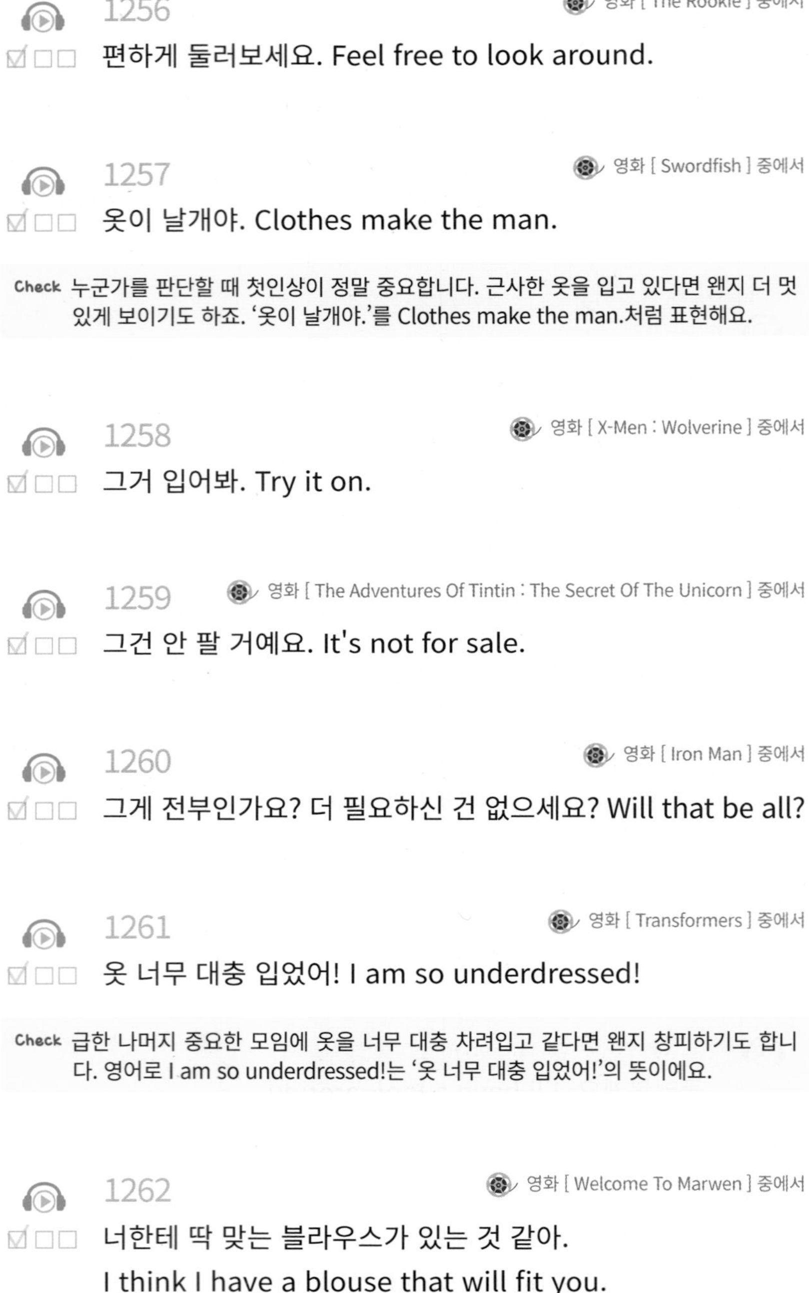

1256 영화 [The Rookie] 중에서

편하게 둘러보세요. Feel free to look around.

1257 영화 [Swordfish] 중에서

옷이 날개야. Clothes make the man.

Check 누군가를 판단할 때 첫인상이 정말 중요합니다. 근사한 옷을 입고 있다면 왠지 더 멋있게 보이기도 하죠. '옷이 날개야.'를 Clothes make the man.처럼 표현해요.

1258 영화 [X-Men : Wolverine] 중에서

그거 입어봐. Try it on.

1259 영화 [The Adventures Of Tintin : The Secret Of The Unicorn] 중에서

그건 안 팔 거예요. It's not for sale.

1260 영화 [Iron Man] 중에서

그게 전부인가요? 더 필요하신 건 없으세요? Will that be all?

1261 영화 [Transformers] 중에서

옷 너무 대충 입었어! I am so underdressed!

Check 급한 나머지 중요한 모임에 옷을 너무 대충 차려입고 갔다면 왠지 창피하기도 합니다. 영어로 I am so underdressed!는 '옷 너무 대충 입었어!'의 뜻이에요.

1262 영화 [Welcome To Marwen] 중에서

너한테 딱 맞는 블라우스가 있는 것 같아.

I think I have a blouse that will fit you.

1263 영화 [The Devil Wears Prada] 중에서

패션에 대해 그다지 아는 게 없어요.
I don't know that much about fashion.

1264 영화 [Man On Fire] 중에서

싼 게 비지떡이야. You get what you pay for.

Check 우리말에 '싼 게 비지떡이야.'라는 말이 있어요. 의미가 비슷한 영어 표현이 바로 You get what you pay for.입니다. 즉 '네가 지불한 만큼 받는 거야.'로 싼 가격에 구입한 것은 그 정도의 기능만 한다는 말이에요.

1265 영화 [Creed] 중에서

괜찮은 거래지. It's a good deal.

1266 영화 [The Rock] 중에서

우리 산책하는 게 어떨까? Why don't we take a walk?

Check 식사 후 가볍게 산책하자고 제안할 때 Why don't we take a walk?이라고 합니다. 의미는 '우리 산책하는 게 어떨까?'인데요, 숙어로 take a walk는 '산책하다'예요.

1267 영화 [The Secret Life Of Pets 2] 중에서

우리 산책하러 가는 게 어떨까? What say we go for a walk?

1268 영화 [Signs] 중에서

저녁식사 전에 좀 산책하고 있었어.
I was just taking a walk before dinner.

1269 영화 [The Day After Tomorrow] 중에서

개를 산책시키고 있었어요. I was walking my dog.

1270 영화 [The Bank Job] 중에서

☑□□ 출장인가요, 여행인가요? Business or pleasure?

Check 해외여행 시 공항에서 제일 먼저 입국 심사를 받게 됩니다. Business or pleasure? 처럼 질문받게 되는데요, '출장인가요, 여행인가요?'의 뜻이죠. 만약 여행이 목적이라면 간단하게 Pleasure.라고 대답하면 되죠.

1271 영화 [Abominable] 중에서

☑□□ 이게 바로 여행이지. This is the way to travel.

1272 영화 [Abominable] 중에서

☑□□ 여행은 어땠어요? How was the trip?

1273 영화 [Saving Private Ryan] 중에서

☑□□ 경치가 멋지네요. That's quite a view.

Check 너무 멋있는 경치나 풍경을 보게 되면 감탄하며 하는 말이 That's quite a view.입니다. 즉 '경치가 멋지네요.'입니다.

1274 영화 [Tron : Legacy] 중에서

☑□□ 경치 끝내주네! Hell of a view!

1275 영화 [Kick-Ass 2] 중에서

☑□□ 여기 정말 근사해요, 여기 정말 멋있네요. This is so cool.

Check 여행하다 보면 기대 이상으로 근사한 곳이나 아름다운 곳을 발견하게 됩니다. 형용사 cool에는 '멋진', '근사한'이라는 뜻이 있어 This is so cool.처럼 말하면 '여기 정말 근사해요.'나 '여기 정말 멋있네요.'가 됩니다.

1276 영화 [Wanted] 중에서

☑□□ 이곳 정말 끝내주네요. This is pretty awesome.

1277 영화 [The Happening] 중에서

☑ □□ 난 이곳이 마음에 안 들어요. I don't like it here.

1278 영화 [The Rundown] 중에서

☑ □□ 갈 길이 멀어요. It's a long walk.

Check 목적지까지 가도 가도 끝이 보이지 않으면 괜히 짜증만 나게 됩니다. It's a long walk.을 직역하면 '긴 보행이에요.'이지만 자연스럽게 의역하면 '갈 길이 멀어요.' 입니다.

1279 영화 [Pete's Dragon] 중에서

☑ □□ 지도들을 살펴보죠. Let's go through the maps.

1280 영화 [Clash Of The Titans] 중에서

☑ □□ 얼마나 멀어? How far is it?

1281 영화 [Jack The Giant Slayer] 중에서

☑ □□ 일행과 함께 있어요. Stay with the group.

1282 영화 [Ghosts Of Girlfriends Past] 중에서

☑ □□ 언제 비행기를 타세요? When do you catch your flight?

SCENE# 35. 주의

1283 영화 [First Sunday] 중에서

말조심하는 게 좋겠어요.
You'd better watch your language.

Check 함부로 말하는 사람에게 말을 가려서 하라고 충고 조로 한마디 하게 됩니다. 숙어로 watch one's language는 '말조심하다', '입조심하다'이므로 You'd better watch your language.는 '말조심하는 게 좋겠어요.'의 뜻이죠. 좀 줄여서 Watch your language.(말 좀 삼가세요)라고도 해요.

1284 영화 [Ant-Man] 중에서

말 좀 삼가세요. Watch your language.

1285 영화 [Good Luck Chuck] 중에서

말조심 해주면 좋겠어. I'll ask you to watch your language.

1286 영화 [The Scorpion King] 중에서

말조심해. Watch your tongue.

1287 영화 [Transformers : The Last Knight] 중에서

말조심해. Watch your mouth.

Check 말을 너무 함부로 하는 사람에게 Watch your mouth.라고 하면 '말조심해.'가 되지만 느낌은 아주 강한 편에 속합니다. 우리말에 '입 닥쳐.', '주둥이 함부로 놀리지 마.' 처럼 좀 격하게 들리죠.

1288 영화 [Hannah Montana] 중에서

머리 조심해. Watch your head.

1289 영화 [The Walk] 중에서

손가락 안 끼게 조심해요. Watch your fingers.

1290 영화 [Doubt] 중에서

발 조심해. Watch your step.

1291 영화 [The Shaggy Dog] 중에서

차선 조심해. Watch the lane.

Check 운전하는 도중에 집중하지 않으면 차 사고가 날 수 있어요. 이런 상황에서 '차선 조심해.'라고 말하고 싶다면 Watch the lane.이라고 하면 돼요.

1292 영화 [Freaky Friday] 중에서

길 좀 잘 봐. Watch the road.

1293 영화 [Pride And Glory] 중에서

문 조심해. Watch the door.

1294 영화 [Tinker Bell] 중에서

낙하 조심해. Watch out for falling.

1295 영화 [The Sorcerer's Apprentice] 중에서

조심해! Heads up!

Check 뭔가 위험한 일이 벌어질 것 같으면 바로 '조심해!'라고 말하게 되죠. 영어로는 간단하게 Heads up!처럼 표현해요. 이런 말을 듣게 되면 바로 주의해야 합니다.

1296 영화 [Ready Player One] 중에서

☑□□ 조심해. Watch out.

1297 영화 [The Equalizer] 중에서

☑□□ 조심해. Watch it.

1298 영화 [Hustle & Flow] 중에서

☑□□ 조심하는 게 좋을 거야. You'd better watch yourself.

Check 상대방에게 몸조심하라고 할 때 You'd better watch yourself.처럼 표현합니다. '조심하는 게 좋을 거야.'라는 뜻으로 사용되죠. 이 말을 줄여 Watch yourself.라고 하면 '조심해.'가 됩니다.

1299 영화 [Chappie] 중에서

☑□□ 이번에는 정말 조심해. Just watch yourself this time.

1300 영화 [A Star Is Born] 중에서

☑□□ 조심해. Watch yourself.

1301 영화 [The Matrix : Revolutions] 중에서

☑□□ 항상 조심해야 돼. You must be careful at all times.

1302 영화 [Starwars : The Force Awakens] 중에서

☑□□ 몸조심해. Take care of yourself.

1303 영화 [Navy Seals] 중에서

☑□□ 그곳에서 조심해. Be careful out there.

1304 영화 [Official Secrets] 중에서

조심해. Be careful.

1305 영화 [The Legend Of Extraordinary Gentlemen] 중에서

조심해. Look out.

1306 영화 [Beauty And The Beast (2017)] 중에서

발 조심해. Mind your step.

Check 가파른 길이나 계단을 누군가와 함께 내려올 때 '발 조심해.'라고 한마디 합니다. 영어로 Mind your step.이라고 하는데요, 동사 mind에는 '조심하다'라는 뜻이 있어요.

1307 영화 [Minions] 중에서

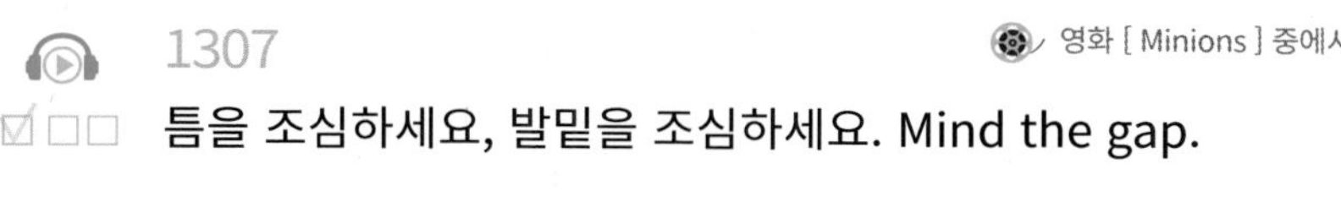

틈을 조심하세요, 발밑을 조심하세요. Mind the gap.

1308 영화 [The Chronicles Of Narnia : Prince Caspian] 중에서

조심해. Mind yourself.

1309 영화 [Harry Potter And The Deathly Hallows Part 2] 중에서

그거 주의해서 다뤄. Treat it carefully.

Check 뭔가를 처리할 때 주의해서 다루라고 부탁하게 되죠. 특히 위험한 물건이라면 더 그렇습니다. 영어로 Treat it carefully.는 '그거 주의해서 다뤄.'예요.

1310 영화 [Vexille] 중에서

조심하고 내가 시키는 대로 해.
Be careful and do exactly as I say.

1311 영화 [Ninja Turtles : Out Of The Shadows] 중에서

그거 조심해서 다뤄. Be careful with that.

1312 영화 [Dinosaur] 중에서

머리 숙여. Get your head down.

1313 영화 [Toy Story Of Terror] 중에서

바짝 붙어 있어. Stay close.

Check 누군가에게 자신 곁에 바짝 붙어 있으라고 할 때 동사 stay를 활용해서 Stay close.처럼 말해요. 즉 '바짝 붙어 있어.'로 가깝게 붙어 있는 상태를 계속 유지하라는 뜻입니다.

MEMO)

SCENE# 36. 휴식

1314 영화 [Legend Of The Guardians : The Owls Of Ga'Hoole] 중에서

☑ □ □ 나 쉬어야겠어. I have to rest.

Check 아무것도 하지 않고 쉬는 행위를 동사 rest로 표현합니다. 즉 I have to rest.는 '나 쉬어야겠어.'로 하던 일을 중단하고 푹 쉰다는 느낌을 주는 거죠.

1315 영화 [Broken : A Musical] 중에서

☑ □ □ 나 쉬어야겠어. I think I need to rest.

1316 영화 [Sherlock Holmes] 중에서

☑ □ □ 네가 필요한 건 휴식이야. What you need is a rest.

1317 영화 [Ben-Hur] 중에서

☑ □ □ 너 쉬는 게 좋을 거야. You should be resting.

1318 영화 [The Island] 중에서

☑ □ □ 여기서 쉬자. Let's rest in here.

1319 영화 [Twister] 중에서

☑ □ □ 여기서 쉬면서 기분 전환 좀 하려고 해.
I'm gonna hang out here and get some air.

Check 우리말에 '기분 전환을 하다'라는 말이 있어요. 네이티브들은 get some air 또는 get some fresh air.라고 하죠. 즉 I'm gonna hang out here and get some air.는 '여기서 쉬면서 기분 전환 좀 하려고 해.'의 뜻이에요.

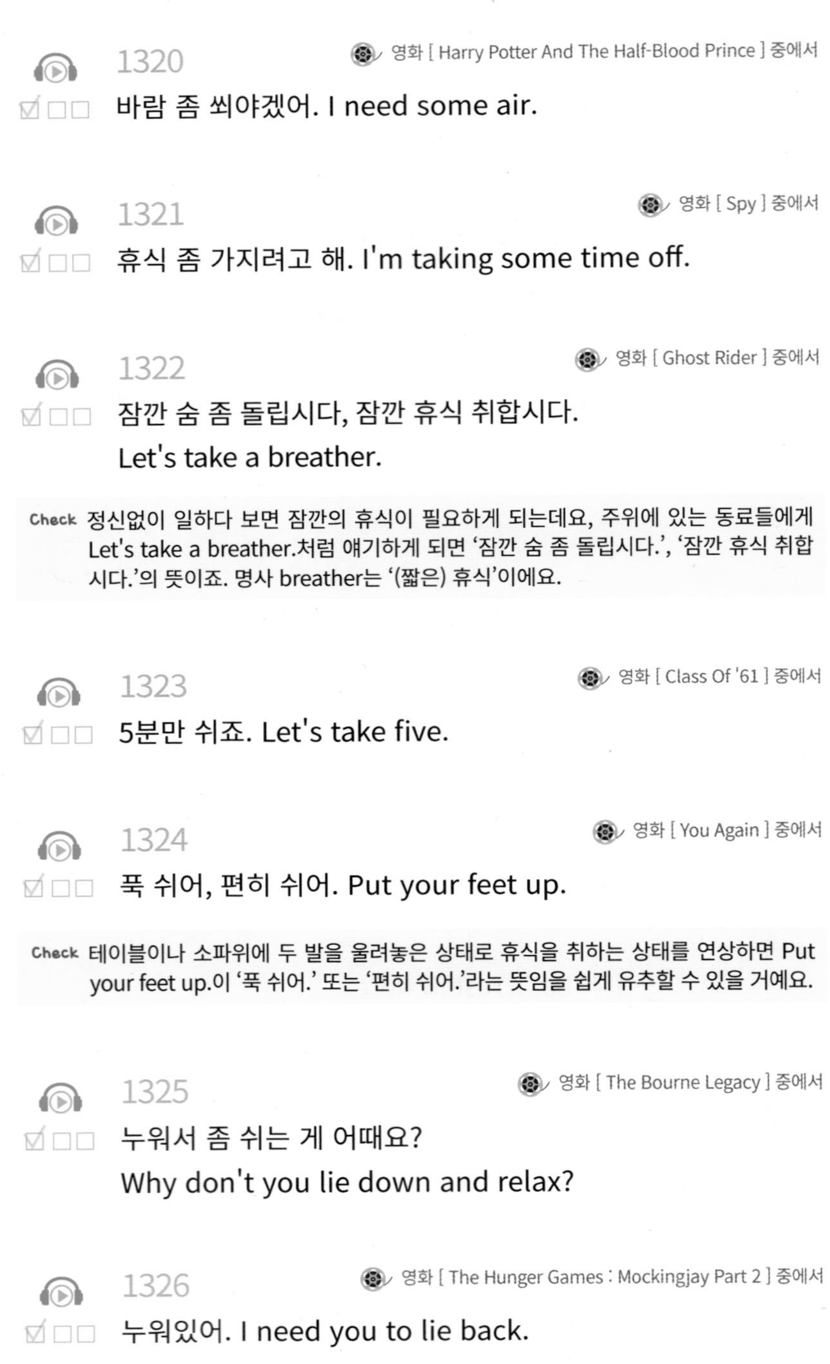

1320 영화 [Harry Potter And The Half-Blood Prince] 중에서

☑☐☐ 바람 좀 쐬야겠어. I need some air.

1321 영화 [Spy] 중에서

☑☐☐ 휴식 좀 가지려고 해. I'm taking some time off.

1322 영화 [Ghost Rider] 중에서

☑☐☐ 잠깐 숨 좀 돌립시다, 잠깐 휴식 취합시다.
Let's take a breather.

Check 정신없이 일하다 보면 잠깐의 휴식이 필요하게 되는데요, 주위에 있는 동료들에게 Let's take a breather.처럼 얘기하게 되면 '잠깐 숨 좀 돌립시다.', '잠깐 휴식 취합시다.'의 뜻이죠. 명사 breather는 '(짧은) 휴식'이에요.

1323 영화 [Class Of '61] 중에서

☑☐☐ 5분만 쉬죠. Let's take five.

1324 영화 [You Again] 중에서

☑☐☐ 푹 쉬어, 편히 쉬어. Put your feet up.

Check 테이블이나 소파위에 두 발을 올려놓은 상태로 휴식을 취하는 상태를 연상하면 Put your feet up.이 '푹 쉬어.' 또는 '편히 쉬어.'라는 뜻임을 쉽게 유추할 수 있을 거예요.

1325 영화 [The Bourne Legacy] 중에서

☑☐☐ 누워서 좀 쉬는 게 어때요?
Why don't you lie down and relax?

1326 영화 [The Hunger Games : Mockingjay Part 2] 중에서

☑☐☐ 누워있어. I need you to lie back.

1327 영화 [The Revenant] 중에서

너 눈 감고 싶을 거야. You might want to close your eyes.

1328 영화 [Punisher 2] 중에서

좀 쉬어, 앉아서 쉬어. Take a load off.

Check 영어로 Take a load off.를 직역하면 '몸에 지니고 있는 짐을 내려놓아.'입니다. 왠지 쉽게 감이 오지 않습니다. 이 표현에는 짐 내려놓고 쉬라는 속뜻이 있어요. 즉 '좀 쉬어.' 또는 '앉아서 쉬어.'의 의미예요.

1329 영화 [XXX : State Of The Union] 중에서

편히 쉬세요, 편히 하세요. Make yourself at home.

1330 영화 [Moulin Rouge] 중에서

당신은 기분전환이 확실히 필요해요.
You must be in need of refreshment.

1331 영화 [Rush Hour 3] 중에서

쉬면서 재밌게 보내. Relax and have some fun.

1332 영화 [Glory] 중에서

쉬어! At ease!

1333 영화 [Jurassic World] 중에서

즐거운 시간 보내고 계시나요? Are you having fun?

Check 신나는 파티에서 즐거운 시간을 보내고 있다면 시간 가는 줄 모르게 되죠. 숙어로 have fun은 '즐거운 시간을 보내다'예요. 그러므로 Are you having fun?은 '즐거운 시간 보내고 계시나요?'의 뜻입니다.

1334 영화 [Welcome To Marwen] 중에서

☑□□ 재밌으면 시간 빨리 가잖아.

Time flies when you're having fun.

1335 영화 [Dragon Hunters] 중에서

☑□□ 휴식 끝났어. Party's over.

Check 이 표현을 그대로 '파티는 끝났어.'라고 하면 왠지 어색하게 들립니다. 여기서 party는 '파티'가 아니라 '휴식'이라는 뜻이죠. 즉 Party's over.라고 하면 '휴식 끝났어.'의 의미예요.

MEMO)

SCENE# 37. 침착함

1336 영화 [Shawshank Redemption] 중에서

진정해. Take it easy.

Check 누군가가 너무 초초해 하거나 행동하면 '진정해.'라고 말하며 다독이게 됩니다. 네이티브들은 Take it easy.라고 하는데요, 직역하면 '그것을 쉽게 받아들여라.'지만 이 표현은 '진정해.'의 뜻으로 사용되지요.

1337 영화 [Bolt] 중에서

이봐, 친구! 진정해. Hey, buddy! Take it easy.

1338 영화 [Eddie The Eagle] 중에서

진정해야 돼, 침착해야 돼. You've got to take it easy.

1339 영화 [Rampage] 중에서

진정해. Easy.

Check 영어로 Easy.를 '쉬운'처럼 생각할 수 있는데요, 구어체에서 '진정해.'라는 의미로 자주 사용되죠. 위에 나온 Take it easy.처럼 말이에요.

1340 영화 [Sully] 중에서

살살해. Go easy.

1341 영화 [Ice Age : The Meltdown] 중에서

좀 천천히 갈 수 없을까? Can we slow down a little?

Check 나보다 앞서가는 사람에게 천천히 가자고 부탁할 수 있어요. 즉 Can we slow down a little?처럼 얘기하면 그 의미는 '좀 천천히 갈 수 없을까?'입니다.

1342 영화 [Into The Blue] 중에서

속도 줄여, 진정해, 천천히 말해. Slow down.

1343 영화 [Spider-Man : Into the Spider-Verse] 중에서

좀 천천히 해, 속도 좀 줄여. Slow down a little.

Check 말을 천천히 하라고 부탁하거나 차의 속도를 줄여달라고 할 때 Slow down.이라고 해요. 뒤에 a little를 넣어 Slow down a little.처럼 표현하면 그 의미는 '좀 천천히 해.' 또는 '속도 좀 줄여.'가 되죠. 상황에 따라 a little를 생략하고 Slow down.만으로도 의사를 전달할 수 있어요.

1344 영화 [Night At The Museum 2] 중에서

좀 천천히 말해줄래요? Can you slow it down a little bit?

1345 영화 [Speed] 중에서

최소한 속도 정도는 줄일 수 있잖아요!

The least you could do is slow down!

1346 영화 [XXX : Return Of Xander Cage] 중에서

속도 좀 줄여주시겠어요? Will you please just slow down?

1347 영화 [Dante's Peak] 중에서

진정하세요. Please remain calm.

Check 흥분해서 들떠 있는 지인에게 '진정하세요.'라고 말하며 마음을 좀 가라앉히고 싶을 때가 있을 거예요. 이럴 때 Please remain calm.이 딱 어울리는 표현이죠.

1348 영화 [Arrival] 중에서

좀 진정해요. Just calm down.

1349 영화 [6 Underground] 중에서

진정해. Calm down.

Check 흥분하면 나도 모르게 자제력을 잃게 됩니다. 남이 그렇다면 Calm down.처럼 말하며 진정시키게 되는데요, 의미는 '진정해.'로 때로는 부사 just를 문장 앞에 넣어 Just calm down.이라고도 하죠. 의미는 같습니다.

1350 영화 [War] 중에서

침착해. Stay calm.

1351 영화 [Mirrors] 중에서

내가 어떻게 진정해야 할까요? How am I gonna calm down?

Check 너무 흥분한 나머지 어떻게 마음을 진정시켜야 할지 몰라 상대방에게 조언을 구할 수도 있습니다. How am I gonna calm down?처럼 말이에요. 이때 의미는 '내가 어떻게 진정해야 할까요?'입니다.

1352 영화 [National Security] 중에서

마음 좀 가다듬고요. Let me calm myself.

1353 영화 [Wall E] 중에서

침착해, 당황하지 마. Remain calm.

1354 영화 [Dawn Of The Planet Of The Apes] 중에서

진정 좀 해. You have to calm down.

1355 영화 [Beauty And The Beast (2017)] 중에서

진정해. Calm yourself.

1356 영화 [Ferdinand] 중에서

나 진정해야겠어. I gotta calm myself down.

1357 영화 [Remember The Titans] 중에서

진정해! Cool out!

Check 흥분한 사람에게 '진정해!'라는 뜻으로 다양한 표현들을 쓸 수 있는데요, 그 중에 하나 Cool out!은 '진정해.'로 흥분하면 몸에 열이 나고 갑자기 더워지기 시작하니까 빨리 식히라는 뉘앙스로 쓰이는 거죠.

1358 영화 [Slumdog Millionaire] 중에서

진정해, 흥분하지 마. Cool it.

1359 영화 [Astro Boy] 중에서

이제 진정하란 말이야. Now cool off.

1360 영화 [S.W.A.T.] 중에서

이제 침착하게 굴어. Let's be cool now.

1361 영화 [Armageddon] 중에서

좀 진정해. Just cool down.

1362 영화 [Hostage] 중에서

진정해, 침착해. Be cool.

1363 영화 [Con Air] 중에서

진정해. Keep cool.

1364 영화 [Remember The Titans] 중에서

상황이 진정될 거야. Things will cool down.

1365 영화 [Max Payne : Harder Cut] 중에서

진정하는 게 어때? Why don't you relax?

Check 동사 relax를 활용해서 Why don't you relax?라고 하면 '진정하는 게 어때?'입니다. 보통 Why don't you+동사?는 '~하는 게 어때요?'의 뜻으로 사용되는 패턴이에요.

1366 영화 [Robocop] 중에서

당신이 긴장을 풀었으면 해요. I want you to relax.

1367 영화 [Mr. Pepper's Penguins] 중에서

진정하세요, 큰 문제 아니에요. Relax, it's no big deal.

Check 동사 relax를 가지고 Relax, it's no big deal.이라고 하면 '진정하세요, 큰 문제 아니에요.'의 뜻입니다. 그냥 Relax. 또는 Just relax.처럼 말해도 '진정해.'라는 의미를 전달할 수 있답니다.

1368 영화 [Ford & Ferrari] 중에서

진정해. Relax.

1369 영화 [The Maze Runner] 중에서

그냥 긴장 좀 풀어. Just relax.

1370 영화 [Zombieland : Double Tap] 중에서

진정해. Settle down.

Check 영어로 Settle down.이라고 하면 '진정해.'의 뜻입니다. 좀 더 정중하게 부탁하고 싶다면 Could you settle down, please?처럼 말하면 되죠. 의미는 '진정해주시겠어요?'입니다.

1371 영화 [Freaky Friday] 중에서

진정해주시겠어요? Could you settle down, please?

1372 영화 [When A Stranger Calls] 중에서

크게 심호흡을 해봐. Take a deep breath.

Check 흥분해서 마음이 가라앉지 않을 때 옆에 있던 사람이 '크게 심호흡을 해봐.'라고 말하며 진정시키려고 하죠. 영어로 Take a deep breath.입니다.

1373 영화 [Iron Man 3] 중에서

잠깐 숨 좀 돌릴 수 있을까요?
Can I just catch my breath for a second?

1374 영화 [300] 중에서

☑□□ 숨 좀 돌려. Catch your breath.

1375 영화 [The BFG : Big Friendly Giant] 중에서

☑□□ 숨 참아봐. Hold your breath.

1376 영화 [Ninja Turtles : Out Of The Shadows] 중에서

☑□□ 너무 흥분하지 마. Don't get too excited.

Check 너무 흥분하게 되면 하고 있던 일을 그르칠 수 있습니다. 침착하게 행동하라고 할 때 Don't get too excited.처럼 표현하죠. '너무 흥분하지 마.'라는 의미예요.

1377 영화 [The Marine 5 : Battleground] 중에서

☑□□ 성급하게 굴지 말아요, 서두르지 말아요. Don't rush it.

1378 영화 [Confessions Of A Shopaholic] 중에서

☑□□ 침착해, 겁먹지 마. Don't panic.

1379 영화 [Life] 중에서

☑□□ 침착해집시다, 평정심을 유지합시다. Let's keep it together.

1380 영화 [Maze Runner : The Scorch Trials] 중에서

☑□□ 천천히 해요. Nice and slow.

Check 성격이나 행동이 급한 사람에게 '천천히 해.'라는 뜻으로 Nice and slow라고 말합니다. 다시 말해서 Do it slowly.라는 의미죠. Nice and slow에는 그렇게 하면 본인 스스로에게도 좋다는 속뜻이 담겨 있는 거예요.

1381 영화 [Knight And Day] 중에서

☑□□ 긴장이 풀릴 거예요, 완화될 거예요. It'll take the edge off.

1382 영화 [The World's Fastest Indian] 중에서

☑☐☐ 진정해요. Keep your shirt on.

Check 상대방이 자신을 너무 화나게 하면 때에 따라서는 입고 있던 셔츠를 벗어던지고 싸울 기세로 돌변하게 되죠. 이를 빗대어하는 말로 Keep your shirt on.은 '진정해요.'의 뜻입니다.

1383 영화 [Colombiana] 중에서

☑☐☐ 진정해. Slow your roll.

1384 영화 [Jumanji : Welcome To The Jungle] 중에서

☑☐☐ 진정해. Chill out.

Check 흥분하면 일을 그르치게 되므로 진정하면서 침착하게 행동하라고 한마디 건네고 싶을 때 간단하게 Chill out.이라고 합니다. 즉 '진정해.'의 뜻으로 사용되는 표현이에요.

1385 영화 [The House With A Clock In Its Walls] 중에서

☑☐☐ 흥분부터 하지 마, 재촉하지 마. Hold your horses.

1386 영화 [Real Steel] 중에서

☑☐☐ 가만히 있으라고 얘기했잖아. I told you to stay put.

1387 영화 [Warcraft : The Beginning] 중에서

☑☐☐ 천천히 해. Take as long as you like.

Check 급할 것 없으니 충분한 시간을 가지고 행동하라고 할 때 Take as long as you like.라고 합니다. 직역하면 '네가 좋아하는 만큼 오랜 시간을 취하라.'지만 자연스럽게 의역하면 '천천히 해.'예요.

1388 영화 [The Legend Of Extraordinary Gentlemen] 중에서

☑☐☐ 서두를 필요 없어, 천천히 해. Take your time.

할리우드 영어표현

Unit 11

MP3

있잖아요, 비밀이에요!

SCENE # 38 비밀

할리우드 표현 1389-1401

SCENE # 39 대화 시작

할리우드 표현 1402-1435

SCENE# 38. 비밀

1389 영화 [Into The Blue] 중에서

아무에게도 얘기하지 마.

Not a word to anyone.

Check 비밀이나 고민을 상대방에게 얘기한 후 '아무에게도 얘기하지 마.'라고 부탁하게 될 때가 있어요. 영어로 Not a word to anyone.이라고 하면 딱 맞죠.

1390 영화 [The Greatest Game Ever Played] 중에서

조용히 해, 아무 말도 하지 마. Not another word.

1391 영화 [Music And Lyrics] 중에서

아무도 나한테 한마디도 안 했단 말이야, 맹세해.

Nobody said a word to me, I swear.

1392 영화 [Face Off] 중에서

우리끼리만 얘기야. That's between us.

Check 누구에게 절대로 말하지 말고 우리끼리 만의 비밀로 하자고 할 때 That's between us.라고 표현해요. 다시 말해서 '우리끼리만 얘기야.'의 뜻입니다.

1393 영화 [The House With A Clock In Its Walls] 중에서

우리 둘만의 얘긴데, 우리끼리 얘긴데 Between you and me

1394 영화 [Horton Hears A Who] 중에서

그냥 너만 이거 알고 있도록 해.

Just try to keep this to yourself.

1395 영화 [Frankenweenie] 중에서

비밀로 해야만 돼. You have to keep it a secret.

1396 영화 [Sherlock Holmes] 중에서

그냥 비밀로 해줘요. Just keep it under your hat.

1397 영화 [Cloudy With A Chance Of Meatballs 2] 중에서

누구한테도 말하지 않을게요. I won't tell a soul.

Check 남의 비밀을 어느 누구에게도 말하지 않겠다고 약속할 때 I won't tell a soul.이라고 합니다. 명사 soul은 '사람'을 뜻하므로 의미가 '누구한테도 말하지 않을게요.'가 됩니다.

1398 영화 [Ice Age] 중에서

입 다물게. I'll just zip the lip.

1399 영화 [Four Brothers] 중에서

입 다물어. Zip up your mouth.

1400 영화 [Fast & Furious 5] 중에서

어떻게 그걸 숨겨? How can you keep this a secret?

Check 좋은 일이든 나쁜 일이든 함께 하는 게 서로 위로가 됩니다. 좋은 일을 숨기고 있는 친구나 동료에게 How can you keep this a secret?처럼 얘기하면 '어떻게 그걸 숨겨?'의 뜻이에요.

1401 영화 [The Da Vinci Code] 중에서

비밀들을 지켜줄 수 있어? Can you keep secrets?

SCENE# 39. 대화 시작

1402 영화 [Push] 중에서

잠깐 얘기할 수 있을까?
Can I talk to you for a second?

Check 누군가와 잠깐이지만 얘기를 나누고 싶다면 Can I talk to you for a second?처럼 말합니다. '잠깐 얘기할 수 있을까?'로 for a second는 '잠깐' 또는 '잠시 동안'이에요. 간단하게 Can I talk to you?는 '얘기 좀 할 수 있어?'가 되죠.

1403 영화 [First Sunday] 중에서

둘이서만 얘기 좀 할 수 있을까? Can I talk to you in private?

1404 영화 [Red 2] 중에서

얘기 좀 할 수 있어? Can I talk to you?

1405 영화 [Star Wars : The Rise Of Skywalker] 중에서

얘기 나눌 수 있을까요? Can I speak with you?

1406 영화 [Rise Of The Planet Of The Apes] 중에서

우리 얘기 좀 할 수 있을까? Can we talk?

1407 영화 [The Guardian] 중에서

얘기 좀 할 수 있을까요? May I have a word?

Check 상대방과 얘기를 나누고 싶을 때 May I have a word?처럼 말 꺼내면 됩니다. 숙어로 have a word는 '~와 잠시 이야기를 나누다'이므로 '얘기 좀 할 수 있을까요?'의 뜻이랍니다.

1408 영화 [Green Book] 중에서

얘기 좀 할 수 있을까요? May I have a word with you?

1409 영화 [Sherlock Holmes : A Game Of Shadows] 중에서

얘기 좀 할 수 있을까요? Might I have a word?

1410 영화 [Ford & Ferrari] 중에서

한마디 해도 될까요? Can I get a word?

Check 하고 싶은 말이 있을 때 Can I get a word?라고 하면 그 의미는 '한마디 해도 될까요?'입니다. 조동사 can 대신에 could를 넣어 Could I get a word?처럼 표현하면 좀 더 공손한 의미가 되죠.

1411 영화 [In The Valley Of Elah] 중에서

잠깐 얘기 좀 할 수 있을까요? Could I get a word?

1412 영화 [Despicable] 중에서

잠깐 얘기 좀 할 수 있을까요?

Do you mind if I have a quick word?

1413 영화 [Justice League] 중에서

너랑 마주보면서 얘기해야겠어.

I need to speak to you face-to-face.

Check 대화를 하다라도 얼굴을 마주 보면서 하는 게 더 좋을 때가 있습니다. 영어로 I need to speak to you face-to-face.는 '너랑 마주 보면서 얘기해야겠어.'인데요, 숙어로 face-to-face는 '마주 보고'의 뜻이며 부사 immediately(즉시)를 넣어 I need to speak to you immediately.처럼 표현할 수도 있어요.

1414 영화 [Red 2] 중에서

당장 당신과 얘기 좀 해야겠어요.

I need to speak to you immediately.

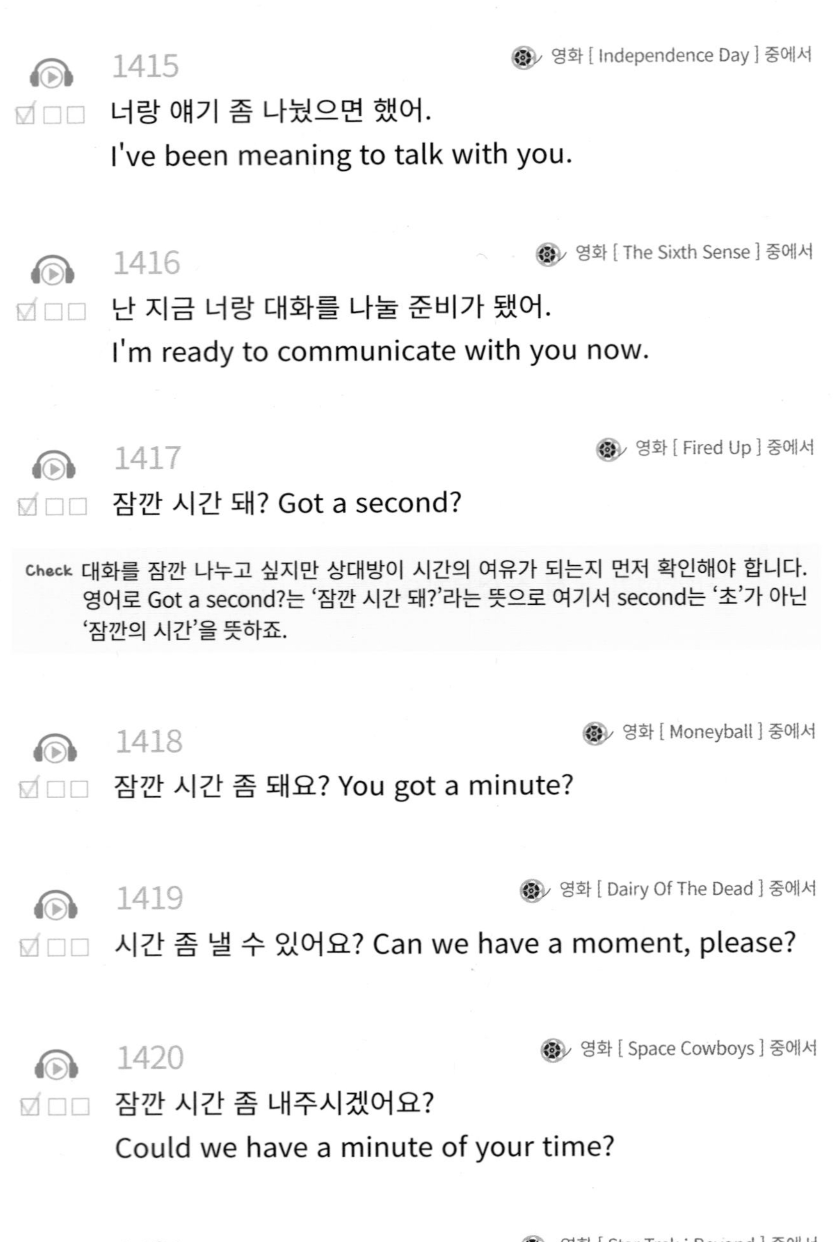

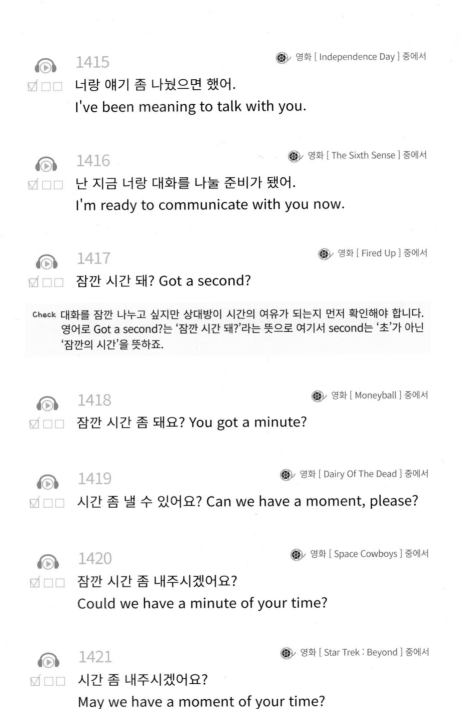

1415 영화 [Independence Day] 중에서

☑□□ 너랑 얘기 좀 나눴으면 했어.

I've been meaning to talk with you.

1416 영화 [The Sixth Sense] 중에서

☑□□ 난 지금 너랑 대화를 나눌 준비가 됐어.

I'm ready to communicate with you now.

1417 영화 [Fired Up] 중에서

☑□□ 잠깐 시간 돼? Got a second?

Check 대화를 잠깐 나누고 싶지만 상대방이 시간의 여유가 되는지 먼저 확인해야 합니다. 영어로 Got a second?는 '잠깐 시간 돼?'라는 뜻으로 여기서 second는 '초'가 아닌 '잠깐의 시간'을 뜻하죠.

1418 영화 [Moneyball] 중에서

☑□□ 잠깐 시간 좀 돼요? You got a minute?

1419 영화 [Dairy Of The Dead] 중에서

☑□□ 시간 좀 낼 수 있어요? Can we have a moment, please?

1420 영화 [Space Cowboys] 중에서

☑□□ 잠깐 시간 좀 내주시겠어요?

Could we have a minute of your time?

1421 영화 [Star Trek : Beyond] 중에서

☑□□ 시간 좀 내주시겠어요?

May we have a moment of your time?

1422 영화 [Pirates Of The Caribbean : The Curse Of The Black Pearl] 중에서

잠시 시간 좀 내주시겠어요? May I have a moment?

1423 영화 [Rambo : The Fight Continues] 중에서

얘기할 시간 좀 있어요? Do you have some time to talk?

1424 영화 [A Knight's Tale] 중에서

저랑 얘기 좀 나눠주시겠어요? Would you speak to me?

Check 상대방과 잠시 얘기를 나누고 싶다면 Would you speak to me?처럼 말 건네 볼 수 있어요. 뜻은 '저랑 얘기 좀 나눠주시겠어요?'입니다. 숙어로 speak to는 '말을 걸다'예요.

1425 영화 [A Monster Calls] 중에서

너랑 나랑 얘기 좀 해야겠어. You and I need to have a talk.

1426 영화 [Oscar & Lucinda] 중에서

저와 얘기 나누세요. You'd better speak to me.

1427 영화 [Doctor Sleep] 중에서

나랑 얘기 해. You have to talk to me.

1428 영화 [Ice Age : The Meltdown] 중에서

내 동생들과 얘기 좀 나눠볼게.
Let me have a little word with my brothers.

Check 숙어로 have a little word with는 '~와 잠시 얘기를 나누다'입니다. 즉 Let me have a little word with my brothers.는 '내 동생들과 얘기 좀 나눠볼게.'의 뜻이랍니다.

1429 　영화 [Final Fantasy VII] 중에서

그와 잠깐 얘기를 나눠야겠어요. I need a word with him.

1430 　영화 [G.I. Joe] 중에서

누군가가 당신과 얘기하고 싶어 해요.

Someone would like to have a word with you.

1431 　영화 [Final Destination 5] 중에서

나랑 무슨 얘기하고 싶은 거야?

What do you wanna talk to me about?

Check 뭔가 얘기하기를 주저하고 있는 상대에게 먼저 다가가 What do you wanna talk to me about?처럼 물어볼 수 있어요. '나랑 무슨 얘기하고 싶은 거야?'의 뜻입니다.

1432 　영화 [Goal : The Dream Begins] 중에서

나한테 하고 싶은 말 있어?

Is there something you want to tell me?

1433 　영화 [Sully] 중에서

더 하시고 싶은 말 있으신가요?

Is there anything else you'd like to add?

1434 　영화 [Epic] 중에서

무슨 얘기하고 싶었던 거야?

What did you want to talk about?

1435

영화 [Mall Cop] 중에서

당신에게 하고 싶은 말이 있어요.

I have something I want to say to you.

Check 상대방에게 꼭 하고 싶은 얘기가 있을 때 I have something I want to say to you. 처럼 표현할 수 있어요. '당신에게 하고 싶은 말이 있어요.'라는 뜻이죠.

MEMO)

할리우드 영어표현

Unit 12

제 말에 동의하시나요?

SCENE # 40 의견일치

할리우드 표현 1436-1471

SCENE # 41 이견

할리우드 표현 1472-1481

SCENE # 42 오해

할리우드 표현 1482-1500

SCENE # 43 무지

할리우드 표현 1501-1560

SCENE# 40. 의견일치

1436 영화 [Iron Will] 중에서

☑☐☐ 저도 그렇게 생각해요.

That's the way I feel too.

Check 상대방의 생각에 맞장구칠 때 That's the way I feel too.라고 하면 '저도 그렇게 생각해요.'라는 뜻입니다. 전적으로 동의한다는 뉘앙스를 전하게 되는 거죠.

1437 영화 [Bad Company] 중에서

☑☐☐ 그게 바로 제가 생각하고 있는 거예요.

That's preciously what I'm thinking about.

1438 영화 [Terminator Genisys] 중에서

☑☐☐ 그게 너한테 말하려던 거야.

That's what I'm trying to tell you.

1439 영화 [Source Code] 중에서

☑☐☐ 같은 생각이에요, 나도 그렇게 느껴요. I feel the same way.

Check 상대방의 생각에 자신도 공감한다고 할 때 '같은 생각이에요.', '나도 그렇게 느껴요.'라고 하며 맞장구를 치게 됩니다. 영어로 I feel the same way.라고 하죠. 뒤에 you do를 넣어 I feel the same way you do.라고도 하는데요, do는 feel을 의미해요. 자신도 같은 생각이라는 것을 알리게 되는 겁니다.

1440 영화 [U-571] 중에서

☑☐☐ 나도 같은 생각이야, 내 의견도 너랑 같아.

I feel the same way you do.

1441 영화 [The Hunger Games : Mockingjay Part 1] 중에서

☑☐☐ 그게 바로 제가 제안하려는 겁니다.

That is exactly what I'm suggesting.

1442 영화 [The Predator] 중에서

☑□□ 나도 그렇게 생각했어. That's what I thought.

1443 영화 [August Rush] 중에서

☑□□ 너도 나랑 같은 생각하고 있는 거야?
Are you thinking what I'm thinking?

1444 영화 [Kick-Ass] 중에서

☑□□ 맞아! Exactly!

Check 상대방 말에 전적으로 동감한다는 뜻으로 하는 말이 Exactly!입니다. '맞아!'라는 뜻이에요. 뭔가에 맞장구를 칠 때 사용하는 표현이죠.

1445 영화 [World War Z] 중에서

☑□□ 맞아요! 그렇고 말고요! Precisely!

1446 영화 [Ghost] 중에서

☑□□ 동감입니다. Ditto.

1447 영화 [Ladder 49] 중에서

☑□□ 네 말이 맞아, 네가 옳아. You got that right.

Check 상대방의 의견에 전적으로 동의할 때 사용하는 표현이 You got that right.입니다. 의미는 '네 말이 맞아.', '네가 옳아.'이죠. 즉 자신의 생각도 똑같다고 할 때 사용하는 표현인 거예요.

1448 영화 [The Kingdom] 중에서

☑□□ 옳소! 찬성이오! Right on!

1449 영화 [First Blood] 중에서

☑□□ 정답이에요, 맞았어요. Give that man a cigar.

Check 질문에 대한 정확한 대답을 하게 되면 Give that man a cigar.라고 하는데요, '정답이에요.', '맞았어요.'의 뜻입니다. 예전에 사회자가 정답을 맞힌 사람에게 상품으로 시가(cigar)를 준 것에서 유래된 말이에요.

1450 영화 [Rio 2] 중에서

☑□□ 좋은 지적이야! 맞는 말이야! 일리 있는 말이야! Fair point!

1451 영화 [Avengers : Endgame] 중에서

☑□□ 그거 좋은 지적이야. That's a good point.

1452 영화 [Spies In Disguise] 중에서

☑□□ 전적으로 동의해요. I couldn't agree more.

Check 상대방이 하는 말에 전적으로 동의할 때 사용하는 표현 I couldn't agree more.를 직역하면 '더 이상 동의할 수 없었다.'지만 자연스럽게 의역하면 '전적으로 동의해요.'입니다. 좀 더 길게 말하면 I couldn't agree with you more.예요. 뭔가를 극대화시켜 표현한 거죠.

1453 영화 [Ready Or Not] 중에서

☑□□ 전적으로 동의해요. I agree, completely.

1454 영화 [The Big Sick] 중에서

☑□□ 맞는 말이에요. I agree with that one.

1455 영화 [Fast & Furious : Hobbs & Shaw] 중에서

☑□□ 전적으로 동의합니다, 전적으로 동감합니다.
I couldn't agree with you more.

1456 영화 [Non Stop] 중에서

그러게 말이에요, 누가 아니래요, 맞아요. Tell me about it.

Check 상대방의 말에 강한 긍정이나 찬성을 보낼 때 사용해요. 영어로 Tell me about it.을 직역하면 '그것에 대해 말하라.'지만 자연스럽게 의역하면 '그러게 말이에요.', '누가 아니래요.', '맞아요.'의 의미가 되는 거죠.

1457 영화 [007 Skyfall] 중에서

내 말이 그 말이야. You're telling me.

1458 영화 [Days Of Thunder] 중에서

내 말이 그 말이야, 너 말 잘했어. You said it.

1459 영화 [The Dark Knight Rises] 중에서

속마음 들켰네요. You read my mind.

Check 자신의 생각을 정확하게 꿰뚫어 봤을 때 You read my mind.라고 합니다. 의미는 '속마음 들켰네요.'이죠. 즉 내 마음을 정확하게 읽었다는 얘기는 바로 자신의 속마음 들킨 거나 마찬가지예요.

1460 영화 [It Could Happen To You] 중에서

지당하신 말씀입니다, 그러게 말입니다.
You could just say that again.

1461 영화 [Urban Legend] 중에서

확실히 일리가 있어. It makes perfect sense.

1462 영화 [Marley & Me] 중에서

☑□□ 이제야 말이 통하는군. Now, you're talking.

Check 대화 도중에 상대방의 생각과 자신의 생각이 일치하고 왠지 말이 통하는 것 같다고 느껴질 때 '이제야 말이 통하는군.'처럼 말하게 됩니다. 네이티브들은 Now, you're talking.이라고 하죠. 때론 Now, you're talking my language.라고 해도 의미는 '이제 말이 통하는군.'입니다.

1463 영화 [A Turtle's Tale 2 : Sammy's Escape From Paradise] 중에서

☑□□ 이제 말이 통하는군. Now, you're talking my language.

1464 영화 [Shadow Recruit] 중에서

☑□□ 이제야 얘기가 되는군, 이제야 뭔가 통하는군.
Now we are talking.

1465 영화 [Star Trek : Beyond] 중에서

☑□□ 그게 틀림없어, 그게 분명해. I'd bet on it.

Check 내기를 하겠다는 것은 이길 승산이 틀림없이 있기 때문입니다. 그만큼 확신한다는 얘기죠. I'd bet on it.이 그런 상황에서 사용되는데요, 의미는 '그게 틀림없어.', '그게 분명해.'입니다.

1466 영화 [Life] 중에서

☑□□ 분명 그럴 거야, 장담컨대! I bet.

1467 영화 [Ocean's Twelve] 중에서

☑□□ 당연하지. Out of question.

Check 상대방 말에 '당연하지.'라고 할 때 Out of question.처럼 표현합니다. 하지만 Out of the question.이라고 하면 '문제 밖의'가 되므로 즉 '불가능해.'라는 완전 다른 의미가 되죠. 이게 바로 차이점입니다.

1468 ⊛ 영화 [Jason X] 중에서

☑□□ 당연하지. Absolutely.

1469 ⊛ 영화 [Urban Legend] 중에서

☑□□ 당연하지! 물론이지! You betcha!

1470 ⊛ 영화 [Problem Child] 중에서

☑□□ 물론이죠. Sure thing.

1471 ⊛ 영화 [X-Men : Days Of Future Past] 중에서

☑□□ 좋소. Fair enough.

Check 상대방의 제안에 대해 Fair enough.이라고 하면 '좋소.'가 되는데요, 다시 말해서 곰곰이 생각해 보니 좋은 생각인 것 같다고 느껴질 때 Okay.와 같은 느낌으로 사용하는 표현이에요.

MEMO)

SCENE# 41. 이견

1472 영화 [007 Skyfall] 중에서

너나 그렇지, 그건 네 생각이고, 넌 그렇겠지만 난 아냐. Speak for yourself.

Check 상대방의 생각과 자신의 생각이 정반대일 때 하는 말 '너나 그렇지.', '그건 네 생각이고.' 또는 '넌 그렇겠지만 난 아냐.'처럼 단정 지어서 말하게 됩니다. 영어로 Speak for yourself.라고 하죠.

1473 영화 [Mrs. Doubtfire] 중에서

그렇지 않아요. Not exactly.

1474 영화 [Resident Evil : Damnation] 중에서

우린 이 점에 대해 의견 일치가 안 될 거야.
We're not gonna see eye to eye on this.

Check 어떤 일에 대해 의견이 일치한다고 할 때 see eye to eye on something이라고 합니다. 즉 We're not gonna see eye to eye on this.는 '우린 이 점에 대해 의견 일치가 안 될 거야.'이죠.

1475 영화 [Underworld : Evolution] 중에서

그렇지 않다고 생각해. I think not.

1476 영화 [The Fast And The Furious] 중에서

그건 내가 생각했던 게 아냐, 그런 일은 생각도 못 했어.
That's not what I had in mind.

1477 영화 [We Are Marshall] 중에서

말도 안 돼요. It doesn't make sense.

Check 남이 한 말을 곰곰이 생각해봐도 도무지 말이 안 되거나 납득가지 않는다면 It doesn't make sense.처럼 말합니다. 의미는 '말도 안 돼요.'인데요, 숙어로 make sense는 '일리가 있다'입니다.

1478 영화 [Ready Player One] 중에서

말도 안 돼. It makes no sense.

1479 영화 [Push] 중에서

지금 당장은 말도 안 되는 소리야.

It doesn't make any sense right now.

1480 영화 [The Final Destination 4] 중에서

어느 것도 말이 안 돼. Nothing makes any sense.

1481 영화 [Pirates Of The Caribbean : Dead Man's Chest] 중에서

도무지 말도 안 되는 소리하고 있어.

You're not making any sense at all.

SCENE# 42. 오해

1482 영화 [Sonic The Hedgehog] 중에서

☑□□ 그건 오해야. You got me all wrong.

Check 상대방이 자신을 오해하고 있다고 느껴질 때 You got me all wrong.처럼 말할 수 있어요. '그건 오해야.'로 me 대신에 it을 넣어 You got it all wrong.이라고 해도 '완전 오해한 거야.'처럼 비슷한 의미를 갖죠.

1483 영화 [Blades Of Glory] 중에서

☑□□ 완전 오해한 거야. You got it all wrong.

1484 영화 [School Ties] 중에서

☑□□ 오해하지 말아요. Don't get me wrong.

1485 영화 [Doubt] 중에서

☑□□ 제 말을 오해하지는 말아요. Don't take this the wrong way.

Check 뭔가 오해의 소지가 있으면 해결해야 합니다. 영어로 Don't take this the wrong way.는 '잘못된 방식으로 이걸 받아들이지 말아요.'지만 '제 말을 오해하지는 말아요.'처럼 사용합니다. 대명사 this는 '자기 얘기'를 뜻하죠.

1486 영화 [L.A. Confidential] 중에서

☑□□ 잘못 생각하고 있군요. You got the wrong idea.

1487 영화 [Iron Will] 중에서

☑□□ 네가 잘못 이해한 거야, 네가 오해한 거야. You've got it wrong.

1488 영화 [Escape Plan] 중에서

기분 나쁘게 받아들이지 말아요. Don't take it personally.

Check 대화 도중에 혹시 오해가 생기는 경우, 난처한 상황에 빠지게 되죠. 영어로 Don't take it personally.라고 하면 '기분 나쁘게 받아들이지 말아요.'로 자신이 한 말을 오해하지 말라고 부탁할 때 사용하는 표현이에요.

1489 영화 [Jerry Maguire] 중에서

감정적으로 받아들이지 마. Don't take it emotionally.

1490 영화 [Horton Hears A Who] 중에서

제가 착각했어요. I guess I was mistaken.

Check 자신이 한 말이 자기만의 생각이었다는 것을 알게 되면 '제가 착각했어요.'라고 말하게 되죠. 네이티브들은 I guess I was mistaken.처럼 표현하죠. 동사 mistake는 '실수하다', '착각하다'입니다.

1491 영화 [Knight And Day] 중에서

뭔가 착오가 좀 있는 게 분명해요.
There must be some sort of mistake.

1492 영화 [Harry Potter And The Order Of The Phoenix] 중에서

제가 당신을 오해했던 게 틀림없어요.
I'm sure I must have misunderstood you.

1493 영화 [Beta Test] 중에서

그런 뜻은 아니었어. I didn't mean it like that.

Check 자신이 한 말을 상대방이 오해하고 있을 때 원래는 그런 뜻은 아니었다고 말하며 양해를 구하게 됩니다. I didn't mean it like that.처럼 말이죠. 의미는 '그런 뜻은 아니었어.'예요.

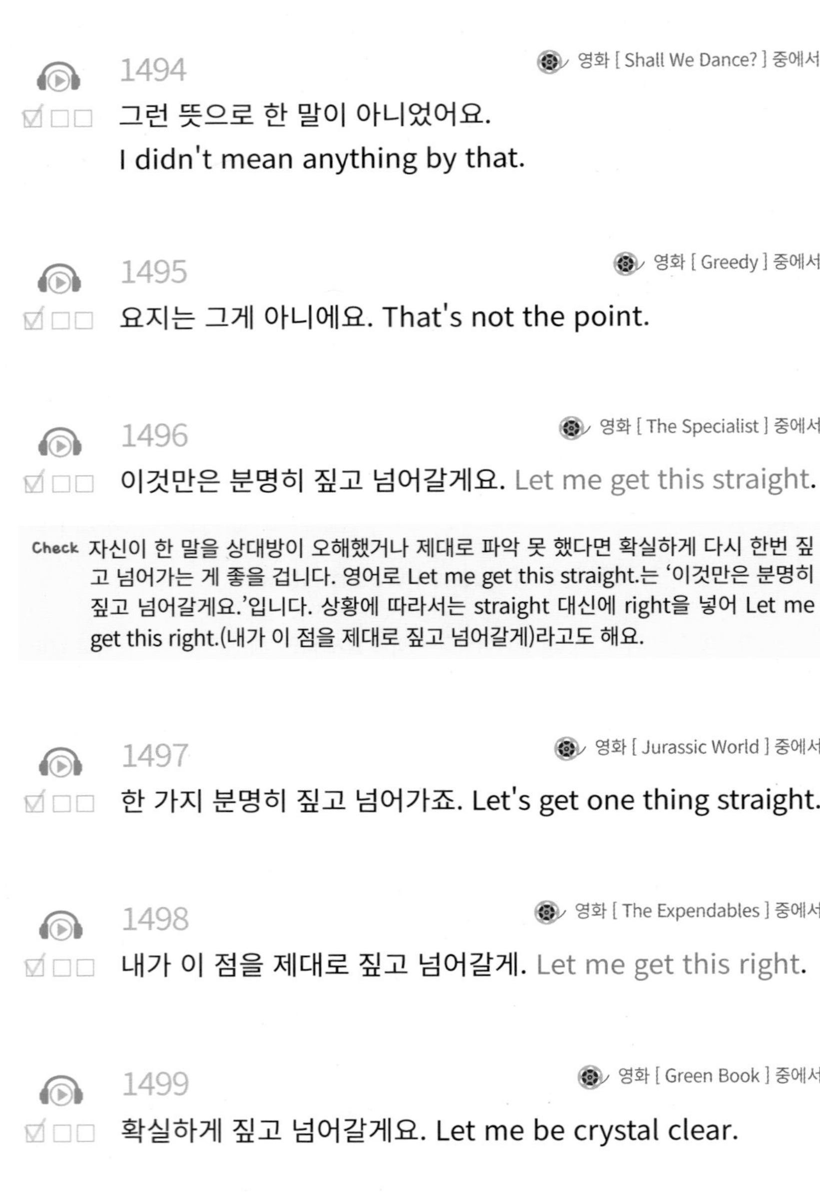

1494 영화 [Shall We Dance?] 중에서

☑□□ 그런 뜻으로 한 말이 아니었어요.
I didn't mean anything by that.

1495 영화 [Greedy] 중에서

☑□□ 요지는 그게 아니에요. That's not the point.

1496 영화 [The Specialist] 중에서

☑□□ 이것만은 분명히 짚고 넘어갈게요. Let me get this straight.

Check 자신이 한 말을 상대방이 오해했거나 제대로 파악 못 했다면 확실하게 다시 한번 짚고 넘어가는 게 좋을 겁니다. 영어로 Let me get this straight.는 '이것만은 분명히 짚고 넘어갈게요.'입니다. 상황에 따라서는 straight 대신에 right을 넣어 Let me get this right.(내가 이 점을 제대로 짚고 넘어갈게)라고도 해요.

1497 영화 [Jurassic World] 중에서

☑□□ 한 가지 분명히 짚고 넘어가죠. Let's get one thing straight.

1498 영화 [The Expendables] 중에서

☑□□ 내가 이 점을 제대로 짚고 넘어갈게. Let me get this right.

1499 영화 [Green Book] 중에서

☑□□ 확실하게 짚고 넘어갈게요. Let me be crystal clear.

1500 영화 [Vertical Limit] 중에서

☑□□ 한 가지는 확실히 짚고 넘어가고 싶어요.
I wanna make one thing absolutely clear.

SCENE# 43. 무지

1501 영화 [Body Of Lies] 중에서

전혀 모르겠어요. I have absolutely no idea.

Check 뭔가에 대해 자신이 가지고 있는 모든 지식을 동원해도 전혀 알 수가 없다고 할 때 I have absolutely no idea.처럼 표현해요. '전혀 모르겠어요.'로 부사 absolutely는 '절대적으로', '완전히'예요.

1502 영화 [Dragon : The Hidden World] 중에서

무슨 소리 하는 건지 모르겠어.
I have no idea what you're talking about.

1503 영화 [Non Stop] 중에서

모르겠어요. I have no idea.

1504 영화 [Fly Away Home] 중에서

그게 뭘지 모르겠어요. I have no idea what it might be.

1505 영화 [John Wick 3 : Parabellum] 중에서

전혀 모르겠어요. I haven't got the slightest idea.

1506 영화 [Shoot 'Em Up] 중에서

당신은 아무 생각 없이 날 대해잖아.
You have no idea what you've done to me.

Check 자신을 함부로 대하는 사람에게 따끔하게 충고 조로 한마디 하게 됩니다. '당신은 아무 생각 없이 날 대해잖아.'처럼요. 영어로는 You have no idea what you've done to me.입니다. 여기서 what you've done to me 대신에 what you're talking about이나 what I have done을 넣어 응용할 수도 있어요.

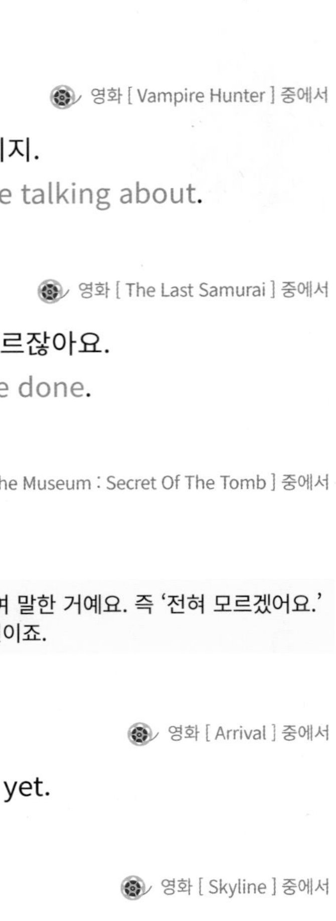

1507 영화 [Vampire Hunter] 중에서

☑□□ 너 아무 생각 없이 그냥 하는 말이지.

You have no idea what you're talking about.

1508 영화 [The Last Samurai] 중에서

☑□□ 내가 무슨 짓을 했는지 당신은 모르잖아요.

You have no idea what I have done.

1509 영화 [Night At The Museum : Secret Of The Tomb] 중에서

☑□□ 전혀 모르겠어요. Not a clue!

Check 영어로 Not a clue는 Not have a clue를 줄여 말한 거예요. 즉 '전혀 모르겠어요.'로 뭔가를 모르겠다고 잡아뗄 때 사용하는 표현이죠.

1510 영화 [Arrival] 중에서

☑□□ 아직 모르겠어요. I don't know yet.

1511 영화 [Skyline] 중에서

☑□□ 그건 몰랐네요. Don't I know it.

1512 영화 [A Turtle's Tale 2 : Sammy's Escape From Paradise] 중에서

☑□□ 정말 모르겠어. Beats me.

Check 모르는 것을 솔직하게 모른다고 얘기하는 게 더 나을 때가 있습니다. 영어로 Beats me.는 '정말 모르겠어.'로 It beats me.에서 it이 생략되었죠. 동사 beat은 '패배시키다', '두 손 들게 하다'예요.

1513 영화 [The Matrix] 중에서

☑□□ 솔직히 전 모르겠어요. Honestly, I don't know.

1514 영화 [The Covenant] 중에서

지금 당장은 확실하지 않아. I'm not sure just yet.

Check 보통 just yet이 부정어와 함께 사용되면 '지금 당장은 ~아니다'라는 뜻을 가져요. 그러므로 I'm not sure just yet.이라고 하면 그 뜻은 '지금 당장은 확실하지 않아.'입니다. 비슷한 표현으로 I'm not exactly sure.는 '정확히 알지 못해요.'이고 I'm not sure.는 '잘 모르겠어요.'입니다.

1515 영화 [Bohemian Rhapsody] 중에서

정확히 알지 못해요. I'm not exactly sure.

1516 영화 [Pixels] 중에서

잘 모르겠어요. I'm not sure.

1517 영화 [The Lego Movie] 중에서

왜 그런 얘길 꺼내는지 잘 모르겠어.

I'm not sure exactly why you'd bring that up.

1518 영화 [Desperado] 중에서

이곳이 그 장소인지는 모르겠어요.

I'm not sure this is the place.

1519 영화 [Signs] 중에서

누가 확실히 알겠어? 아무도 확실히 몰라.

Who knows for sure?

1520 영화 [The Matrix : Revolutions] 중에서

나만 모르는 게 뭐 있어? Did I miss something?

Check 자신만 모르는 얘기가 주위에 돌아다닌다면 궁금해서 묻게 되죠. Did I miss something?처럼 말이에요. 동사 miss는 '놓치다'로 '내가 뭔가를 놓쳤나?'가 직역이지만 '나만 모르는 게 뭐 있어?'처럼 의역할 수 있어요.

1521 영화 [Aeonflux] 중에서

☑□□ 내가 모르는 게 뭔데? What don't I know?

1522 영화 [Minority Report] 중에서

☑□□ 내가 왜 이걸 몰랐죠? Why didn't I know about this?

1523 영화 [Mirrors] 중에서

☑□□ 어떻게 받아들여야 할지 모르겠어.

I don't know what to think.

Check 남의 의견이나 생각을 어떻게 받아 드려야 할지 모를 때 I don't know what to think.라 합니다. 직역하면 '무엇을 생각해야 할지 모르겠어.'지만 자연스럽게 의역하면 '어떻게 받아들여야 할지 모르겠어.'예요.

1524 영화 [What Happens In Vegas] 중에서

☑□□ 왜 전에 이 생각을 못했던 거지?

I don't know why I haven't thought of this before.

1525 영화 [Horsemen] 중에서

☑□□ 얼마나 더 설명해야 돼?

I don't know how many times I have to explain myself.

Check 했던 말을 또 하고 또 하면 나도 모르게 짜증 나게 되죠. 영어로 I don't know how many times I have to explain myself.를 직역하면 '내 자신을 얼마나 많이 설명해야 할지 모르겠어.'지만 '얼마나 더 설명해야 돼?'처럼 자연스럽게 의역하면 됩니다.

1526 영화 [The Hills Have Eyes 2] 중에서

☑□□ 얼마나 버틸 수 있을지 모르겠어.

I don't know how much more of this I can take.

1527 영화 [Signs] 중에서

☑□□ 내가 뭐에 씌었는지 모르겠어.

I don't know what got into me.

1528 영화 [Tropic Thunder] 중에서

뭐라고 불리는지 몰라. I don't know what it's called.

Check 물건 따위를 보면서 이름이 어떻게 되는지 가끔은 누군가가 물어올 때가 있어요. 혹시나 잘 모를 때는 I don't know what it's called.처럼 말하면 됩니다. 의미는 '뭐라고 불리는지 몰라.'가 되죠.

1529 영화 [The Simpsons Movie] 중에서

당신한테 무슨 말을 해야 할지 모르겠어요.

I don't know what to tell you.

1530 영화 [Mune] 중에서

뭘 해야 할지 모르겠어요.

I don't know what I'm supposed to do.

1531 영화 [Race To Witch Mountain] 중에서

어디부터 시작해야 할지조차도 모르겠어요.

I don't even know where to start.

1532 영화 [Notting Hill] 중에서

왜 그런 행동을 했는지 정말 모르겠어요.

I seriously don't know what came over me.

1533 영화 [Primeval] 중에서

그 증거가 조작된 줄 몰랐어요!

I didn't know the evidence was cooked!

Check 상황에 따라 중요한 증거가 누군가에 의해 조작될 수도 있어요. 동사 cook은 원래 '요리하다'지만 I didn't know the evidence was cooked!처럼 사용되면 '그 증거가 조작된 줄 몰랐어요!'의 뜻으로 쓰이게 되죠.

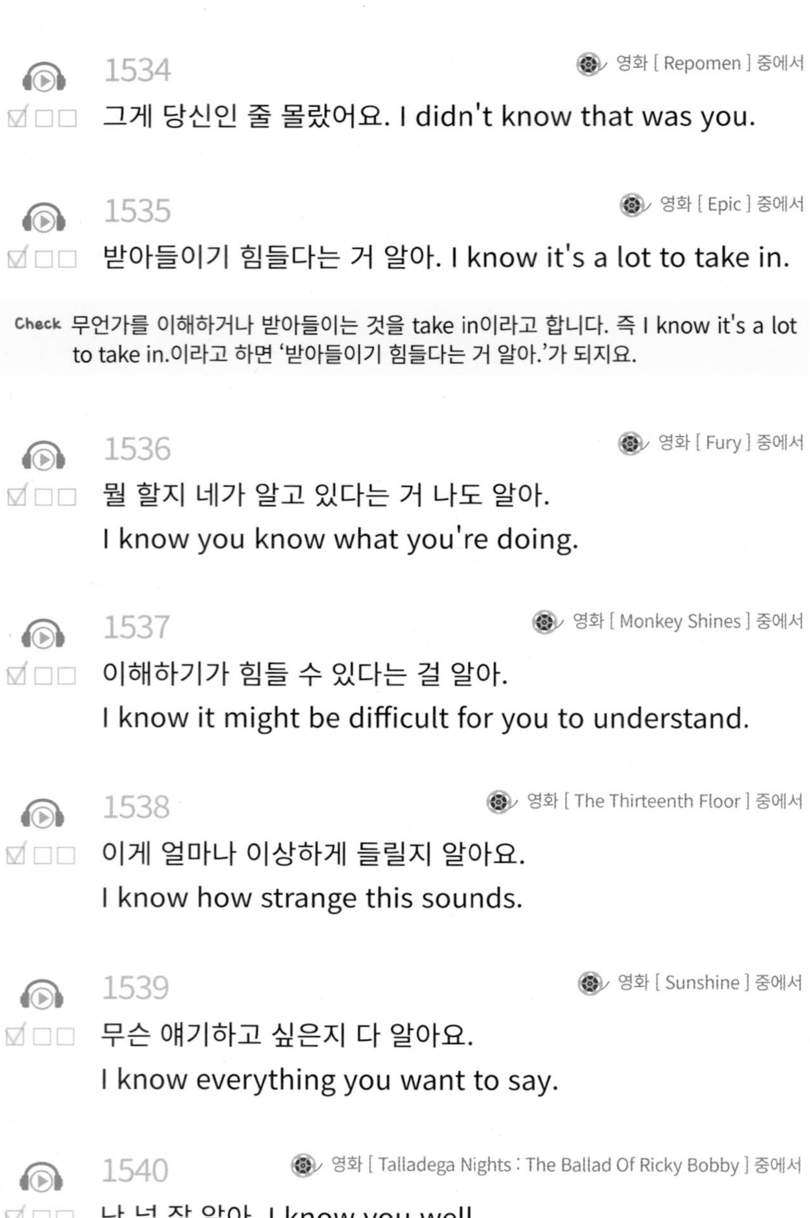

1534 영화 [Repomen] 중에서

☑□□ 그게 당신인 줄 몰랐어요. I didn't know that was you.

1535 영화 [Epic] 중에서

☑□□ 받아들이기 힘들다는 거 알아. I know it's a lot to take in.

Check 무언가를 이해하거나 받아들이는 것을 take in이라고 합니다. 즉 I know it's a lot to take in.이라고 하면 '받아들이기 힘들다는 거 알아.'가 되지요.

1536 영화 [Fury] 중에서

☑□□ 뭘 할지 네가 알고 있다는 거 나도 알아.
I know you know what you're doing.

1537 영화 [Monkey Shines] 중에서

☑□□ 이해하기가 힘들 수 있다는 걸 알아.
I know it might be difficult for you to understand.

1538 영화 [The Thirteenth Floor] 중에서

☑□□ 이게 얼마나 이상하게 들릴지 알아요.
I know how strange this sounds.

1539 영화 [Sunshine] 중에서

☑□□ 무슨 얘기하고 싶은지 다 알아요.
I know everything you want to say.

1540 영화 [Talladega Nights : The Ballad Of Ricky Bobby] 중에서

☑□□ 난 널 잘 알아. I know you well.

Check 상대방을 개인적으로 너무 잘 알고 있다고 할 때 동사 know를 활용해서 I know you well.처럼 간단하게 표현할 수 있어요. 다시 말해서 '난 널 잘 알아.'의 뜻이 되는 거예요.

1541 영화 [Glass] 중에서

사실 나 네가 이거 알고 있다는 거 알아.
I know deep down you know this.

1542 영화 [28 Weeks Later] 중에서

내 말 들을 수 있다는 거 알아. I know you can hear me.

1543 영화 [Fly Away Home] 중에서

뭔가 생각해 낼 줄 알았어요.
I knew you could think of something.

1544 영화 [The Secret Life Of Pets] 중에서

난 이게 잘 될 줄 알았어. I knew this was gonna work out.

1545 영화 [Half Past Dead] 중에서

알고 싶은 사람? Who wants to know?

Check 자신만 알고 있는 비밀을 혹시나 누가 알고 싶은지 궁금해 주위에 있는 사람들에게 물어볼 수 있어요. Who wants to know?처럼 말이에요. '알고 싶은 사람?'이라는 뜻입니다.

1546 영화 [The Hobbit : The Desolation Of Smaug] 중에서

확인해서 알려드릴게요.
I'll let you know when I figure it out.

1547 영화 [The Scorpion King] 중에서

원하는 게 또 있으면 알려줘요.
Please let me know if there's anything else you'd like.

1548 영화 [The Bucket List] 중에서

뭘 모르겠다는 거야? What don't you know?

1549 영화 [The Lost Future] 중에서

어떻게 이걸 다 아는 거예요? How do you know all this?

Check 자신이 잘 모르고 있는 내용을 상대방은 너무 잘 알고 있을 때 How do you know all this?처럼 묻게 되죠. '어떻게 이걸 다 아는 거예요?'처럼요. 즉 어떤 방법으로 알게 되었는지를 묻는 표현이에요.

1550 영화 [The Boondock Saints 2 : All Saints Day] 중에서

처음부터 알고 있었던 거야? You knew all along?

1551 영화 [88 Minutes] 중에서

내가 말할 수 없다는 거 알잖아. You know I can't say.

1552 영화 [The Queen's Corgi] 중에서

넌 모르는 게 나아. You don't wanna know.

1553 영화 [The Last Samurai] 중에서

내가 뭔 말하는지 모르지, 그렇지?
You don't know what I'm saying, do you?

1554 영화 [Alien : Resurrection] 중에서

네가 알았던 몰랐던 난 상관 안 해.
I don't care whether you knew or not.

Check 어떤 사실에 대해 남이 알고 있던 모르고 있던 자신은 크게 개의치 않는다고 할 때 I don't care whether you knew or not.이라고 합니다. 즉 '네가 알았던 몰랐던 난 상관 안 해.'입니다.

1555 영화 [The Messenger] 중에서

어떻게 그걸 당신이 감당할 수 있을지 모르겠군요.
I don't see how you can afford it.

1556 영화 [The Legend Of Tarzan] 중에서

내가 몰랐던 거 얘기해 봐요.
Tell me something I didn't know.

1557 영화 [Freedomland] 중에서

내가 어찌 알 수 있겠어요? How can I tell?

1558 영화 [Mamma Mia] 중에서

정말 시간 가는 줄 몰랐어. I just lost track of time.

1559 영화 [Vantage Point] 중에서

내가 알기로는 그런 사람은 없어요. None that I know of.

Check 누군가가 찾고 있는 사람이 자기 주변에는 없다고 할 때 None that I know of.라고 해요. 의미는 '내가 알기로는 그런 사람은 없어요.'이죠. 다른 표현 중에 Not that I know of.는 '내가 알기로는 아니야.', '내가 알기로는 없어.'로 네이티브들이 자주 사용하는 말 중에 하나입니다.

1560 영화 [Taken] 중에서

내가 알기로는 아니야, 내가 알기로는 없어.
Not that I know of.

할리우드 영어표현

Unit 13

MP3

이런 행동하면 안 돼요!

SCENE # 44 충고

할리우드 표현 1561-1564

SCENE # 45 인내

할리우드 표현 1565-1578

SCENE # 46 행동 금지

할리우드 표현 1579-1712

SCENE # 47 명령

할리우드 표현 1713-1918

SCENE# 44. 충고

1561 영화 [Clear And Present Danger] 중에서

내가 충고 좀 해도 될까?

Do you mind if I give you a bit of advice?

Check 대화 도중에 뭔가 따끔하게 충고를 하는 게 좋을 것 같다고 느껴지면 먼저 Do you mind if I give you a bit of advice?처럼 말 꺼내게 됩니다. 의미는 '내가 충고 좀 해도 될까요?'이죠.

1562 영화 [Red 2] 중에서

여자에 대해 조언 좀 해도 될까?

Can I give you a little advice about women?

1563 영화 [Jojo Rabbit] 중에서

내가 아주 괜찮은 충고 좀 할게.

Let me give you some really good advice.

1564 영화 [Taken 3] 중에서

조언 좀 필요해요. I need some advice.

SCENE# 45. 인내

1565 영화 [Enchanted] 중에서

☑□□ 내 인내심을 시험하지 마.
Don't try my patience.

Check 누군가가 자신의 인내심을 시험하려고 할 때 따끔하게 한마디 하게 되죠. Don't try my patience.처럼 말이에요. 의미는 '내 인내심을 시험하지 마.'입니다. 명사 patience는 '인내심', '인내력'이에요.

1566 영화 [The Mummy Returns] 중에서

☑□□ 내 인내심을 시험하는군, 날 화나게 하는군.
You try my patience.

1567 영화 [Maleficent : Mistress Of Evil] 중에서

☑□□ 인내심에 한계가 왔어. I'm losing my patience.

1568 영화 [Death Machine] 중에서

☑□□ 인내심을 배워야 해. You gotta learn patience.

Check 조바심을 내는 것보다는 인내심을 가지고 참고 견디어 보는 게 때로는 중요하기도 합니다. 상대방에게 You gotta learn patience.이라고 하면 그 뜻은 '인내심을 배워야 해.'인 거죠.

1569 영화 [Salt] 중에서

☑□□ 인내심을 가져, 너무 조급하게 굴지 마. Be very patient.

1570 영화 [Sneakers] 중에서

☑□□ 그만 좀 해, 그만하면 됐어. That's enough.

Check 타인의 언행이 자신이 판단하기에 좀 도가 지나치다고 생각되면 한마디 하게 되죠. That's enough.처럼 말이에요. 즉 '그만 좀 해.', '그만하면 됐어.'예요. 더 이상 못 참겠다는 속내를 보여주게 되는 겁니다.

1571 영화 [Eddie The Eagle] 중에서

☑□□ 그만 좀 해, 참을 만큼 참았어. Enough is enough!

1572 영화 [Cinderella Man] 중에서

그냥 더는 못 참겠다는 얘기야! I'm just saying it's enough!

Check 상대방의 행동이나 말이 자꾸 거슬리면 단호하게 말하게 됩니다. I'm just saying it's enough!처럼요. 이 표현의 뜻은 '그냥 더는 못 참겠다는 얘기야!'이죠.

1573 영화 [Fast & Furious 4] 중에서

그만하라고 했어! I said that's enough!

1574 영화 [Navy Seals] 중에서

충분히 들었어요, 더는 듣고 싶지 않아요. I've heard enough.

1575 영화 [Harry Potter And The Order Of The Phoenix] 중에서

참는 데도 한계가 있어, 이젠 한계에 달했어.
I've reached my limit.

Check 타인의 말이나 행동이 지나쳐 도저히 참을 수가 없을 때 하는 말이 '참는 데도 한계가 있어.'라든지 '이젠 한계에 달했어.'인데요, 네이티브들은 I've reached my limit.이라고 표현해요.

1576 영화 [Marley & Me] 중에서

더 이상 이걸 못 참겠어. I can't take this anymore.

1577 영화 [Dragon Hunters] 중에서

못 참겠어. I can't take it.

Check 남의 거친 말이나 행동으로 인해 인내의 한계에 부딪치게 되면 '못 참겠어.' 또는 '더 이상 이걸 못 참겠어.'식으로 말하게 되죠. 동사 take에는 '받아들이다'라는 뜻이 있어 I can't take it.이나 I can't take this anymore.처럼 자신의 생각을 표출할 수 있어요.

1578 영화 [A Christmas Carol] 중에서

못 참겠어. I cannot bear it.

SCENE# 46. 행동 금지

1579 영화 [Deadpool] 중에서

넌 나처럼 똑같은 실수를 하지 마.
Don't make the same mistakes I did.

Check 자신이 저지른 실수를 내가 아닌 상대방도 저지르지 않았으면 하는 바람을 얘기할 때 Don't make the same mistakes I did.라고 합니다. '넌 나처럼 똑같은 실수를 하지 마.'의 뜻인 거죠.

1580 영화 [Catch Me If You Can] 중에서

실수하지 마. Don't make a mistake.

1581 영화 [Death Race 2] 중에서

두 번 말하게 하지 마! Don't make me tell you twice!

Check 했던 말을 또 하게 되면 괜스레 짜증 나게 됩니다. 이때 Don't make me tell you twice!처럼 얘기하면 '두 번 말하게 하지 마.'가 되죠.

1582 영화 [War] 중에서

내가 두 번 다시 말하게 하지 마. Don't make me say it again.

1583 영화 [Transformers : Age Of Extinction] 중에서

마치 가혹한 것처럼 말하지 마. Don't make it sound harsh.

Check 규율을 꼭 준수하면서 행동하라고 하면 때로는 남에게 가혹하게 들릴 수가 있어요. 이때 Don't make it sound harsh.라고 한마디 덧붙일 수 있는데요, '마치 가혹한 것처럼 말하지 마.'의 뜻입니다.

1584 영화 [Double Happiness] 중에서

그 일로 큰 소란 피우지 마. Don't make a big deal out of it.

1585 영화 [The Adventures Of A.R.I. : My Robot Friend] 중에서

너무 떠들지 마, 그렇게 떠들지 마.
Don't make so much noise.

1586 영화 [Transformers : Revenge Of The Fallen] 중에서

소리 지르지 마. Don't make a scene.

1587 영화 [Glory Road] 중에서

다시는 시키지 마. Don't make me do it again.

Check 하고 싶지 않은 일을 누군가 또 시킬 경우에 Don't make me do it again.처럼 말하죠. 직역하면 '내가 그걸 다시 하도록 만들지 마.'로 의역하면 '다시는 시키지 마.' 입니다.

1588 영화 [The Scorpion King] 중에서

마음 변하게 하지 말아요. Don't make me change my mind.

1589 영화 [The Incredibles] 중에서

내가 애원하지 않도록 해줘. Don't make me beg.

1590 영화 [Despicable] 중에서

웃기지 마. Don't make me laugh.

1591 영화 [Legion] 중에서

그녀에 대해 그런 말 하지 말아요.
Don't say that about her.

Check 누군가에 대해 하지 말아야 할 말을 거침없이 하면 충고 조로 한마디 하게 되죠. 혹시 Don't day that about her.라고 하면 '그녀에 대해 그런 말 하지 말아요.'의 뜻인 겁니다.

1592 영화 [G-Force] 중에서

그런 말 하지 마. Don't say that word.

1593 영화 [Tomorrowland] 중에서

그런 말 하지 마. Don't say that.

Check 누군가가 듣기 싫은 얘기를 자신에게 꺼낼 때 '그런 말 하지 마.'처럼 충고 조로 말하게 되는데요, Don't say that. 또는 Don't say that word.이라고 합니다.

1594 영화 [Justice League] 중에서

제발 다시는 그런 말 저한테 하지 말아요.
Please don't ever say that to me again.

1595 영화 [Far And Away] 중에서

그런 식으로 얘기하지 마. Don't you talk that way.

Check 상대방의 말투가 귀에 거슬리면 '그런 식으로 얘기하지 마.'라고 따끔하게 충고하게 됩니다. 네이티브들은 Don't you talk that way.라고 하죠. 원래는 You don't talk that way.인데요, 강조의 의미로 don't을 문장 앞으로 뺀 거예요.

1596 영화 [Monster House] 중에서

내가 애인 것처럼 말하지 말아요, 알았어요?
Don't talk to me like I'm a baby, okay?

1597 영화 [Revolutionary Road] 중에서

그런 식으로 날 쳐다보지 마. Don't look at me like that.

Check 자신을 바라보는 상대방의 눈빛이 별로 마음에 들지 않을 때 '그런 식으로 날 쳐다보지 마.'라고 합니다. 숙어로 look at은 '~을 보다'이므로 영어로 Don't look at me like that.처럼 표현하면 되죠.

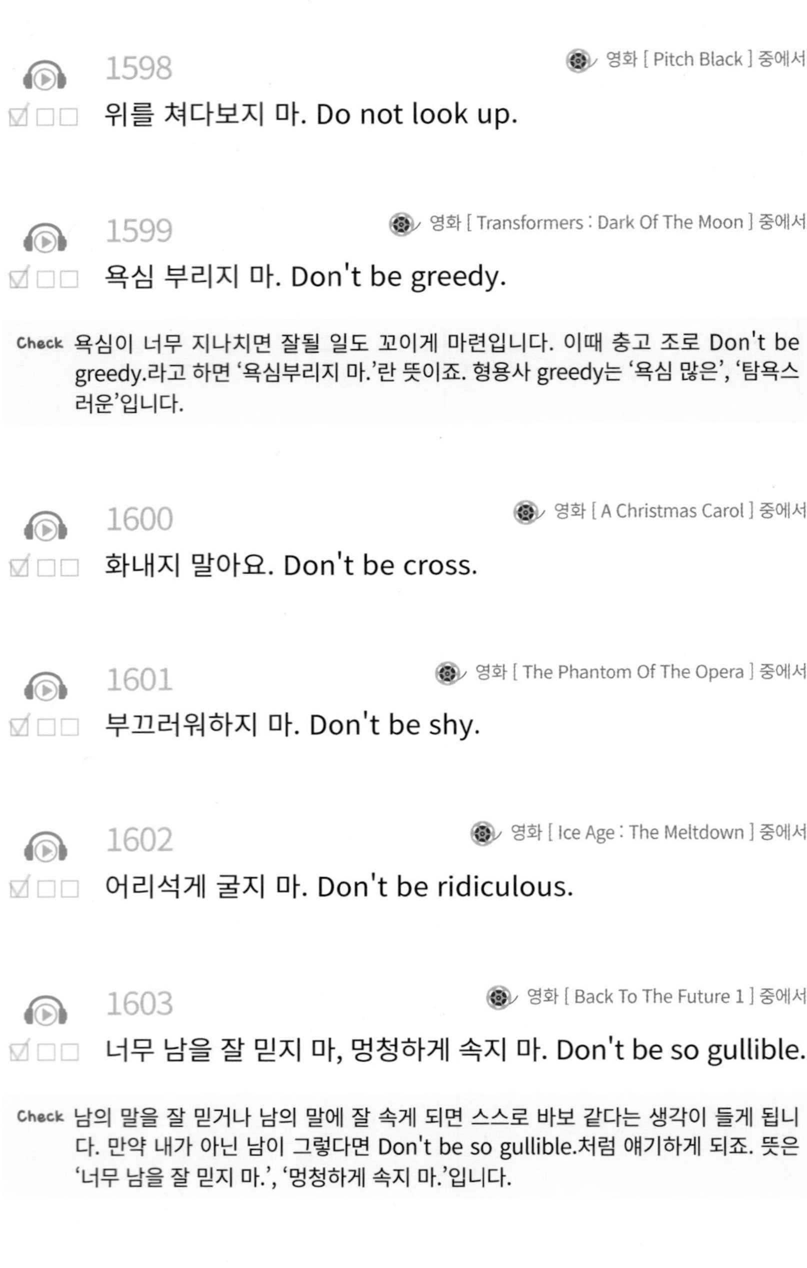

1598 영화 [Pitch Black] 중에서

위를 쳐다보지 마. Do not look up.

1599 영화 [Transformers : Dark Of The Moon] 중에서

욕심 부리지 마. Don't be greedy.

Check 욕심이 너무 지나치면 잘될 일도 꼬이게 마련입니다. 이때 충고 조로 Don't be greedy.라고 하면 '욕심부리지 마.'란 뜻이죠. 형용사 greedy는 '욕심 많은', '탐욕스러운'입니다.

1600 영화 [A Christmas Carol] 중에서

화내지 말아요. Don't be cross.

1601 영화 [The Phantom Of The Opera] 중에서

부끄러워하지 마. Don't be shy.

1602 영화 [Ice Age : The Meltdown] 중에서

어리석게 굴지 마. Don't be ridiculous.

1603 영화 [Back To The Future 1] 중에서

너무 남을 잘 믿지 마, 멍청하게 속지 마. Don't be so gullible.

Check 남의 말을 잘 믿거나 남의 말에 잘 속게 되면 스스로 바보 같다는 생각이 들게 됩니다. 만약 내가 아닌 남이 그렇다면 Don't be so gullible.처럼 얘기하게 되죠. 뜻은 '너무 남을 잘 믿지 마.', '멍청하게 속지 마.'입니다.

1604 영화 [Ratatouille] 중에서

그렇게 겸손하실 건 없어요. Don't be so modest.

1605 영화 [Sherlock Holmes : A Game Of Shadows] 중에서

너무 냉소적으로 굴지 마. Don't be so cynical.

Check 내가 아닌 상대방이 쌀쌀한 태도로 남을 업신여기거나 비아냥거리며 대한다면 Don't be so cynical.처럼 얘기하게 되죠. 의미는 '너무 냉소적으로 굴지 마.'예요.

1606 영화 [Hop] 중에서

너무 성급하면 안 돼. Don't be too rash.

1607 영화 [Reign Of Fire] 중에서

어리석게 굴지 마. Don't be a fool.

Check 어리석게 행동하거나 말하면 남들에게 무시당하기 마련입니다. 특히 상대방이 그렇다면 Don't be a fool.처럼 말하게 되죠. 즉 '어리석게 굴지 마.'입니다.

1608 영화 [American Sniper] 중에서

쓰레기 같은 인간이 되지 마. Don't be a scumbag.

1609 영화 [Astro Boy] 중에서

바보처럼 굴지 마! Don't be a dummy!

1610 영화 [Tropic Thunder] 중에서

제발 방해하지 말아요. Please don't interrupt.

Check 영어로 Please don't interrupt.라고 하면 '제발 방해하지 말아요.'입니다. 동사 interrupt는 '방해하다', '가로막다'로 중요한 일을 하는 중에 누군가가 자꾸 귀찮게 할 경우 Please don't interrupt.처럼 말 건네면 되지요.

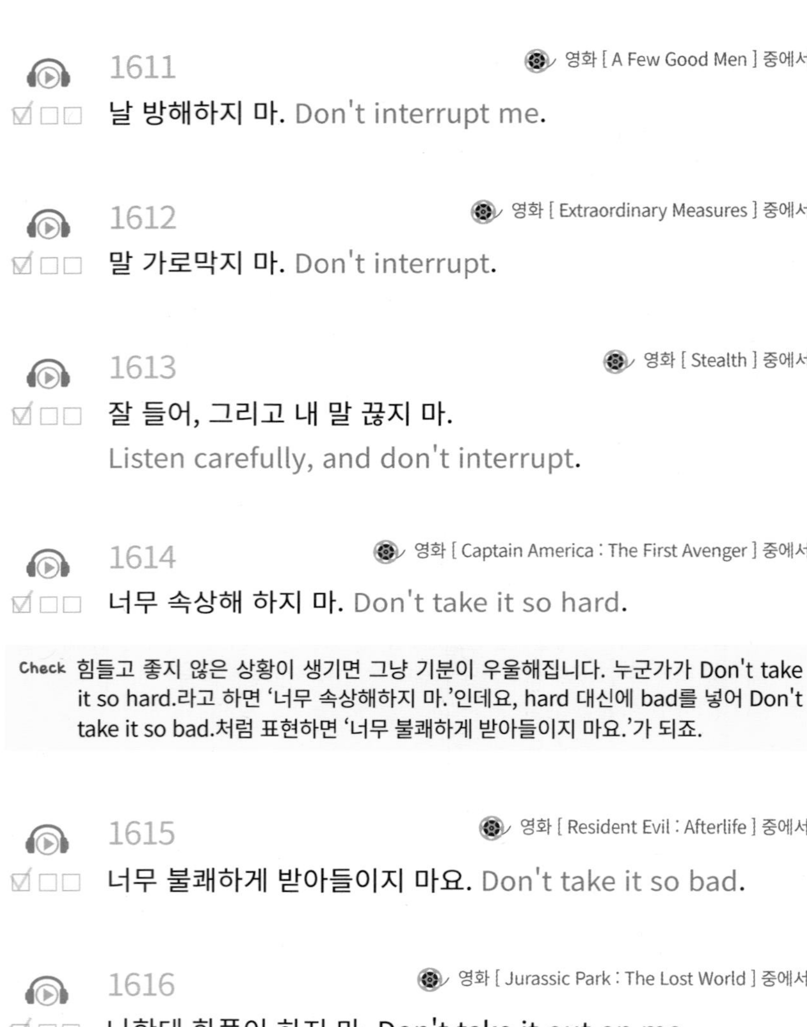

1611 영화 [A Few Good Men] 중에서

날 방해하지 마. Don't interrupt me.

1612 영화 [Extraordinary Measures] 중에서

말 가로막지 마. Don't interrupt.

1613 영화 [Stealth] 중에서

잘 들어, 그리고 내 말 끊지 마.
Listen carefully, and don't interrupt.

1614 영화 [Captain America : The First Avenger] 중에서

너무 속상해 하지 마. Don't take it so hard.

Check 힘들고 좋지 않은 상황이 생기면 그냥 기분이 우울해집니다. 누군가가 Don't take it so hard.라고 하면 '너무 속상해하지 마.'인데요, hard 대신에 bad를 넣어 Don't take it so bad.처럼 표현하면 '너무 불쾌하게 받아들이지 마요.'가 되죠.

1615 영화 [Resident Evil : Afterlife] 중에서

너무 불쾌하게 받아들이지 마요. Don't take it so bad.

1616 영화 [Jurassic Park : The Lost World] 중에서

나한테 화풀이 하지 마. Don't take it out on me.

1617 영화 [The Cabin In The Woods] 중에서

이 문제를 가볍게 받아들이지 마. Don't take this lightly.

Check 뭔가 열심히 설명하고 있는데 상대방은 마치 아무렇지도 않게 치부해 버린다면 화가 나게 되죠. 이때 Don't take this lightly.라고 하면 '이 문제를 가볍게 받아들이지 마.'예요. 부사 lightly 대신에 so seriously를 넣어 Don't take this so seriously.라고 하면 '이걸 너무 심각하게 받아들이지 마.'가 되죠.

1618 영화 [Good Luck Chuck] 중에서

이걸 너무 심각하게 받아들이지 마.
Don't take this so seriously.

1619 영화 [Green Book] 중에서

날 실망시키지 마. Don't let me down.

Check 때에 따라 너무 기대가 크면 실망도 클 수가 있습니다. 아는 지인에게 Don't let me down.처럼 말하면 '날 실망시키지 마.'인데요, 숙어로 let down은 '실망시키다'입니다.

1620 영화 [The Natural] 중에서

봐주지 마. Don't let up.

1621 영화 [Monsters, Inc.] 중에서

다신 그러지 마. Don't let it happen again.

1622 영화 [Pete's Dragon] 중에서

놓지 마. Don't let go.

1623 영화 [Vexille] 중에서

혼자 밖에 나가지 마. Don't go out on your own.

Check 위험한 동네에서 혼자 밤에 나가는 것은 위험할 수 있습니다. 이런 이유로 주위 사람에게 Don't go out on your own.이라고 하면 '혼자 밖에 나가지 마.'가 됩니다. 숙어로 on one's own은 '홀로', '혼자서'예요.

1624 영화 [The Amazing Spider-Man 2] 중에서

너무 멀린 가지 말아요. Don't go too far.

1625 영화 [Seventh Son] 중에서

☑□□ 그걸 부인하려고 애쓰지 마. Don't try to deny it.

Check 누구나 아는 사실을 계속 부인한다고 해서 그 사실이 거짓이 될 수는 없습니다. 지인이 그렇게 행동한다면 단호하게 Don't try to deny it.이라고 말하면 되죠. '그걸 부인하려고 애쓰지 마.'의 뜻이에요.

1626 영화 [It] 중에서

☑□□ 누군가를 원망하려고 하지 마. Don't try to blame anyone.

1627 영화 [Anger Management] 중에서

☑□□ 까불지 마, 약삭빠르게 굴지 마. Don't get cute.

Check 남이 자신에게 함부로 행동하거나 약삭빠르게 군다면 경고 조로 '까불지 마.'라든지 '약삭빠르게 굴지 마.'처럼 얘기하게 되죠. Don't get cute.처럼 말이에요. 형용사 cute은 '귀여운', '매력적인' 외에도 '약삭빠른'의 뜻이에요.

1628 영화 [Final Fantasy : The Spirits Within] 중에서

☑□□ 까불지 마, 잘난 척하지 마, 건방지게 굴지 마.
Don't get smart with me.

1629 영화 [Australia] 중에서

☑□□ 일어나지 마. Don't get up.

1630 영화 [Minions] 중에서

☑□□ 너무 가까이 가지 마. Don't get too close.

1631 영화 [Avatar] 중에서

☑□□ 너무 앞서 가지 마, 속단하지 마. Don't get ahead of yourself.

1632 영화 [Avatar] 중에서

☑☐☐ 너무 어리석은 짓은 하지 마.
Don't do anything unusually stupid.

Check 평소와는 사뭇 다르게 어리석은 행동을 하고 있는 친구에게 충고의 한마디로 Don't do anything unusually stupid.처럼 말 건넬 수 있어요. '너무 어리석은 짓은 하지 마.'입니다.

1633 영화 [The Last House On The Left] 중에서

☑☐☐ 그저 어리석은 짓은 하지 마. Just don't do anything stupid.

1634 영화 [Fantastic Beasts And Where To Find Them] 중에서

☑☐☐ 제발 이러지 말아요. Don't do this, please.

1635 영화 [Baby Driver] 중에서

☑☐☐ 너무 늦게까지 돌아다니지 마. Don't stay out too late.

Check 어린 자녀가 있는 부모님은 늘 걱정스러운 말투로 '너무 늦게까지 돌아다니지 마.'라고 얘들에게 당부하죠. Don't stay out too late.처럼 표현하는데요, 숙어로 stay out은 '집에 안 들어오다'입니다.

1636 영화 [The Polar Express] 중에서

☑☐☐ 혼자 이곳에 있지 마. Don't stay here by yourself.

1637 영화 [G-Force] 중에서

☑☐☐ 선을 넘지 마, 간섭하지 마. Don't cross the line.

Check 자신의 일도 아닌데 이래라저래라 하며 간섭한다면 괜실히 짜증 나게 됩니다. 이럴 때 Don't cross the line.처럼 말하게 되면 그 의미는 '선을 넘지 마.' 또는 '간섭하지 마.'입니다.

1638 영화 [The Quick And The Dead] 중에서

☑☐☐ 내 뜻을 거스르지 마. Don't ever cross me.

1639 영화 [The Good Dinosaur] 중에서

☑□□ 너무 복잡하게 많이 생각하지 마, 너무 오래 생각하지 마.
Don't overthink it.

Check 뭔가 아무렇지 않게 생각해도 좋을 것을 복잡하게 생각할 때 Don't overthink it.처럼 말합니다. 의미는 '너무 복잡하게 많이 생각하지 마.' 또는 '너무 오래 생각하지 마.'로 동사 overthink는 '과하게 고민하다'예요.

1640 영화 [The Last Witch Hunter] 중에서

☑□□ 이제 날 하찮게 보지 말아요. Please don't think less of me.

1641 영화 [Fired Up] 중에서

☑□□ 겉으로만 판단하지 마. Don't judge a book by its cover.

Check 누군가를 어떠어떠한 사람이라고 겉만 보고 판단할 수 있어요. 잘 알지 못하기 때문이죠. Don't judge a book by its cover.를 직역하면 '책 겉표지로 책을 판단하지 마.'지만 의역하면 '겉으로만 판단하지 마.'입니다.

1642 영화 [Goosebumps] 중에서

☑□□ 나에 대해 이러쿵저러쿵 판단하지 마. Don't judge me.

1643 영화 [Assassin's Creed] 중에서

☑□□ 나 건드리지 마, 성가시게 하지 마, 가만히 내버려둬.
Don't mess with me.

Check 기분이 안 좋거나 심리적인 안정이 필요할 때 남에게 '나 건드리지 마.', '성가시게 하지 마.' 또는 '가만히 내버려 둬.'식으로 말합니다. 영어로는 Don't mess with me.라고 하죠.

1644 영화 [Big Hero 6] 중에서

☑□□ 그거 망치진 마. Don't mess it up.

1645 영화 [Hanna] 중에서

내 곁을 떠나지 마. Don't walk away from me.

Check 자신의 곁을 떠나려는 사람에게 할 수 있는 말이 Don't walk away from me.입니다. 의미는 '내 곁을 떠나지 마.'인데요, 누군가로부터 걸어서 멀어져 가는 모습을 말하는 거죠. 응용해서 Don't walk off from me like that.처럼 말하면 '그런 식으로 가버리면 안 되지.'이며 walk off from은 '~으로부터 걸어서 떠나다'예요.

1646 영화 [Poseidon] 중에서

그런 식으로 가버리면 안 되지.
Don't walk off from me like that.

1647 영화 [Tangled] 중에서

겁먹지 마, 놀라지 마, 기겁하지 마. Don't freak out.

Check 가끔은 예상치 못한 무언가 때문에 너무 놀라게 되면 가슴이 철렁 내려앉는 기분이 들게 되죠. 영어로 Don't freak out.이라고 하면 '겁먹지 마.', '놀라지 마.' 또는 '기겁하지 마.'의 뜻입니다.

1648 영화 [The Butterfly Effect] 중에서

내가 이것 물어볼게 흥분하지 마.
Don't freak out when I ask you this.

1649 영화 [Eragon] 중에서

나 신경 쓰지 마. Don't mind me.

Check 남에게 자신은 신경 쓰지 말고 하던 얘기나 일을 계속하라고 할 때 Don't mind me.라고 합니다. 동사 mind에는 '신경을 쓰다'라는 뜻이 있어 '나 신경 쓰지 마.'가 되는 거죠.

1650 영화 [The Green Mile] 중에서

날 그렇게 부르지 마! Don't you call me that!

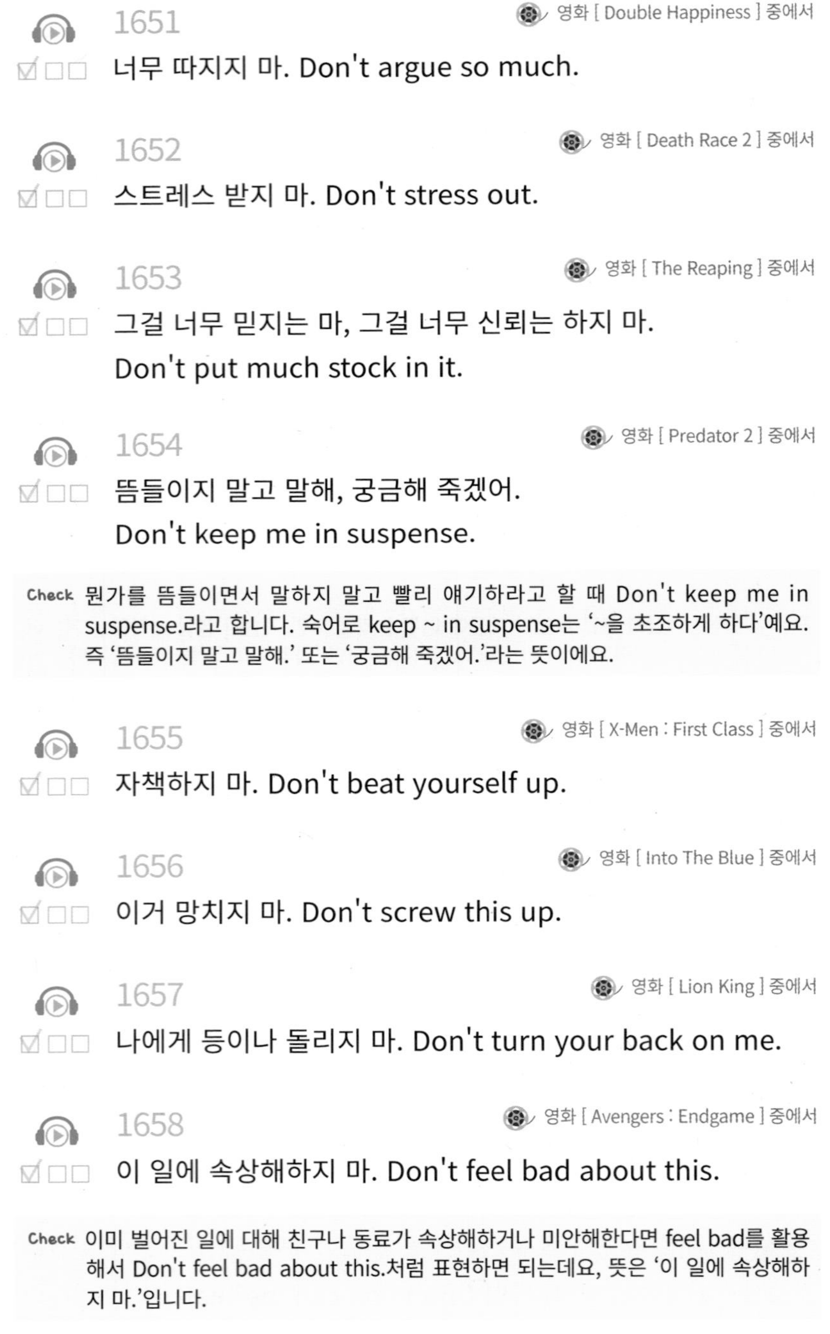

1651 영화 [Double Happiness] 중에서

너무 따지지 마. Don't argue so much.

1652 영화 [Death Race 2] 중에서

스트레스 받지 마. Don't stress out.

1653 영화 [The Reaping] 중에서

그걸 너무 믿지는 마, 그걸 너무 신뢰는 하지 마.
Don't put much stock in it.

1654 영화 [Predator 2] 중에서

뜸들이지 말고 말해, 궁금해 죽겠어.
Don't keep me in suspense.

Check 뭔가를 뜸들이면서 말하지 말고 빨리 얘기하라고 할 때 Don't keep me in suspense.라고 합니다. 숙어로 keep ~ in suspense는 '~을 초조하게 하다'예요. 즉 '뜸들이지 말고 말해.' 또는 '궁금해 죽겠어.'라는 뜻이에요.

1655 영화 [X-Men : First Class] 중에서

자책하지 마. Don't beat yourself up.

1656 영화 [Into The Blue] 중에서

이거 망치지 마. Don't screw this up.

1657 영화 [Lion King] 중에서

나에게 등이나 돌리지 마. Don't turn your back on me.

1658 영화 [Avengers : Endgame] 중에서

이 일에 속상해하지 마. Don't feel bad about this.

Check 이미 벌어진 일에 대해 친구나 동료가 속상해하거나 미안해한다면 feel bad를 활용해서 Don't feel bad about this.처럼 표현하면 되는데요, 뜻은 '이 일에 속상해하지 마.'입니다.

1659 영화 [The Specialist] 중에서

아무것도 만지지 마. Don't touch anything.

1660 영화 [The Amazing Spider-Man 2] 중에서

날 실망시키지 마. Don't disappoint me.

1661 영화 [Godzilla : King Of The Monsters] 중에서

착각하지 마. Don't kid yourself.

Check 뭔가 크게 착각하고 있는 사람에게 Don't kid yourself.라고 하면 그 의미는 '착각하지 마.'입니다. 동사 kid는 '농담하다', '놀리다'로 '네 자신을 놀리지 마.'가 직역이지만 구어체에서는 '착각하지 마.'의 뜻으로 쓰이죠.

1662 영화 [The Equalizer] 중에서

너 자신을 의심하지 마. Don't doubt yourself.

1663 영화 [Legend Of The Guardians : The Owls Of Ga'Hoole] 중에서

시간 낭비하지 마. Don't waste your time.

1664 영화 [Pete's Dragon] 중에서

말 돌리지 마. Don't change the subject.

Check 자신의 말은 듣지 않고 자꾸 다른 얘기를 꺼내려고 하는 상대에게 Don't change the subject.처럼 한마디 하게 됩니다. 뜻은 '말 돌리지 마.'예요.

1665 영화 [Rush] 중에서

너무 오래 기다리지는 마. Don't wait too long.

1666 영화 [Glory] 중에서

☑□□ 그 친구는 신경 쓰지 마요. Don't bother about him.

1667 영화 [Ooops! Noah Is Gone] 중에서

☑□□ 새치기 하지 마. Don't cut in line.

Check 줄 서서 기다리고 있는 자신 앞에 누군가가 와서 새치기를 한다면 Don't cut in line. 처럼 한마디 하게 됩니다. '새치기하지 마.'처럼 말이에요.

1668 영화 [Fool's Gold] 중에서

☑□□ 막판에 겁먹지 마, 막판에 주눅 들지 마.
Don't lose your nerve at the last minute.

1669 영화 [Zookeeper] 중에서

☑□□ 건방지게 굴지 마, 성질부리지 마. Don't give me an attitude.

Check 누군가가 자신에게 성질부리거나 건방지게 굴면 Don't give me an attitude.처럼 쓴소리를 하게 됩니다. 한마디로 말해 '건방지게 굴지 마.', '성질부리지 마.'예요.

1670 영화 [The Pink Panther] 중에서

☑□□ 그 말은 적지 마. Don't write that down.

1671 영화 [Devil] 중에서

☑□□ 내 탓하지 마요. Don't blame me.

1672 영화 [Unforgiven] 중에서

☑□□ 너무 걱정 마. Don't fret it.

1673 영화 [Tropic Thunder] 중에서

날 모른 척하지 마. Don't ignore me.

1674 영화 [Batman V Superman : Dawn Of Justice] 중에서

내가 말했다고 하지 마. Don't quote me.

Check 혼자만 알고 있던 비밀을 누군가에게 얘기하면서 '내가 말했다고 하지 마.'식으로 부탁할 수 있어요. 이런 상황에서 Don't quote me.라는 표현을 활용할 수 있어요. 동사 quote은 '(남의) 말을 인용하다'예요.

1675 영화 [The Chronicles Of Narnia : The Voyage Of The Dawn Treader] 중에서

유혹에 넘어가지 마. Don't fall to temptation.

1676 영화 [Geostorm] 중에서

절 애처럼 취급하지 말아요. Don't treat me like I'm a child.

1677 영화 [The Great Wall] 중에서

날 두고 떠나지 마. Don't leave without me.

1678 영화 [Daylight] 중에서

그런 소리 나한테 하지 마. Don't pull that on me.

Check 내가 아닌 남이 터무니없거나 말도 안 되는 얘기를 자신에게 할 때면 어이없어 한마디 하게 되죠. '그런 소리 나한테 하지 마.'라고요. 네이티브들은 Don't pull that on me.처럼 표현해요.

1679 영화 [Titanic] 중에서

더 가까이 오지 말아요. Don't come any closer.

1680 영화 [Home Alone] 중에서

그러기만 했단 봐! Don't you dare!

1681 영화 [Battleship] 중에서

일 망치지 마. Stop messing things up.

Check 중요한 일일수록 신중하게 처리해 나아가야 합니다. 혹시 일이 그릇될 것 같은 생각이 들면 주위 사람들에게 Stop messing things up.처럼 말할 수 있어요. 그 의미는 '일 망치지 마.'입니다.

1682 영화 [Open Season] 중에서

내 인생 망치지 마. Stop messing up my life.

1683 영화 [The Game Plan] 중에서

말 돌리려고 애쓰지 마. Stop trying to change the subject.

Check 대화 주제와는 완전히 다른 얘기를 누군가가 꺼내려고 한다면 Stop trying to change the subject.처럼 말하게 됩니다. 뜻은 '말 돌리려고 애쓰지 마.'예요.

1684 영화 [Fired Up] 중에서

그런 식으로 말하지 마. Stop talking like that.

1685 영화 [Black Swan] 중에서

그런 말 하지 마! Stop saying that!

1686 영화 [The Legend Of Zorro] 중에서

변명하지 마! Stop making excuses!

Check 잘못한 일에 대해 빨리 인정하고 용서를 구하는 게 좋습니다. 하지만 인정 대신에 핑계만 대려고 한다면 Stop making excuses!처럼 말하며 꾸짖게 되죠. 즉 '변명하지 마!'의 뜻이에요.

1687 영화 [Ant-Man] 중에서

뻥치지 마, 속이지 마. Stop cheating.

1688 영화 [Sky Captain And The World Of Tomorrow] 중에서

그런 식으로 날 쳐다보지 마. Stop looking at me like that.

1689 영화 [Madagascar 3 : Europe's Most Wanted] 중에서

운전하는 데 잔소리 좀 그만해! 참견 좀 그만해!
Stop backseat driving!

Check 운전 중에 함께 동승한 사람이 자신에게 이래라저래라 하며 운전 지시를 하거나 참견하면 Stop backseat driving.처럼 얘기하게 됩니다. '운전하는 데 잔소리 좀 그만해!', '참견 좀 그만해!'인 거죠.

1690 영화 [No Escape] 중에서

나한테 소리 지르지 마. Stop yelling at me.

1691 영화 [The Love Guru] 중에서

자책은 그만해요. Stop hitting yourself.

Check 글자 그대로 직역하면 '당신 자신을 때리는 걸 그만둬요.'이지만 이 표현은 자신을 너무 자책하고 있는 사람에게 쓰는 말이에요. 즉 '자책은 그만해요.'의 의미죠.

1692 영화 [Finding Nemo] 중에서

그만 좀 따라와, 알겠니? Stop following me, okay?

1693 영화 [Kubo And The Two Strings] 중에서

그만 꿈틀거려, 그만 꼼지락거려. Stop wriggling.

1694 영화 [Hancock] 중에서

☑☐☐ 관심 없는 척 그만해요.

Stop pretending that you do not care.

1695 영화 [Battleship] 중에서

☑☐☐ 거기 꼼짝 말아요! Stop right there!

Check 누군가에게 한 발짝도 움직이지 말고 그 자리에 있으라고 할 때 Stop right there!라고 합니다. 즉 '거기 꼼짝 말아요.'의 의미예요.

1696 영화 [The Wife] 중에서

☑☐☐ 둘 다 그만 좀 해! Stop it, both of you!

1697 영화 [The Happening] 중에서

☑☐☐ 차 세워. Stop the car.

1698 영화 [Getaway] 중에서

☑☐☐ 얘기 좀 그만했으면 좋겠어. I want you to stop talking.

1699 영화 [Dragon Hunters] 중에서

☑☐☐ 나 좀 그만 괴롭혀. Quit bothering me.

Check 계속해서 자신을 괴롭히는 사람에게 '나 좀 그만 괴롭혀.'처럼 한마디 하게 됩니다. 영어로는 Quit bothering me.로 동사 bother는 '괴롭히다', '성가시게 하다'예요.

1700 영화 [The Walk] 중에서

☑☐☐ 빈둥대지 마! Quit fooling around!

1701 영화 [Mr. Woodcock] 중에서

☑ ☐ ☐ 칭얼거리지 마, 징징거리지 마. Quit whining.

1702 영화 [Revolutionary Road] 중에서

☑ ☐ ☐ 지금 당장 그 얘기 좀 그만해주시겠어요?
Could you stop talking about it right now?

Check 듣기 싫은 이야기를 상대방이 계속한다면 짜증이 나서 '지금 당장 그 얘기 좀 그만해주시겠어요?'라고 말하며 부탁하게 됩니다. Could you stop talking about it right now?처럼 말이에요.

1703 영화 [Pikachu] 중에서

☑ ☐ ☐ 그만 좀 해줄래? Can you stop doing that?

1704 영화 [Alice In Wonderland] 중에서

☑ ☐ ☐ 그만 좀 할래? Will you stop doing that?

Check 하지 말아야 할 행동을 누군가가 계속하고 있을 때 '그만 좀 할래?'처럼 부탁하게 됩니다. 조동사 will을 써서 Will you stop doing that?이라고 하는데요, 때로는 will 대신에 can을 넣어 Can you stop doing that?식으로 말하기도 해요.

1705 영화 [The Road] 중에서

☑ ☐ ☐ 그만 좀 삐져? 뚱한 것 좀 그만할 수 없니?
Would you stop sulking?

1706 영화 [Be Kind Rewind] 중에서

☑ ☐ ☐ 제발 문을 두드리지 말아요. Please don't bang on the door.

Check 누군가가 밖에서 방문을 꽝꽝 두드린다면 Please don't bang on the door.처럼 얘기하며 부탁하게 됩니다. '제발 문을 두드리지 말아요.'의 뜻이 되죠.

1707 영화 [The 7th Dwarf] 중에서

제발 올라가지 말아요. Please don't step on it.

1708 영화 [Battle For Terra] 중에서

뭔가 만지려고 하지 말아요.
Please try not to touch anything.

1709 영화 [The Wolfman] 중에서

결코 과거를 되돌아보지 마. Never look back.

Check 이미 지나간 일에 대해 후회 한들 그때로 다시 돌아갈 수는 없습니다. 우린 이렇게 말하죠. '과거는 과거일 뿐이야.'라고요. 영어로 Never look back.은 '결코 과거를 되돌아보지 마.'라는 뜻입니다.

1710 영화 [Babe Pig In The City] 중에서

절대 현관문 열지 마. Never answer the front door.

1711 영화 [10,000 BC] 중에서

다시는 그런 말 하지 마. You never say that again.

Check 다시는 하지 말아야 할 얘기를 상대가 또 꺼내려고 할 때 재빨리 '다시는 그런 말 하지 마.'처럼 말하며 명령하게 되죠. 영어로는 You never say that again.입니다.

1712 영화 [Unbreakable] 중에서

절대로 이런 짓은 하지 마.
You should never do anything like this.

SCENE# 47. 명령

1713 영화 [Hanna] 중에서

그냥 시키는 대로 해, 그냥 하라는 대로 해.
Just do what you're told.

Check 누군가가 시키는 대로 행동하라고 할 때 Just do what you're told.라고 합니다. 직역하면 '네가 듣는 대로 그냥 해라.'인데요, 자연스럽게 의역하면 '그냥 시키는 대로 해.', '그냥 하라는 대로 해.'입니다.

1714 영화 [Iron Man] 중에서

그냥 내가 하는 대로 해. Just do as I do.

1715 영화 [Transformers] 중에서

좀 봐줘라, 응? Just give me a break, will you?

Check 혹시 잘못한 게 있으면 때로는 모르는 척 그냥 눈 감아달라고 부탁하게 되는 경우가 있어요. '좀 봐줘라, 응?'처럼 말입니다. 영어로는 Just give me a break, will you?라고 하죠. 대명사 me 대신에 her를 넣어 표현할 수 있어요. Just give her a break.(그녀를 좀 보채지 마)처럼요.

1716 영화 [Sucker Punch] 중에서

그녀를 좀 보채지 마. Just give her a break.

1717 영화 [Pacific Rim : Uprising] 중에서

그냥 해, 그냥 끝내버려. Just get it done.

Check 일 끝내는 것을 get done을 활용해서 표현할 수 있어요. 영어로 Just get it done.이라고 하면 '그냥 해.' 또는 '그냥 끝내버려.'입니다.

1718 영화 [Bruce Almighty] 중에서

뭘 좀 알고 얘기해! Just get a clue!

1719 영화 [Pikachu] 중에서

☑☐☐ 그냥 말해. Just say it.

Check 뭔가를 얘기할까 말까 망설이고 있는 사람에게 주저하지 말고 '그냥 말해.'라고 얘기하게 되는데요, 영어로는 Just say it.입니다.

1720 영화 [Minions] 중에서

☑☐☐ 그냥 말만 하세요! Just name it!

1721 영화 [Armageddon] 중에서

☑☐☐ 그냥 속 시원하게 얘기해 봐요, 그냥 털어놓으세요.
Just let it out.

1722 영화 [Wild Hogs] 중에서

☑☐☐ 그냥 뱉어요, 그냥 툭 터놓고 말해요. Just spit it out.

1723 영화 [The Equalizer] 중에서

☑☐☐ 그냥 네 생각을 말해봐. Just tell me what you think.

1724 영화 [Dejavu] 중에서

☑☐☐ 이런 식으로 좀 생각해봐. Just try to think of it this way.

1725 영화 [I Feel Pretty] 중에서

☑☐☐ 그냥 여기에 서명하세요. Just sign in here.

Check 어디에 서명해야 할지 몰라 당황하고 있는 손님에게 '그냥 여기에 서명하세요.'라는 말투로 얘기하고 싶을 때 Just sign in here.라고 합니다.

1726 영화 [Poseidon] 중에서

거기 그냥 그대로 있어, 거기 그냥 꼼짝 말고 있어.
Just stay there.

1727 영화 [Goosebumps 2] 중에서

잠깐 이리 올라와 봐. Just come up here.

1728 영화 [Kingsman : The Secret Service] 중에서

그냥 날 혼자 있게 내버려둬. Just leave me alone.

1729 영화 [Ice Age : Dawn Of The Dinosaurs] 중에서

잔말 말고 가만히 앉아 있어. Just sit tight.

1730 영화 [Robocop] 중에서

그냥 하던 일이나 잘해. Just stick to your job.

Check 자신의 일도 아닌 사람이 자꾸 일에 관여해서 이래라저래라 하면 한 소리 하게 됩니다. Just stick to your job.처럼 말이에요. 뜻은 '그냥 하던 일이나 잘해.'입니다. 숙어로 stick to는 '고수하다', '충실하다'예요.

1731 영화 [The Lincoln Lawyer] 중에서

하고 있던 거 그냥 계속해요.
Just keep doing what you're doing.

1732 영화 [The Benchwarmers] 중에서

그냥 그렇게 해. Just go with it.

1733 영화 [28 Weeks Later] 중에서

그냥 오른쪽으로 쭉 따라 가세요.

Just follow around to the right.

Check 외국 여행객이 다가와 길을 물을 때 혹시 아는 곳이라면 자세히 설명해 줄 수 있어요. 만약 Just follow around to the right.처럼 대답하게 되면 그 의미는 '그냥 오른쪽으로 쭉 따라가세요.'입니다.

1734 영화 [Hanna] 중에서

제발 철 좀 들어, 알겠어? Just grow up, all right?

1735 영화 [The Wild] 중에서

정신 좀 차려! 진정 좀 해! Get a grip on yourself!

Check 어려운 상황에서 자신의 감정을 제대로 통제할 수 있도록 노력하는 게 중요합니다. 내가 아닌 남에게 Get a grip on yourself!처럼 말하면 '정신 좀 차려!'나 '진정 좀 해!'로 get a grip on은 '자제하다', '억제하다'예요.

1736 영화 [Finding Dory] 중에서

정신 좀 차려! 좀 진정해! Get ahold of yourself!

1737 영화 [The Polar Express] 중에서

제발 환상에서 좀 벗어나! 제발 정신 차려!

Get your head out of the clouds!

Check 말도 안 되는 환상만 꿈꾸고 있거나 잡념만 가지고 있을 때 정신 좀 차리라고 하는 말이 Get your head out of the clouds!입니다. 의미가 '제발 환상에서 좀 벗어나!', '제발 정신 차려!'가 됩니다.

1738 영화 [Punisher 2] 중에서

사태 파악을 좀 해봐. Get a lay of the land.

1739 영화 [Fred Claus] 중에서

딴 생각하지 마, 이상한 생각하지 마.
Get your mind out of the gutter.

1740 영화 [Die Hard 4.0] 중에서

길 비켜요. Get out of the way.

Check 급히 어딜 가는 중에 앞에 사람이 있어 부딪치게 될 것 같은 느낌이 들 때 Get out of the way.처럼 외치게 됩니다. '길 비켜요.'라는 의미로 쓰이는 표현이에요.

1741 영화 [30 Days Of Night] 중에서

지금 거기서 나가. Get out of there now.

1742 영화 [XXX : State Of The Union] 중에서

나 좀 여기서 꺼내줘. Get me out of here.

1743 영화 [Ant-Man] 중에서

바닥에 엎드려. Get down on the ground.

1744 영화 [Terminator 2 : Judgment Day] 중에서

엎드려! Get down!

1745 영화 [Indiana Jones : And The Kingdom Of The Crystal Skull] 중에서

그것 좀 치워줄래? Get rid of that thing, will you?

Check 보기 싫은 물건 따위를 빨리 내 눈 앞에서 치우라고 할 때 Get rid of that thing, will you?라고 하죠. 의미는 '그것 좀 치워줄래?'로 get rid of는 '제거하다' 또는 '치우다'라는 뜻을 갖는 숙어예요.

1746 영화 [Black Hawk Down] 중에서

나한테서 그걸 떼어내 줘! Get it off of me!

1747 영화 [Wanted] 중에서

가서 일이나 해. Get back to work.

Check 잠시 쉬고 있는 친구나 동료에게 그만 쉬고 가서 일이나 하라고 다그칠 때 Get back to work.처럼 말할 수 있어요. 의미는 '가서 일이나 해.'가 되죠.

1748 영화 [Pixels] 중에서

차에 다시 타세요. Get back in the car.

1749 영화 [Flyboys] 중에서

나 그만 좀 괴롭혀, 날 좀 내버려 둬, 나 좀 그만 갉아.
Get off my back.

Check Get off my back.를 직역하면 '내 등에서 내려와.'인데요, 등 뒤에 올라탄 상태에서 이래라저래라 하는 모습을 빗대어서 하는 말이죠. 상황에 따라 '나 그만 좀 괴롭혀.', '날 좀 내버려 둬.', '나 좀 그만 갉아.'의 뜻을 가져요.

1750 영화 [Ice Age] 중에서

저리 가, 꺼져. Get away from me.

1751 영화 [No Escape] 중에서

손 치워. Get your hands off me.

1752 영화 [Terminator : Salvation] 중에서

너 그 일에서 빠져, 너 그 일에 상관 마.
Get your nose out of that.

1753 영화 [Goal : The Dream Begins] 중에서

☑□□ 가능한 빨리 그곳에 가. Get there ASAP.

Check 누군가에게 가능한 신속하게 어느 장소로 가라고 할 때 동사 get을 활용해서 Get there ASAP.처럼 표현할 수 있는데요, 여기서 ASAP는 as soon as possible의 줄임말이에요. 즉 '가능한 한 빨리 그곳에 가.'가 되지요.

1754 영화 [Full Count] 중에서

☑□□ 가방 갖고 와. Get your bag.

1755 영화 [Now You See Me] 중에서

☑□□ 입소문을 내봐. Get the word out.

Check 좋은 얘기는 널리 퍼트려야 합니다. '입소문을 내봐.'를 Get the word out.처럼 표현해요. 명사 word에는 '소식', '소문'이라는 뜻이 있답니다.

1756 영화 [Prometheus] 중에서

☑□□ 이리 좀 와봐. Get over here.

1757 영화 [Boomerang] 중에서

☑□□ 어서 들어와. Come on in.

Check 친구가 집을 찾아왔을 때 반갑게 맞이하며 '어서 들어와.'라고 말 한마디 건네게 되죠. Come on in.인데요, 여기서 in 대신에 out, up을 넣어 다르게 표현하기도 합니다.

1758 영화 [Kung Fu Panda 3] 중에서

☑□□ 여기로 와봐! 이리로 와봐! Come on over here!

1759 영화 [Iron Man 3] 중에서

☑□□ 올라와! Come on up!

1760 영화 [Lake Placid] 중에서

☑□□ 와서 이것 좀 봐. Come and take a look at this.

Check 놀라운 것을 발견했을 때 혹시 주위에 사람이 있으면 Come and take a look at this.처럼 말하게 되죠. 뜻은 '와서 이것 좀 봐.'입니다.

1761 영화 [Air Force One] 중에서

☑□□ 따라와, 같이 가자. Come along.

1762 영화 [Lion] 중에서

☑□□ 나랑 같이 가. Come with me.

1763 영화 [The Legend Of Tarzan] 중에서

☑□□ 말소리를 낮춰요. Keep your voice low.

Check 상대방의 목소리가 너무 커서 혹시나 곤란한 상황에 빠지게 될 것 같을 때 Keep your voice low.라고 하며 부탁하게 되는데요, 목소리를 낮은 상태로 계속 유지하라는 것은 결국 '말소리를 낮춰요.'의 의미인 거죠.

1764 영화 [Die Hard 3 : Die Hard With A Vengeance] 중에서

☑□□ 조용히 해, 목소리 좀 낮춰. Keep it down.

1765 영화 [Colombiana] 중에서

☑□□ 정신 바짝 차리고 있어! Keep your eyes open!

Check 중요한 일을 처리할 때는 정신 똑바로 차리고 해야 합니다. 남에게 뭔가 부탁하면서 Keep your eyes open!이라고 하면 뜻은 '정신 바짝 차리고 있어!'입니다. 이 표현을 응용해서 Keep your eyes open and your mouth shut.이라고 하면 '눈을 뜨고 입은 다물어.'가 되죠.

1766 영화 [The Golden Compass] 중에서

☑□□ 눈은 뜨고 입은 다물어.

Keep your eyes open and your mouth shut.

1767 영화 [War Of The Worlds] 중에서

나만 바라봐. Keep your eyes on me.

1768 영화 [Zombieland] 중에서

한 눈 팔지 마. Keep your eyes peeled.

1769 영화 [G.I. Joe] 중에서

나 대신 그녀 좀 지켜봐 줘. Keep an eye on her for me.

1770 영화 [The Chronicles Of Narnia : The Voyage Of The Dawn Treader] 중에서

계속 감시해! 계속 주시해! Keep watching!

1771 영화 [Tropic Thunder] 중에서

계속 앞만 봐. Keep looking ahead.

1772 영화 [Clash Of The Titans] 중에서

거리 둬! 가까이 하지 마! Keep your distance!

Check 가까이 하기에 해가 되는 사람이 주위에 있으면 '거리 둬!'라든지 '가까이하지 마!'식으로 얘기하게 되는데요, 영어로는 Keep your distance!입니다.

1773 영화 [Black Book] 중에서

추잡한 손 치워. Keep your filthy hands off me.

1774 영화 [The Mummy Returns] 중에서

손 치워, 손대지 마. Keep your hands off of it.

1775 영화 [Death Machine] 중에서

정리 좀 해. Keep it clean.

1776 영화 [Jumanji : The Next Level] 중에서

☑□□ 눈에 띄지 않게 해, 튀는 행동하지 마. Keep a low profile.

Check 가끔은 자신의 튀는 행동 때문에 낭패당할 때가 있어요. 내가 아닌 남이 그렇다면 충고 조로 Keep a low profile.이라고 하면 의미는 '눈에 띄지 않게 해.'라든지 '튀는 행동하지 마.'입니다.

1777 영화 [Creed] 중에서

☑□□ 페이스를 유지해. Keep up the pace.

1778 영화 [Matchstick Men] 중에서

☑□□ 잔돈은 가지세요. Keep the change.

1779 영화 [Into The Storm] 중에서

☑□□ 잊어버려, 꿈 깨. Forget about it.

Check 누군가가 터무니없는 이야기를 계속 꺼낸다면 '꿈 깨.'라고 얘기하죠. 영어로 Forget about it.입니다. 이 표현이 상황에 따라서는 '잊어버려.'의 뜻으로도 사용된답니다. 구어체는 상황에 따라 의미가 좀 바뀌게 되는 거죠.

1780 영화 [Curly Sue] 중에서

☑□□ 잊어버려. Forget it.

1781 영화 [Spider-Man 3] 중에서

☑□□ 손 치워. Take your hands off me.

Check 자신에게서 손 치우라고 할 때 Take your hands off me.라고 하죠. 형용사 stinking을 넣어 Take your stinking hands off me.라고 하면 '내게서 그 냄새 나는 손 치워.'의 뜻이에요.

1782 영화 [Planet Of The Apes] 중에서

☑□□ 내게서 그 냄새 나는 손 치워.
Take your stinking hands off me.

1783 영화 [Beowulf] 중에서

내 눈 앞에서 이거 치워. Take this out of my sight.

1784 영화 [Moneyball] 중에서

앉아요. Take a seat.

Check 어디에 앉는 동작을 표현할 때 Take a seat.처럼 말하는데요, 의미는 '앉아요.'입니다. 물론 동사 take 대신에 have를 써서 Have a seat.이라고도 하죠.

1785 영화 [Angels & Demons] 중에서

한 발 뒤로 물러서요. Take a step back, please.

1786 영화 [The Expendables 2] 중에서

알아맞혀 봐. Take a guess.

1787 영화 [London Has Fallen] 중에서

오른쪽으로 돌아. Take a right.

1788 영화 [The Karate Kid] 중에서

그거 벗어. Take it off.

Check 몸에 걸치고 있던 것을 벗으라고 할 때 take off를 씁니다. 이 표현을 가지고 Take it off.라고 하면 그 뜻은 '그거 벗어.'가 되는 거죠.

1789 영화 [John Wick : Chapter 2] 중에서

그 말 취소해. Take it back.

1790 영화 [The Warrior's Way] 중에서

받아요. 선물이에요. Take it. It's a present.

1791 영화 [The Hitman's Bodyguard] 중에서

마음대로 가져가. Take whatever you want.

Check 원하는 게 있으면 뭐든지 가져가라고 할 때 Take whatever you want.라고 합니다. 직역하면 '네가 원하는 무엇이든지 가져가.'인데요, '마음대로 가져가.'처럼 자연스럽게 의역하면 되죠.

1792 영화 [Speed] 중에서

운전대 잡아요. Take the wheel.

1793 영화 [Toy Story 2] 중에서

숨어. Take cover.

1794 영화 [The Kingdom] 중에서

좀 봐주세요. Go easy on me.

Check 영어로 Go easy on+사람.이라고 하면 '~에게 쉽게 가다'가 직역인데요, 의역하면 '~을 좀 봐주다'예요. 그러므로 Go easy on me.라고 말하면 '좀 봐주세요.'가 된답니다.

1795 영화 [Lake Placid] 중에서

마음대로 하세요, 그렇게 하세요. Go ahead.

1796 영화 [Shoot 'Em Up] 중에서

가서 확인해. Go check it out.

1797 영화 [The Natural] 중에서

들어가세요. Go right in.

1798 영화 [Rise Of The Guardians] 중에서

꼴도 보기 싫으니까 딴 데 가서 놀아! Go suck an egg!

1799 영화 [Monsters, Inc.] 중에서

그쯤 해둬, 그만 좀 하자. Give it a rest.

Check 상대방에게 짜증스러운 말투로 Give it a rest.라고 하면 '그것에 휴식을 줘.'가 직역입니다. 이 말은 원래 구어체에서 '그쯤 해둬.'라든지 '그만 좀 하자.'라는 뜻으로 사용되는 표현이에요.

1800 영화 [Bedtime Stories] 중에서

이분께 박수 좀 쳐주세요. Give it up for this man.

1801 영화 [The Hunger Games : Catching Fire] 중에서

좀 자세히 말해봐. Give me some details.

Check 듣고 싶은 얘기를 좀 더 자세히 말해달라고 부탁할 때 Give me some details.라고 해요. 직역하면 '나에게 세부사항을 주다.'지만 의역하면 '좀 자세히 말해봐.'예요.

1802 영화 [Hacksaw Ridge] 중에서

그거 돌려줘요. Give me that back.

1803 영화 [Hannah Montana] 중에서

나 좀 안아줘. Give me a hug.

Check 자신을 안아 달라고 부탁할 때 동사 give를 써서 Give me a hug.라고 합니다. 즉 '나 좀 안아줘.'로 명사 hug는 '포옹' 또는 '껴안기'이죠.

1804 영화 [Dragon : The Hidden World] 중에서

힌트 좀 줘봐. Give me a clue.

1805 영화 [Die Hard 2 : Die Harder] 중에서

한 번만 봐줘. Give me a break.

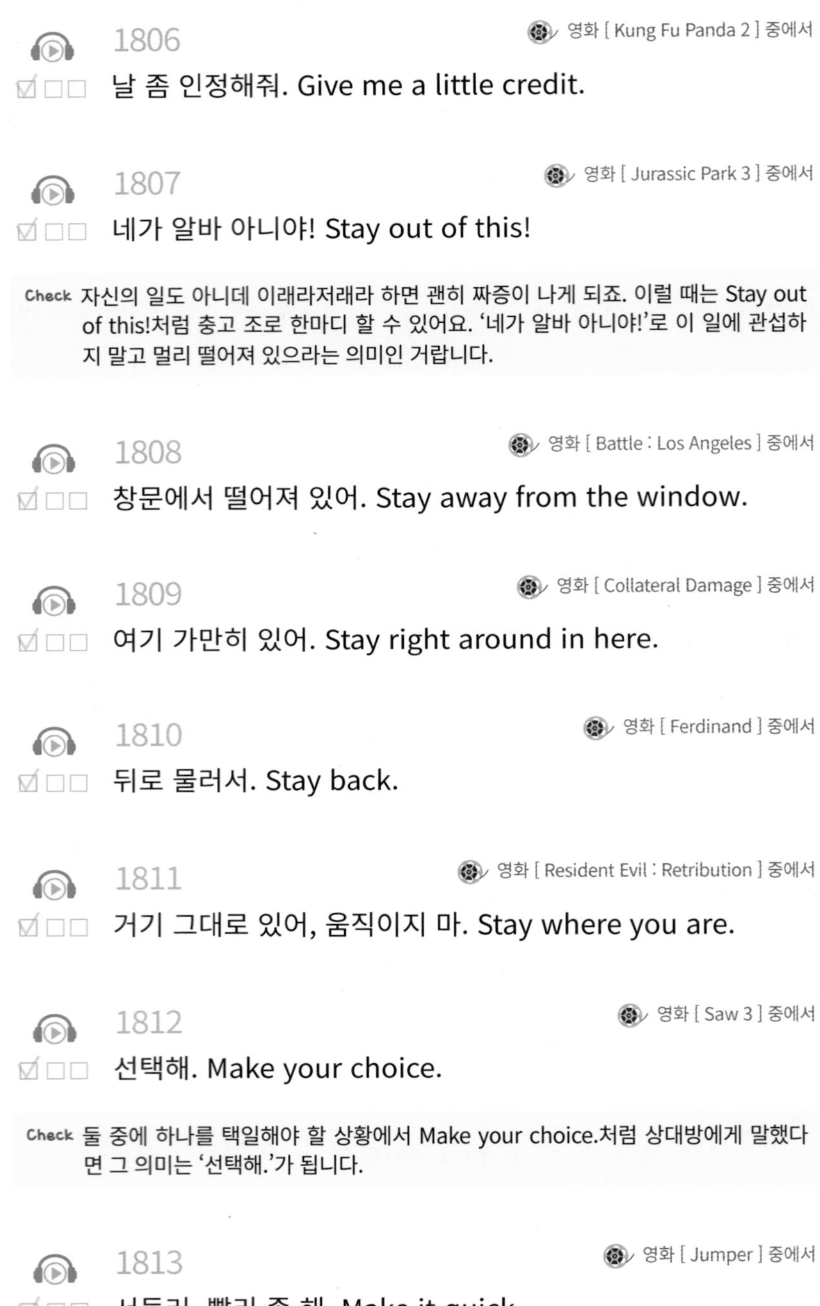

1806 영화 [Kung Fu Panda 2] 중에서

날 좀 인정해줘. Give me a little credit.

1807 영화 [Jurassic Park 3] 중에서

네가 알바 아니야! Stay out of this!

Check 자신의 일도 아니데 이래라저래라 하면 괜히 짜증이 나게 되죠. 이럴 때는 Stay out of this!처럼 충고 조로 한마디 할 수 있어요. '네가 알바 아니야!'로 이 일에 관섭하지 말고 멀리 떨어져 있으라는 의미인 거랍니다.

1808 영화 [Battle : Los Angeles] 중에서

창문에서 떨어져 있어. Stay away from the window.

1809 영화 [Collateral Damage] 중에서

여기 가만히 있어. Stay right around in here.

1810 영화 [Ferdinand] 중에서

뒤로 물러서. Stay back.

1811 영화 [Resident Evil : Retribution] 중에서

거기 그대로 있어, 움직이지 마. Stay where you are.

1812 영화 [Saw 3] 중에서

선택해. Make your choice.

Check 둘 중에 하나를 택일해야 할 상황에서 Make your choice.처럼 상대방에게 말했다면 그 의미는 '선택해.'가 됩니다.

1813 영화 [Jumper] 중에서

서둘러, 빨리 좀 해. Make it quick.

1814 영화 [Star Trek] 중에서

옳다고 느껴지는 걸 해. Do what feels right.

Check 스스로 판단하기에 옳은 일이라고 생각되면 즉각 행동으로 옮겨야 합니다. 영어로 Do what feels right.은 '옳다고 느껴지는 걸 해.'예요.

1815 영화 [The Hunger Games : Catching Fire] 중에서

너 방식대로 해, 네 멋대로 해. Do it your own way.

1816 영화 [The Lego : Ninjago Movie] 중에서

좋을 대로 해. Do whatever you want.

1817 영화 [Signs] 중에서

볼륨 좀 높여봐. Turn up the volume.

Check TV나 라디오 볼륨이 너무 작아 소리가 잘 안 들릴 때 Turn up the volume.처럼 말하며 주위 사람에게 부탁하게 되죠. 이때 의미는 '볼륨 좀 높여봐.'예요.

1818 영화 [Vertical Limit] 중에서

즉시 되돌아와요. Turn back immediately.

1819 영화 [Prometheus] 중에서

그거 꺼. Turn it off.

1820 영화 [Riddick] 중에서

이런 식으로 생각해 봐. Look at it this way.

Check 그대로 직역하면 '그것을 이 방법으로 보라.'인데요, 구어체에서 Look at it this way.는 '이런 식으로 생각해 봐.'입니다. 여기서 look at은 '~을 보다'라는 뜻이 아니라 '~에 대해 생각하다'라는 의미예요.

1821 영화 [Transformers : Revenge Of The Fallen] 중에서

내가 뭘 찾았게? Look what I found.

1822 영화 [The Day The Earth Stood Still] 중에서

여기다 차를 세워요. Pull in here.

Check 차를 몰고 가는 도중에 목적지에 도착할 때쯤이면 적당한 곳에 차를 세워놓게 되는데요, 차를 운전하고 있던 사람에게 Pull in here.처럼 얘기하면 '여기다 차를 세워요.'입니다.

1823 영화 [XXX] 중에서

즉시 차 옆으로 세워! Pull over immediately!

Check 과속하게 되면 경찰이 다가와 차를 길옆으로 세우라고 하죠. Pull over immediately!는 '즉시 차 옆으로 세워!'입니다. 간단하게 Pull over.처럼 말하기도 해요.

1824 영화 [Solo : A Starwars Story] 중에서

차 옆으로 세워. Pull over.

1825 영화 [X-Men : Days Of Future Past] 중에서

정신 좀 차려. Pull yourself together.

Check 좋지 않은 일로 평소와는 달리 행동하는 친구나 동료에게 Pull yourself together.라고 하면 '정신 좀 차려.'라는 뜻입니다. 마치 산산조각이 난 몸을 잡아당겨 제대로 똑바로 맞추라는 뜻에서 유래된 거죠.

1826 영화 [Jumanji : The Next Level] 중에서

정신 차려! Pull it together!

1827 영화 [The Hitman's Bodyguard] 중에서

안전벨트 매. Put your seat belt on.

Check 자동차를 함께 이용할 경우 먼저 시동 걸기 전에 할 일은 좌석벨트 매는 거예요. 옆에 있는 동승자에게 Put your seat belt on.이라고 하면 그 의미는 '안전벨트 매.'가 됩니다.

1828 영화 [Dante's Peak] 중에서

안전벨트 매. Put on a seat belt.

1829 영화 [The Da Vinci Code] 중에서

두 손 들어. Put your hands in the air.

1830 영화 [Surrogates] 중에서

손을 머리 뒤로 해. Put your hands behind your head.

1831 영화 [The Imaginarium Of Doctor Parnassus] 중에서

그만 좀 떠들어, 그 입 다물어. Put a sock in it.

Check 재미있는 표현으로 Put a sock in it.을 직역하면 '그것 안에 양말을 넣어라.'지만 이 말은 '그만 좀 떠들어.', '그 입 다물어.'입니다. 입안에 양말을 넣은 상태라면 입이 막혀 아무 말도 할 수 없잖아요. 이를 빗대어 한 표현이에요.

1832 영화 [The Hobbit : An Unexpected Journey] 중에서

그거 도로 갖다 놔. Put that back.

1833 영화 [Resident Evil : Extinction] 중에서

그런 얘기는 하지 마. Save it.

Check 듣기 싫은 얘기를 상대방이 자꾸 꺼내려고 하면 '그런 얘기는 하지 마.'처럼 부탁할 수 있어요. 직역하면 '그것을 아껴라.'지만 구어체에서 보통 '그런 얘기는 하지 마.'의 뜻으로 쓰입니다.

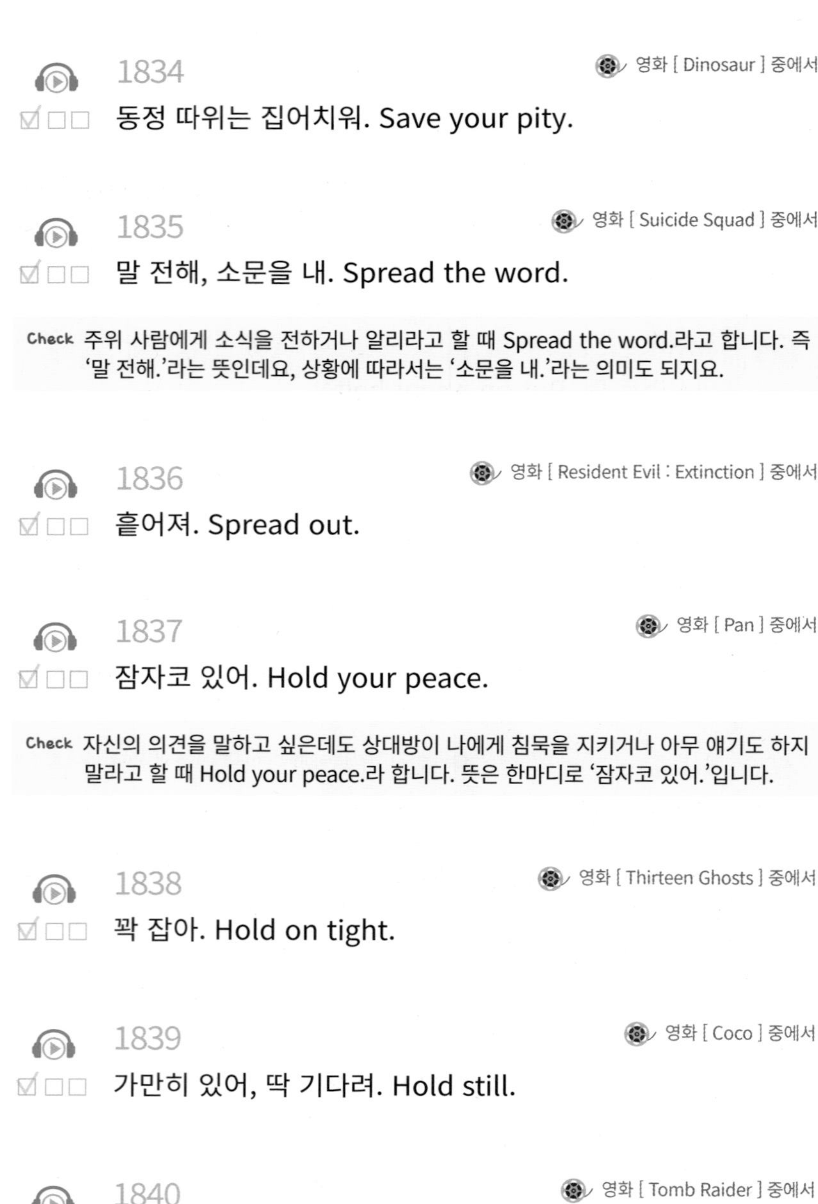

1834 영화 [Dinosaur] 중에서

☑□□ 동정 따위는 집어치워. Save your pity.

1835 영화 [Suicide Squad] 중에서

☑□□ 말 전해, 소문을 내. Spread the word.

Check 주위 사람에게 소식을 전하거나 알리라고 할 때 Spread the word.라고 합니다. 즉 '말 전해.'라는 뜻인데요, 상황에 따라서는 '소문을 내.'라는 의미도 되지요.

1836 영화 [Resident Evil : Extinction] 중에서

☑□□ 흩어져. Spread out.

1837 영화 [Pan] 중에서

☑□□ 잠자코 있어. Hold your peace.

Check 자신의 의견을 말하고 싶은데도 상대방이 나에게 침묵을 지키거나 아무 얘기도 하지 말라고 할 때 Hold your peace.라 합니다. 뜻은 한마디로 '잠자코 있어.'입니다.

1838 영화 [Thirteen Ghosts] 중에서

☑□□ 꽉 잡아. Hold on tight.

1839 영화 [Coco] 중에서

☑□□ 가만히 있어, 딱 기다려. Hold still.

1840 영화 [Tomb Raider] 중에서

☑□□ 네 마음대로 해. Have it your way.

Check 자신은 전혀 관여하지 않을 거니까 하고 싶은 대로 하라고 할 때 Have it your way. 라고 합니다. '네 마음대로 해.'의 뜻이지요.

1841 영화 [The King's Speech] 중에서

직접 혼자 해보세요. Have a go yourself.

1842 영화 [Deepwater Horizon] 중에서

로비에 앉으세요. Have a seat in the lobby.

1843 영화 [Sherlock Holmes] 중에서

제가 설명해 드릴게요. Allow me to explain.

Check 자신이 잘 아는 분야이기에 설명하고 싶다고 언급할 때 Allow me to explain.처럼 말합니다. 동사 allow는 '허락하다'로 '제가 설명하도록 허락해 주십시오.'를 자연스럽게 의역하면 '제가 설명해 드릴게요.'입니다.

1844 영화 [Tinker Bell And The Lost Treasure] 중에서

내가 시범을 보여줄게. Allow me to demonstrate.

1845 영화 [Revolutionary Road] 중에서

혼자 있게 내버려 둬. Leave me alone.

Check 어느 누군가의 방해도 받지 않고 그저 혼자 있고 싶다고 할 때 Leave me alone.이라고 합니다. 다시 말해서 '혼자 있게 내버려 둬.'의 의미예요.

1846 영화 [Guardians Of The Galaxy] 중에서

가만히 놔둬, 그냥 내버려 둬. Leave it alone.

1847 영화 [Twins] 중에서

속도 좀 내. Step on it.

Check 차 타고 가는 도중에 중요한 모임에 늦게 도착할 것 같으면 '속도 좀 내.'라고 부탁할 수 있어요. 영어로 Step on it.이라고 하는데요, it은 액셀러레이터를 말하는 거죠. 즉 발을 올려놓고 속도를 내라는 뜻입니다.

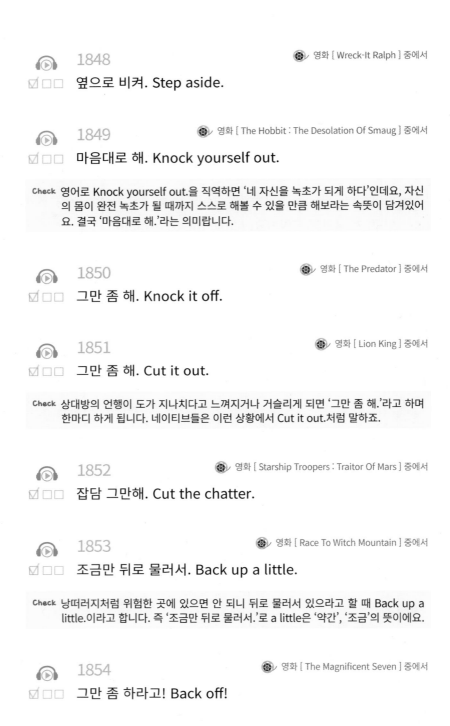

1848 영화 [Wreck-It Ralph] 중에서

☑☐☐ 옆으로 비켜. Step aside.

1849 영화 [The Hobbit : The Desolation Of Smaug] 중에서

☑☐☐ 마음대로 해. Knock yourself out.

Check 영어로 Knock yourself out.을 직역하면 '네 자신을 녹초가 되게 하다'인데요, 자신의 몸이 완전 녹초가 될 때까지 스스로 해볼 수 있을 만큼 해보라는 속뜻이 담겨있어요. 결국 '마음대로 해.'라는 의미랍니다.

1850 영화 [The Predator] 중에서

☑☐☐ 그만 좀 해. Knock it off.

1851 영화 [Lion King] 중에서

☑☐☐ 그만 좀 해. Cut it out.

Check 상대방의 언행이 도가 지나치다고 느껴지거나 거슬리게 되면 '그만 좀 해.'라고 하며 한마디 하게 됩니다. 네이티브들은 이런 상황에서 Cut it out.처럼 말하죠.

1852 영화 [Starship Troopers : Traitor Of Mars] 중에서

☑☐☐ 잡담 그만해. Cut the chatter.

1853 영화 [Race To Witch Mountain] 중에서

☑☐☐ 조금만 뒤로 물러서. Back up a little.

Check 낭떠러지처럼 위험한 곳에 있으면 안 되니 뒤로 물러서 있으라고 할 때 Back up a little.이라고 합니다. 즉 '조금만 뒤로 물러서.'로 a little은 '약간', '조금'의 뜻이에요.

1854 영화 [The Magnificent Seven] 중에서

☑☐☐ 그만 좀 하라고! Back off!

1855 영화 [Everest] 중에서

뒤로 물러서! Back away!

1856 영화 [Justice League : Attack Of The Legion Of Doom] 중에서

가만있어, 잠시만 참아, 움직이지 마, 기다려. Hang tight.

Check 영어로 Hang tight.은 상황에 따라 해석이 조금씩 달라집니다. 예를 들어 '가만있어.', '잠시만 참아.' 또는 '움직이지 마.'가 되지만 때로는 '기다려.'의 의미로도 쓰이지요.

1857 영화 [Monster VS Alien] 중에서

제기랄! 빌어먹을! Hang it all!

1858 영화 [Die Hard 4.0] 중에서

꽉 잡아, 잠깐만 기다려. Hang on.

1859 영화 [Iron Man] 중에서

계획대로 해! Stick to the plan!

Check 일을 진행하다 보면 상황에 따라 약간의 변경은 생길 수가 있습니다. 하지만 원칙대로 계획을 진행해야 한다면 Stick to the plan!처럼 말하게 되죠. 의미는 '계획대로 해!'입니다.

1860 영화 [Collateral Damage] 중에서

입 다물어, 입 닥쳐. Stick a sock in it.

1861 영화 [2012] 중에서

기름 가득 채워. Fill it up.

Check 자동차 운전을 하다가 기름이 다 떨어져 가는 것을 알게 되었을 때 주유소를 찾게 됩니다. 요즘은 셀프 주유소가 많은데요, 동승자에게 Fill it up.처럼 얘기하면 '기름 가득 채워.'가 되는 거예요.

1862 영화 [Iron Man 3] 중에서

말해봐, 설명해봐. Fill me in.

1863 영화 [Blades Of Glory] 중에서

이거 작성해. Fill this out.

1864 영화 [Independence Day] 중에서

짐 싸, 짐 챙겨. Pack up.

Check 가지고 온 짐들을 챙겨서 가지고 가야 할 상황이라면 주위 사람들에게 Pack up.처럼 말하게 되죠. 의미는 '짐 싸.' 또는 '짐 챙겨.'입니다.

1865 영화 [Dr. Dolittle] 중에서

짐 싸, 가방 싸. Pack your bags.

1866 영화 [Speed Racer] 중에서

죽어라고 달려! 죽어라 뛰어! Run for your life!

Check 목숨이 왔다 갔다 하는 위험한 상황에 부딪쳤다면 피하기 위해 죽음 힘을 다해 달리게 되는데요, 마치 Run for your life!처럼 말입니다. 의미는 '죽어라고 달려!', '죽어라 뛰어!'예요.

1867 영화 [National Treasure 2 : Book Of Secrets] 중에서

저리 가, 딴 데 가서 놀아. Run along.

1868 영화 [Rise Of The Planet Of The Apes] 중에서

그걸 나에게 설명해봐. Explain it to me.

Check 이해를 돕기 위해 설명이 필요하다고 할 때 Explain it to me.처럼 얘기합니다. 표현 그대로 '그걸 나에게 설명해봐.'가 되지요.

1869 영화 [The Pirates : Band Of Misfits] 중에서

설명해봐, 해명해봐. Explain yourself.

1870 영화 [Cars] 중에서

자연스럽게 행동해. Act naturally.

Check 상대방의 행동이 좀 어색하고 부자연스럽게 보이면 Act naturally.처럼 한마디 하게 되죠. '자연스럽게 행동해.'라는 뜻이에요.

1871 영화 [Ben-Hur] 중에서

그 점을 인정해. Admit it.

1872 영화 [Star Trek] 중에서

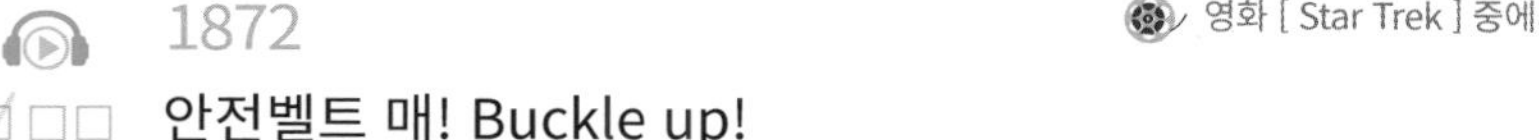

안전벨트 매! Buckle up!

Check 차로 이동할 때 옆에 동승자가 있으면 먼저 '안전벨트 매!'라고 말합니다. 네이티브들은 간단하게 Buckle up!처럼 표현해요.

1873 영화 [Jumanji : The Next Level] 중에서

꺼져. Beat it.

1874 영화 [Terminator Genisys] 중에서

꺼져! 귀찮으니까 건들지 마! 짜증나니까 말시키지 마! 몰라! Bite me!

1875 영화 [Sherlock Holmes : A Game Of Shadows] 중에서

마음 단단히 먹어, 각오 단단히 해. Brace yourself.

1876 영화 [Beauty And The Beast] 중에서

제가 모시겠습니다, 좋을 대로 하세요. Be my guest.

Check 귀한 손님이 왔을 때 대접하게 됩니다. Be my guest.라고 하죠. 즉 '제가 모시겠습니다.'인데요, 때론 '좋을 대로 하세요.'의 허락 뜻으로도 사용해요.

1877 영화 [Sing] 중에서

싸우지 마! 다투지 마! Break it up!

1878 영화 [The Air Up Three] 중에서

저는 빼주세요. Count me out.

Check 어떤 일에 관여하거나 함께 하고 싶지 않을 때 '저는 빼주세요.'라고 말하죠. 영어로는 Count me out.이라고 해요.

1879 영화 [Lone Survivor] 중에서

이거 다 치워. Clean all this up.

1880 영화 [Tmnt] 중에서

네 일에 집중해. Concentrate on your work.

1881 영화 [Escape Plan] 중에서

그거 확인해봐, 그거 알아봐. Check it out.

Check 뭔가를 확인해 달라고 부탁할 때 Check it out.처럼 얘기하면 '그거 확인해봐.' 또는 '그거 알아봐.'라는 뜻입니다. 대명사 it 대신에 this를 넣어 Check this out.처럼 표현할 때도 있어요.

1882 영화 [Warrior] 중에서

목소리 좀 낮춰. Dial it down.

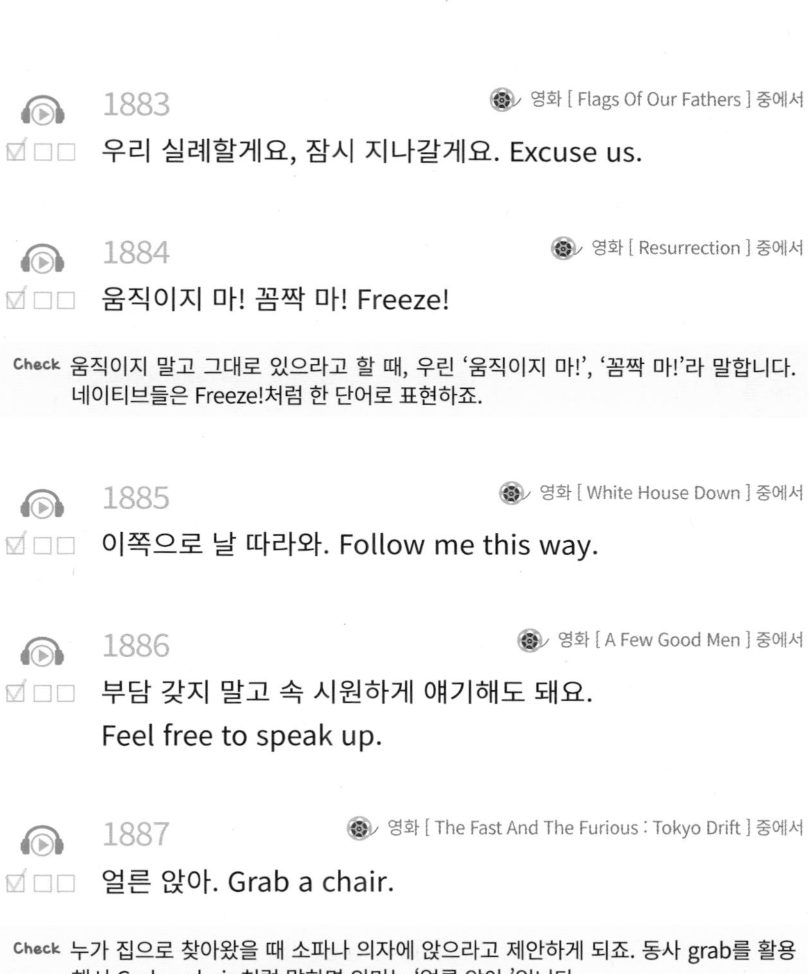

1883 영화 [Flags Of Our Fathers] 중에서

우리 실례할게요, 잠시 지나갈게요. Excuse us.

1884 영화 [Resurrection] 중에서

움직이지 마! 꼼짝 마! Freeze!

Check 움직이지 말고 그대로 있으라고 할 때, 우린 '움직이지 마!', '꼼짝 마!'라 말합니다. 네이티브들은 Freeze!처럼 한 단어로 표현하죠.

1885 영화 [White House Down] 중에서

이쪽으로 날 따라와. Follow me this way.

1886 영화 [A Few Good Men] 중에서

부담 갖지 말고 속 시원하게 얘기해도 돼요.
Feel free to speak up.

1887 영화 [The Fast And The Furious : Tokyo Drift] 중에서

얼른 앉아. Grab a chair.

Check 누가 집으로 찾아왔을 때 소파나 의자에 앉으라고 제안하게 되죠. 동사 grab를 활용해서 Grab a chair.처럼 말하면 의미는 '얼른 앉아.'입니다.

1888 영화 [S.W.A.T.] 중에서

차에 가스 꽉 채워놔. Gas it up.

1889 영화 [Black Panther] 중에서

차에 어서 타. Hop in.

Check 차를 운전하고 가다가 아는 지인을 보게 되었을 때 차에 승차하라고 제안할 수 있어요. 영어로 Hop in.이라고 하면 '차에 어서 타.'의 뜻이지요.

1890 영화 [Immortal Beloved] 중에서

그거 이리 줘. Hand it over.

1891 영화 [The Smurfs] 중에서

땅에 납작 엎드려! Hit the deck!

1892 영화 [Max Payne : Harder Cut] 중에서

차에 후딱 타, 응? Jump in, will you?

1893 영화 [The Addams Family] 중에서

길을 안내해, 앞장서. Lead the way.

Check 자신보다 주변 지역에 이미 익숙한 사람에게 때론 '길을 안내해.', '앞장서.'라고 하며 부탁할 수 있어요. 영어로 Lead the way.라고 하죠.

1894 영화 [King Kong] 중에서

불 켜. Lights up.

1895 영화 [Gran Torino] 중에서

네 일이나 신경 써, 남의 일에 상관 마.
Mind your own business.

Check 자신의 일도 아닌데 감 놔라 배 놔라 참견한다면 '네 일이나 신경 써.', '남의 일에 상관 마.'라고 하죠. 동사 mind를 사용해서 Mind your own business.처럼 말해요.

1896 영화 [Doubt] 중에서

내 말 명심해, 내 말 잊지 마. Mark my words.

1897 영화 [Rescue Dawn] 중에서

가능한 빨리 움직여. Move as fast as you can.

1898 영화 [Drumline] 중에서

이 문제에 대해서는 나랑 타협해.
Meet me halfway on this thing.

1899 영화 [Billy Elliot] 중에서

너 좋을 대로 해. Please yourself.

Check 난 신경 안 쓰니 네 좋을 대로 행동하라고 할 때 네이티브들은 Please yourself.라고 합니다. '네 자신을 기쁘게 하다.' 또는 '네 자신의 비위를 맞추다.'로, 결국 '너 좋을 대로 해.'의 뜻인 거예요.

1900 영화 [Twister] 중에서

길에 집중해. Pay attention to the road.

1901 영화 [Catch & Release] 중에서

이걸 마음속에 그려봐. Picture this.

1902 영화 [Gulliver's Travels] 중에서

냉정하게 행동해, 쿨하게 행동해. Play it cool.

Check 상황에 따라 냉정하게 대처해야 할 때가 있습니다. 누군가에게 Play it cool.이라고 하면 그 의미는 '냉정하게 행동해.' 또는 '쿨하게 행동해.'가 되지요.

1903 영화 [13 Going On 30] 중에서

날 따라 해봐. Repeat after me.

1904 영화 [Taken 3] 중에서

어서 말해봐, 빨리 털어놔. Shoot.

Check 누군가에게 하고 싶을 말을 툭 터놓고 얘기하라고 할 때 동사 shoot을 사용해서 말하면 '어서 말해봐.' 또는 '빨리 털어놔.'의 뜻이에요.

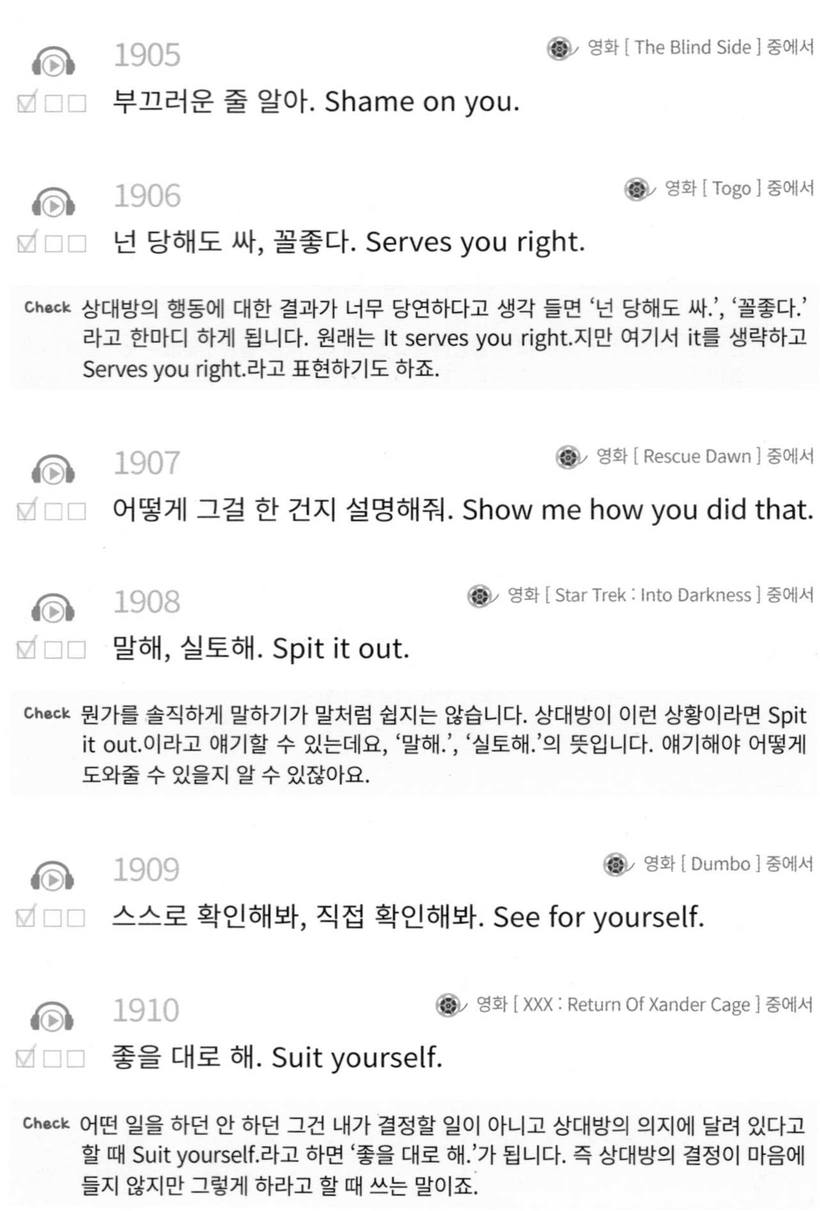

1905 영화 [The Blind Side] 중에서

☑□□ 부끄러운 줄 알아. Shame on you.

1906 영화 [Togo] 중에서

☑□□ 넌 당해도 싸, 꼴좋다. Serves you right.

Check 상대방의 행동에 대한 결과가 너무 당연하다고 생각 들면 '넌 당해도 싸.', '꼴좋다.'라고 한마디 하게 됩니다. 원래는 It serves you right.지만 여기서 it를 생략하고 Serves you right.라고 표현하기도 하죠.

1907 영화 [Rescue Dawn] 중에서

☑□□ 어떻게 그걸 한 건지 설명해줘. Show me how you did that.

1908 영화 [Star Trek : Into Darkness] 중에서

☑□□ 말해, 실토해. Spit it out.

Check 뭔가를 솔직하게 말하기가 말처럼 쉽지는 않습니다. 상대방이 이런 상황이라면 Spit it out.이라고 얘기할 수 있는데요, '말해.', '실토해.'의 뜻입니다. 얘기해야 어떻게 도와줄 수 있을지 알 수 있잖아요.

1909 영화 [Dumbo] 중에서

☑□□ 스스로 확인해봐, 직접 확인해봐. See for yourself.

1910 영화 [XXX : Return Of Xander Cage] 중에서

☑□□ 좋을 대로 해. Suit yourself.

Check 어떤 일을 하던 안 하던 그건 내가 결정할 일이 아니고 상대방의 의지에 달려 있다고 할 때 Suit yourself.라고 하면 '좋을 대로 해.'가 됩니다. 즉 상대방의 결정이 마음에 들지 않지만 그렇게 하라고 할 때 쓰는 말이죠.

1911 영화 [The Thing] 중에서

☑□□ 관둬, 안 해, 그만하자. Screw it.

1912 영화 [Friday The 13th] 중에서

압력 좀 넣지 마! Stop peer-pressuring me!

1913 영화 [Mirrors] 중에서

필요한 게 뭔지 정확히 말해봐.
Tell me exactly what you need.

Check 상대방이 원하는 게 뭔지 알고 싶어 Tell me exactly what you need.처럼 얘기하면 그 의미는 '필요한 게 뭔지 정확히 말해봐.'입니다. 부사 exactly는 '정확하게'이죠.

1914 영화 [Man Of Steel] 중에서

웬만하면 돌아다니지 마. Try not to wander.

1915 영화 [Zootopia] 중에서

앞을 똑바로 보고 다녀, 잘보고 다녀.
Watch where you're going.

Check 누군가가 앞을 제대로 보지 않고 길을 가다가 자신과 부딪치게 되면 Watch where you're going.이라고 얘기합니다. '앞을 똑바로 보고 다녀.' 또는 '잘보고 다녀.'의 뜻이에요. 자신이 가는 곳을 주시하라는 얘긴 거죠.

1916 영화 [Trouble With The Curve] 중에서

여기서 기다려, 알았지? Wait here, right?

1917 영화 [Sweeney Todd : The Demon Barber Of Fleet Street] 중에서

걸어서 나랑 집에 가자. Walk home with me.

1918 영화 [Harry Potter : And The Deathly Hallows Part 1] 중에서

지퍼 좀 올려줄래? Zip me up, will you?

Check 등에 지퍼가 달려있는 옷을 입을 때 혼자서 지퍼 올리기가 힘들면 주위 사람에게 도움을 요청할 수밖에 없어요. Zip me up, will you?처럼 말이죠. 의미는 '지퍼 좀 올려줄래?'입니다.

할리우드 영어표현

Unit 14

MP3

무슨 말 하려는 거죠?

SCENE # 48 요점

할리우드 표현 1919-1927

SCENE # 49 제안

할리우드 표현 1928-2023

SCENE # 50 이해

할리우드 표현 2024-2107

SCENE# 48. 요점

1919 영화 [Taken] 중에서

☑□□ 요점이 뭐야? 하고자 하는 말이 뭐야?
What's your point?

Check 말의 핵심을 물어볼 때 What's your point?라고 합니다. '요점이 뭐야?', '하고자 하는 말이 뭐야?'인데요, 같은 의미로 What's the point?처럼 말하기도 하죠.

1920 영화 [Jumper] 중에서

☑□□ 요점이 뭐야? 무슨 말하려는 거야? What's the point?

1921 영화 [Pacific Rim] 중에서

☑□□ 요점만 말해요. Just get to the point.

1922 영화 [When In Rome] 중에서

☑□□ 그냥 본론만 말할게요. I need to cut to the chase.

Check 재미없는 장면을 배제하고 추격 장면으로 넘어가듯이 쓸데없는 얘기는 하지 않고 바로 본론으로 들어가려고 할 때 cut to the chase.라고 합니다. 즉 I need to cut to the chase.는 '그냥 본론만 말게요.'의 뜻이에요.

1923 영화 [Hop] 중에서

☑□□ 이봐, 핵심을 말해. Cut to the chase, my friend.

1924 영화 [Swordfish] 중에서

☑□□ 본론으로 들어갈게요. I'll cut to the chase.

1925 영화 [Stomp The Yard] 중에서

바로 본론으로 들어갈게, 단도직입적으로 말할게.

I'll get straight to the point.

Check 빙빙 돌려 말하기보다 바로 본론으로 들어가는 게 더 나을 때가 있어요. I'll get straight to the point.는 '바로 본론으로 들어갈게.', '단도직입적으로 말할게.'인데요, get straight to the point는 '단도직입적으로 말하다'예요.

1926 영화 [The Book Of Eli] 중에서

요점만 말하죠, 단도직입적으로 말하죠.

Straight to the point.

1927 영화 [Twelve Monkeys] 중에서

이것에 대해 확실하게 말해두고 싶어요, 알았죠?

I wanna be clear about this, okay?

MEMO)

SCENE# 49. 제안

1928 — 영화 [Hitch] 중에서

이거 한 번만 더 꼼꼼히 짚고 넘어가죠.
Let's go over this one more time.

Check 중요한 일일수록 철저하게 확인하고 짚고 넘어가야 합니다. 숙어로 go over에는 '거듭 살피다', '~을 검토하다'라는 뜻으로 Let's go over this one more time.은 '이거 한 번만 더 꼼꼼히 짚고 넘어가죠.'가 되죠.

1929 — 영화 [Gringo] 중에서

자, 갈까? Let's go, shall we?

1930 — 영화 [Run All Night] 중에서

가서 외투 입자. Let's go put your coats on.

1931 — 영화 [The Finest Hours] 중에서

장비를 갖춰 입자, 정장으로 차려입자, 가서 준비하자.
Let's go get suited up.

1932 — 영화 [Black Hawk Down] 중에서

가서 이 일 끝내버리자고. Let's go get this thing done.

1933 — 영화 [Edge Of Tomorrow] 중에서

자, 시작합시다. Let's get this show on the road.

Check 계획한 일이나 활동을 시작할 때 Let's get this show on the road.라고 하죠. '자, 시작합시다.'의 의미로 명사 show는 '공연'도 되지만 어떤 '일'이나 '사업'을 뜻하기도 합니다.

1934 — 영화 [Kung Fu Panda] 중에서

이제 일하러 돌아가자, 다시 일 시작하자.
Let's get back to work.

1935 영화 [Eight Below] 중에서

안으로 들어가죠. Let's get you inside.

1936 영화 [Quarantine] 중에서

위층으로 올라가죠. Let's get upstairs.

1937 영화 [It] 중에서

나갑시다. Let's get out.

1938 영화 [Tangled] 중에서

어서 후딱 해치우자, 빨리 끝내자. Let's get this over with.

1939 영화 [Rambo : First Blood Part 2] 중에서

본론으로 들어갑시다. Let's get down to business.

1940 영화 [Blue Thunder] 중에서

우리 상식적으로 합시다. Let's be reasonable.

Check 서로에게 피해가 되지 않은 수준에서 일을 처리하자고 할 때 Let's be reasonable. 처럼 표현합니다. '우리 상식적으로 합시다.'인데요, 형용사 reasonable은 '타당한', '사리에 맞는', '합리적인'의 뜻으로 쓰입니다.

1941 영화 [Chronicle] 중에서

진지해지자. Let's be serious.

1942 영화 [Ghosts Of Girlfriends Past] 중에서

다른 얘기 하죠. Let's talk about something else.

Check 지루하거나 재미없는 얘기를 하다 보면 나도 모르게 '다른 얘기 하죠.'라고 하면서 화제를 돌리려고 하죠. 영어로는 Let's talk about something else.입니다.

1943 영화 [Superman Returns] 중에서

내가 돌아오면 그때 얘기하자. Let's talk when I get back.

1944 영화 [An Affair To Remember] 중에서

정확하진 않다고 해두죠. Let's say it's not precise.

1945 영화 [Pitch Black] 중에서

그냥 약속대로 하자. Let's just stick to the deal.

Check 남과의 약속을 지키는 게 신뢰를 구축하는 길입니다. Let's just stick to the deal.에서 stick to the deal을 직역하면 '약속에 달라붙다'로, 즉 '약속을 고수하다'예요. 결국 '그냥 약속대로 하자.'의 의미인 거죠.

1946 영화 [Watchmen] 중에서

그냥 잠시만 기다리자. Let's just wait a second.

1947 영화 [Iron Man 2] 중에서

분명히 합시다. Let's just be clear.

1948 영화 [Saving Private Ryan] 중에서

그러기를 빕시다. Let's hope so.

Check 앞으로 좋은 일만 있기를 바랄 때 Let's hope~처럼 말합니다. 이를 활용해서 Let's hope so.라고 하면 '그러기를 빕시다.'의 뜻이에요.

1949 영화 [Dragonball Evolution] 중에서

다신 그런 일 없길 바라자.
Let's hope it doesn't happen again.

1950 영화 [The Day The Earth Stood Still] 중에서

먼저 이것부터 시작하죠. Let's start with this.

Check 할 일이 너무 많으면 무엇부터 먼저 처리해야 할지 고민스럽습니다. 잠시 후에 제일 중요한 일을 찾았다면 Let's start with this.처럼 말 꺼내면 되죠. 의미는 '먼저 이것부터 시작하죠.'예요.

1951 영화 [Resident Evil : Extinction] 중에서

짐 싸기 시작하자. Let's start packing it up.

1952 영화 [Beauty And The Beast] 중에서

한번 해 보자. Let's give it a try.

Check 처음 하는 일이라면 왠지 낯설기에 좀 주저하게 됩니다. 용기가 필요하죠. 영어로 Let's give it a try.는 '한번 해 보자.'인데요, 숙어로 give it a try는 '시도하다', '한번 해 보다'입니다.

1953 영화 [Hansel & Gretel : Watch Hunters] 중에서

이거 또 해보자. Let's try this again.

1954 영화 [The Mummy Returns] 중에서

네 방식대로 하자. Let's do it your way.

Check 일을 처리하는 방식은 사람마다 각각 다릅니다. 혹시 상대방의 방식이 마음에 든다면 '네 방식대로 하자.'라고 제안할 수 있죠. 영어로는 Let's do it your way.라고 합니다.

1955 영화 [The Martian] 중에서

계산 한 번 해보자. Let's do the math.

1956 영화 [Pan] 중에서

☑□□ 계획을 짜자. Let's make a plan.

Check 여행을 하던 일을 하던 사전에 미리 계획을 세워두는 게 좋습니다. Let's make a plan.은 '계획을 짜자.'라는 뜻으로 쓰이는 제안 표현입니다.

1957 영화 [Madagascar] 중에서

☑□□ 사람들에게 좋은 인상을 주자.
Let's make a good impression on the people.

1958 영화 [Monster House] 중에서

☑□□ 허튼소리 그만하죠, 쓸데없는 소리 집어치우죠.
Let's cut the crap.

Check 말도 안 되는 얘기를 계속 나누다 보면 나도 모르게 지치게 됩니다. 영어로 Let's cut the crap.처럼 말하면 '허튼소리 그만하죠.', '쓸데없는 소리 집어치우죠.'로 명사 crap는 '헛소리', '허튼소리'를 뜻합니다.

1959 영화 [X-Men : First Class] 중에서

☑□□ 이만 끝냅시다, 어때요? Let's wrap things up, shall we?

1960 영화 [Blade Runner] 중에서

☑□□ 계속할까요? Let's continue, shall we?

1961 영화 [Mission Impossible : Fallout] 중에서

☑□□ 사실을 직시해, 현실을 직시해. Let's face it.

Check 있는 그대로 사실을 직시하라고 할 때 동사 face를 사용해서 Let's face it.이라고 합니다. 즉 '사실을 직시해.'나 '현실을 직시해.'의 뜻으로 쓰이는 표현이에요.

1962 영화 [The Expendables 3] 중에서

☑□□ 일단 한 번 들어보죠. Let's hear it.

1963 영화 [Oz : The Great And Powerful] 중에서

그 건에 합의했다는 의미로 악수합시다. Let's shake on it.

1964 영화 [Fast & Furious 7] 중에서

그가 적응하도록 해줘, 그가 자리 잡도록 해줘.
Let's him settle in.

Check 새로운 일이나 환경에 적응하기 위해서는 시간이 필요합니다. 숙어로 settle in은 '적응하다'이므로 Let's him settle in.이라고 하면 '그가 적응하도록 해줘.', '그가 자리 잡도록 해줘.'인 거죠.

1965 영화 [Resident Evil : Retribution] 중에서

속도 좀 내자. Let's pick up the pace.

1966 영화 [Resident Evil : Degeneration] 중에서

흩어집시다. Let's split up.

1967 영화 [30 Days Of Night] 중에서

내 집으로 돌아가자. Let's head back to my place.

Check 자신이 살고 있는 집으로 돌아가는 행위를 head back to one's place처럼 말해요. 명사 place는 여기서 '집'을 뜻하죠. 즉 Let's head back to my place.라고 하면 '내 집으로 돌아가자.'가 됩니다.

1968 영화 [Four Brothers] 중에서

안으로 들어가자. Let's come inside.

1969 영화 [The Rookie] 중에서

샤워나 하자. Let's hit the showers.

Check '샤워를 하다'라고 하면 take a shower를 많이 사용하는데요, 네이티브들은 같은 의미로 Let's hit the showers.처럼 말하기도 합니다. '샤워나 하자.'처럼 제안의 뜻이 되지요.

1970 영화 [Harry Potter And The Order Of The Phoenix] 중에서

이거 좀 치우자. Let's clear this away.

1971 영화 [Taken 3] 중에서

그녀를 예의주시하자. Let's keep a close watch on her.

1972 영화 [Battle For Terra] 중에서

너무 오래 머물지 말자. Let's not overstay our welcome.

Check 한 곳에 너무 오랫동안 머물게 되면 민폐를 끼칠 수가 있어요. 이럴 때 옆에 있던 친구나 지인에게 Let's not overstay our welcome.처럼 말하면 '너무 오래 머물지 말자.'입니다. 동사 overstay는 '너무 오래 머무르다'예요.

1973 영화 [A.L.] 중에서

이쪽으로는 걸어가지 말자. Let's not walk this way.

1974 영화 [Big Miracle] 중에서

분위기에 휩쓸리지 말자. Let's not get carried away.

1975 영화 [Zookeeper] 중에서

수선 떨지 마, 유난 떨지 마.
Let's not make a big deal out of this.

1976 영화 [San Andreas] 중에서

날 난처하게 만들지 말자. Let's not embarrass me.

Check 내가 아닌 타인 때문에 곤란한 입장에 빠지기 전에 미리 '날 난처하게 만들지 말자.'라고 얘기를 꺼낼 수 있습니다. 동사 embarrass를 써서 Let's not embarrass me.처럼 표현해요.

1977 영화 [Fantastic 4 : Rise Of The Silver Surfer] 중에서

아직은 그들에게 그걸 얘기하지 말자.
Let's not mention it to them yet.

1978 영화 [A Nightmare On Elm Street] 중에서

무슨 뜻으로 이런 말 하는지 알려줄게요.
Let me show you what I mean.

Check 자신이 하는 말이 어떤 근거로 하는지 얘기하고 싶을 때 Let me show you what I mean.이라고 합니다. '무슨 뜻으로 이런 말 하는지 알려줄게요.'로 동사 show는 '보여주다'지만 눈으로 이해하도록 '설명하다'도 된답니다.

1979 영화 [The Lego Movie] 중에서

어떻게 하는 게 맞는지 보여주지.
Let me show you how it's done.

1980 영화 [Dejavu] 중에서

제가 이유를 알려드리죠. Let me show you why.

Check 남에게 이유 따위를 설명해야 할 경우 Let me+동사. 패턴을 사용할 수 있어요. 즉 Let me show you why.는 '제가 이유를 알려드리죠.'로 동사 show에는 눈으로 이해할 수 있도록 뭔가를 설명해주는 의미가 담겨있어요.

1981 영화 [Jerry Maguire] 중에서

뭔가 보여줄게요. Let me show you something.

1982 영화 [Leatherheads] 중에서

제가 서슴없이 말할게요. Let me say straight off.

Check 자신의 생각 따위를 망설이지 않고 얘기할 때 straight off를 사용합니다. 즉 Let me say straight off.는 '제가 서슴없이 말할게요.'의 뜻이에요. 숙어로 straight off는 '서슴없이'나 '망설이지 않고'로 쓰이죠.

1983 영화 [Cars] 중에서

☑□□ 제가 다시 말할게요. Let me say that again.

1984 영화 [An Affair To Remember] 중에서

☑□□ 그걸로 주세요. Let me try it.

Check 처음 간 식당이라면 어떤 음식이 맛있는지 직원에게 물어볼 수 있습니다. 음식 추천을 부탁하는 거죠. 혹시 마음에 드는 음식이라면 Let me try it.처럼 얘기하면 되는데요, 뜻은 '그걸로 주세요.'입니다.

1985 영화 [Wonder Woman] 중에서

☑□□ 제가 혼자 해 볼게요. Let me try it by myself.

1986 영화 [Mall Cop] 중에서

☑□□ 뭐가 있는지 알아볼게요. Let me just see what I've got.

Check 내가 뭔가를 가지고 있는지 직접 확인해 보겠다고 할 때 Let me just see what I've got.이라고 합니다. 즉 '뭐가 있는지 알아볼게요.'의 뜻이에요.

1987 영화 [Fast & Furious 5] 중에서

☑□□ 들어가서 살짝 보고 올게요.
Let me just come in and take a quick peek.

1988 영화 [Man On Fire] 중에서

☑□□ 그냥 내 일이나 할게. Let me just do my job.

1989 영화 [School Ties] 중에서

☑□□ 제가 이걸 들어 드리죠. Let me get this for you.

Check 무거운 짐을 옮기려고 하는 사람에게 다가가 도움이 필요한지 물어볼 수 있습니다. 이때 상대방이 도움이 필요하다고 하면 Let me get this for you.처럼 말 꺼낼 수 있죠. 의미는 '제가 이걸 들어 드리죠.'입니다.

1990 영화 [Hustle & Flow] 중에서

나 재킷 좀 입을 게, 나 재킷 좀 걸치고. Let me get my jacket.

1991 영화 [Fast & Furious 7] 중에서

내가 이런 식으로 자네에게 설명하지.

Let me put it to you this way.

Check 상대방이 자신의 말을 제대로 이해 못 하는 경우에는 설명 방식을 좀 바꿔 다시 얘기합니다. Let me put it to you this way.처럼 말이죠. 뜻은 '내가 이런 식으로 자네에게 설명하지.'입니다. 전치사구인 to you를 생략하고 Let me put it this way.라고 하면 '제가 이런 식으로 설명해볼게요.'가 되죠.

1992 영화 [Kill Bill : Volume 2] 중에서

제가 이런 식으로 설명해볼게요. Let me put it this way.

1993 영화 [The Guardian] 중에서

진중하게 뭣 좀 물어볼게요.

Let me ask you something seriously.

Check 대화 도중에 때로는 뭔가 진지하게 묻고 싶은 것이 생깁니다. 이런 상황에서 Let me ask you something seriously.처럼 표현하면 좋아요. 즉 '진중하게 뭣 좀 물어볼게요.'의 의미입니다.

1994 영화 [The Social Network] 중에서

그러니까 내 말은, 내가 바꿔 말해 볼게.

Let me rephrase this.

1995 영화 [Wall Street : Money Never Sleeps] 중에서

한 번 더 짚어드리죠. Let me repeat this again.

1996 영화 [Creed] 중에서

☑□□ 그것에 대해 생각해볼게. Let me think on it.

Check 타인으로부터 좋은 제안을 받았을 때 즉각적으로 대답하기보다는 때론 시간을 두고 곰곰이 생각해보는 게 나을 때가 있습니다. 영어로 Let me think on it.처럼 말하면 '그것에 대해 생각해볼게.'가 되는 거죠.

1997 영화 [Search] 중에서

☑□□ 이거 내가 처리할게. Let me take care of this.

1998 영화 [The Love Guru] 중에서

☑□□ 이런 식으로 그 질문에 답변할게요.
Let me answer it this way.

1999 영화 [Beta Test] 중에서

☑□□ 그럼 이제 분명히 알려주지. Now let me be perfectly clear.

2000 영화 [The Mummy : Tomb Of The Dragon Emperor] 중에서

☑□□ 내가 보답할게, 내가 신세 갚을게. Let me make it up to you.

Check 남으로부터 많은 도움을 받았다면 나중에라도 보답하는 게 당연합니다. '내가 보답할게.', '내가 신세 갚을게.'라고 할 때는 Let me make it up to you.처럼 표현하면 됩니다.

2001 영화 [Flags Of Our Fathers] 중에서

☑□□ 악수 좀 합시다. Let me shake your hands.

2002 영화 [Glass] 중에서

☑□□ 여기서 나가게 해줘요. Let me walk out of here.

2003 영화 [The Hobbit : An Unexpected Journey] 중에서

그냥 잠시만 조용히 앉아있게 해줘요.
Just let me sit quietly for a moment.

2004 영화 [Resident Evil : Extinction] 중에서

즐거운 시간을 보내자! Let the good times roll!

Check 기분전환으로 '즐거운 시간을 보내자!'라고 한마디 하고 싶다면 Let the good times roll!처럼 표현하면 됩니다. 직역하면 '즐거운(좋은) 시간이 굴러가도록 하자.' 이지만 자연스럽게 의역하면 '즐거운 시간을 보내자!'예요.

2005 영화 [Astro Boy] 중에서

그냥 걔 따라오게 놔둬. Let him tag along.

2006 영화 [Eight Below] 중에서

죄책감을 느끼지 마요, 자신을 비난하지 마요.
Let yourself off the hook.

Check 자신이 한 행동에 대해 너무 자책하거나 그러면 Let yourself off the hook.처럼 말하며 위로하게 됩니다. 숙어로 off the hook은 '곤경에서 벗어나'의 뜻으로 직역하면 '당신 자신을 곤경에서 벗어나게 해요.'지만 의역하면 '죄책감을 느끼지 마요.', '자신을 비난하지 마요.'가 되는 거예요.

2007 영화 [Hitman] 중에서

기도합시다. Let us pray.

2008 영화 [Kung Fu Panda] 중에서

나 좀 들어가자. Let me in.

2009 영화 [The Commuter] 중에서

이거 안 놔! Let go of me!

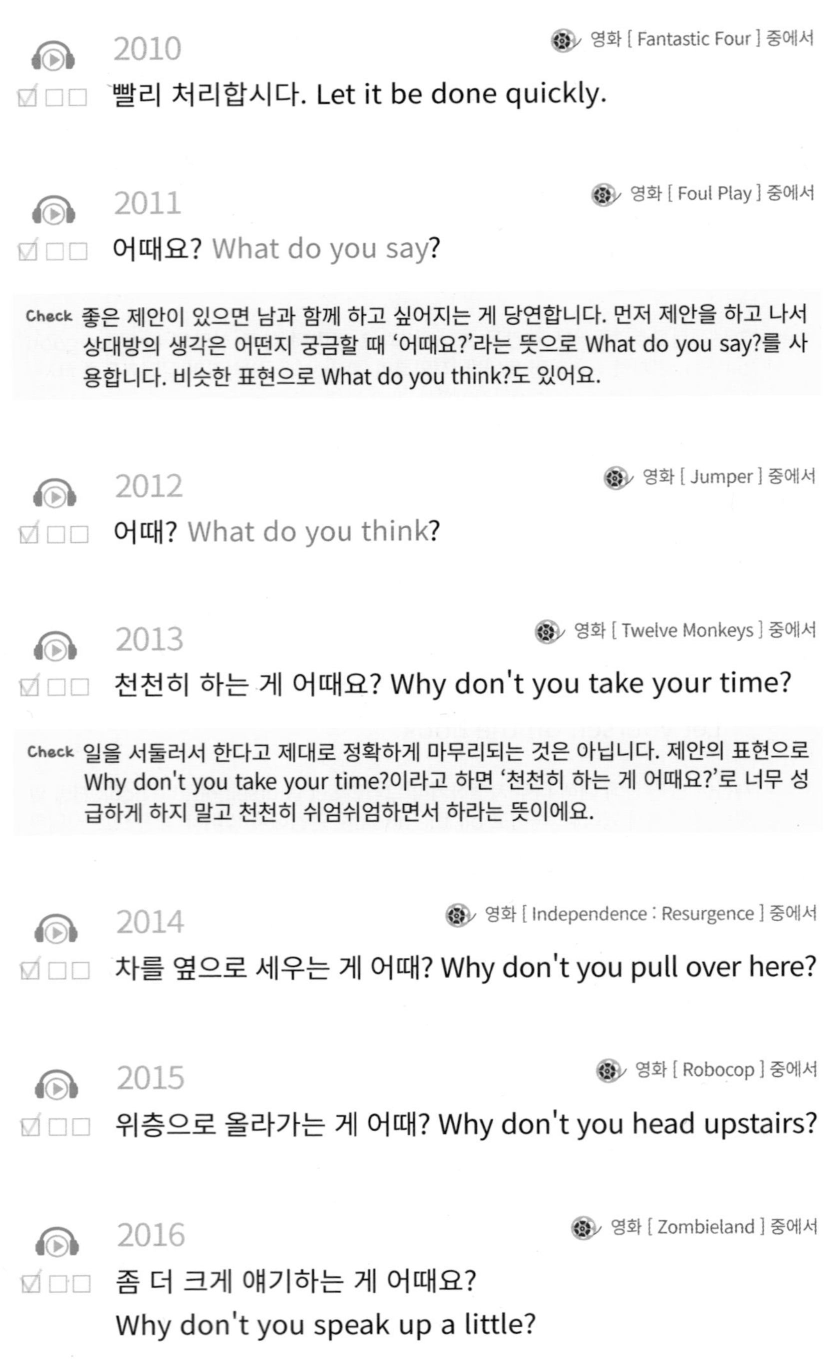

2010 — 영화 [Fantastic Four] 중에서

☑□□ 빨리 처리합시다. Let it be done quickly.

2011 — 영화 [Foul Play] 중에서

☑□□ 어때요? What do you say?

Check 좋은 제안이 있으면 남과 함께 하고 싶어지는 게 당연합니다. 먼저 제안을 하고 나서 상대방의 생각은 어떤지 궁금할 때 '어때요?'라는 뜻으로 What do you say?를 사용합니다. 비슷한 표현으로 What do you think?도 있어요.

2012 — 영화 [Jumper] 중에서

☑□□ 어때? What do you think?

2013 — 영화 [Twelve Monkeys] 중에서

☑□□ 천천히 하는 게 어때요? Why don't you take your time?

Check 일을 서둘러서 한다고 제대로 정확하게 마무리되는 것은 아닙니다. 제안의 표현으로 Why don't you take your time?이라고 하면 '천천히 하는 게 어때요?'로 너무 성급하게 하지 말고 천천히 쉬엄쉬엄하면서 하라는 뜻이에요.

2014 — 영화 [Independence : Resurgence] 중에서

☑□□ 차를 옆으로 세우는 게 어때? Why don't you pull over here?

2015 — 영화 [Robocop] 중에서

☑□□ 위층으로 올라가는 게 어때? Why don't you head upstairs?

2016 — 영화 [Zombieland] 중에서

☑□□ 좀 더 크게 얘기하는 게 어때요?
Why don't you speak up a little?

2017 영화 [The Fast And The Furious] 중에서

그것 좀 봐주는 게 어때? Why don't you look that over?

2018 영화 [Les Miserables : The Musical Phenomenon] 중에서

여인숙에 가는 게 어때요? Why don't you go to an inn?

2019 영화 [Alien : Resurrection] 중에서

밖에서 산책하는 게 어때?
Why don't you take a walk outside?

2020 영화 [Blood Diamond] 중에서

그냥 내가 모른 척하면 어떨까?
Why don't I just look the other way?

Check 못 본 척하거나 모른 척할 때 look the other way라 해요. '다른 쪽을 보다'가 직역이지만 그냥 넘어가는 모양새를 나타냅니다. 즉 Why don't I just look the other way?는 '그냥 내가 모른 척하면 어떨까?'예요.

2021 영화 [The Perfect Storm] 중에서

우리 처음부터 다시 시작하는 게 어때?
Why don't we start over?

2022 영화 [Noah] 중에서

쉬는 게 어때? Why not rest?

Check 피곤하거나 힘들어 보이는 사람에게 '쉬는 게 어때?'라고 제안하게 됩니다. 네이티브들은 Why not rest?처럼 간단하게 말하죠.

2023 영화 [The Pursuit Of Happyness] 중에서

차 좀 같이 타는 게 어떨까요? How about we share a ride?

SCENE# 50. 이해

2024 영화 [Eraser] 중에서

도대체 무슨 뜻이야?
What the hell do you mean?

Check 네이티브들이 자주 사용하는 말이 the hell입니다. 여기서는 '지옥'이 아니라 '도대체'라는 뜻입니다. 한마디로 강조할 때 쓰는 표현이죠. 즉 What the hell do you mean?은 '도대체 무슨 뜻이야?'입니다.

2025 영화 [The 7th Dwarf] 중에서

정확히 무슨 뜻이야? What do you mean exactly?

2026 영화 [Jumper] 중에서

무슨 뜻이죠? What do you mean?

Check 네이티브들은 대화 도중에 What do you mean?라는 말을 자주 사용하는데요, 이 말뜻은 '무슨 뜻이죠?'예요. 다시 말해서 상대방이 하는 말의 요점이 뭔지를 다시금 묻고 싶을 때 What do you mean?이라고 하죠. 이 말 뒤에 by that 또는 exactly를 넣어 표현하기도 합니다.

2027 영화 [Fantastic Four] 중에서

그게 무슨 뜻이죠? What do you mean by that?

2028 영화 [Exodus : Gods And Kings] 중에서

이게 무슨 뜻이죠? What's this mean?

Check 의미를 전혀 파악 못했을 때는 상대방에게 물어보는 게 당연합니다. What's this mean?은 '이게 무슨 뜻이죠?'예요.

2029 영화 [A Few Good Men] 중에서

정확하게 그게 무슨 뜻이야? What's that mean exactly?

2030

영화 [Aladdin] 중에서

그게 무슨 뜻이야? What's that supposed to mean?

2031

영화 [Ford & Ferrari] 중에서

그게 무슨 뜻이죠? What does that mean?

Check 남이 한 말 중에 이해 안 된 부분이 있어 What does that mean?처럼 물어보면 '그게 무슨 뜻이죠?'가 되죠. 물론 부사 exactly를 넣어 What's that mean exactly?(정확하게 그게 무슨 뜻이야?)이라고 해도 돼요.

2032

영화 [Underworld : Blood Wars] 중에서

도대체 이게 어쨌다는 거야? What is the meaning of this?

2033

영화 [Life Of Pi] 중에서

죄송한데요, 우리 무슨 얘기하고 있었죠?

I'm sorry, what were we talking about?

Check 잠시 다른 생각으로 인해 어떤 말이 오가고 있었는지 몰라 되묻고 싶어 I'm sorry, what were we talking about?라고 하면 '죄송한데요, 우리 무슨 얘기하고 있었죠?'의 뜻이에요.

2034

영화 [Mechanic : Resurrection] 중에서

얘기하고 싶은 게 뭔데 그래?

What is it that you want to talk about?

2035

영화 [Immortal Beloved] 중에서

무슨 뜻이죠? What are you implying?

2036 영화 [Eagle Eye] 중에서

도대체 너 무슨 말하고 있는 거야?

What the hell are you talking about?

Check 상대방이 하고 있는 말이 도무지 이해가 안 되어 What the hell are you talking about?라고 하면 '도대체 너 무슨 말하고 있는 거야?'의 뜻입니다. 숙어로 the hell은 '도대체'이고요, 응용해서 What are you two talking about?은 '두 분이 무슨 얘기하고 있었나요?'가 되지요.

2037 영화 [Greedy] 중에서

두 분이 무슨 얘기하고 있었나요?

What are you two talking about?

2038 영화 [There's Something About Mary] 중에서

대체 나한테 뭐라고 했어?

What the hell did you say to me?

Check 방금 전에 상대방이 한 말을 제대로 듣지 못했을 때 What the hell did you say to me?처럼 표현하기도 합니다. '대체 나한테 뭐라고 했어?'로 the hell은 강조의 의미로 '도대체'의 뜻입니다.

2039 영화 [Black Swan] 중에서

도대체 왜 그런 말을 하는 거야? Why would you say that?

2040 영화 [Hulk : The Incredible] 중에서

방금 뭐라고 하셨죠? What did you just say?

2041 영화 [Battleship] 중에서

내 말 알겠어? 내 뜻 알겠어? Do I make myself clear?

Check 보통 아랫사람한테 하는 말로 Do I make myself clear?는 '내 말 알겠어?', '내 뜻 알겠어?'의 뜻입니다. 자신이 한 말을 제대로 이해했는지를 확인할 때 사용하는 표현이죠.

2042 영화 [Maze Runner : The Scorch Trials] 중에서

내 말 알겠어? Do you hear me?

2043 영화 [The Island] 중에서

내가 하는 말 이해돼? Do you see what I'm saying?

2044 영화 [The Bourne Legacy] 중에서

내가 너한테 말하고 있는 거 이해 가?

Do you understand what I'm telling you?

Check 자신이 하는 말을 제대로 이해하고 있는지 확인하기 위해 Do you understand what I'm telling you?처럼 물어보게 되죠. '내가 너한테 말하고 있는 거 이해 가?'인데요, 조금 바꿔서 Do you understand what I'm saying to you?식으로 표현하기도 합니다.

2045 영화 [The Hills Have Eyes 2] 중에서

내가 너한테 하는 말 이해가 돼?

Do you understand what I'm saying to you?

2046 영화 [The Air Up Three] 중에서

내가 한 말 이해했어? Are you with me?

Check 자신이 한 말을 상대방이 제대로 이해했는지 궁금해 Are you with me?처럼 말하게 되는데요, 직역하면 '넌 나랑 함께 있는 거야?'입니다. 아리송하죠. 구어체에서 '내가 한 말 이해했어?'의 뜻으로 사용되는 표현이에요.

2047 영화 [Fantastic Four] 중에서

내가 하는 말 이해돼? You understand what I'm saying?

2048 영화 [The Specialist] 중에서

☑□□ 이해가 돼? 알겠어? You got that?

2049 영화 [The Amazing Spider-Man] 중에서

☑□□ 내 말 알겠어? You hear me?

2050 영화 [Doctor Strange] 중에서

☑□□ 그게 무슨 뜻인지 알아? You know that means?

2051 영화 [Alice Through The Looking Glass] 중에서

☑□□ 내가 하는 말 이해돼? Are you following what I'm saying?

Check 자신이 하는 말을 상대가 제대로 이해하고 있는지 궁금하다면 Are you following what I'm saying?처럼 말하면 됩니다. '내가 하는 말 이해돼?'라는 뜻이지요.

2052 영화 [Once Upon A Time In Mexico] 중에서

☑□□ 내 말 알겠어? 내 말 이해돼? Can you dig it?

2053 영화 [Body Of Lies] 중에서

☑□□ 내 말 알겠어? Am I clear?

2054 영화 [The Bourne Supremacy] 중에서

☑□□ 알겠어? We clear on that?

2055 영화 [A Nightmare On Elm Street] 중에서

네가 무슨 말하려는지 알아.

I know what you're gonna say.

Check 상대방이 무슨 말하려는지 너무나도 잘 알고 있다고 할 때 I know what you're gonna say.라고 합니다. 의미는 '네가 무슨 말하려는지 알아.'예요.

2056 영화 [The Hunger Games : Mockingjay Part 1] 중에서

그게 무슨 뜻이었는지 알고 있었어. I knew what that meant.

2057 영화 [School Ties] 중에서

감이 와, 이해가 돼. I get the picture.

Check 대화 중에 남이 하는 말의 요점을 제대로 이해한다고 할 때 I get the picture.라고 하죠. 동사 get은 '이해하다'이며 명사 picture는 '돌아가는 상황'이므로 '감이 와.' 또는 '이해가 돼.'처럼 자연스럽게 의역하면 됩니다.

2058 영화 [Gulliver's Travels] 중에서

알았어, 이해했어. I've got it.

2059 영화 [Foul Play] 중에서

알았어. Got it.

Check 남이 하는 말을 제대로 이해했다고 할 때 Got it.처럼 간단하게 표현할 수 있어요. '알았어.'의 뜻으로 동사 get에는 '이해하다'라는 의미가 있죠. 때로는 I've got it.이라고도 하는데요, 여기서 대명사 it은 '돌아가는 상황'을 뜻해요.

2060 영화 [Toy Story 4] 중에서

알았어. You got it.

2061 영화 [The Next Three Days] 중에서

☑☐☐ 네 생각도 이해가 돼. I understand your point of view.

Check 자신의 생각뿐만 아니라 상대방의 생각도 제대로 이해하는 게 대화할 때 정말 중요합니다. 그렇지 않으면 오해의 소지가 생길 수 있거든요. 영어로 I understand your point of view.는 '네 생각도 이해가 돼.'입니다.

2062 영화 [Pirates Of The Caribbean : On Stranger Tides] 중에서

☑☐☐ 다 이해돼요, 모든 게 이해돼요. I understand everything.

2063 영화 [Spectre] 중에서

☑☐☐ 완전히 이해했어요. I completely understand.

2064 영화 [Official Secrets] 중에서

☑☐☐ 이해해요. Understood.

2065 영화 [Urban Legend] 중에서

☑☐☐ 전적으로 이해가 돼. It's completely understandable.

2066 영화 [Avengers : Endgame] 중에서

☑☐☐ 무슨 말인지 충분히 이해됐어, 네 말 잘 알아들었어.
You made your point.

Check 대화 중에 상대방이 하는 말을 제대로 알아들었다고 할 때 You made your point.라고 하죠. 의미는 '무슨 말인지 충분히 이해됐어.', '네 말 잘 알아들었어.'예요.

2067 영화 [Geostorm] 중에서

☑☐☐ 일리가 있어. You got a point.

2068 영화 [Aquaman] 중에서

☑ □ □ 이제 알겠어요. I can see that now.

Check 동사 see에는 '보다' 외에 '이해하다'라는 뜻이 있습니다. 즉 눈으로 보며 머리로 이해하는 과정을 see로 표현하죠. 그러므로 I can see that now.는 '이제 알겠어요.'의 뜻이랍니다.

2069 영화 [Starwars : The Force Awakens] 중에서

☑ □ □ 두고 보면 알겠지. We will see.

2070 영화 [Skyline] 중에서

☑ □ □ 알게 될 거야. You'll see.

2071 영화 [Bridge To Terabithia] 중에서

☑ □ □ 그래서 그랬구나, 이제 알겠다. That explains you.

Check 평소와는 사뭇 다르게 행동하거나 말하는 친구에게 왜 그러는지 이유를 묻고 난 뒤 이해가 되었다면 '그래서 그랬구나.', '이제 알겠다.'라고 안도의 한숨을 쉬게 됩니다. 영어로는 That explains you.라 하죠.

2072 영화 [The Adventures Of A.R.I. : My Robot Friend] 중에서

☑ □ □ 이제 알겠다. That explains it.

2073 영화 [Once Upon A Time In Mexico] 중에서

☑ □ □ 알겠어, 이해해. I can dig it.

Check 남이 하는 말의 핵심이 정확히 뭔지를 알겠다고 할 때 dig를 사용해서 I can dig it.이라고 합니다. 동사 dig에는 '(정보, 사실) 이해하다'라는 뜻이 있으므로, 의미는 '알겠어.' 또는 '이해해.'가 됩니다.

2074

영화 [Once] 중에서

알았어! Okey Dokey!

2075

영화 [Maze Runner : The Scorch Trials] 중에서

알아들었어, 이해됐어. I hear you.

2076

영화 [Shoot 'Em Up] 중에서

무슨 소린지 한마디도 모르겠어.

I don't understand a word you're going on about.

Check 남이 하는 말을 전혀 알아듣지 못할 때 하는 말이 I don't understand a word you're going on about.입니다. 뜻은 '무슨 소린지 한마디도 모르겠어.'로 go on about은 '~에 대해 얘기를 계속하다'예요.

2077

영화 [Hulk] 중에서

이게 어떻게 가능한지 이해가 안 가.

I don't understand how this is possible.

2078

영화 [Life] 중에서

이 일이 어떻게 발생했는지 모르겠어요.

I don't understand how this happened.

2079

영화 [Mamma Mia : Here We Go Again] 중에서

미안하지만 이해를 못 했어요. Sorry, I didn't understand.

2080

영화 [Wonder Woman] 중에서

네가 이해 안 되는 게 많이 있어.

There is much you do not understand.

2081 영화 [The Lincoln Lawyer] 중에서

☑□□ 당신이 이해가 안 돼요. I don't get you.

Check 타인이 하는 말이나 행동이 자신의 판단으로 볼 때 도무지 납득되지 않으면 동사 get을 사용해서 I don't get you.처럼 말합니다. '당신이 이해가 안 돼요.'인데요, get에는 '이해하다'라는 뜻이 있지요.

2082 영화 [Ninja Assassin] 중에서

☑□□ 아직은 완전히 이해 못 했어.
I don't get the full picture quite yet.

2083 영화 [Armageddon] 중에서

☑□□ 아직도 모든 걸 이해하지 못 했어요.
I still haven't got it all figured out.

2084 영화 [Stargate] 중에서

☑□□ 이걸 못 알아듣겠어요. I can't make this out.

Check 대화 중에 이해가 안 되는 게 있으면 그 자리에 얘기하는 게 좋습니다. 영어로 I can't make this out.은 '이걸 못 알아듣겠어요.'인데요, 숙어로 make out은 '이해하다' 입니다.

2085 영화 [The Chronicles Of Narnia : The Voyage Of The Dawn Treader] 중에서

☑□□ 의미는 알 수 없어요. I can't divine the meaning.

2086 영화 [In The Valley Of Elah] 중에서

☑□□ 못 알아듣겠어. I can hardly hear you.

2087 영화 [The Adventures Of Tintin : The Secret Of The Unicorn] 중에서

네 말이 이해가 안 돼, 난 뭔 소린지 모르겠어.

I don't follow you.

Check 남이 하는 말이 도무지 이해 안 되면 '네 말이 이해가 안 돼.'라든지 '난 뭔 소린지 모르겠어.'라고 하며 푸념하게 되죠. 동사 follow를 활용해서 I don't follow you.식으로 표현해요.

2088 영화 [Ghost] 중에서

이해가 안 돼요. I don't buy it.

2089 영화 [XXX : State Of The Union] 중에서

정말 기가 막히는군. I truly can't believe what I'm hearing.

2090 영화 [13 Hours : The Secret Soldiers Of Benghazi] 중에서

내 말을 제대로 이해 못 하고 있군.

Maybe I'm not making myself clear.

Check 열심히 뭔가를 설명하고 있지만 상대방이 자신의 말을 제대로 이해 못하는 표정을 보이면 그때 Maybe I'm not making myself clear.처럼 얘기하게 되죠. 즉 '내 말을 제대로 이해 못 하고 있군.'의 뜻이랍니다.

2091 영화 [How To Train Your Dragon 2] 중에서

넌 핵심을 이해 못 하고 있는 거 같아.

I think you're missing the point.

2092 영화 [Guardians Of The Galaxy Vol. 2] 중에서

그거 이해 못 하겠어? 그거 이해가 안 가?

Don't you understand that?

Check 대화 상대자로부터 뭔가 이해를 제대로 하지 못하고 있는 표정을 봤다면 확인차 '그거 이해 못하겠어?'라든지 '그거 이해가 안 가?'처럼 묻게 됩니다. 영어로는 Don't you understand that?이라고 하죠.

2093 영화 [Aquaman] 중에서

☑☐☐ 모르겠어? Don't you see?

2094 영화 [Far And Away] 중에서

☑☐☐ 내가 뭘 하는지 보면 몰라? Can't you see what I'm doing?

2095 영화 [The Mission] 중에서

☑☐☐ 모르겠어? Can't you see that?

2096 영화 [Project : Puppies For Christmas] 중에서

☑☐☐ 죄송하지만, 뭐라고 하셨나요?
I'm sorry, did you say something?

Check 잠깐 딴 생각으로 말미암아 상대방이 하는 얘기를 제대로 듣지 못한 경우 I'm sorry, did you say something?처럼 말하게 되는데요, 의미는 '죄송하지만, 뭐라고 하셨나요?'입니다.

2097 영화 [Kick-Ass 2] 중에서

☑☐☐ 죄송하지만, 뭐라고 하셨죠? I'm sorry, what?

2098 영화 [Deadpool 2] 중에서

☑☐☐ 미안해. 뭐라고 했어? I'm sorry. What did you say?

2099 영화 [Trouble With The Curve] 중에서

☑☐☐ 뭐라고요? 네? Sorry?

Check 상대방이 한 말을 제대로 이해 못하면 '뭐라고요?', '네?'라고 하며 다시 물어보게 됩니다. 간단하게 Sorry?라고 하죠. 물론 I'm sorry?처럼 말해도 됩니다.

2100 영화 [Starship Troopers : Traitor Of Mars] 중에서

☑□□ 죄송합니다. 다시 말씀해주시겠어요?
I'm sorry, sir. Could you repeat that?

2101 영화 [Pacific Rim : Uprising] 중에서

☑□□ 다시 말씀해주시겠어요? Could you say that again?

Check 대화 도중에 상대방의 말을 제대로 이해 못했다면 '다시 말씀해주시겠어요?'라고 하며 양해를 구하게 되는데요, Could you say that again?처럼 말하죠. Could you say all that again?도 함께 익히면 되고, 그냥 What?(뭐?)이라고 하면 무례하게 들립니다.

2102 영화 [Mamma Mia : Here We Go Again] 중에서

☑□□ 그거 다시 말씀해주시겠어요? Could you say all that again?

2103 영화 [Far And Away] 중에서

☑□□ 뭐라고요? I beg your pardon?

Check 남이 하는 말을 제대로 이해 못했거나 무슨 말이지 모를 경우에는 '뭐라고요?'라고 하며 묻게 됩니다. I beg your pardon?처럼 말이죠.

2104 영화 [The Blind Side] 중에서

☑□□ 뭐라고 하셨죠? Excuse me?

2105 영화 [The Predator] 중에서

☑□□ 뭐라고 했어? Say again?

Check 친한 친구나 지인이 방금 전에 한 말을 제대로 이해하지 못했을 때 '뭐라고 했어?' 처럼 물어볼 수 있어요. 간단하게 Say again?이라고 하죠. 정중하게 묻고 싶다면 Excuse me?라고 해야 됩니다.

2106 영화 [Cold Pursuit] 중에서

뭐라고요? Come again?

2107 영화 [Fantastic 4] 중에서

어디서 오셨다고 하셨죠?
Where did you say you're from again?

MEMO)

할리우드 영어표현

Unit 15

잠깐만요, 부탁 좀 들어줄래요?

SCENE # 51 시간

할리우드 표현 2108-2224

SCENE # 52 정중한 부탁

할리우드 표현 2225-2276

SCENE # 53 허락

할리우드 표현 2277-2324

* 영화 살짝 엿보기! 0016-0018

SCENE# 51. 시간

2108 영화 [Aladdin] 중에서

잠깐 실례해도 될까요?

Could you excuse me one moment?

Check 잠시 자리를 비워야 할 경우 먼저 상대방에게 양해를 구해야 합니다. Could you excuse me one moment?는 '잠깐 실례해도 될까요?'예요.

2109 영화 [King Kong] 중에서

잠깐만 나가주시겠어요?

Would you step out for a moment?

2110 영화 [Secretariat] 중에서

잠깐만 이리로 와 주시겠어요?

Would you come in here a moment, please?

2111 영화 [The Happening] 중에서

잠시만 방해해야겠어요.

I'm afraid I have to interrupt you for a moment.

2112 영화 [The Butterfly Effect] 중에서

잠깐만 기다려, 잠깐이면 돼. It will just be a moment.

2113 영화 [The Bourne Identity] 중에서

잠시만 주목해주시겠어요?

Could I have your attention for a moment?

2114 영화 [The Fifth Element] 중에서

한시도 지체할 수 없어, 시간이 촉박해.

There's not a moment to lose.

Check 중요한 일을 처리하고 있을 때는 단 일초라도 소중하다는 생각이 듭니다. '한시도 지체할 수 없어.', '시간이 촉박해.'를 There's not a moment to lose.라고 하죠. 이 말을 줄여 Not a moment to lose!라고도 해요.

2115 영화 [Enchanted] 중에서

서둘러! 지체할 시간 없어! Hurry! Not a moment to lose!

2116 영화 [Blade Runner] 중에서

그 모든 순간들은 조만간 사라지게 될 거야.

All those moments will be lost in time.

2117 영화 [The Proposal] 중에서

적당한 때로 잡을게요. I'll pick the right moment.

Check 약속 시간을 제대로 잡기란 때론 어려워요. 자신이 바쁠 수도 있고 남이 그럴 수도 있기 때문이죠. I'll pick the right moment.라고 하면 '적당한 때로 잡을게요.'로 서로에게 편한 시간으로 정하겠다는 말이에요.

2118 영화 [Mr. Destiny] 중에서

내 삶에 가장 최악의 순간이었어.

It was the worst moment of my life.

2119 영화 [The Messenger] 중에서

잠시만 입장 바꿔놓고 생각해봐.

Put yourself in my shoes for a moment.

Check 자신을 너무 이해 못 해주는 사람에게 '잠시만 입장 바꿔놓고 생각해봐.'식으로 말 꺼낼 수 있어요. 네이티브들은 Put yourself in my shoes for a moment.라고 하죠. 명사 shoes에 '입장'의 뜻이 있어요.

2120 영화 [Final Fantasy : The Spirits Within] 중에서

지금으로서는 그걸 설명 못하겠어.

I can't explain it at the moment.

2121 영화 [The Punisher] 중에서

좀 늦었어. It's kind of late.

Check 시간이 많이 늦은 것은 아니고 약간 늦은 거라고 할 때 It's kind of late.이라고 합니다. 숙어로 kind of는 '약간', '좀'이므로 의미가 '좀 늦었어.'가 되는 거예요.

2122 영화 [My Best Friend's Wedding] 중에서

지금은 너무 늦었어. It's too late now.

2123 영화 [Stuber] 중에서

나 좀 늦을 거야. I'll be slightly late.

2124 영화 [Gravity] 중에서

너무 늦나요? Is it too late?

2125 영화 [The Amazing Spider-Man 2] 중에서

나 좀 늦을 거야. I'm running a bit late.

Check 중요한 약속 시간에 늦을 것 같다고 생각되면 I'm running a bit late.이라고 합니다. 동사 run은 '달리다'가 아닌 '되다'라는 뜻이므로 '나 좀 늦을 거야.'가 되죠. 현재 진행형으로 가까운 미래를 나타내기도 합니다.

2126 영화 [Megamind] 중에서

이런, 나 늦었어. Gosh, I am running late.

2127 영화 [Spider-Man] 중에서

서둘러. 지각하겠다. Well, hurry up. You'll be late.

2128 영화 [Venom] 중에서

너무 일러요. It is way too soon.

2129 영화 [Cloverfield] 중에서

잠깐 앉을래? Do you wanna sit down for a second?

Check 서 있기가 힘들어 보이는 지인에게 '잠깐 앉을래?'처럼 말 건넬 수 있습니다. Do you wanna sit down for a second?인데요, 숙어로 for a second는 '잠시', '잠깐 동안' 입니다.

2130 영화 [Four Brothers] 중에서

잠시만 기다려, 잠깐이면 돼. This will only take a second.

2131 영화 [Terminator : Dark Fate] 중에서

잠깐 그거 볼 수 있을까요? Could I see it for a sec?

2132 영화 [Blade 3 : Trinity] 중에서

☑□□ 둘만 있게 시간 좀 주시겠어요?

Would you mind giving us a couple of minutes alone?

Check 누군가와 단둘이서 중요한 얘기를 하고 싶을 때 주위 사람에게 Would you mind giving us a couple of minutes alone?처럼 얘기합니다. 뜻은 '둘만 있게 시간 좀 주시겠어요?'이죠.

2133 영화 [Red 2] 중에서

☑□□ 잠깐만 이리로 와봐. Come here for a minute.

2134 영화 [The Shaggy Dog] 중에서

☑□□ 잠깐만 실례할게요. Excuse me for a minute.

2135 영화 [Star Trek : Into Darkness] 중에서

☑□□ 자리 좀 비켜줘. Give me a minute.

2136 영화 [I Am Legend] 중에서

☑□□ 잠시 시간이 필요해요. I need a minute.

Check 잠시 시간이 필요하다고 할 때 명사 minute을 사용해서 I need a minute.처럼 표현합니다. 의미는 '잠시 시간이 필요해요.'인데요, 뒤에 to practice처럼 to부정사를 넣어 I need a minute to practice.이라고 하면 '연습할 시간이 좀 필요해.'가 된답니다. 이렇게 쉽게 응용해서 말할 수 있어요.

2137 영화 [Amadeus] 중에서

☑□□ 연습할 시간이 좀 필요해. I need a minute to practice.

2138 영화 [Pirates Of The Caribbean : At The World] 중에서

잠시만 혼자 있게 해줘. Leave me alone for a minute.

Check 어느 누구의 방해도 받지 않고 혼자 잠시 있고 싶을 때가 종종 생깁니다. 이럴 때 Leave me alone for a minute.처럼 표현하면 되죠. '잠시만 혼자 있게 해줘.'로 for a minute은 '잠시 동안' 또는 '잠깐 동안'이에요.

2139 영화 [Alexander And The Terrible, Horrible, No good, Very Bad Day] 중에서

곧 손님들이 올 거야. We've got guests coming any minute.

2140 영화 [Glory Road] 중에서

2분 남았습니다. Two minutes to go.

2141 영화 [Brave] 중에서

방금 전에 거기 있었어요. It was over there a minute ago.

2142 영화 [The Thing] 중에서

곧 들어갈게. I'll be in in a minute.

Check 잠시 밖에 나갔다가 곧 다시 들어오겠다고 할 때 I'll be in in a minute.이라고 합니다. 숙어로 in a minute은 '잠시 후에'라는 뜻이므로 의미가 '곧 들어갈게.'가 되는 거죠.

2143 영화 [2 Fast 2 Furious] 중에서

그곳으로 곧 갈게. I'll be up there in a minute.

2144 영화 [Bedtime Stories] 중에서

20분 후에 갈게요. I'll be there in 20 minutes.

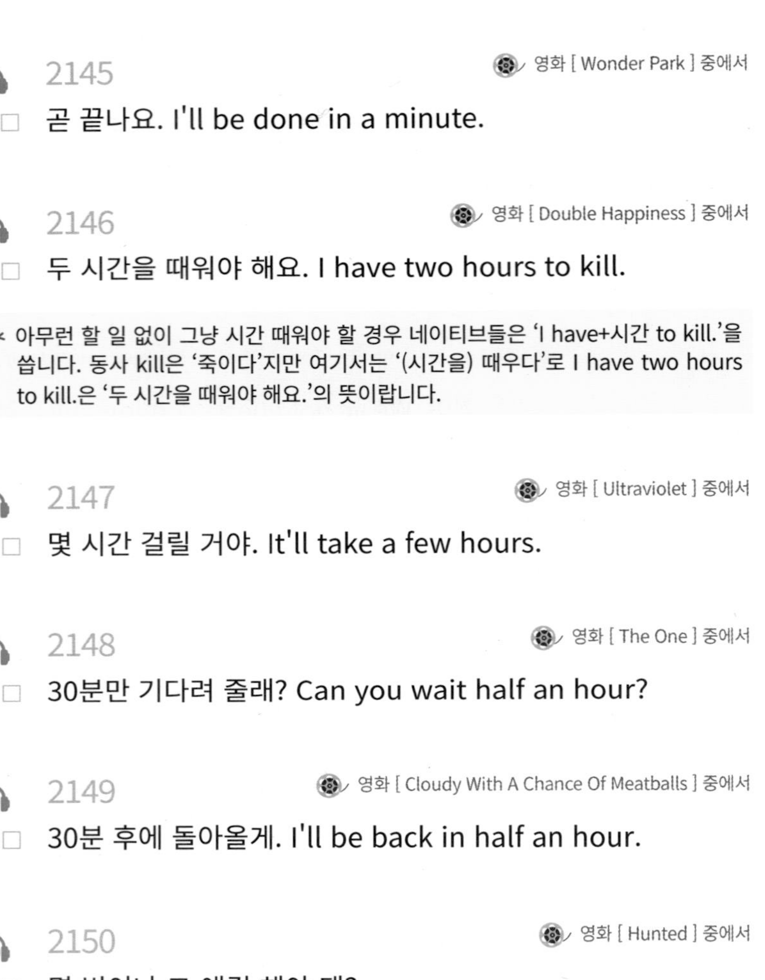

2145 영화 [Wonder Park] 중에서

☑□□ 곧 끝나요. I'll be done in a minute.

2146 영화 [Double Happiness] 중에서

☑□□ 두 시간을 때워야 해요. I have two hours to kill.

Check 아무런 할 일 없이 그냥 시간 때워야 할 경우 네이티브들은 'I have+시간 to kill.'을 씁니다. 동사 kill은 '죽이다'지만 여기서는 '(시간을) 때우다'로 I have two hours to kill.은 '두 시간을 때워야 해요.'의 뜻이랍니다.

2147 영화 [Ultraviolet] 중에서

☑□□ 몇 시간 걸릴 거야. It'll take a few hours.

2148 영화 [The One] 중에서

☑□□ 30분만 기다려 줄래? Can you wait half an hour?

2149 영화 [Cloudy With A Chance Of Meatballs] 중에서

☑□□ 30분 후에 돌아올게. I'll be back in half an hour.

2150 영화 [Hunted] 중에서

☑□□ 몇 번이나 그 얘길 해야 돼?

How many times do I have to say that?

Check 자신이 하는 말을 상대방이 제대로 이해 못 해 또 말해달라고 부탁하면 괜히 짜증이 나게 되죠. 그럴 때면 '몇 번이나 그 얘길 해야 돼?'라고 반문하게 되는데요, How many times do I have to say that?처럼 표현합니다.

2151 영화 [The Wild] 중에서

☑□□ 그 얘길 지겹게 들었어요.

I've heard this like a billion times.

2152 영화 [Ninja Turtles : Out Of The Shadows] 중에서

그냥 한 번 더 물어볼게요.

I just want to ask you one more time.

2153 영화 [Julie & Julia] 중에서

나 정규직이에요. I have a full-time job.

Check 파트타임으로 일하는 게 아닌 매일 아침에 출근하여 저녁에 정시 퇴근하는 일을 full-time job이라고 하죠. 그래서 I have a full-time job.은 '나 정규직이에요.'의 뜻인 거랍니다.

2154 영화 [Ghosts Of Girlfriends Past] 중에서

나도 그걸 너무 많이 겪어 봤어.

I've been through it too many times.

2155 영화 [Invincible] 중에서

우리 힘든 때가 좀 있었잖아. We've had some rough times.

2156 영화 [Reign Of Fire] 중에서

우린 이럴 시간 없어. We haven't got all day.

Check 빨리빨리 행동해도 모자랄 판에 옆에 있는 사람이 자꾸 시간을 지체한다면 We haven't got all day.처럼 한마디 하게 됩니다. '우릴 이럴 시간 없어.'라는 뜻이죠.

2157 영화 [Dumbo] 중에서

나 이러고 있을 시간 없어. I don't have all day.

2158 영화 [Half Past Dead] 중에서

시간이 빠듯하단 말이야, 난 시간이 얼마 없어.

I'm on a tight clock.

2159 영화 [Happy Feet] 중에서

☑☐☐ 왜 그렇게 꾸물거려? What's keeping you?

Check 난 급해 죽겠는데 상대방은 아무 일도 없듯이 시간을 끌며 행동한다면 한 소리 하게 되죠. What's keeping you?처럼 말입니다. 의미는 '왜 그렇게 꾸물거려?'예요.

2160 영화 [Prometheus] 중에서

☑☐☐ 이거 얼마나 더 걸릴까요?

How much longer is this gonna take?

2161 영화 [The Fate Of The Furious] 중에서

☑☐☐ 예상했던 것보다 오래 걸렸어. It took longer than expected.

2162 영화 [Dracula Untold] 중에서

☑☐☐ 곧 동이 틀 거야. Dawn will be breaking soon.

Check 어느덧 동이 틀 것 같다고 생각이 들어 하는 말이 Dawn will be breaking soon.입니다. 뜻은 '곧 동이 틀 거야.'로 동사 break가 사용되었지요.

2163 영화 [The Incredibles] 중에서

☑☐☐ 아직도 초저녁이야? Is the night still young?

2164 영화 [007 Skyfall] 중에서

☑☐☐ 마치 어제 일 같아. It feels just like yesterday.

2165 영화 [The Maze Runner] 중에서

☑☐☐ 어서 일어나. Rise and shine.

Check 일어날 시간이 됐는데도 아직도 침대에 누워있다면 '어서 일어나.'라고 말하면서 재촉하게 되죠. 네이티브들은 Rise and shine.이라고 표현해요. 직역하면 '일어나서 비치다.'지만 의역해서 '어서 일어나.'가 되는 거죠.

2166 영화 [The Wife] 중에서

☑□□ 어제 이걸 알려드렸던 것 같은데요.
I believe I informed you about this yesterday.

2167 영화 [Alvin And The Chipmunks 2] 중에서

☑□□ 당분간은 그냥 여기에 꼼짝 안 하고 있을 거야.
I'm just gonna be stuck here for a while.

2168 영화 [The 5 Wave] 중에서

☑□□ 때가 왔어! 때가 됐네! It's about time!

Check 뭔가를 해야 할 시간이 다가오면 '때가 왔어!'라든지 '때가 됐네!'처럼 말합니다. 영어로는 It's about time!이라고 하죠.

2169 영화 [What Happens In Vegas] 중에서

☑□□ 독립할 때가 됐어, 관계를 끊을 때가 됐어.
It's time to cut the cord.

2170 영화 [Harry Potter And The Order Of The Phoenix] 중에서

☑□□ 조치를 취할 때가 됐어. I say it's time to take action.

2171 영화 [AVP : Alien Vs Predator] 중에서

☑□□ 한쪽을 택해야 할 시간이에요. It's time to pick a side.

2172 영화 [Underworld : Rise Of The Lycans] 중에서

☑□□ 그때가 왔어. The time has come.

2173 영화 [Event Horizon] 중에서

☑□□ 난 이 얘길 들을 시간이 없어.

I don't have time to listen to this.

Check 너무 바쁜 나머지 누군가가 하는 얘기조차도 들을 시간이 없다고 할 때 I don't have time to listen to this.라고 합니다. 뜻은 '난 이 얘길 들을 시간이 없어.'예요.

2174 영화 [Jason X] 중에서

☑□□ 우리 이럴 시간 없어. We don't have time for this.

2175 영화 [Toy Story 2] 중에서

☑□□ 지체할 시간 없어, 꾸물거릴 시간 없어. No time to lose.

2176 영화 [Underworld : Awakening] 중에서

☑□□ 우린 시간이 좀 촉박해요. We're a bit short on time.

Check 중요한 일을 처리해야 하는데 시간이 촉박한 상황이라면 We're a bit short on time.이라고 합니다. 의미는 '우린 시간이 좀 촉박해요.'로 a bit은 '조금', '약간'의 뜻이에요.

2177 영화 [Pirates Of The Caribbean : Dead Men Tell No Tales] 중에서

☑□□ 우린 시간이 별로 없어, 우린 시간이 많지 않아.

We haven't got much time.

2178 영화 [Dante's Peak] 중에서

☑□□ 우리 시간 없어. We're running out of time.

2179 영화 [Wrath Of The Titans] 중에서

☑□□ 시간이 많지 않을 것 같아. There can't be much time.

Check 왠지 시간이 촉박해지면 몸도 덩달아 바빠지게 됩니다. 스스로 생각하기에 '시간이 많지 않을 것 같아.'라고 말하고 싶을 때는 There can't be를 활용해서 There can't be much time.처럼 표현하면 되죠.

2180 영화 [The Chronicles Of Narnia : The Voyage Of The Dawn Treader] 중에서

☑□□ 시간이 거의 없어요. There is little time.

2181 영화 [The Mummy : Tomb Of The Dragon Emperor] 중에서

☑□□ 시간 거의 다 됐어요. Time is running out.

Check 시간이 촉박하게 되면 나도 모르게 서두르게 됩니다. Time is running out.이라고 하죠. 즉 '시간 거의 다 됐어요.'로 run out은 '없어지고 있다'입니다.

2182 영화 [Riddick] 중에서

☑□□ 시간이 다 됐어. Time's up.

2183 영화 [Jurassic Park 3] 중에서

☑□□ 나중에 해요. Maybe some other time.

Check 아무리 좋은 제안이라도 시간 여건이 안 되면 나중으로 미루게 됩니다. Maybe some other time.처럼 말이에요. 의미는 '나중에 해요.'입니다.

2184 영화 [Rambo 3] 중에서

☑□□ 다음 기회에, 다음으로 미룰게. Maybe next time.

2185 영화 [Exodus : Gods And Kings] 중에서

☑□□ 이다음에 그 얘기 하면 돼요.
We can talk about that another time.

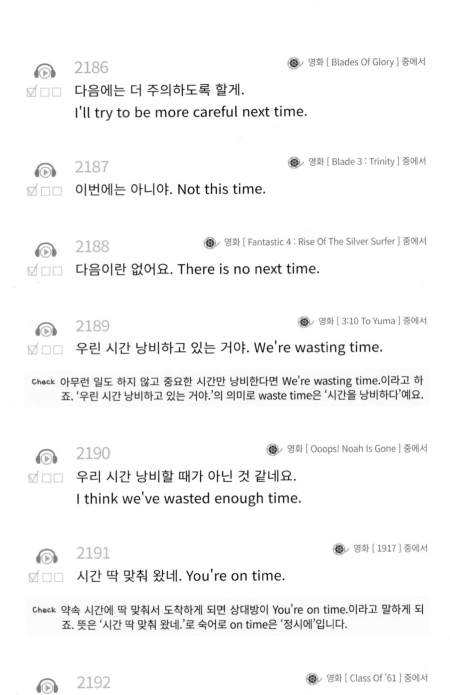

2186 영화 [Blades Of Glory] 중에서

☑□□ 다음에는 더 주의하도록 할게.
I'll try to be more careful next time.

2187 영화 [Blade 3 : Trinity] 중에서

☑□□ 이번에는 아니야. Not this time.

2188 영화 [Fantastic 4 : Rise Of The Silver Surfer] 중에서

☑□□ 다음이란 없어요. There is no next time.

2189 영화 [3:10 To Yuma] 중에서

☑□□ 우린 시간 낭비하고 있는 거야. We're wasting time.

Check 아무런 일도 하지 않고 중요한 시간만 낭비한다면 We're wasting time.이라고 하죠. '우린 시간 낭비하고 있는 거야.'의 의미로 waste time은 '시간을 낭비하다'예요.

2190 영화 [Ooops! Noah Is Gone] 중에서

☑□□ 우리 시간 낭비할 때가 아닌 것 같네요.
I think we've wasted enough time.

2191 영화 [1917] 중에서

☑□□ 시간 딱 맞춰 왔네. You're on time.

Check 약속 시간에 딱 맞춰서 도착하게 되면 상대방이 You're on time.이라고 말하게 되죠. 뜻은 '시간 딱 맞춰 왔네.'로 숙어로 on time은 '정시에'입니다.

2192 영화 [Class Of '61] 중에서

☑□□ 겨우 시간 맞춰 왔군. You're just in time.

2193 영화 [Black Book] 중에서

여기까지 오는 데 애먹었어요.
I had a heck of a time getting here.

Check 차가 너무 막히면 제시간에 맞춰 약속 장소에 도착하기가 쉽지 않죠. 이럴 때 핑계로 '여기까지 오는 데 애먹었어요.'라고 할 때 I had a heck of a time getting here.처럼 표현하는데요, a heck of a는 '엄청난'이에요.

2194 영화 [Meet The Robinsons] 중에서

약속이 몇 시예요? What time is your appointment?

2195 영화 [Rio 2] 중에서

시간을 두고 지켜보자고. Give it some time.

Check 어떤 일이든 시간을 좀 가지고 지켜보는 게 중요합니다. 일이 생각한 것만큼 쉽게 이루어지지는 않을 수도 있기 때문이죠. 영어로 Give it some time.은 '시간을 두고 지켜보자고.'입니다. 비슷한 말로 Give it time.은 '시간을 두고 보자.', '침착하게 기다려 봐.'예요.

2196 영화 [Gothika] 중에서

시간을 두고 보자, 침착하게 기다려 봐. Give it time.

2197 영화 [Horsemen] 중에서

시간 좀 줘요. Give me some time.

2198 영화 [Fast & Furious : Hobbs & Shaw] 중에서

시간 참 빠르네. Time flies.

Check 나이가 점점 들어가면서 예전보다 시간이 더 빠르게 흘러간다는 것을 알게 됩니다. 영어로 Time flies.처럼 표현하면 '시간이 날다.'가 직역인데요, 이 표현은 '시간 참 빠르네.'의 뜻인 거죠.

2199 영화 [Under Siege 2 : Dark Territory] 중에서

☑□□ 세월은 흘러가, 시간은 지나가. Time goes by.

2200 영화 [Minions] 중에서

☑□□ 세상은 변해, 시대는 변해. Times change.

2201 영화 [Kung Fu Panda 2] 중에서

☑□□ 오래전에 얘기했어야 했는데 말이야.
I should've told you a long time ago.

Check 할 말을 제때에 하지 못했다면 왠지 아쉬움만 남게 됩니다. I should've told you a long time ago.라고 하면 '오래전에 얘기했어야 했는데 말이야.'예요.

2202 영화 [Lion] 중에서

☑□□ 오래전 일이었어요. It was a long time ago.

2203 영화 [The Martian] 중에서

☑□□ 우린 시간 많아요. We have plenty of time.

Check 시간이 많으니 그렇게 서두르지 말라고 할 때 We have plenty of time.이라고 합니다. 숙어로 plenty of는 '많은'이므로 '우린 시간 많아요.'의 뜻인 거죠.

2204 영화 [30 Days Of Night] 중에서

☑□□ 이걸 알아낼 시간이 아주 많아.
We got a long time to figure this out.

2205 영화 [Up] 중에서

☑□□ 천천히 생각해 봐요, 천천히 하세요.
Take all the time you need.

2206 영화 [Jurassic Park : The Lost World] 중에서

그저 시간문제일 뿐이야. It's only a matter of time.

Check 직면하고 있는 문제 해결 관건은 오직 시간뿐이라고 할 때 It's only a matter of time.이라고 하죠. '그저 시간문제일 뿐이야.'의 뜻이에요. 즉 시간이 지나가면 모든 게 저절로 풀린다고 할 때 이 표현을 사용할 수 있어요.

2207 영화 [Push] 중에서

시간문제는 아냐. It doesn't matter of time.

2208 영화 [The Fifth Element] 중에서

시간은 중요하지 않아. Time is of no importance.

2209 영화 [The Polar Express] 중에서

시간은 돈이야. Time is money.

2210 영화 [The King's Speech] 중에서

타이밍을 잘 못 맞춰요. Timing isn't my strong suit.

Check 자신의 강점이나 특기 또는 장점을 strong suit이라고 하죠. 그런데 부정적인 말로 Timing isn't my strong suit.처럼 얘기하면 '타이밍은 내 강점이 아니에요.'가 직역이지만 '타이밍을 잘 못 맞춰요.'처럼 의역하면 됩니다.

2211 영화 [The Sixth Sense] 중에서

나는 보니까 시간을 숙지 못하는 거 같아.
I just can't seem to keep track of time.

2212 영화 [The Last Witch Hunter] 중에서

넌 시간관념이 없어. You have no sense of time.

2213 영화 [88 Minutes] 중에서

☑□□ 그들은 그냥 시간 벌려고 하는 거야.

They're just trying to buy time.

Check 시간이 좀 부족할 때 어떻게 해서라도 부족할 시간을 벌려고 하는 행위를 buy time.이라고 합니다. '시간을 벌다'이므로 They're just trying to buy time.은 '그들은 그냥 시간 벌려고 하는 거야.'의 뜻이에요.

2214 영화 [The Lincoln Lawyer] 중에서

☑□□ 시간이 얼마나 필요해요? How much time do you need?

2215 영화 [The Bourne Supremacy] 중에서

☑□□ 시간 좀 내줄 수 있어요?

I was hoping you had some time for me.

2216 영화 [Green Zone] 중에서

☑□□ 시간이 필요해, 시간이 걸려. It takes time.

2217 영화 [Alice In Wonderland] 중에서

☑□□ 생각할 시간이 필요해요. I need time to think.

Check 시간을 좀 두고 뭔가 곰곰이 생각해봐야 할 것 같을 때 I need time to think.라고 하죠. 여기서 to think는 명사 time을 수식해주며 의미는 '생각할 시간이 필요해요.' 입니다.

2218 영화 [Kin] 중에서

☑□□ 당신 시간을 뺏고 싶진 않아요.

I don't wanna take up any of your time.

2219 영화 [Blue Thunder] 중에서

제가 차례대로 도와드릴게요.
I'll take care of you one at a time.

Check 여러 사람이 동시에 도움을 요청하면 누굴 먼저 도와줘야 할지 고민스럽습니다. 이런 상황에서는 '제가 차례대로 도와드릴게요.'처럼 말하며 양해를 구하는 게 상책이죠. I'll take care of you one at a time.처럼 표현하면 좋아요.

2220 영화 [Resurrection] 중에서

이번에는 제가 알아서 처리할게요.
I'll take care of it this time.

2221 영화 [Eragon] 중에서

지난번에는 내가 그렇게 잘하지 못했어.
I didn't do so well last time.

2222 영화 [The BFG : Big Friendly Giant] 중에서

내가 항상 옳을 수는 없지. I cannot be right all the time.

2223 영화 [No Country For Old Men] 중에서

그냥 시간 보내고 있었어요. I was just passing the time.

Check 뭔가를 기다리면서 할 일 없이 그냥 시간만 보내고 있을 때 I was just passing the time.라고 합니다. '그냥 시간 보내고 있었어요.'의 뜻으로 pass the time은 '빈 시간을 아무 생각 없이 보내다'입니다.

2224 영화 [Remember The Titans] 중에서

난 그냥 때가 오길 기다릴 거야. I'll just bide my time.

SCENE# 52. 정중한 부탁

2225 영화 [Frankenweenie] 중에서

☑□□ 올라오세요. Please come up.

Check 누군가에게 위로 올라오라고 할 때 Please come up.처럼 말합니다. '올라오세요.'로 Come up, please.와 같이 표현하기도 하죠. 조심할 것은 please가 문장 끝으로 갈 때는 바로 앞에 콤마(,)를 넣어야 해요.

2226 영화 [First Blood] 중에서

☑□□ 즉시 길에서 대피해주십시오.

Please evacuate the streets immediately.

2227 영화 [Sleepless In Seattle] 중에서

☑□□ 줄 서세요. Please get in line.

2228 영화 [Pearl Harbor] 중에서

☑□□ 앉으세요. Please be seated.

2229 영화 [G.I. Joe] 중에서

☑□□ 제게 알려주세요. Please keep me informed.

Check 어떤 소식이나 상황에 대해 자신에게 꼭 알려주라고 정중하게 부탁할 때 Please keep me informed.처럼 말합니다. 뜻은 '제게 알려주세요.'로 'keep+대상 informed'는 '~에게 소식을 알려주다'이죠.

2230 영화 [Justice League : Attack Of The Legion Of Doom] 중에서

☑□□ 이건 제게 맡겨요. Please leave this to me.

2231 영화 [Drumline] 중에서

☑□□ 앞으로 나오세요. Please step forward.

2232 영화 [The Pink Panther] 중에서

재킷 벗어주세요. Please remove your jacket.

2233 영화 [Jojo Rabbit] 중에서

이 얘기 진지하게 받아들여요. Please take this seriously.

2234 영화 [Toy Story 2] 중에서

자리에서 일어서지 마세요, 그대로 앉아 계세요.
Remain seated, please.

Check 앉은 자리에 그대로 있으라고 할 때나 자리에서 일어나지 말라고 할 때 Remain seated, please.라고 합니다. 즉 '자리에서 일어서지 마세요.', '그대로 앉아 계세요.'의 의미예요.

2235 영화 [Death Race 2] 중에서

잠시 자리 좀 비켜줘요. Excuse us, please.

2236 영화 [Toy Story 3] 중에서

여기야 어디야? 내가 어디에 있는 거지?
Can you tell me where I am?

Check 처음 방문한 곳은 낯설기에 어디가 어딘지 잘 모를 수가 있어요. 이때 Can you tell me where I am?이라고 하면 '여기에 어디야?', '내가 어디에 있는 거지?'의 의미예요.

2237 영화 [Adventures In Zambezia] 중에서

나중에 다시 올래요? Can you come back later?

2238 영화 [Ghost Rider] 중에서

따라 올 수 있겠어요? Can you keep up?

2239 영화 [Desperado] 중에서

☑□□ 좀 더 상세히 얘기해 줄래?

Can you give me a few more details?

Check 어떤 상황에 대해 좀 더 자세히 설명해 달라고 부탁할 때 Can you give me a few more details?처럼 말하면 '좀 더 상세히 얘기해 줄래?'가 되는데요, 명사 detail는 '세부', '상세한 기술'을 말하죠.

2240 영화 [Hostage] 중에서

☑□□ 잠깐만이라도 들러줄래? Can you stop by for a little bit?

2241 영화 [Godzilla] 중에서

☑□□ 좀 서둘러 줄 수 있어요? Can you please just hurry?

2242 영화 [The Legend Of Tarzan] 중에서

☑□□ 이제 시작해 볼까요? Can we get this show on the road?

2243 영화 [The World's Fastest Indian] 중에서

☑□□ 어떻게 해볼 방법이 없을까요? Can't you do anything?

Check 어느 정도 확신하면서 확인차 다시금 물어볼 때 부정 의문문을 사용해요. 다시 말해서 Can't you do anything?이라고 하면 '어떻게 해볼 방법이 없을까요?'의 뜻으로 방법이 있을 거라는 의미가 내포된 거죠.

2244 영화 [The Lovely Bones] 중에서

☑□□ 그냥 그거 내버려 둘 순 없는 거야?

Can't you just leave it alone?

2245 영화 [Tomorrowland] 중에서

☑□□ 좀 더 구체적으로 말씀해주시겠어요?

Could you be more specific, please?

Check 대화 도중에 상대방의 설명이 부족하다고 느껴지면 좀 더 구체적으로 설명해 달라고 부탁하게 됩니다. 이때 Could you be more specific, please?처럼 말하면 '좀 더 구체적으로 말씀해주시겠어요?'의 의미랍니다.

2246 영화 [Taken] 중에서

☑□□ 좀 더 구체적으로 말씀해주시겠어요?

Could you be more specific?

2247 영화 [National Security] 중에서

☑□□ 내 일에 간섭 좀 그만하지 그래요?

Could you stay out of my business?

Check 자신의 일도 아닌데 옆에서 이래라저래라 훈수를 둔다면 한마디 하게 되죠. Could you stay out of my business?처럼 말이에요. 뜻은 '내 일에 간섭 좀 그만하지 그래요?'입니다.

2248 영화 [The Golden Compass] 중에서

☑□□ 문 옆에 있어 주시겠어요? Could you stay by the door?

2249 영화 [The Wife] 중에서

☑□□ 그걸 좀 가져다줄래요? Could you get it for me?

2250 영화 [Spider-Man 2] 중에서

☑□□ 가불 좀 할 수 있을까요? Could you pay me in advance?

2251 영화 [Dr. Dolittle] 중에서

☑□□ 문 좀 열어줄래? Will you answer the door?

Check 아는 지인이 집 밖에서 초인종을 누른 뒤 기다리고 있으면 문을 열어줘야 하죠. 주위에 있는 사람에게 Will you answer the door?라고 하면 '문 좀 열어줄래?'로 부탁하게 되는 거예요.

2252 영화 [Shadow Recruit] 중에서

☑□□ 나랑 타협할래요? Will you meet me halfway?

2253 영화 [The Big Sick] 중에서

☑□□ 나 다시 받아줄래? Will you take me back?

2254 영화 [47 Ronin] 중에서

☑□□ 내가 요구하는 거 줄 거야? Will you give me what I ask?

2255 영화 [The Dark Knight Rises] 중에서

☑□□ 잠깐 자리 좀 비켜줄래요? Will you excuse us, please?

2256 영화 [Groundhog Day] 중에서

☑□□ 오늘 퇴실하실 건가요? Will you be checking out today?

2257 영화 [Cinderella] 중에서

☑□□ 그걸 좀 조사해주시겠어요?

Would you be so kind as to investigate it?

Check 상대방에게 뭔가 정중하게 부탁할 때 Would you be so kind as to~?(~해 주시겠습니까?) 패턴을 사용해요. 즉 Would you be so kind as to investigate it?이라고 하면 '그걸 좀 조사해주시겠어요?'의 뜻인 거죠. 만약 Would you be so kind as to come with me?처럼 말하면 '저랑 같이 가시겠어요?'가 됩니다.

2258 영화 [John Wick 3 : Parabellum] 중에서

저랑 같이 가시겠어요?

Would you be so kind as to come with me?

2259 영화 [Resurrection] 중에서

문 좀 열어주시겠어요? Would you open the door, please?

Check 공손하게 부탁할 때 사용하는 말 중에 Would you~? 패턴도 자주 쓰이는데요, Would you open the door, please?처럼 표현하면 '문 좀 열어주시겠어요?'의 의미가 되지요.

2260 영화 [Oscar & Lucinda] 중에서

그분이 어디 가셨는지 말씀해주시겠어요?

Would you tell me where he's gone?

2261 영화 [Tinker Bell And The Lost Treasure] 중에서

이 물건 좀 여기서 치워주시겠어요?

Would you please get this thing out of here?

2262 영화 [Bad Company] 중에서

뭔가 좀 얘기해도 될까요?

Do you mind if I say something to you?

Check 상대방에게 하고 싶은 얘기가 있으면 먼저 양해를 구하게 됩니다. 영어로 Do you mind if I say something to you?는 '뭔가 좀 얘기해도 될까요?'의 뜻이에요.

2263 영화 [Eddie The Eagle] 중에서

이거 빌려도 될까요? Do you mind if I borrow this?

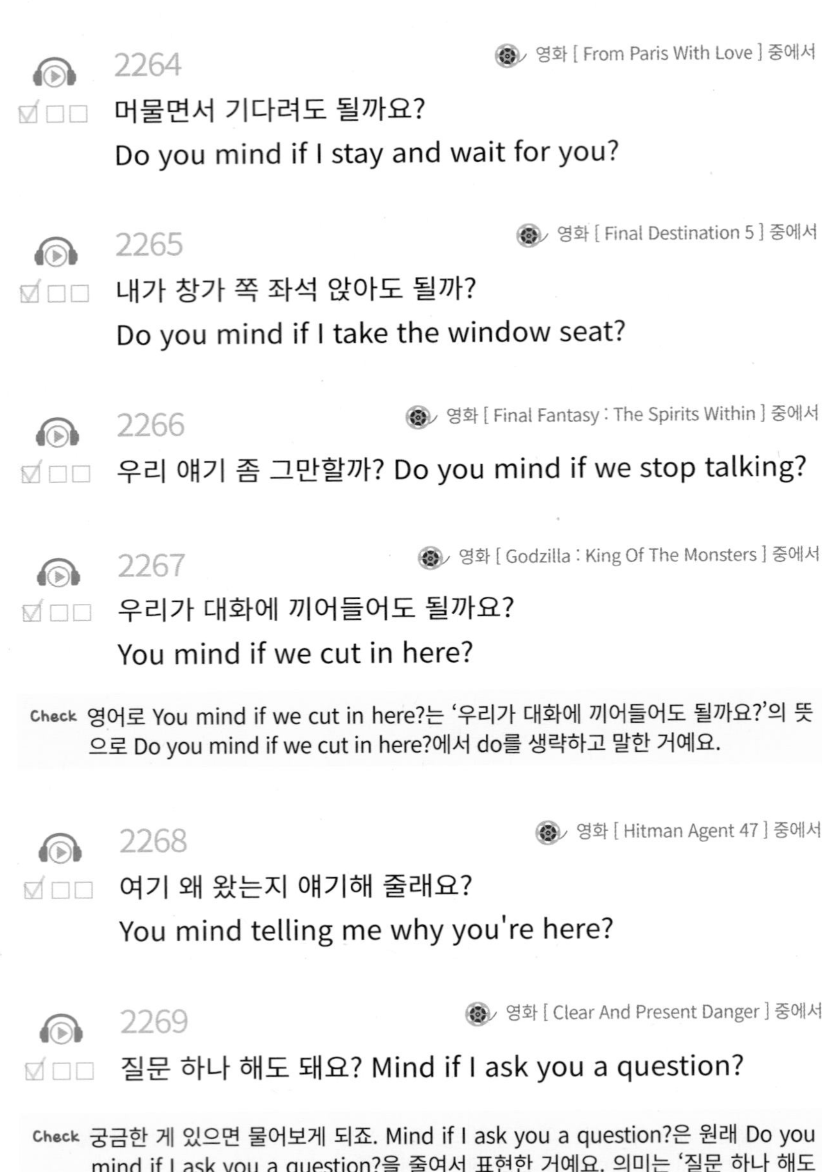

2264 영화 [From Paris With Love] 중에서

머물면서 기다려도 될까요?

Do you mind if I stay and wait for you?

2265 영화 [Final Destination 5] 중에서

내가 창가 쪽 좌석 앉아도 될까?

Do you mind if I take the window seat?

2266 영화 [Final Fantasy : The Spirits Within] 중에서

우리 얘기 좀 그만할까? Do you mind if we stop talking?

2267 영화 [Godzilla : King Of The Monsters] 중에서

우리가 대화에 끼어들어도 될까요?

You mind if we cut in here?

Check 영어로 You mind if we cut in here?는 '우리가 대화에 끼어들어도 될까요?'의 뜻으로 Do you mind if we cut in here?에서 do를 생략하고 말한 거예요.

2268 영화 [Hitman Agent 47] 중에서

여기 왜 왔는지 얘기해 줄래요?

You mind telling me why you're here?

2269 영화 [Clear And Present Danger] 중에서

질문 하나 해도 돼요? Mind if I ask you a question?

Check 궁금한 게 있으면 물어보게 되죠. Mind if I ask you a question?은 원래 Do you mind if I ask you a question?을 줄여서 표현한 거예요. 의미는 '질문 하나 해도 돼요?'입니다.

2270 영화 [Deadpool] 중에서

내가 이거 가져도 돼? Mind if I keep this?

2271 영화 [The Taking Of Pelham 123] 중에서

당신 자리에 앉아도 될까요? Mind if I take your seat?

2272 영화 [007 : Die Another Day] 중에서

이것들 빌려도 될까요? Mind if I borrow these?

2273 영화 [007 : Quantum Of Solace] 중에서

이곳 아래에서 기다려주시겠어요?
Would you mind waiting down here?

Check 어떤 부탁을 해도 들어줄 수 있는지 궁금할 때 Would you mind -ing? 패턴을 씁니다. 이를 활용해서 Would you mind waiting down here?라고 하면 '이곳 아래에서 기다려주시겠어요?'가 됩니다.

2274 영화 [Mr. Destiny] 중에서

뒤로 좀 물러서 주시겠어요?
Would you mind stepping back?

2275 영화 [Project : Puppies For Christmas] 중에서

사다리 좀 가져다주시겠어요?
Would you mind grabbing a ladder for me?

2276 영화 [AVP : Alien Vs Predator] 중에서

사진 좀 찍어주시겠어요?
Would you mind just taking a picture?

Check 요즘은 셀카봉이 있어 혼자서라도 자유롭게 사진을 찍을 수가 있어요. 혹시 여행 도중에 누군가에게 '사진 좀 찍어주시겠어요?'처럼 부탁하고 싶을 때 Would you mind just taking a picture?라고 하면 되죠.

SCENE# 53. 허락

2277 영화 [Titanic] 중에서

원하시는 거 뭐라도 갖다 드릴까요?
Can I get you anything, anything you'd like?

Check 집을 찾아온 손님에게 마실 거나 먹을 것을 주고 싶을 때 Can I get you anything, anything you'd like?처럼 말하게 되죠. '원하시는 거 뭐라도 갖다 드릴까요?'의 뜻이에요.

2278 영화 [The Fast And The Furious : Tokyo Drift] 중에서

그거 복사판 얻을 수 있을까요? Can I get a copy of that?

2279 영화 [Kingsman : The Golden Circle] 중에서

진행해도 돼? Can I get on with it?

2280 영화 [Venom] 중에서

좀 지나가도 될까요? Can I get through, please?

2281 영화 [Hannah Montana] 중에서

사인 좀 해주시겠어요? Can I have your autograph?

Check 우연히 길에서 유명한 사람을 만났을 때 사인이라도 받고 싶다면 Can I have your autograph?처럼 얘기할 수 있어요. 뜻은 '사인 좀 해주시겠어요?'입니다.

2282 영화 [The Dark Knight Rises] 중에서

차 좀 태워줄래요? Can I have a ride?

2283 영화 [Sideways] 중에서

사적인 질문 하나 해도 될까요?

Can I ask you a personal question?

Check 궁금한 게 있으면 묻게 되는데요, 개인적인 내용일 때는 먼저 Can I ask you a personal question?처럼 말하며 양해를 구하는 게 좋아요. 의미는 '사적인 질문 하나 해도 될까요?'입니다.

2284 영화 [The Bank Job] 중에서

무슨 일인지 물어봐도 될까요?

Can I ask what it's concerning?

2285 영화 [Frozen 1] 중에서

말도 안 되는 소리해도 될까요? Can I say something crazy?

2286 영화 [Superman Returns] 중에서

스테이플러 빌려도 돼? Can I borrow your stapler?

2287 영화 [Act Of Valor] 중에서

같이 가도 돼? Can I come with you?

2288 영화 [The Edge Of Seventeen] 중에서

이거 가져도 돼? Can I keep this?

Check 갖고 싶은 게 있을 때 먼저 상대방의 허락을 받아야 하는데요, Can I keep this?는 '이거 가져도 돼?'라는 뜻으로 쓰이는 표현이에요.

2289 영화 [The Adventures Of A.R.I. : My Robot Friend] 중에서

거기 안에 뭐가 있는지 볼 수 있을까?

Can I see what's inside of it?

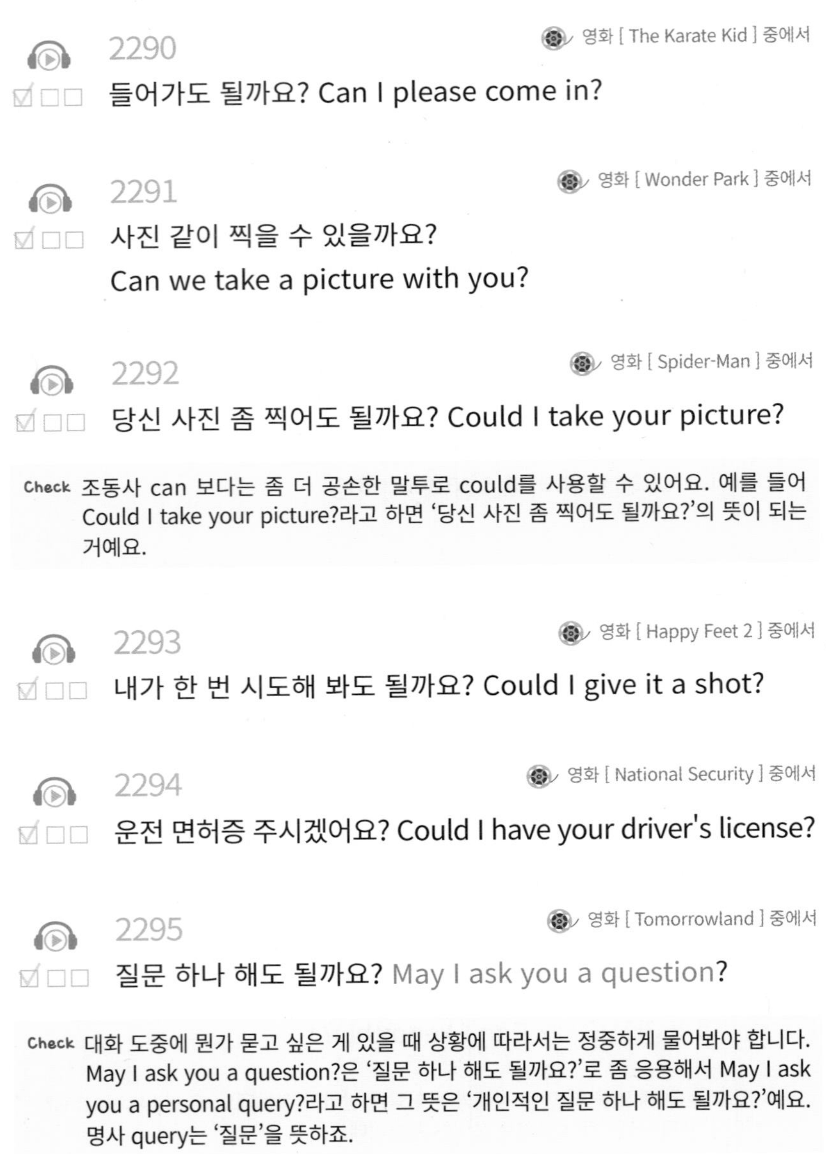

2290 영화 [The Karate Kid] 중에서

들어가도 될까요? Can I please come in?

2291 영화 [Wonder Park] 중에서

사진 같이 찍을 수 있을까요?

Can we take a picture with you?

2292 영화 [Spider-Man] 중에서

당신 사진 좀 찍어도 될까요? Could I take your picture?

Check 조동사 can 보다는 좀 더 공손한 말투로 could를 사용할 수 있어요. 예를 들어 Could I take your picture?라고 하면 '당신 사진 좀 찍어도 될까요?'의 뜻이 되는 거예요.

2293 영화 [Happy Feet 2] 중에서

내가 한 번 시도해 봐도 될까요? Could I give it a shot?

2294 영화 [National Security] 중에서

운전 면허증 주시겠어요? Could I have your driver's license?

2295 영화 [Tomorrowland] 중에서

질문 하나 해도 될까요? May I ask you a question?

Check 대화 도중에 뭔가 묻고 싶은 게 있을 때 상황에 따라서는 정중하게 물어봐야 합니다. May I ask you a question?은 '질문 하나 해도 될까요?'로 좀 응용해서 May I ask you a personal query?라고 하면 그 뜻은 '개인적인 질문 하나 해도 될까요?'예요. 명사 query는 '질문'을 뜻하죠.

2296 영화 [Star Trek] 중에서

개인적인 질문 하나 해도 될까요?

May I ask you a personal query?

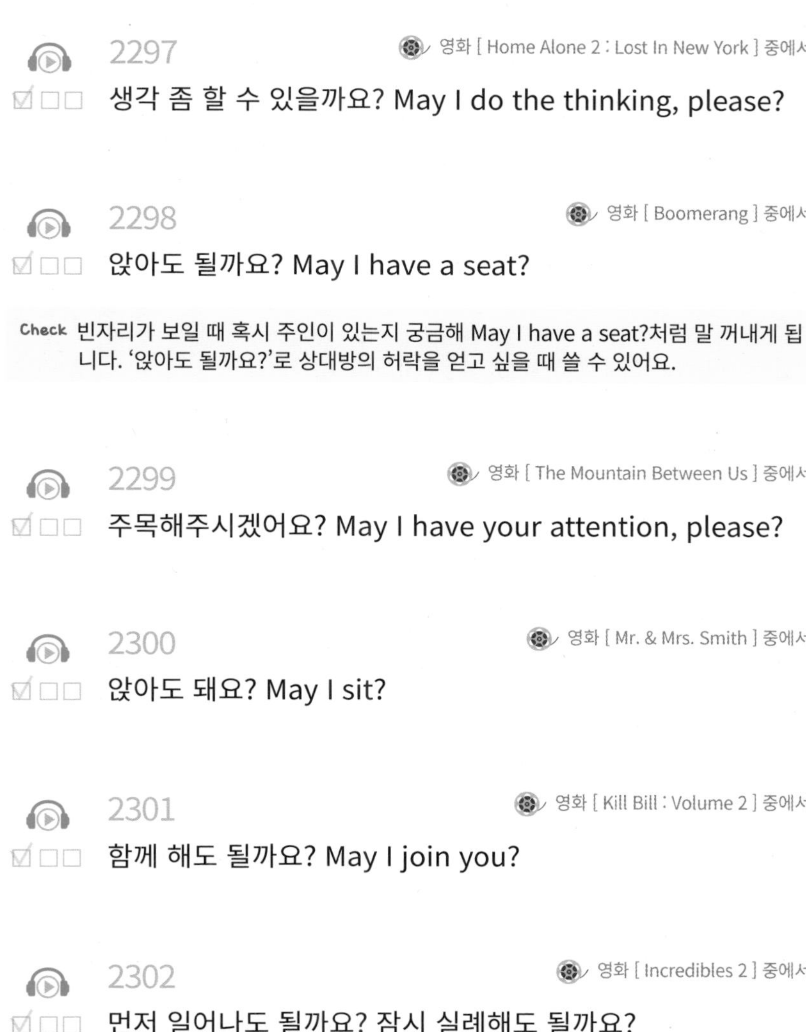

2297 영화 [Home Alone 2 : Lost In New York] 중에서

생각 좀 할 수 있을까요? May I do the thinking, please?

2298 영화 [Boomerang] 중에서

앉아도 될까요? May I have a seat?

Check 빈자리가 보일 때 혹시 주인이 있는지 궁금해 May I have a seat?처럼 말 꺼내게 됩니다. '앉아도 될까요?'로 상대방의 허락을 얻고 싶을 때 쓸 수 있어요.

2299 영화 [The Mountain Between Us] 중에서

주목해주시겠어요? May I have your attention, please?

2300 영화 [Mr. & Mrs. Smith] 중에서

앉아도 돼요? May I sit?

2301 영화 [Kill Bill : Volume 2] 중에서

함께 해도 될까요? May I join you?

2302 영화 [Incredibles 2] 중에서

먼저 일어나도 될까요? 잠시 실례해도 될까요?
May I be excused?

Check 식사 도중에 급한 일로 잠시 자리를 비워야 할 경우 May I be excused?처럼 말하며 양해를 구하게 됩니다. 의미는 '먼저 일어나도 될까요?', '잠시 실례해도 될까요?'예요.

2303 영화 [The Big Sick] 중에서

들어가도 돼요? May I come in?

2304 영화 [The Fate Of The Furious] 중에서

☑□□ 좋을 대로 해요. Do as you wish.

Check 자신이 원하는 대로 하라고 허락할 때 Do as you wish.처럼 말합니다. 직역하면 '당신이 바라는 대로 하세요.'인데요, 의역하면 '좋을 대로 해요.'로 as는 접속사로 사용되었지요.

2305 영화 [Push] 중에서

☑□□ 당신 뜻대로 하세요. As you wish.

2306 영화 [Django : Unchained] 중에서

☑□□ 좋을 대로, 원하는 대로, 분부대로 As you please.

2307 영화 [The Amazing Spider-Man] 중에서

☑□□ 그럼요! 좋고말고요! By all means!

Check 뭔가를 수락하는 말투로 하는 표현이 By all means!입니다. '그럼요!' 또는 '좋고말고요!'의 뜻인데요, 적극적으로 참여할 의지가 있을 때 By all means!처럼 말하면 되죠.

2308 영화 [Act Of Valor] 중에서

☑□□ 좋을 대로 해, 마음대로 해. Whatever you say.

2309 영화 [Ant-Man] 중에서

☑□□ 먼저 들어가세요, 먼저 하세요. After you.

Check 여성이나 윗사람에 '먼저 들어가세요.', '먼저 하세요.'라고 하며 뭔가를 양보하게 됩니다. 영어로 After you.라고 하죠. 때로는 Right after you.처럼 표현할 수도 있어요.

2310 영화 [I, Robot] 중에서

☑□□ 먼저 들어가세요, 먼저 하세요. Right after you.

2311 영화 [Cowboys & Aliens] 중에서

먼저 하세요. You go ahead.

2312 영화 [Battle : Los Angeles] 중에서

여성 우선, 숙녀 우선 Ladies first

2313 영화 [The Great Wall] 중에서

떠나도 좋아. You are free to leave.

2314 영화 [A.L.] 중에서

뭐든 네가 원하는 대로 다할게. Your wish is my command.

Check 남이 원하는 뭐든지 자신은 들어줄 준비가 되었다고 할 때 Your wish is my command.라고 하죠. '뭐든 네가 원하는 대로 다할게.'의 뜻인데요, 명사 command는 '명령', '지령'을 말해요.

2315 영화 [The Legend Of Extraordinary Gentlemen] 중에서

분부대로 하겠습니다. At your service.

2316 영화 [Zero Dark Thirty] 중에서

원하는 아무 데나 앉아도 돼요.
You can sit wherever you want.

2317 영화 [Batman V Superman : Dawn Of Justice] 중에서

좋을 대로 부르세요. You can call me whatever you like.

2318 영화 [Ladder 49] 중에서

☑□□ 이거 사용해도 돼요. You can use this one.

Check 조동사 can을 허락의 뜻으로 사용하는데요, 혹시 상대에게 You can use this one. 처럼 말했다면 그 뜻은 '이거 사용해도 돼요.'입니다. 보통 can을 '능력'보다는 '허락'의 의미로 더 많이 사용하죠.

2319 영화 [The Green Mile] 중에서

☑□□ 마음대로 해도 좋아. You can do with it as you please.

2320 영화 [Cloverfield] 중에서

☑□□ 넌 날 말릴 수 없어, 알겠어?
You can't talk me out of it, okay?

Check 상대방이 뭔가를 하지 못하도록 설득하거나 단념시키는 것을 talk someone out of 이라고 하죠. 즉 You can't talk me out of it, okay?처럼 말하면 그 의미는 '넌 날 말릴 수 없어, 알겠어?'입니다.

2321 영화 [The Bourne Ultimatum] 중에서

☑□□ 책임을 회피할 생각 마. You can't outrun what you did.

2322 영화 [Smurfs : The Lost Village] 중에서

☑□□ 거기로 가면 안 돼. You can't go in there.

2323 영화 [Transformers] 중에서

☑□□ 나한테 이러면 안 되지. You can't do this to me.

Check 자신에게 무례하게 행동하는 사람에게 '나한테 이러면 안 되지.' 하고 따끔하게 꾸짖게 됩니다. You can't do this to me.처럼 말이죠. 전치사 to me에서 목적격 me 대신에 대상만 살짝 바꿔 넣으면 됩니다.

2324 영화 [Monsters University] 중에서

☑□□ 그럴 순 없어요. You can't do that.

영화 [Jurassic World] 중에서

0016 Are you having fun? 즐거운 시간 보내고 계시나요?

신나는 파티에서 즐거운 시간을 보내고 있다면 시간 가는 줄 모르게 되죠. 영어로 Are you having fun?은 '즐거운 시간 보내고 계시나요?'인데요, 숙어로 have fun은 '즐거운 시간을 보내다'입니다.

A Are you having fun?

B Yeah, I guess.

A 즐거운 시간 보내고 있어요?

B 네, 그런 것 같아요.

* guess 추측하다

영화 [Bolt] 중에서

0017 I'll be right back. 곧 돌아올게요.

영화 터미네이터 1 마지막 장면에서 나오는 명대사 I'll be back.(나 돌아온다)이 기억납니다. 여기에 부사 역할을 하는 right를 넣어 표현하면 '곧 돌아올게요.'가 되죠.

A Oh, boy. This thing is heavy.

B Hey, hey. Put it down. I forgot the keys. I'll be right back.

A 오, 이런. 이 물건 무겁군.

B 이봐, 이봐. 내려놔. 열쇠를 깜빡했어. 곧 돌아올게.

영화 [Mission Impossible : Rogue Nation] 중에서

0018 I won't be long. 오래 걸리지 않아요, 곧 올게요.

스스로 생각하기에 그리 많은 시간이 걸리지 않을 거라고 말할 때 I won't be long.이라고 하는데요, 의미는 '오래 걸리지 않아요.' 또는 '곧 올게요.'입니다. 형용사 long은 '긴'이 아닌 '시간을 끄는', '지체하는'이라는 뜻이에요.

A We're about to close. 곧 문 닫을 거예요.

B I won't be long. 오래 걸리지 않아요.

A Are you looking for anything in particular? 특별히 찾는 게 있나요?

* in particular 특별히

할리우드 영어표현

Unit 16

난 능력 있는 사람이에요!

SCENE # 54 의무

할리우드 표현 2325-2396

SCENE # 55 의지

할리우드 표현 2397-2588

SCENE # 56 재능

할리우드 표현 2589-2603

SCENE# 54. 의무

2325 영화 [The Bourne Supremacy] 중에서

어쩔 수 없이 계획을 바꿔야만 했어.
I had to change my plan.

Check 상황이 상황인지라 어쩔 수 없이 계획 변경을 해야만 했을 때 I had to change my plan.이라고 합니다. 의미는 '어쩔 수 없이 계획을 바꿔야만 했어.'예요.

2326 영화 [Faster] 중에서

시작했던 거 끝내야만 했어. I had to finish what I started.

2327 영화 [Back To The Future 2] 중에서

뭔가 조치를 취해야만 했어. I had to do something.

2328 영화 [Frankenweenie] 중에서

나 오줌 마려워. I have to pee.

2329 영화 [Immortals] 중에서

아직 그걸 못 찾았어. I have yet to find it.

Check 이곳저곳을 샅샅이 돌아다니면서 찾으려고 했지만 어디 있는지 아직도 행방이 묘연할 때 I have yet to find it.처럼 표현해요. '아직 그걸 못 찾았어.'의 뜻입니다.

2330 영화 [Billy Lynn's Halftime Walk] 중에서

할 일을 했을 뿐이에요, 어쩔 수 없었어요.
I did what I had to do.

2331 영화 [The Three Musketeers] 중에서

나 혼자서 모든 걸 해야 돼?
Do I have to do everything myself?

2332 영화 [The Jungle Book] 중에서

☑□□ 내가 거기 왜 가야 돼? Why do I have to go there?

Check 어느 곳에 가야 할 이유를 몰라 확인하고 싶을 때 Why do I have to~? 패턴을 활용할 수 있어요. 즉 Why do I have to go there?는 '내가 거기 왜 가야 돼?'의 뜻이랍니다.

2333 영화 [Catch Me If You Can] 중에서

☑□□ 여기서 얼마나 일해야 되죠?
How long do I have to work here?

2334 영화 [Double Happiness] 중에서

☑□□ 줄 서서 기다려야 해요. You have to wait in line.

Check 어느 곳을 관람하기 위해 입장권을 구입하려고 할 때 사람이 많으면 당연히 자기 차례가 올 때까지는 줄 서야 하죠. 상대방에게 You have to wait in line.이라고 하면 '줄 서서 기다려야 해요.'의 의미예요.

2335 영화 [Kin] 중에서

☑□□ 넌 경험을 쌓아야 해. You have to gain experience.

2336 영화 [The Big Sick] 중에서

☑□□ 너 가야 돼. You have to come.

2337 영화 [Transformers : Dark Of The Moon] 중에서

☑□□ 그렇게 비관적일 필요는 없어요.
You don't have to be so negative.

2338 영화 [Cast Away] 중에서

☑□□ 그 얘길 계속 꺼내야겠어?

Do you have to keep bringing that up?

Check 이젠 더 이상 듣고 싶지 않은 얘기를 누군가가 계속 꺼냈을 때 Do you have to keep bringing that up?이라고 하죠. 숙어로 bring something up은 '화제를 꺼내다'이므로 '그 얘길 계속 꺼내야겠어?'의 뜻이지요.

2339 영화 [Click] 중에서

☑□□ 왜 그렇게 못되게 굴어? Why do you have to be so mean?

2340 영화 [Freedomland] 중에서

☑□□ 그녀는 화장실에 가야만 했어요. She had to go to the john.

Check 화장실과 관련된 표현 중의 하나인 go to the john은 '화장실에 가다'로 john처럼 j는 소문자로 씁니다. 즉 She had to go to the john.은 '그녀는 화장실에 가야만 했어요.'의 뜻이지요.

2341 영화 [The Love Guru] 중에서

☑□□ 다른 방법이 있을 거야. There has to be another way.

2342 영화 [Jupiter Ascending] 중에서

☑□□ 이건 실수임이 틀림없어요. This has to be a mistake.

Check 뭔가 실수였다고 확신할 때 This has to be a mistake.라고 합니다. 명사 mistake는 '실수'이므로 '이건 실수임이 틀림없어요.'의 뜻이 됩니다.

2343 영화 [Split] 중에서

☑□□ 그들은 그 점을 인정해야 해요. They have to admit that.

2344 영화 [The Day After Tomorrow] 중에서

☑□□ 우리는 가능성을 고려해두어야 해요.

We have to consider the possibility.

2345 영화 [Wall E] 중에서

☑□□ 내가 직접 해야겠어. I should do it myself.

Check 남이 하는 것보다 나 스스로 하는 게 더 나을 것 같다고 생각될 때 I should do it myself.라고 하면 '내가 직접 해야겠어.'의 뜻이에요.

2346 영화 [Spider-Man : Into the Spider-Verse] 중에서

☑□□ 아마도 가야겠어요. I should probably go.

2347 영화 [Hulk : The Incredible] 중에서

☑□□ 그렇다고 생각해. I should say so.

2348 영화 [Alice Through The Looking Glass] 중에서

☑□□ 당신을 알아야 할 것 같네요. I feel like I should know you.

2349 영화 [Guardians Of The Galaxy Vol. 2] 중에서

☑□□ 좀 더 일찍 말했어야 했는데 말이야.
I should have told you earlier.

Check 좋은 얘기든 아니던 상대에게 얘기해 주는 게 더 좋을 때가 있어요. 혹시 나중에 후회할 수도 있기 때문이죠. I should have told you earlier.는 '좀 더 일찍 말했어야 했는데 말이야.'처럼 아쉬움을 나타내는 말입니다.

2350 영화 [Jumanji : Welcome To The Jungle] 중에서

☑□□ 내가 알고 있었어야 했는데 말이야. I should have known.

2351 영화 [Mr. Woodcock] 중에서

☑□□ 내가 참견하지 말았어야 했는데. I shouldn't have meddled.

2352 영화 [Lucy] 중에서

누가 왔다고 얘기할까요? Who should I say is here?

Check 로비에 사람 찾는 손님이 왔다면 신분을 확인한 뒤 직원이 전화상으로 '누가 왔다고 얘기할까요?'처럼 말할 수 있어요. 영어로는 Who should I say is here?입니다.

2353 영화 [Remember The Titans] 중에서

내가 왜 널 신경 써야 돼?

Why should I give a hoot about you?

2354 영화 [White House Down] 중에서

부끄러운 줄 알아. You should be ashamed of yourself.

Check 내가 아닌 상대방이 잘못한 일이 있으면 충고 조로 한마디 하게 되는데요, You should be ashamed of yourself.라고 하면 '부끄러운 줄 알아.'입니다. 숙어로 be ashamed of oneself는 '부끄러워하다'예요.

2355 영화 [Transformers : Revenge Of The Fallen] 중에서

창피한 줄 알아. You should be embarrassed.

2356 영화 [Transformers] 중에서

좀 더 자세히 말해줘야겠어.

You should be way more specific.

2357 영화 [50 First Dates] 중에서

가서 씻는 게 좋겠어요. You should go wash yourself off.

2358 영화 [2 Fast 2 Furious] 중에서

진작 좀 말해주지. You should have told me.

Check 좋은 일이던 나쁜 일이던 사전에 미리 알고 있었다면 그 나름대로 대처할 수 있었을 겁니다. 친구나 동료에게 You should have told me.라고 하면 '진작 좀 말해주지.'라는 의미를 전하는 거예요.

2359 영화 [Tomb Raider] 중에서

너 여기 오지 말았어야 했어.
You shouldn't have come here.

2360 영화 [An Affair To Remember] 중에서

그렇게 할 필요까지는 없었는데요.
You shouldn't have done that.

Check 하지 않아도 될 일을 누군가가 했을 경우 '그렇게 할 필요까지는 없었는데요.'라고 얘기 꺼내게 됩니다. You shouldn't have done that.처럼요. 상황에 따라서는 부사 really를 넣어 표현하기도 해요.

2361 영화 [Shutter] 중에서

정말 이렇게까지는 할 필요가 없었는데 말이야.
You really shouldn't have done this.

2362 영화 [Spenser Confidential] 중에서

넌 자신감을 가져야겠어. I think you should have confidence.

Check 어떤 일을 하는 데 있어 자신감이 부족하게 되면 왠지 일이 잘 진행되지 않을 것 같은 생각이 듭니다. 상대방이 그렇다면 I think you should have confidence.처럼 얘기하면 되는데요, 의미는 '넌 자신감을 가져야겠어.'입니다.

2363 영화 [Star Trek : Beyond] 중에서

당신이 이거 돌려받았으면 좋겠어.
I think you should have this back.

2364 영화 [Vertical Limit] 중에서

너 되돌아가는 게 좋겠어. I think you should turn back.

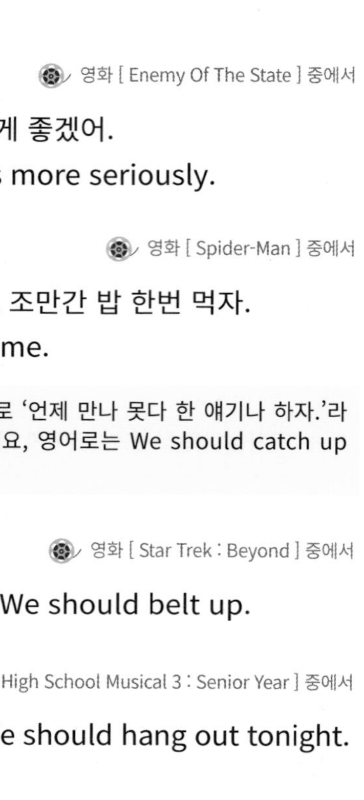

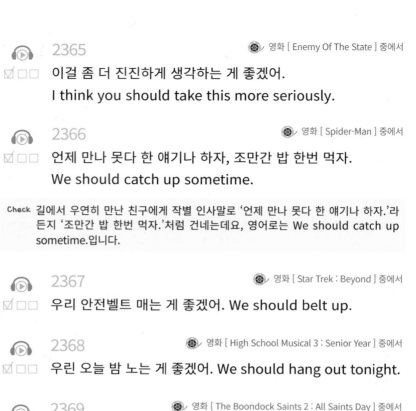

2365 영화 [Enemy Of The State] 중에서

☑☐☐ 이걸 좀 더 진진하게 생각하는 게 좋겠어.

I think you should take this more seriously.

2366 영화 [Spider-Man] 중에서

☑☐☐ 언제 만나 못다 한 얘기나 하자, 조만간 밥 한번 먹자.

We should catch up sometime.

Check 길에서 우연히 만난 친구에게 작별 인사말로 '언제 만나 못다 한 얘기나 하자.'라든지 '조만간 밥 한번 먹자.'처럼 건네는데요, 영어로는 We should catch up sometime.입니다.

2367 영화 [Star Trek : Beyond] 중에서

☑☐☐ 우리 안전벨트 매는 게 좋겠어. We should belt up.

2368 영화 [High School Musical 3 : Senior Year] 중에서

☑☐☐ 우린 오늘 밤 노는 게 좋겠어. We should hang out tonight.

2369 영화 [The Boondock Saints 2 : All Saints Day] 중에서

☑☐☐ 혹시 우리 박수 쳐야 되는 거야?

Should we clap or something?

2370 영화 [Saving Private Ryan] 중에서

☑☐☐ 아셔야 할 게 있어요.

I've got something you should know about.

Check 상대방이 꼭 알아줘야 할 게 있을 때 I've got something you should know about.이라고 말합니다. 직역하면 '당신이 알아야 할 뭔가를 가지고 있어요.'지만 자연스럽게 의역하면 '아셔야 할 게 있어요.'예요.

2371 영화 [Hitman Agent 47] 중에서

☑☐☐ 그 이유로 날 보내줘야 해.

That's why you should let me go.

2372 영화 [Sin City] 중에서

내가 확실히 알아야겠어. I've gotta know for sure.

Check 뭔가 대충 알고 넘어가기가 좀 찜찜할 때 I've gotta know for sure.처럼 얘기하게 되죠. 의미는 '내가 확실히 알아야겠어.'로 숙어로 for sure는 '확실하게'의 의미입니다.

2373 영화 [The Simpsons Movie] 중에서

나 마침 먼저 해야 할 한 가지 일이 남았어.
I just got one thing I gotta do first.

2374 영화 [Kin] 중에서

내 말 끝까지 들어야 돼. You gotta hear me out.

Check 자신이 하는 말을 끝까지 들으라고 당부할 때 You gotta hear me out.이라고 합니다. '내 말 끝까지 들어야 돼.'로 문장 끝에 out을 넣어 표현하면 돼요.

2375 영화 [The Curious Case Of Benjamin Button] 중에서

넌 해야 할 일을 해야 돼.
You gotta do what you're meant to do.

2376 영화 [Ninja Turtles] 중에서

우리 서둘러야 해. We gotta hustle.

Check 급한 용무가 있으면 서두르게 되는데요, 동사 hustle은 '서두르다', '재촉하다'로 We gotta hustle.은 '우리 서둘러야 해.'의 뜻으로 쓰입니다.

2377 영화 [The Pursuit Of Happyness] 중에서

이게 우리가 해야 할 일이야. This is what we gotta do.

2378 영화 [Friday The 13th] 중에서

☑☐☐ 누군가가 어떻게 좀 해봐!
Somebody's gotta do something!

Check 곤란한 상황에 빠졌을 때 어떻게 대처해야 할지 몰라 주위 사람에게 '누군가가 어떻게 좀 해봐!'라고 외칠 수 있어요. Somebody's gotta do something!이라고 하죠.

2379 영화 [Devil] 중에서

☑☐☐ 바로 이 근방이겠군, 바로 이 근처가 틀림없어.
That's gotta be right around.

2380 영화 [Finding Nemo] 중에서

☑☐☐ 나가는 길이 분명 있을 거야! There's gotta be a way out!

2381 영화 [The Matrix] 중에서

☑☐☐ 짧게 말할게, 간단히 말할게. I must be brief.

Check 할 말은 많지만 간단하게 얘기하는 것이 더 좋을 것 같다고 느껴지면 I must be brief.라고 하면 되죠. 숙어로 be brief는 '간결하게 하다'로, 즉 의미는 '짧게 말할게.', '간단히 말하게.'입니다.

2382 영화 [Cast Away] 중에서

☑☐☐ 제가 잘못 찾아왔나 봐요. I must be in the wrong place.

2383 영화 [Underworld] 중에서

☑☐☐ 나 혼자 모든 걸 해야 돼? Must I do everything myself?

2384 영화 [Fast & Furious 6] 중에서

☑☐☐ 잘못 오신 게 틀림없어요. You must be in the wrong place.

Check 길을 헤매고 있는 사람에게 다가가 '잘못 오신 게 틀림없어요.'라고 얘기하고 싶을 때 You must be in the wrong place.처럼 표현하면 좋아요. 여기서 must be는 '~임에 틀림없다'입니다.

2385 영화 [The Princess And The Frog] 중에서

너희들 이곳에 처음 온 게 틀림없어, 그렇지?
You all must be new around here, huh?

2386 영화 [The Matrix] 중에서

정확히 내가 말하는 대로 해. You must do exactly as I say.

2387 영화 [Underworld : Blood Wars] 중에서

관심이 쏠리는 거 이해해야 돼요.
You must excuse the attention.

2388 영화 [Kingdom Of Heaven] 중에서

우린 타협해야 돼, 우린 의견일치를 봐야 돼.
We must come to an understanding.

2389 영화 [Once Upon A Time In Mexico] 중에서

당신은 그 점을 틀림없이 알았을 거야.
You must have known that.

Check 과거 어느 때에 그런 사실을 상대방이 이미 알고 있었을 거라고 확신할 때 You must have know that.이라고 합니다. 즉 '당신은 그 점을 틀림없이 알았을 거야.'의 뜻이랍니다.

2390 영화 [Event Horizon] 중에서

당신은 뭔가 들었던 게 틀림없어요.
You must have heard something.

2391 영화 [Pirates Of The Caribbean : Dead Men Tell No Tales] 중에서

다른 방법이 분명 있을 거예요. There must be another way.

Check 문제 해결 방법은 꼭 하나만 있는 것은 아닙니다. 혹시 자포자기 하고 있는 사람에게 '다른 방법이 분명 있을 거예요.'라고 하면서 힘내라고 말하고 싶다면 There must be another way.처럼 하면 되지요.

2392 영화 [Thirteen Ghosts] 중에서

이 물건은 틀림없이 거금을 줘야 할 거예요.
This stuff must be worth a fortune.

2393 영화 [The Golden Compass] 중에서

그들을 계속 주시해야만 돼.
I'm supposed to be keeping an eye on them.

Check 누군가를 주시하는 것을 keep an eye on이라고 하죠. 표적에 총을 쏠 때 한쪽 눈은 감고 다른 눈은 표적을 쳐다보게 되잖아요, 이를 빗대어 I'm supposed to be keeping an eye on them.이라고 하면 '그들을 계속 주시해야만 돼.'의 뜻입니다.

2394 영화 [Pirates Of The Caribbean : On Stranger Tides] 중에서

난 여기 있으면 안 돼. I'm not supposed to be here.

2395 영화 [Battle : Los Angeles] 중에서

우리 어디로 가야 하죠? Where are we supposed to go?

2396 영화 [Horton Hears A Who] 중에서

그곳이 편할 거야. That ought to be comfy.

Check 자기 생각으로 판단해 보건대 어느 장소가 더 편할 거라고 생각 들면 That ought to be comfy.라고 말해요. 의미는 '그곳이 편할 거야.'로 comfy는 '편안한', '안락한'으로 comfortable을 뜻해요.

SCENE# 55. 의지

2397 영화 [Eight Below] 중에서

☑ □□ 다음으로 미룰게요, 다음 기회에 할게요.

I'm gonna take a rain check.

Check 시간적인 여유가 안 되어 제안이나 초대를 다음으로 미루고 싶을 때 take a rain check을 써서 I'm gonna take a rain check.이라고 표현하는데요, 뜻은 '다음으로 미룰게요.', '다음 기회에 할게요.'입니다.

2398 영화 [Alien : Resurrection] 중에서

☑ □□ 그냥 한 번 대충 맞춰볼게요.

I'm gonna take a wild guess here.

2399 영화 [The Karate Kid] 중에서

☑ □□ 살살 할게요, 봐주면서 할게요.

I'm gonna take it easy on you.

2400 영화 [Stomp The Yard] 중에서

☑ □□ 수락한 걸로 받아들일게. I'm going to take that as a "Yes".

2401 영화 [Robots] 중에서

☑ □□ 이 일에 대한 진상을 밝힐 거야.

I'm gonna get to the bottom of this.

Check 뭔가에 대한 진상을 규명하거나 원인을 밝히고자 할 때 get to the bottom of라고 하죠. 즉 I'm gonna get to the bottom of this.는 '이 일에 대한 진상을 밝힐 거야.'의 의미예요.

2402 영화 [The Green Hornet] 중에서

☑ □□ 진지하게 말할게. I'm gonna get real with you.

2403 영화 [Hulk] 중에서

☑ □□ 바로 본론만 얘기할게. I'm gonna get right to it.

2404 영화 [The Bourne Legacy] 중에서

가방 가져올게요. I'm going to get my bag.

2405 영화 [Hostage] 중에서

내가 직접 확인해 볼게요. I'm gonna check it out myself.

Check 남에게 시키는 것보다 본인이 직접 가서 눈으로 확인해 보겠다고 할 때 I'm gonna check it out myself.라고 합니다. 의미는 '내가 직접 확인해 볼게요.'입니다.

2406 영화 [Quarantine] 중에서

제가 출구를 확인해 볼게요. I'm gonna check the exit.

2407 영화 [The Reaping] 중에서

난 해야 할 일을 할 거예요.
I'm gonna do what needs to be done.

2408 영화 [The Island] 중에서

뭔가 좀 알아봐야겠어요. I'm gonna do some digging.

Check 뭔가 좀 더 자세히 알아봐야 할 것 같을 때 do some digging을 써서 I'm gonna do some digging.처럼 표현해요. 마치 땅을 파듯이 내막을 파헤쳐가는 것을 말하죠. 의미는 '뭔가 좀 알아봐야겠어요.'입니다.

2409 영화 [Flighting] 중에서

내가 해결해 볼게. I'm gonna work something out.

2410 영화 [Captain America : Civil War] 중에서

못 들은 걸로 할게. I'm gonna pretend you didn't say that.

Check 남이 한 얘기를 마치 못 들은 걸로 치부할 때 동사 pretend를 활용해서 I'm gonna pretend you didn't say that.처럼 말합니다. 의미는 '못 들은 걸로 할게.'예요.

2411 영화 [Avengers : Age Of Ultron] 중에서

자네들과의 수다가 그리울 거야.
I'm gonna miss these little talks of ours.

2412 영화 [Talladega Nights : The Ballad Of Ricky Bobby] 중에서

내가 이 문제를 해결할게. I'm gonna settle this thing.

2413 영화 [Spy] 중에서

공항으로 갈 거야. I'm gonna head to the airport.

Check 어디로 간다고 할 때 동사 head를 사용합니다. 동사 head로 I'm gonna head to the airport.처럼 얘기하면 '공항으로 갈 거야.'의 뜻이 되는 거죠.

2414 영화 [The Marine 5 : Battleground] 중에서

셋까지 셀 거야. I'm gonna count to three.

2415 영화 [Blue Thunder] 중에서

내가 따라붙을 거야. I'm gonna tag along.

2416 영화 [I Feel Pretty] 중에서

그냥 이걸로 가져갈게요. I'm just going to take these.

Check 물건이 마음에 썩 들지는 않지만 그래도 다른 것과 비교해 볼 때 그중에서 제일 낫다고 생각되어 I'm just going to take these.라고 하면 '그냥 이걸로 가져갈게요.'의 의미입니다.

2417 영화 [Extraordinary Measures] 중에서

막 화장실을 사용하려던 참이에요.
I'm just gonna use the restroom.

2418 영화 [Tropic Thunder] 중에서

사탕발림 소리 따위는 안 할 거야.

I'm not gonna sugarcoat it.

Check 듣기에 거북한 얘기도 미사여구를 써서 듣기 좋게 만드는 행위를 sugarcoat라고 하죠. 이 단어를 써서 I'm not gonna sugarcoat it.이라고 하면 '사탕발림 소리 따위는 안 할 거야.'의 뜻이 되지요.

2419 영화 [Spenser Confidential] 중에서

그 얘기까진 안 할래요. I'm not gonna get into that.

2420 영화 [Open Season] 중에서

막 그 말 하려던 참이었어. I was just gonna say that.

Check 자신이 말하려고 했던 것을 남이 먼저 꺼냈을 때 '막 그 말 하려던 참이었어.'라고 합니다. 부사 just를 써서 I was just gonna say that.처럼 표현해요.

2421 영화 [The Fate Of The Furious] 중에서

너한테 얘기하려고 했어. I was going to tell you.

2422 영화 [Collateral Damage] 중에서

대가를 치러야 할 거야. You're gonna pay for that.

Check 잘못한 일이 있으면 그것에 대해 책임을 지거나 대가를 치러야 합니다. 상대방에게 충고 조로 You're gonna pay for that.이라고 하면 '대가를 치러야 할 거야.'의 뜻이 되는 거죠.

2423 영화 [Ladder 49] 중에서

정말 마음에 들 거예요. You're gonna love it.

2424 영화 [Zootopia] 중에서

당신 차례를 기다리세요.

You're gonna have to wait your turn.

2425

영화 [The Chronicles Of Narnia : The Lion, The Witch And The Wardrobe] 중에서

언제 철들래? When are you gonna learn to grow up?

Check 상대방의 말이나 행동이나 너무 애 같다고 느껴지면 '언제 철들래?'처럼 말하게 되죠. 네이티브들은 grow up을 써서 When are you gonna learn to grow up?처럼 표현해요.

2426

영화 [The Jungle Book] 중에서

갚을 거야? Are you gonna pay back?

2427

영화 [Guardians Of The Galaxy] 중에서

우리도 같은 처지가 될 거야.

We're gonna be in the same boat.

Check 고민 때문에 힘들어하는 친구에게 자신도 같은 상황에 놓여 있다고 하면서 We're gonna be in the same boat.처럼 말 꺼내면 '우리도 같은 처지가 될 거야.'라는 의미인 겁니다.

2428

영화 [A Few Good Men] 중에서

우리는 처음부터 시작할 거예요.

We're gonna start from the beginning.

2429

영화 [Dinosaur] 중에서

우리 뒤쳐지게 될 거야. We're gonna get left behind.

2430

영화 [White House Down] 중에서

우린 성공하지 못할 거야. We're not gonna make it.

2431

영화 [Unbreakable] 중에서

좀 이상하게 들릴 거야. It's gonna sound a little strange.

Check 자신이 하는 말이 상대방의 귀에 이상하게 들릴 수도 있다고 얘기할 때 It's gonna sound a little strange.라고 하죠. 뜻은 '좀 이상하게 들릴 거야.'입니다.

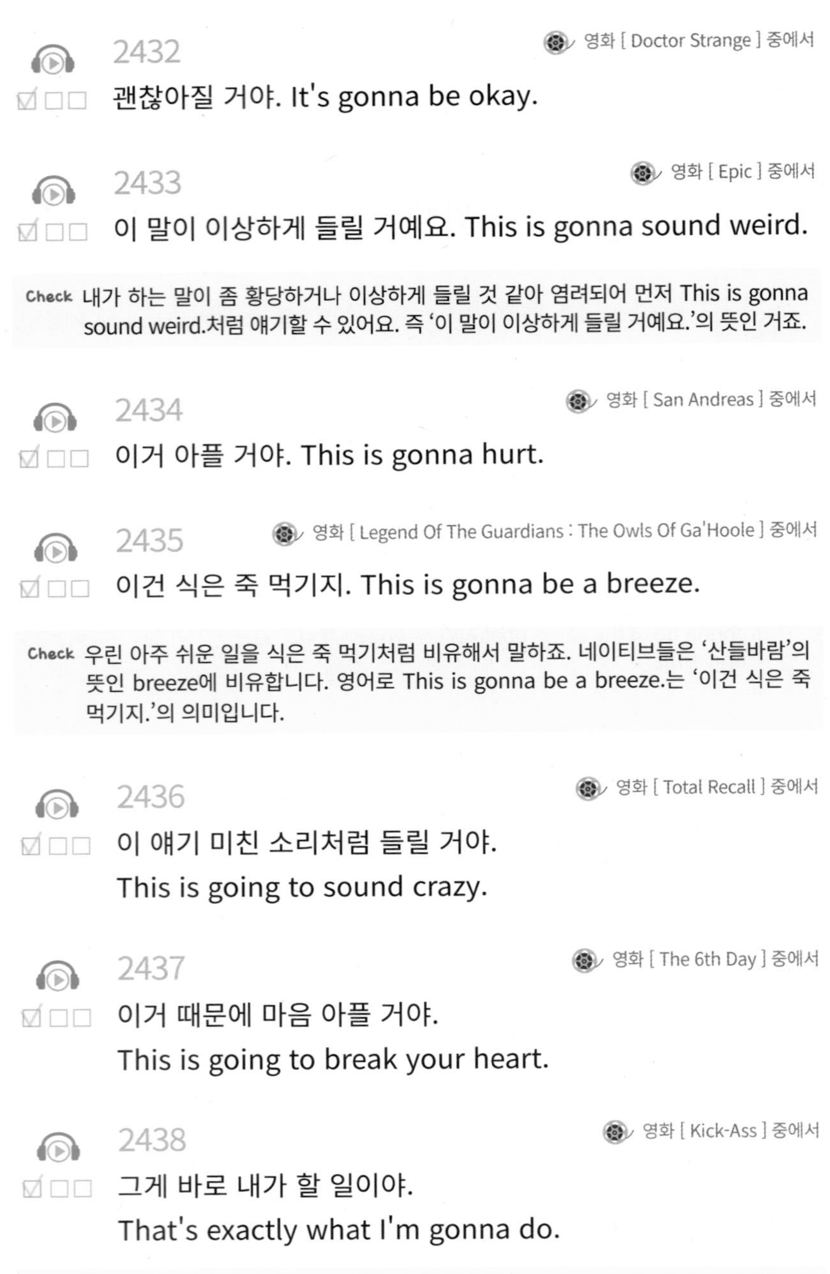

2432 영화 [Doctor Strange] 중에서

괜찮아질 거야. It's gonna be okay.

2433 영화 [Epic] 중에서

이 말이 이상하게 들릴 거예요. This is gonna sound weird.

Check 내가 하는 말이 좀 황당하거나 이상하게 들릴 것 같아 염려되어 먼저 This is gonna sound weird.처럼 얘기할 수 있어요. 즉 '이 말이 이상하게 들릴 거예요.'의 뜻인 거죠.

2434 영화 [San Andreas] 중에서

이거 아플 거야. This is gonna hurt.

2435 영화 [Legend Of The Guardians : The Owls Of Ga'Hoole] 중에서

이건 식은 죽 먹기지. This is gonna be a breeze.

Check 우린 아주 쉬운 일을 식은 죽 먹기처럼 비유해서 말하죠. 네이티브들은 '산들바람'의 뜻인 breeze에 비유합니다. 영어로 This is gonna be a breeze.는 '이건 식은 죽 먹기지.'의 의미입니다.

2436 영화 [Total Recall] 중에서

이 얘기 미친 소리처럼 들릴 거야.

This is going to sound crazy.

2437 영화 [The 6th Day] 중에서

이거 때문에 마음 아플 거야.

This is going to break your heart.

2438 영화 [Kick-Ass] 중에서

그게 바로 내가 할 일이야.

That's exactly what I'm gonna do.

Check 자신이 할 일을 상대방이 먼저 알아차렸을 때 That's exactly what I'm gonna do.처럼 말하게 되죠. 의미는 '그게 바로 내가 할 일이야.'입니다.

2439 영화 [Fired Up] 중에서

너에게 해야 할 말이 있어.
There's something I'm gonna have to tell you.

2440 영화 [Deadpool] 중에서

이게 바로 내가 실제로 할 일이야.
Here's what I'm actually gonna do.

2441 영화 [Billy Elliot] 중에서

비용이 얼마나 들죠? How much is it gonna cost?

Check 어떤 일을 하는 데 있어 때론 돈이 문제가 될 수 있습니다. 영어로 How much is it gonna cost?는 '비용이 얼마나 들죠?'예요. 대명사 it 대신에 that을 넣어 말하면 '그건 비용이 얼마나 들어?'가 되죠.

2442 영화 [Chicago] 중에서

그건 비용이 얼마나 들어? How much is that gonna cost?

2443 영화 [Reign Of Fire] 중에서

그것 말고도 내가 한 일이 뭔지 알아?
What else was I gonna do?

Check 자신이 여태까지 한 일을 말하고자 할 때 What else was I gonna do?처럼 표현할 수 있어요. 의미는 '그것 말고도 내가 한 일이 뭔지 알아?'입니다.

2444 영화 [Sweeney Todd : The Demon Barber Of Fleet Street] 중에서

누가 알아차리겠어요? Who's gonna catch on?

2445 영화 [Bolt] 중에서

누군가가 널 혼꾸멍낼 거야.

Someone's gonna teach you a lesson.

Check 잘못한 게 있으면 그에 대한 책임을 지게 되는 것은 당연한 결과입니다. '누군가가 널 혼꾸멍낼 거야.'라고 할 때 Someone's gonna teach you a lesson.처럼 말해요. 숙어로 teach ~ a lesson은 '~을 따끔하게 혼내다'입니다.

2446 영화 [Elysium] 중에서

내가 하려던 말 듣지도 않았잖아.

You didn't hear what I was gonna say.

2447 영화 [Fast & Furious 7] 중에서

이젠 상황이 달라질 거야.

Things are gonna be different now.

2448 영화 [Dragonball Evolution] 중에서

나도 같은 걸 물어보려던 참이었어.

I was just about to ask you the same thing.

Check 자신도 상대방처럼 똑같은 질문을 하려던 참이었다고 할 때 I was just about to ask you the same thing.이라고 하는데요, 뜻은 '나도 같은 걸 물어보려던 참이었어.'입니다.

2449 영화 [Angels & Demons] 중에서

이걸 혼자 할 계획이었어요.

I was planning on doing this alone.

2450 영화 [Ghost Rider] 중에서

거래할 의향은 있어요?

Would you be willing to make a deal?

2451 영화 [We Are Marshall] 중에서

이렇게 합시다! I'll tell you what!

Check 서로 간의 이견이 분분하여 합의에 이르지 못하면 마음만 답답해집니다. 이럴 때 분위기를 일신하기 위해 I will tell what.처럼 말할 수 있는데요, 뜻은 '이렇게 합시다.' 입니다. 좋은 의견을 제시할 때 사용하죠.

2452 영화 [From Paris With Love] 중에서

우리가 뭘 할지 얘기해 줄게.
I'll tell you what we're gonna do.

2453 영화 [The Expendables 2] 중에서

가면서 그거 얘기해 줄게. I'll tell you about it on the way.

2454 영화 [The Fast And The Furious] 중에서

얘기하자면 길어. 나중에 말해줄게.
Long story. I'll tell you later.

2455 영화 [The Revenant] 중에서

그가 이상이 없는지 확인하러 돌아올게요.
I'll be back to check up on him.

Check 누군가가 다쳐 치료를 받고 있는 상태에서 혹시라도 문제가 없는지 나중에 다시 돌아와 확인하려고 할 때 I'll be back to check up on him.이라고 하죠. '그가 이상이 없는지 확인하러 돌아올게요.'의 뜻이에요.

2456 영화 [Act Of Valor] 중에서

바로 내려갈게요, 알았죠? I'll be right down, all right?

2457 영화 [Curly Sue] 중에서

곧 갈게요. I'll be there right away.

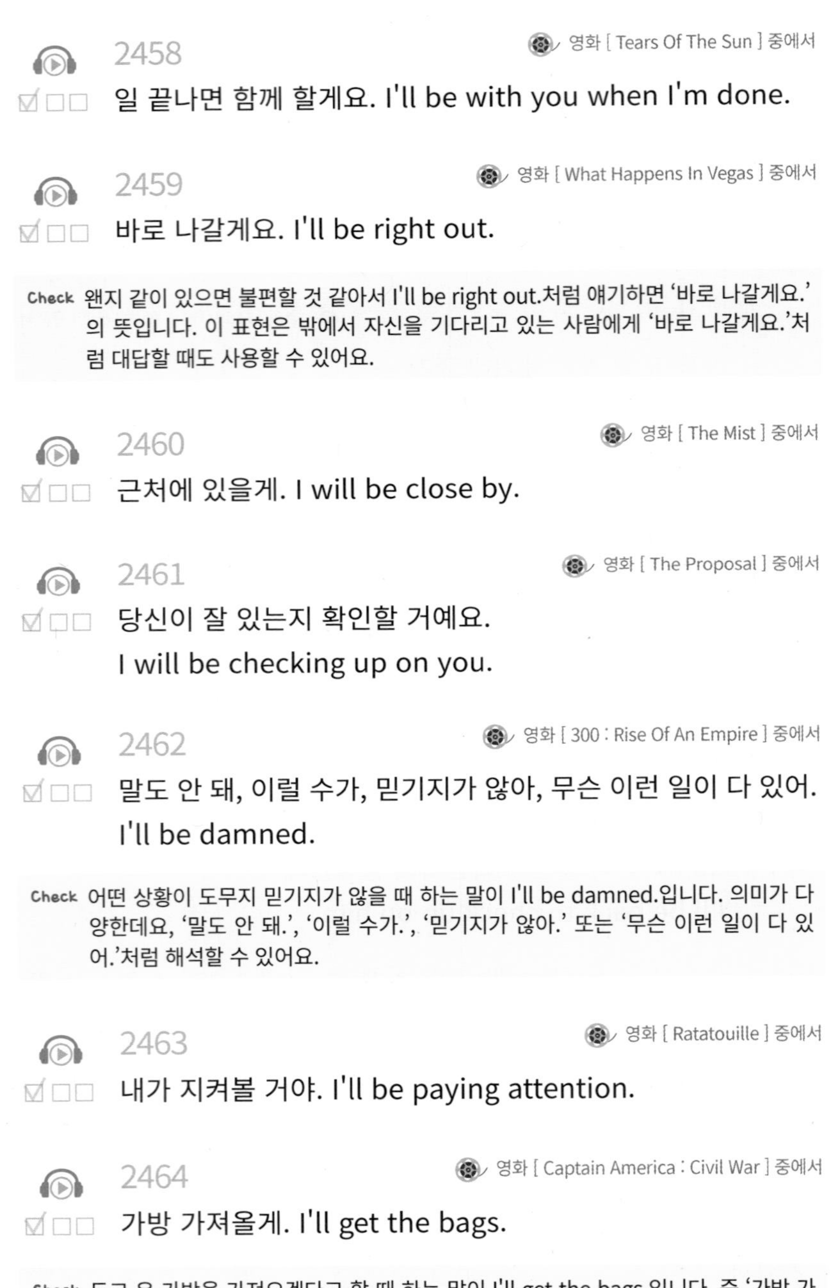

2458 영화 [Tears Of The Sun] 중에서

일 끝나면 함께 할게요. I'll be with you when I'm done.

2459 영화 [What Happens In Vegas] 중에서

바로 나갈게요. I'll be right out.

Check 왠지 같이 있으면 불편할 것 같아서 I'll be right out.처럼 얘기하면 '바로 나갈게요.'의 뜻입니다. 이 표현은 밖에서 자신을 기다리고 있는 사람에게 '바로 나갈게요.'처럼 대답할 때도 사용할 수 있어요.

2460 영화 [The Mist] 중에서

근처에 있을게. I will be close by.

2461 영화 [The Proposal] 중에서

당신이 잘 있는지 확인할 거예요.
I will be checking up on you.

2462 영화 [300 : Rise Of An Empire] 중에서

말도 안 돼, 이럴 수가, 믿기지가 않아, 무슨 이런 일이 다 있어.
I'll be damned.

Check 어떤 상황이 도무지 믿기지가 않을 때 하는 말이 I'll be damned.입니다. 의미가 다양한데요, '말도 안 돼.', '이럴 수가.', '믿기지가 않아.' 또는 '무슨 이런 일이 다 있어.'처럼 해석할 수 있어요.

2463 영화 [Ratatouille] 중에서

내가 지켜볼 거야. I'll be paying attention.

2464 영화 [Captain America : Civil War] 중에서

가방 가져올게. I'll get the bags.

Check 두고 온 가방을 가져오겠다고 할 때 하는 말이 I'll get the bags.입니다. 즉 '가방 가져올게.'이죠. 동사 get을 활용해서 이렇게 표현하기도 합니다.

2465 영화 [Hitman] 중에서

☑□□ 외투 좀 챙길게요. I'll get my coat.

2466 영화 [Hancock] 중에서

☑□□ 지금 바로 시작할게요. I will get right into it.

2467 영화 [Sherlock Holmes] 중에서

☑□□ 가서 확인해 볼게. I'll go and check.

Check 어떤 일이 벌어지고 있는지 직접 가서 확인해야겠다고 할 때 I'll go and check.이라고 합니다. 직역하면 '내가 가서 확인할 거야.'인데요, 자연스럽게 의역하면 '가서 확인해 볼게.'입니다. 구어체에서는 접속사 and를 생략하고 I'll go check.이라고도 합니다.

2468 영화 [Getaway] 중에서

☑□□ 가서 확인해 볼게요. I'll go check it.

2469 영화 [The Lovely Bones] 중에서

☑□□ 내가 그거 조사해 볼게. I'll look into it.

Check 뭔가를 자세하게 들여다보는 행위를 look into라고 합니다. '~을 들여다보다', '조사하다'라는 뜻이므로 I'll look into it.이라고 하면 '내가 그거 조사해 볼게.'가 되는 거죠.

2470 영화 [Shutter Island] 중에서

☑□□ 그거 나중에 검토해 볼게, 그뿐이야.
I'll look it over later, that's all.

2471 영화 [Solo : A Starwars Story] 중에서

☑□□ 내가 보답할게요. I will make it up to you.

Check 남에게 빚진 것이 있으면 나중에라도 갚게 됩니다. 영어로 I will make it up to you.는 '내가 보답할게요.'의 뜻이에요. 숙어로 make it up to는 '보상하다'입니다.

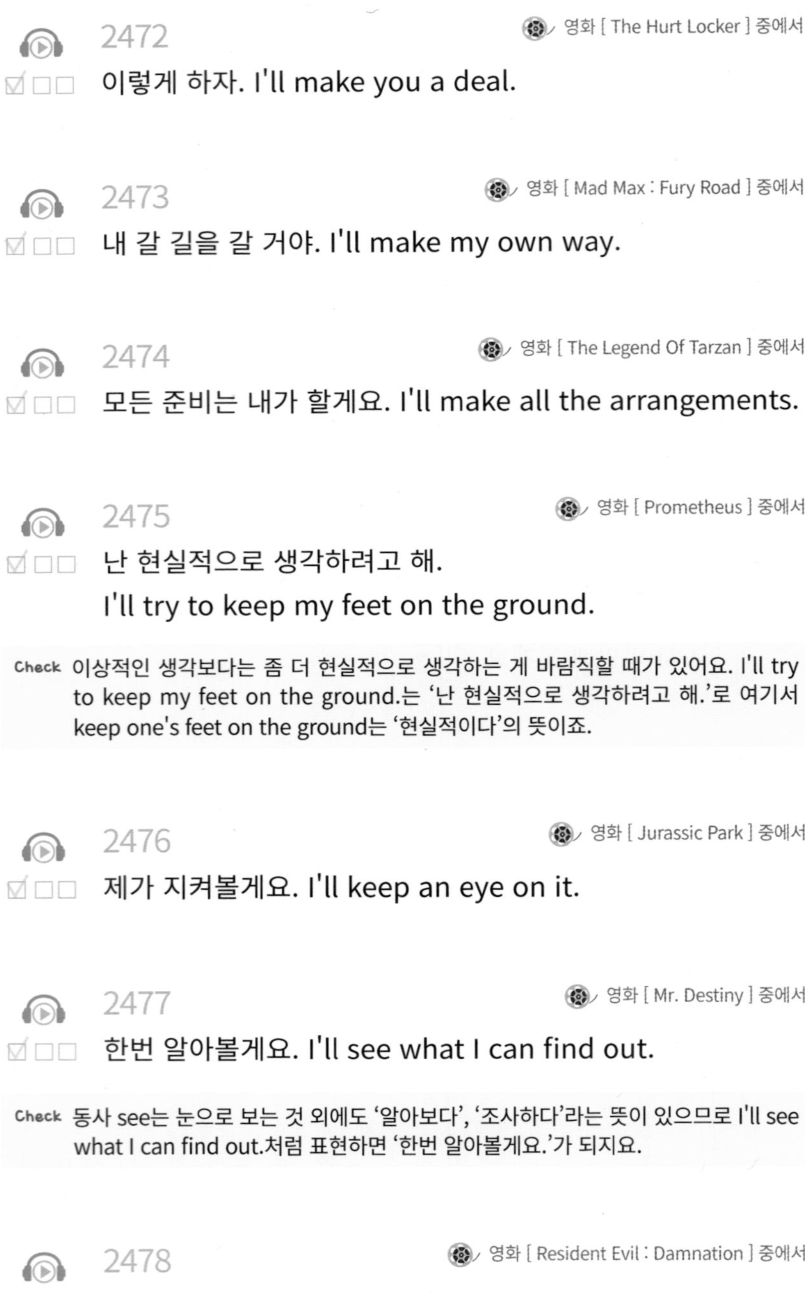

2472 영화 [The Hurt Locker] 중에서

☑□□ 이렇게 하자. I'll make you a deal.

2473 영화 [Mad Max : Fury Road] 중에서

☑□□ 내 갈 길을 갈 거야. I'll make my own way.

2474 영화 [The Legend Of Tarzan] 중에서

☑□□ 모든 준비는 내가 할게요. I'll make all the arrangements.

2475 영화 [Prometheus] 중에서

☑□□ 난 현실적으로 생각하려고 해.
I'll try to keep my feet on the ground.

Check 이상적인 생각보다는 좀 더 현실적으로 생각하는 게 바람직할 때가 있어요. I'll try to keep my feet on the ground.는 '난 현실적으로 생각하려고 해.'로 여기서 keep one's feet on the ground는 '현실적이다'의 뜻이죠.

2476 영화 [Jurassic Park] 중에서

☑□□ 제가 지켜볼게요. I'll keep an eye on it.

2477 영화 [Mr. Destiny] 중에서

☑□□ 한번 알아볼게요. I'll see what I can find out.

Check 동사 see는 눈으로 보는 것 외에도 '알아보다', '조사하다'라는 뜻이 있으므로 I'll see what I can find out.처럼 표현하면 '한번 알아볼게요.'가 되지요.

2478 영화 [Resident Evil : Damnation] 중에서

☑□□ 즉시 그걸 처리하겠습니다. I'll see to it immediately.

2479 영화 [The Amazing Spider-Man 2] 중에서

☑ ☐ ☐ 집까지 데려다줄게. I'll walk you home.

Check 집까지 바래다줄 때 동사 walk를 써서 I'll walk you home.처럼 표현하면 '집까지 데려다줄게.'입니다. 다시 말해서 집까지 함께 걸어가 주겠다는 얘기죠.

2480 영화 [The Natural] 중에서

☑ ☐ ☐ 택시 있는 곳까지 데려다 줄게요. I'll walk you to a cab.

2481 영화 [The One] 중에서

☑ ☐ ☐ 내가 끌게. I'll turn it off.

Check 깜빡해서 집안에 뭔가를 켠 상대로 밖으로 나왔을 때 그 사실을 알게 되면 즉시 누군가가 가서 꺼야만 합니다. I'll turn it off.는 '내가 끌게.'로 뭔가를 돌려(turn) 멈추어(off) 있는 상태로 만드는 것을 말해요.

2482 영화 [Run All Night] 중에서

☑ ☐ ☐ 나 자수할 거야. I'll turn myself in.

2483 영화 [The Guardian] 중에서

☑ ☐ ☐ 제가 안내해 드리죠. I'll show you around.

Check 주변 지역을 잘 알고 있는 상태라면 기꺼이 안내해 줄 용의가 있습니다. 특히 외국인 관광객이 도움을 요청했다면 더욱 그럴 수가 있겠죠. 영어로 I'll show you around.는 '제가 안내해 드리죠.'입니다.

2484 영화 [Red] 중에서

☑ ☐ ☐ 집 보여줄게. I'll show you the house.

2485 영화 [Black Hawk Down] 중에서

☑☐☐ 다른 방법을 알아봐야겠어.
I'll have to figure out another way.

Check 문제 해결에 여러 방법이 있습니다. 하나의 방법이 별 효과가 없다고 느껴지면 I'll have to figure out another way.라고 말할 수 있어요. 의미는 '다른 방법을 알아봐야겠어.'입니다.

2486 영화 [Terminator : Dark Fate] 중에서

☑☐☐ 내가 해결해 볼게, 내가 방법을 찾아볼게. I'll figure it out.

2487 영화 [Lone Survivor] 중에서

☑☐☐ 내가 알아볼게. I'll find out.

2488 영화 [Extraordinary Measures] 중에서

☑☐☐ 내가 그 문제를 수습할게, 내가 그 문제를 바로잡을게.
I'll smooth that one over.

Check 직면하고 있는 문제를 누군가와의 대화를 통해서 해결하려고 할 때 smooth ~ over를 씁니다. 즉 I'll smooth that one over.는 '내가 그 문제를 수습할게.', '내가 그 문제를 바로잡을게.'의 뜻이에요.

2489 영화 [Wall Street : Money Never Sleeps] 중에서

☑☐☐ 이렇게 한 번 설명해볼게요. I'll put it to you this way.

2490 영화 [Chappie] 중에서

☑☐☐ 조금 있다가 얘기해. I'll talk to you in a bit.

Check 지금은 대화 나누기가 좀 곤란하다고 말하며 잠시 후에 다시 얘기하자고 할 때 I'll talk to you in a bit.처럼 표현합니다. 의미는 '조금 있다가 얘기해.'예요. 숙어로 in a bit은 '조금 있다가'입니다.

2491 영화 [Maleficent : Mistress Of Evil] 중에서

☑☐☐ 나중에 그거 설명할게요. I'll explain it later.

2492 영화 [Knowing] 중에서

☑☐☐ 생각해 볼게요. I'll think about it.

Check 상대방의 제안에 대해 시간을 두고 신중하게 생각해 보겠다고 할 때 think about을 사용해서 I'll think about it.이라고 말합니다. 전치사 about를 쓰면 시간을 좀 가지고 곰곰이 생각한다는 뉘앙스를 풍기게 되죠.

2493 영화 [Underworld : Rise Of The Lycans] 중에서

☑☐☐ 네 제안을 심사숙고해볼게.
I will take your suggestion under advisement.

2494 영화 [Bad Company] 중에서

☑☐☐ 갚을게요. I'll pay you back.

Check 남에게 빌린 돈을 나중에라도 갚겠다고 할 때 I'll pay you back.이라고 하죠. 다시 말해서 '갚을게요.'의 뜻으로 pay back은 '돈을 갚다'예요.

2495 영화 [The House With A Clock In Its Walls] 중에서

☑☐☐ 그건 인정할게. I'll admit that.

2496 영화 [Starwars : The Force Awakens] 중에서

☑☐☐ 내가 끝낼 거야. I will finish up.

2497 영화 [The Greatest Showman] 중에서

☑☐☐ 선택은 당신 몫이에요. I'll leave it up to you.

2498 영화 [Invictus] 중에서

☑☐☐ 당신 태우러 바로 이곳으로 올게요. I'll pick you up right here.

Check 누군가를 차에서 내려 준 후 잠시 후에 다시 와서 태워주겠다고 할 때 I'll pick you up right here.이라고 합니다. '당신 태우러 바로 이곳으로 올게요.'의 뜻으로 사용되죠.

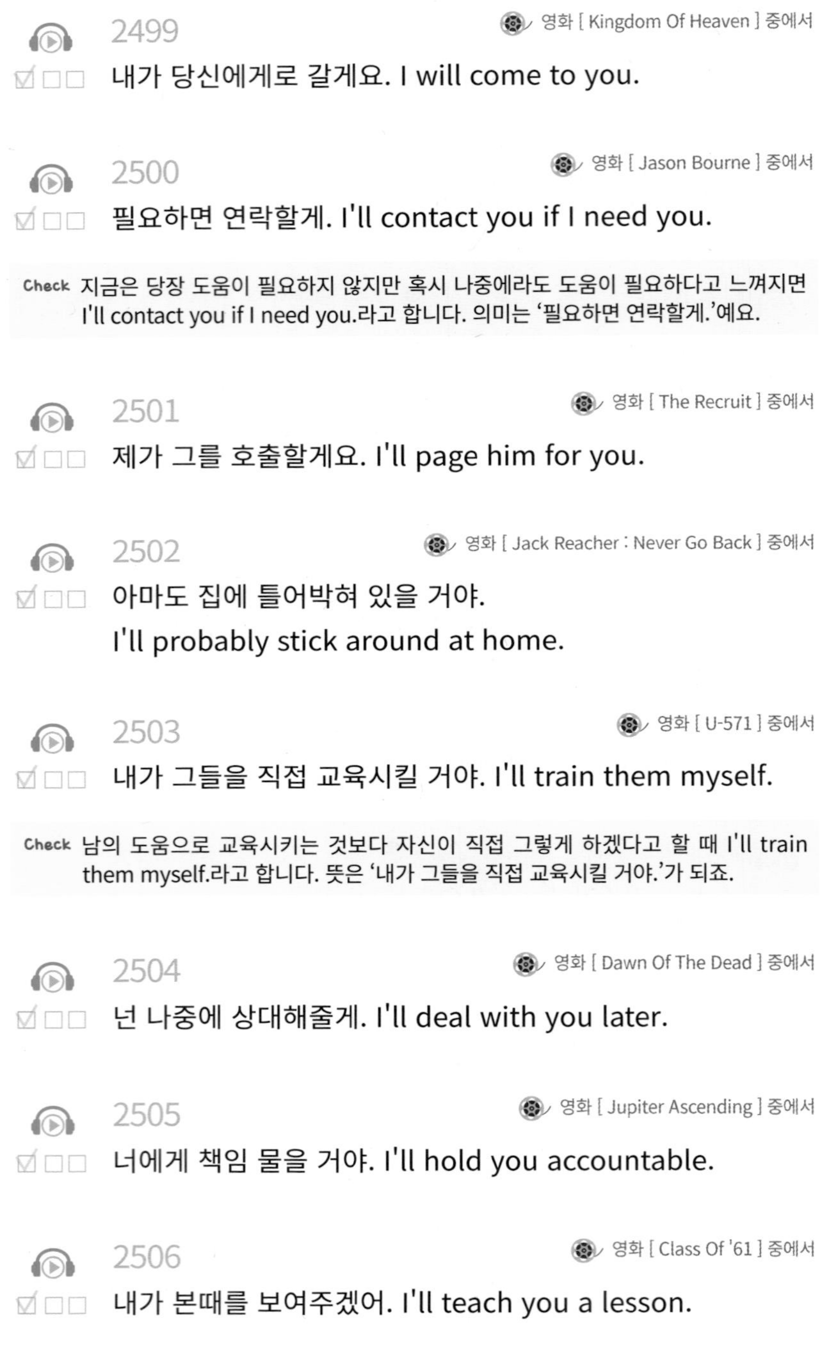

2499 영화 [Kingdom Of Heaven] 중에서

내가 당신에게로 갈게요. I will come to you.

2500 영화 [Jason Bourne] 중에서

필요하면 연락할게. I'll contact you if I need you.

Check 지금은 당장 도움이 필요하지 않지만 혹시 나중에라도 도움이 필요하다고 느껴지면 I'll contact you if I need you.라고 합니다. 의미는 '필요하면 연락할게.'예요.

2501 영화 [The Recruit] 중에서

제가 그를 호출할게요. I'll page him for you.

2502 영화 [Jack Reacher : Never Go Back] 중에서

아마도 집에 틀어박혀 있을 거야.
I'll probably stick around at home.

2503 영화 [U-571] 중에서

내가 그들을 직접 교육시킬 거야. I'll train them myself.

Check 남의 도움으로 교육시키는 것보다 자신이 직접 그렇게 하겠다고 할 때 I'll train them myself.라고 합니다. 뜻은 '내가 그들을 직접 교육시킬 거야.'가 되죠.

2504 영화 [Dawn Of The Dead] 중에서

넌 나중에 상대해줄게. I'll deal with you later.

2505 영화 [Jupiter Ascending] 중에서

너에게 책임 물을 거야. I'll hold you accountable.

2506 영화 [Class Of '61] 중에서

내가 본때를 보여주겠어. I'll teach you a lesson.

2507 영화 [Priest] 중에서

☑☐☐ 다시는 그와 같은 실수를 안 할 거예요.

I won't make that same mistake again.

Check 한 번의 실수는 눈감아 줄 수 있지만 똑같은 실수를 하게 되면 그에 따른 책임을 져야 합니다. '다시는 그와 같은 실수를 안 할 거예요.'를 I won't make that same mistake again.이라고 해요. 때로는 same을 생략하고 말하기도 하죠.

2508 영화 [Shoot 'Em Up] 중에서

☑☐☐ 다시는 이런 실수 안 할게요.

I won't make this mistake again.

2509 영화 [The Emoji Movie] 중에서

☑☐☐ 실망시키지 않을게요. I won't let you down.

2510 영화 [Goal : The Dream Begins] 중에서

☑☐☐ 잠깐이면 돼요. I won't be a second.

Check 시간이 얼마 걸리지 않을 거라고 하며 안심시킬 때 I won't be a second.라고 하죠. 의미는 '잠깐이면 돼요.'입니다.

2511 영화 [L.A. Confidential] 중에서

☑☐☐ 나 거기에 없을 거예요. I won't be there.

2512 영화 [The Mist] 중에서

☑☐☐ 다시는 안 그럴게요. I won't do that again.

Check 잘못한 일이 있으면 사과하게 됩니다. 그러면서 '다시는 안 그럴게요.'처럼 말하게 되죠. I won't do that again.처럼 표현할 수 있어요.

2513 영화 [Swordfish] 중에서

☑☐☐ 다신 얘기 안 할 거야. I won't say it again.

2514 영화 [Transformers : Age Of Extinction] 중에서

☑□□ 너에게 동정 따위는 없을 거야.

You'll get no sympathy from me.

Check 상대방의 어려운 처지를 잘 알고 있지만 마치 자기 일처럼 여기고 싶은 마음은 없다고 할 때 You'll get no sympathy from me.처럼 말합니다. 이때 의미는 '너에게 동정 따위는 없을 거야.'입니다.

2515 영화 [The Incredibles] 중에서

☑□□ 괜찮아질 거야, 극복하게 될 거야. You'll get over it.

2516 영화 [10,000 BC] 중에서

☑□□ 당신은 언제나 내 마음속에 있을 거야.

You will always be in my heart.

Check 사랑하는 사람에게 You will always be in my heart.처럼 얘기하면 '당신은 언제나 내 마음속에 있을 거야.'의 뜻입니다. 언제나 어디서나 당신만을 생각하겠다는 속뜻이 담겨 있는 거죠.

2517 영화 [Clear And Present Danger] 중에서

☑□□ 네가 책임지게 될 거야. You'll take the blame for it.

2518 영화 [Nim's Island] 중에서

☑□□ 네 스스로 해야 할 거야. You'll have to do it for yourself.

Check 남의 도움을 받기보다는 혼자 스스로 문제 해결하라고 할 때 You'll have to do it for yourself.라고 합니다. 즉 '네 스스로 해야 할 거야.'의 뜻이지요.

2519 영화 [London Has Fallen] 중에서

☑□□ 알게 될 거야. You'll figure it out.

2520 영화 [Brave] 중에서

오늘 제가 뭘 했었는지 절대로 못 맞출 거예요.
You'll never guess what I did today.

2521 영화 [Togo] 중에서

길고 짧은 것은 대봐야 알아. You won't know until you try.

Check 어떤 일이든 시도하기 전까지는 결과를 예측할 수 없어요. 우리말 '길고 짧은 것은 대봐야 알아.'를 네이티브들은 You won't know until you try.처럼 얘기하죠. 즉 '시도하기 전까지는 알 수 없을 거야.'라는 얘기입니다.

2522 영화 [The Road] 중에서

네 맘에 안 들 거야. You won't like it.

2523 영화 [Million Dollar Baby] 중에서

절대로 그걸 후회하지 않으실 거예요.
You won't never regret it.

2524 영화 [True Grit] 중에서

꼭 보게 될 거예요. You won't fail to see it.

2525 영화 [Shutter Island] 중에서

당신의 요구 사항을 고려해보겠습니다.
We'll take your request under consideration.

Check 뭔가를 심사숙고한다고 할 때 take ~ under consideration이라고 합니다. 이를 활용해서 We'll take your request under consideration.처럼 하면 '당신의 요구 사항을 고려해보겠습니다.'가 되죠.

2526 영화 [Death Machine] 중에서

여기서부터는 우리가 맡을게요. We'll take it from here.

2527 영화 [Fury] 중에서

☑□□ 우린 여기서 흩어질 거야. We'll split up here.

2528 영화 [Maggie's Plan] 중에서

☑□□ 우리가 연락드릴게요. We'll get back to you.

2529 영화 [Alexander And The Terrible, Horrible, No good, Very Bad Day] 중에서

☑□□ 나중에 이거 논의해요. We'll discuss this later.

Check 지금은 얘기할 시간이 아닌 것 같다고 하며 We'll discuss this later.처럼 말했다면 그 의미는 '나중에 이거 논의해요.'입니다.

2530 영화 [The Lost Future] 중에서

☑□□ 곧 알게 되겠지. We'll soon find out.

2531 영화 [47 Ronin] 중에서

☑□□ 더 필요할 거야. We'll need more.

2532 영화 [Jurassic Park 3] 중에서

☑□□ 우리가 대접할게요. It'll be our treat.

Check 귀한 손님이 찾아왔을 때 보통 음식 등으로 대접하는 게 일반적입니다. '우리가 대접할게요.'를 It'll be our treat.이라고 하죠. 명사 treat는 '대접', '한턱내기'입니다.

2533 영화 [Sherlock Holmes : A Game Of Shadows] 중에서

☑□□ 당신에게 더 어울릴 거예요. It'll suit you more.

2534 영화 [The World's Fastest Indian] 중에서

☑□□ 비용 많이 드나요? Will it cost a lot?

2535 영화 [First Blood] 중에서

그렇게는 안 될걸, 그래서는 안 될걸. It won't work that way.

Check 문제 해결을 위해 이런저런 방법을 총동원하고 있지만 아무런 효과가 없을 때 동사 work를 사용합니다. 즉 It won't work that way.는 '그렇게는 안 될걸.', '그래서는 안 될걸.'의 의미예요.

2536 영화 [District 9] 중에서

그렇게는 안 될 거야. It won't work.

2537 영화 [The Good Dinosaur] 중에서

가능성이 없을 거야, 승산이 없을 거야.
It won't stand a chance.

2538 영화 [Hop] 중에서

이거면 돼, 이거면 충분해. This will do.

Check 필요한 물건을 찾다가 적당하다고 느껴지는 것을 발견했을 때 This will do.라고 해요. 의미는 '이거면 돼.', '이거면 충분해.'입니다.

2539 영화 [Billy Elliot] 중에서

이 말이 이상하게 들릴 거야. This will sound strange.

2540 영화 [Punisher 2] 중에서

이 모든 게 곧 끝날 거야. This will all be over soon.

Check 시작이 있으면 끝이 있기 마련입니다. 영어로 This will all be over soon.은 '이 모든 게 곧 끝날 거야.'로 부사 soon은 '곧'을 뜻해요.

2541 영화 [Battleship] 중에서

이런 일이 다시는 일어나지 말아야 해.
This will not happen again.

2542 영화 [A Knight's Tale] 중에서

☑□□ 그 정도면 충분해. That'll do.

Check 비록 기대했던 것만큼은 아니지만 그래도 그 정도면 충분하다고 할 때 That'll do.처럼 표현합니다. 의미는 '그 정도면 충분해.'예요.

2543 영화 [Pikachu] 중에서

☑□□ 그게 다야, 그게 전부야. That will be all.

2544 영화 [The Transporter] 중에서

☑□□ 모든 게 정상으로 돌아갈 거야.

Everything will go back to normal.

Check 잠시 혼란을 틈타 주변 상황이 평소와는 사뭇 다르게 바뀌었지만 시간이 지나면 모든 게 제자리로 돌아올 거라고 희망적인 말을 하고 싶을 때 Everything will go back to normal.이라고 합니다. '모든 게 정상으로 돌아갈 거야.'의 뜻이에요.

2545 영화 [The Day The Earth Stood Still] 중에서

☑□□ 가는 도중에 모든 거 설명할게요.

Everything will be explained to you en route.

2546 영화 [47 Ronin] 중에서

☑□□ 어느 것도 우릴 가로막지 못해.

Nothing will ever keep me away from you.

2547 영화 [The Day After Tomorrow] 중에서

☑□□ 난 보스한테 엄청 깨질 거야.

The boss will chew my head off.

Check 잘못한 일이 있으면 때론 누군가에 호되게 꾸중을 듣게 될 수 있어요. 영어로 The boss will chew my head off.를 직역하면 '보스가 내 머리를 씹어 떼어 낼 거야(?).'처럼 무섭게 들릴 수 있지만 이 말은 '난 보스한테 엄청 깨질 거야.'를 빗대어서 표현한 말입니다.

2548 영화 [The Queen's Corgi] 중에서

그녀는 골치만 아프게 할 거야.
She will be nothing but trouble.

2549 영화 [Predator 2] 중에서

엄마랑 나 금방 올 거야.
Your mom and I won't be very long.

2550 영화 [Swordfish] 중에서

얼마나 여기에 있을 건가요? How long will you be here?

2551 영화 [XXX] 중에서

그건 꿈도 안 꿔, 그럴 생각은 추호도 없어.
I wouldn't dream of it.

Check 제안을 거절할 때나 상대방의 말을 강하게 부정할 때 I wouldn't dream of it.처럼 말합니다. 뜻은 '그건 꿈도 안 꿔.' 또는 '그럴 생각은 추호도 없어.'가 되죠.

2552 영화 [Toy Story Of Terror] 중에서

내가 너라면 외출 안 할 거야.
I wouldn't go out if I were you.

2553 영화 [The Smurfs] 중에서

내가 너라면 아무 데도 안 갈 거야.
I wouldn't go anywhere if I were you.

2554 영화 [Geostorm] 중에서

뭔가 찾으면 즉시 보고할게요.
If I find anything, I'll report to you right away.

2555 영화 [Percy Jackson & The Lightening Thief] 중에서

☑□□ 뭐라고 할까? How shall I put this?

Check 직면하고 있는 상황을 어떻게 말로 표현하면 좋을지 좀 고민될 때 How shall I put this? How shall I put it?처럼 말합니다. 의미는 '뭐라고 할까?'로 동사 put은 여기서 '진술하다', '설명하다'예요.

2556 영화 [Unforgiven] 중에서

☑□□ 어떻게 말하면 좋을까? 어떻게 말해야 할까?
How shall I put it?

2557 영화 [Pirates Of The Caribbean : The Curse Of The Black Pearl] 중에서

☑□□ 즉시 알려줄게요. I shall inform you immediately.

2558 영화 [Exodus : Gods And Kings] 중에서

☑□□ 계속할까요? Shall I go on?

2559 영화 [Underworld : Blood Wars] 중에서

☑□□ 그렇게 하겠습니다. It shall be done.

Check 말하는 화자의 의지를 나타날 때 조동사 shall을 사용합니다. 영어로 It shall be done.이라고 하면 '그렇게 하겠습니다.'인데요, 기꺼이 그렇게 하겠다는 의지를 보여주는 겁니다.

2560 영화 [Moulin Rouge] 중에서

☑□□ 우리 처음부터 다시 할까요? Shall we take it from the top?

2561 영화 [Kung Fu Panda] 중에서

☑□□ 가요, 갑니다. I'm coming.

Check 누군가가 재촉하면서 서두르라고 하거나 빨리 오라고 할 때 우린 '가요.', '갑니다.'라고 말합니다. I'm going.처럼 말할 것 같지만 네이티브들은 I'm coming.처럼 상대방을 중심으로 해서 표현하죠.

2562 영화 [Home Alone 2 : Lost In New York] 중에서

나 올라간다. I'm coming up.

2563 영화 [A Star Is Born] 중에서

나 들어가. I'm coming in.

2564 영화 [Dawn Of The Planet Of The Apes] 중에서

저도 갈게요. I'm coming, too.

2565 영화 [National Security] 중에서

나 이거 취소할 거야. I'm calling this off.

Check 약속을 잡았지만 어쩔 수 없는 상황으로 취소해야 할 경우 I'm calling this off.처럼 표현하게 됩니다. 숙어로 call off는 '취소하다'이므로 '나 이거 취소할 거야.'의 의미인 거죠.

2566 영화 [Underworld : Awakening] 중에서

본부에 급히 연락할게. I'm calling it in.

2567 영화 [Resident Evil : Apocalypse] 중에서

나 여기서 나갈 거야, 여기서 나가야겠어.
I'm getting out of here.

Check 불편하게 생각되는 곳에 있게 되면 당장이라도 밖으로 나가고 싶어지는 게 사람 마음입니다. I'm getting out of here.이라고 하면 '나 여기서 나갈 거야.', '여기서 나가야겠어.'의 뜻이에요.

2568 영화 [Mr. & Mrs. Smith] 중에서

나 결혼해. I'm getting married.

2569 영화 [Starwars : The Force Awakens] 중에서

☑□□ 노력 중이야. I'm working on it.

Check 상대방이 계속 뭔가를 재촉할 때 자신도 노력하고 있으니 조금만 더 기다려달라고 할 때 I'm working on it.처럼 말합니다. 의미는 '노력 중이야.'이죠.

2570 영화 [Road To Perdition] 중에서

☑□□ 예금을 인출할 거예요. I'm making a withdrawal.

2571 영화 [Talladega Nights : The Ballad Of Ricky Bobby] 중에서

☑□□ 지금 당장 이사 올게. I'm moving in right now.

2572 영화 [Goosebumps] 중에서

☑□□ 나 상황 봐가며 할 거야. I'm playing it by ear.

Check 아무 준비 없이 귀로 듣고 외워서 즉흥 연주한다(play something by ear)는 것은 그냥 돌아가는 상황을 봐가며 행동하겠다는 얘기입니다. 즉 I'm playing it by ear.는 '나 상황 봐가며 할 거야.'로 쓰이는 표현이에요.

2573 영화 [The Queen's Corgi] 중에서

☑□□ 나 다시 생각해 볼게. I'm having a second thought.

2574 영화 [Problem Child] 중에서

☑□□ 저 데이트해요. I'm going out on a date.

Check 좋아하는 사람과 데이트를 하는 건 즐거움입니다. I'm going out on a date.는 '저 데이트해요.'로 go out은 '외출하다'고 on a date은 '데이트에'의 뜻이에요.

2575 영화 [Green Zone] 중에서

☑□□ 그만 기다릴래요. I'm done waiting.

2576 영화 [It Could Happen To You] 중에서

꼼짝 안 하고 여기 있을게. I'm sticking around.

2577 영화 [Jurassic Park : The Lost World] 중에서

다시는 똑같은 실수 안 할 거야.
I'm not making the same mistakes again.

Check 똑같은 실수를 하게 되면 그것처럼 낭패스러운 일은 없을 거예요. '다시는 똑같은 실수 안 할 거야.'라고 할 때 I'm not making the same mistakes again.처럼 표현해요.

2578 영화 [Transporter 2] 중에서

이 문제를 복잡하게 만들려는 건 아니에요.
I'm not making this complicated.

2579 영화 [Underworld] 중에서

빈둥거리지 않을 거야, 시간 낭비하지 않을 거야.
I'm not screwing around.

Check 아무런 일도 하지 않으면서 그저 시간만 낭비하지는 않겠다고 약속할 때 I'm not screwing around.이라고 하죠. 숙어로 screw around는 '(하는 일 없이) 빈들빈들하다'입니다. 그러므로 '빈둥거리지 않을 거야.' 또는 '시간 낭비하지 않을 거야.'의 뜻이 되죠.

2580 영화 [Jaws] 중에서

나 여기 안 있을 거야. I'm not staying here.

2581 영화 [Robin Hood] 중에서

올 거야 말 거야? Are you coming or not?

Check 올지 말지 고민하고 있는 친구나 지인에게 '올 거야 말 거야?'처럼 단호하게 얘기하게 되는데요, Are you coming or not?처럼 간단하게 표현할 수 있어요.

2582 영화 [The World's Fastest Indian] 중에서

저한테 데이트 신청하는 건가요?
Are you asking me out on a date?

2583 영화 [The Chronicles Of Narnia : Prince Caspian] 중에서

안 갈 거야? Aren't you coming?

2584 영화 [In The Heart Of The Sea] 중에서

너 우리랑 갈 거야? You are coming with us?

2585 영화 [Reign Of Fire] 중에서

날 포기 안 할 거지, 그렇지?
You're not giving up on me, are you?

2586 영화 [Tron : Legacy] 중에서

절 어디로 데려가는 거죠? Where are you taking me?

Check 자신도 모르는 곳으로 누군가가 데려가려고 할 때 Where are you taking me?처럼 물어보게 됩니다. 뜻은 '절 어디로 데려가는 거죠?'입니다.

2587 영화 [Hacksaw Ridge] 중에서

누군가 당신 데리러 오나요? Is somebody picking you up?

2588 영화 [Suicide Squad] 중에서

우리 드라이브하러 갈 거야. We're going for a drive.

Check 사람마다 다르지만 기분 전환으로 드라이브를 하려고 할 때 go for a drive(드라이브하러 가다)를 써서 표현합니다. 즉 We're going for a drive.라고 하면 '우리 드라이브하러 갈 거야.'예요.

SCENE# 56. 재능

2589 영화 [World War Z] 중에서

나 그거 정말 잘해. I'm really good at it.

Check 어느 누구에게도 자신만의 특기가 있습니다. 보통 be good at(~을 잘하다)으로 표현하는데요, I'm really good at it.처럼 얘기하면 '나 그거 정말 잘해.'가 되지요. 대명사 it은 상황에 따라 대상이 달라집니다.

2590 영화 [Ice Age : Dawn Of The Dinosaurs] 중에서

난 친구 잘 사귀어. I'm good at making friends.

2591 영화 [Spies In Disguise] 중에서

난 이런 걸 너무 잘해. I'm way too good at this.

Check 뭔가를 잘해도 너무 잘할 때 way too를 붙여 I'm way too good at this.라고 말합니다. '난 이런 걸 너무 잘해.'로 way too good은 지나칠 정도로 '너무 잘하는'의 뜻이랍니다.

2592 영화 [Green Lantern] 중에서

내가 이거 잘한다고 얘기했잖아.
I told you I was good at this.

2593 영화 [The Greatest Game Ever Played] 중에서

이건 내가 잘하는 거야. This is something I'm good at.

2594 영화 [Oz : The Great And Powerful] 중에서

전 빨리 배우는 편이에요. I'm a fast learner.

Check 뭔가를 남들보다 빨리 습득하거나 배우는 사람이 있어요. 본인 자신이 그렇다면 I'm a fast learner.이라고 하면 되죠. '전 빨리 배우는 편이에요.'입니다.

2595 영화 [The Fast And The Furious : Tokyo Drift] 중에서

당신 정말 빨리 배우는군요. You're a quick learner.

2596 영화 [Mr. Bean's Holiday] 중에서

☑□□ 프랑스어를 정말 잘하시네요. You speak very good French.

2597 영화 [Sucker Punch] 중에서

☑□□ 이곳에서는 모든 게 통제 하에 있어요.

I've got everything under control around here.

Check 주변이 혼란스러운 상황이라면 신속하게 대처를 해야 합니다. I've got everything under control around here.는 '이곳에서는 모든 게 통제 하에 있어요.'로 under control은 '통제되는'의 뜻입니다.

2598 영화 [The Replacement Killers] 중에서

☑□□ 내가 알아서 잘하고 있어. I got it all under control.

2599 영화 [Reign Of Fire] 중에서

☑□□ 난 프랑스어가 서툴러. I'm lousy at French.

Check 스스로 잘하는 것도 있지만 이와 반대로 서투른 것도 있기 마련입니다. I'm lousy at French.라고 하면 '난 프랑스어가 서툴러.'로 여기서 be lousy at은 '~에 서투르다'예요.

2600 영화 [Smurfs : The Lost Village] 중에서

☑□□ 너 이쪽으론 완전 소질 없는 거 알지?

You're not very good at this, are you?

2601 영화 [Monkey Shines] 중에서

☑□□ 난 사람 이름을 잘 기억 못 해. I'm terrible at names.

Check 자신이 없는 일을 남에게 얘기하려고 할 때 왠지 머뭇거리게 되는데요, 솔직하게 말하고 싶다면 I'm terrible at~을 활용하면 되죠. 즉 I'm terrible at names.는 '난 사람 이름을 잘 기억 못 해.'의 뜻이에요.

2602 영화 [Alvin And The Chipmunks 2] 중에서

☑☐☐ 이런 일은 그렇게 잘하지는 못해요.
I'm not that great at things like this.

2603 영화 [How To Train Your Dragon 2] 중에서

☑☐☐ 내가 좀 서툴러요. I'm a little out of practice.

Check 뭔가 손에 익숙하지 않으면 좀 서투르게 되죠. 영어로 I'm a little out of practice.를 직역하면 '내가 좀 연습이 부족해요.'인데요, 의역하면 '내가 좀 서툴러요.'입니다. 뭐든지 익숙할 때까지는 지속적인 연습이 필요합니다.

MEMO)

할리우드 영어표현

Unit 17

MP3

사는 게 다 그렇죠!

SCENE # 57 세상살이

할리우드 표현 2604-2611

SCENE # 58 과거지사

할리우드 표현 2612-2617

SCENE # 59 격언

할리우드 표현 2618-2625

* 영화 살짝 엿보기! 0019-0021

SCENE# 57. 세상살이

2604 영화 [Bruce Almighty] 중에서

☑□□ 세상사가 다 그런 거야, 인생이 다 그렇지.
That's the way the cookie crumbles.

Check 쿠키가 바스라 질 때 모양이 딱 정해져 있는 게 아닌 것처럼 인생살이도 앞을 내다볼 수 없다는 것을 비유한 말로 That's the way the cookie crumbles.는 '세상사가 다 그런 거야.', '인생이 다 그렇지.'의 뜻으로 쓰입니다.

2605 영화 [The Hitman's Bodyguard] 중에서

☑□□ 그게 인생이야, 사는 게 다 그렇지 뭐. That's life.

2606 영화 [Smokin' Aces] 중에서

☑□□ 세상살이가 다 그런 거야! It's the way of the world!

2607 영화 [The Bucket List] 중에서

☑□□ 그런 게 인생이야. That's just the way it goes.

2608 영화 [Four Brothers] 중에서

☑□□ 세상에 공짜는 없어. There's no such thing as a free lunch.

Check 세상에는 거저 얻어지는 게 없습니다. 그만큼의 대가를 지불해야 합니다. '세상에 공짜는 없어.'를 영어로 표현하면 There's no such thing as a free lunch.입니다. '무료 점심 같은 건 없다.'는 얘기인 거죠.

2609 영화 [The Natural] 중에서

☑□□ 세상이 완전 달라졌어. Things are never the same.

2610 영화 [Australia] 중에서

순리대로 흘러갈 거예요. Nature will take its course.

Check 자연이(nature) 자신의 길을(its course) 취할 것이다(will take)처럼 도대체 무슨 뜻인지 감이 쉽게 오지 않아요. 이 표현은 모든 것들이 '순리대로 흘러갈 거예요.'란 의미예요. 인위적으로 변화시킬 필요 없다는 얘기인 거죠.

2611 영화 [Watchmen] 중에서

어떻게 모든 것이 이렇게까지 꼬이게 된 걸까?
How did everything get so tangled up?

MEMO)

SCENE# 58. 과거지사

2612 영화 [Hancock] 중에서

☑□□ 지나간 일이야, 끝난 일이야.

It's water under the bridge.

Check 이미 지나간 일이라고 할 때나 끝난 일이라고 할 때 water under the bridge.라고 하는데요, 네이티브들은 It's water under the bridge.라고 말합니다. 마치 다리 밑에 흘러 내려가는 물에 비유한 말로 의미는 '지나간 일이야.', '끝난 일이야.'입니다.

2613 영화 [First Blood] 중에서

☑□□ 이제 다 이미 끝난 일이야. It's all in the past now.

2614 영화 [Mission Impossible : Fallout] 중에서

☑□□ 이미 엎질러진 물이야. What's done is done.

Check 잘못을 하고 나서 후회한들 그 일이 마치 없던 것처럼 원상태로 돌아가지는 않아요. 영어로 What's done is done.은 '이미 엎질러진 물이야.'의 뜻이랍니다.

2615 영화 [Invictus] 중에서

☑□□ 지나간 일은 지나간 일이에요. The past is the past.

2616 영화 [Sherlock Holmes] 중에서

☑□□ 과거에 연연하지 맙시다. Let's not dwell on the past.

Check 지난 일에 너무 연연하는 사람이 있습니다. 숙어로 dwell on은 '계속 곱씹다', '오래 연연하다'예요. 즉 Let's not dwell on the past.라고 하면 '과거에 연연하지 맙시다.'입니다. 응용해서 I'm not dwelling on the past.라고 하면 '과거에 연연하는 건 아니에요.'이죠.

2617 영화 [007 : Quantum Of Solace] 중에서

☑□□ 과거에 연연하는 건 아니에요. I'm not dwelling on the past.

SCENE# 59. 격언

2618 영화 [Oblivion] 중에서

그건 건초더미에서 바늘 찾기야.
That's like finding a needle in a haystack.

Check 거의 불가능한 일을 누군가가 계속 고집한다면 That's like finding a needle in a haystack.처럼 자신의 생각을 얘기하게 됩니다. '그건 건초더미에서 바늘 찾기야.'로, 즉 '그건 거의 불가능한 일이야.'라는 의미예요.

2619 영화 [Yes Man] 중에서

인내는 미덕이에요. Patience is a virtue.

2620 영화 [Notting Hill] 중에서

일석이조라 생각했어요.
I thought I'd kill two birds with one stone.

Check 한 번에 두 가지 일을 동시에 해결할 수 있을 때 우린 '일석이조'라고 합니다. 이와 맥락이 비슷한 영어 표현이 있는데요, Killing two birds with one stone.이 바로 그렇습니다. 이 표현을 응용해서 I thought I'd kill two birds with one stone.처럼 말하면 '일석이조라 생각했어요.'의 뜻이 되죠.

2621 영화 [Spectre] 중에서

로마는 하루아침에 세워지지 않았다.
Rome was not built in a day.

2622 영화 [The Adventures Of Tintin : The Secret Of The Unicorn] 중에서

나중에 후회하는 것보다 미리 조심하는 편이 더 나.
Better safe than sorry.

2623 영화 [Justice League : Attack Of The Legion Of Doom] 중에서

규칙은 규칙이야. Rules are rules.

2624 영화 [The Adventures Of A.R.I. : My Robot Friend] 중에서

일찍 일어나는 새가 벌레를 잡는다.

The early bird gets the worm.

Check 우리말에 '일찍 일어나는 새가 벌레를 잡는다.'라는 표현이 있어요. 영어로는 The early bird gets the worm.이라고 합니다. 명사 worm은 '벌레'를 뜻해요.

2625 영화 [A.L.] 중에서

역사는 되풀이되는 거야. History repeats itself.

MEMO)

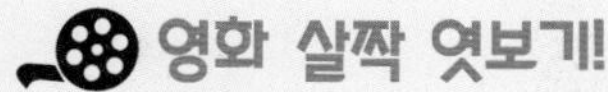

영화 [Confessions Of A Shopaholic] 중에서

0019 I couldn't agree more. 전적으로 동의해요.

상대방의 생각이나 의견에 맞장구 칠 때 I couldn't agree more.라고 합니다. 직역하면 '난 더 이상 동의할 수가 없었어요.'처럼 왠지 부정적인 뉘앙스로 들리죠. 하지만 이 표현은 '전적으로 동의해요.'의 뜻으로 상대방의 생각이나 의견이 나의 그것과 너무 똑같아 완전 공감한다는 속뜻이 담겨 있는 거예요.

A She's like a breath of fresh air.

B I couldn't agree more.

A 그녀는 기분을 상쾌하게 해주는 사람이에요.

B 전적으로 동의합니다.

* a breath of fresh air 청신한 기운

영화 [Escape Plan] 중에서

0020 Don't take it personally. 기분 나쁘게 생각하지 말아요.

자신의 언행을 상대가 혹시나 오해하거나 기분 나쁘게 받아들인다면 당황할 수밖에 없어요. 이때 원래부터 그럴 의도는 없었다고 말하면서 오해하지 말라고 부탁하게 되죠. 즉 Don't take it personally.이라고 하면 그 뜻은 '기분 나쁘게 생각하지 말아요.'입니다.

A You have any questions? 다른 질문 있어요?

B Yeah, one. What kind of man would choose to spend most of his life in prison?
네, 하나 있습니다. 어떤 남자가 평생 감옥살이를 하겠다는 거죠?

A Don't take it personally, Warden. 오해하진 말아요, 워든.

* personally 개인적으로

영화 [Skyline] 중에서

0021 Don't I know it. 그건 몰랐네요.

원래는 I don't know it.인데 여기서 don't를 문장 앞으로 도치시킨 거예요. 전혀 아는 바가 없을 때 Don't I know it.이라고 하죠. 의미는 '그건 몰랐네요.'입니다.

A What are you doing here so early? 이렇게 일찍부터 웬일이야?

B It's a beautiful day. 아름다운 날이에요.

A Don't I know it. 그건 몰랐네.

* beautiful 아름다운

할리우드 영어표현

Unit 18

MP3

제 얘기 잘 들어봐요!

SCENE # 60 내 자신 이야기

할리우드 표현 2626-2675

SCENE # 61 상대방 이야기

할리우드 표현 2676-2692

SCENE # 62 제삼자 이야기

할리우드 표현 2693-2708

* 영화 살짝 엿보기! **0022-0024**

SCENE# 60. 내 자신 이야기

2626 영화 [47 Ronin] 중에서

☑□□ 난 그곳에서 자랐어요. I was raised there.

Check 태어나서 자란 곳을 우린 고향이라고 합니다. 내가 자란 곳을 be raised로 표현할 수 있는데요, I was raised there.라고 하면 '난 그곳에서 자랐어요.'의 뜻입니다.

2627 영화 [Spider-Man : Into the Spider-Verse] 중에서

☑□□ 난 여기서 자랐어. I was raised here.

2628 영화 [Devil] 중에서

☑□□ 난 그렇게 유복하진 않아요. I'm not that well-off.

Check 유복하다는 말은 자신이 원하는 뭐든지 웬만하면 살 수 있을 정도로 부유한 상태를 말하는 건데요, I'm not that well-off.는 '난 그렇게 유복하진 않아요.'의 뜻입니다. 숙어로 well-off는 '유복한'이에요.

2629 영화 [Blood Diamond] 중에서

☑□□ 어릴 때 모유로 안 컸어요. I wasn't breast-fed as a child.

2630 영화 [Lake Placid] 중에서

☑□□ 전 담당자가 아니에요. I'm not in charge.

Check 자신은 책임자가 아니라고 할 때 I'm not in charge.라고 합니다. 숙어로 be in charge는 '담당하다'이므로 '전 담당하고 있지 않아요.'가 직역이고 의역하면 '전 담당자가 아니에요.'인 거죠.

2631 영화 [Captain America : The Winter Soldier] 중에서

☑□□ 난 어떤 것도 할 의무가 없어.
I'm not obliged to do anything.

2632 영화 [I Feel Pretty] 중에서

☑□□ 여기서 근무 안 해요. I don't work here.

2633 영화 [Jurassic World] 중에서

☑□□ 내가 여기 책임자예요. I'm in charge out here.

2634 영화 [Sneakers] 중에서

☑□□ 일 때문에 왔어요. I'm here on business.

2635 영화 [Maximum Risk] 중에서

☑□□ 난 당신이 생각하는 그런 사람 아니에요.
I'm not who you think I am.

Check 누군가가 자신을 잘못 알고 있거나 오해하고 있다면 '난 당신이 생각하는 그런 사람 아니에요.'라고 말하게 되죠. 영어로 I'm not who you think I am.입니다.

2636 영화 [Fred Claus] 중에서

☑□□ 난 정말로 아침형 인간이 아니야.
I'm not really a morning person.

2637 영화 [The Thirteenth Floor] 중에서

☑□□ 전 대단한 전문가가 아니에요.
I'm not much of a technical person.

Check 자신은 대단한 어떤 사람이 아니라고 할 때 I'm not much of a(an)~식으로 표현합니다. 예를 들어 I'm not much of a technical person.이라고 하면 그 뜻은 '전 대단한 전문가가 아니에요.'이죠.

2638 영화 [Red] 중에서

☑□□ 전 부동산 중개인이에요. I'm a real estate agent.

2639 영화 [Days Of Thunder] 중에서

☑□□ 전 대단한 영업사원이에요. I'm a hell of a salesman.

Check 자신을 능력 많고 대단한 영업사원이라고 밝힐 때 hell of a(굉장한)를 활용해서 I'm a hell of a salesman.처럼 표현해요. 의미는 '전 대단한 영업사원이에요.'입니다.

2640 영화 [Night At The Museum] 중에서

☑□□ 전 이곳 박물관 안내원이에요. I'm a docent here.

2641 영화 [Kingdom Of Heaven] 중에서

☑□□ 전 대장장이입니다. I am the blacksmith.

2642 영화 [Legion] 중에서

☑□□ 전 별 볼일 없는 사람이에요. I'm nobody.

Check 보잘것없고 별 볼일 없는 사람을 nobody라고 합니다. 자신이 그런 부류의 사람이라고 할 때는 I'm nobody.처럼 얘기하죠. 즉 '전 별 볼일 없는 사람이에요.'입니다.

2643 영화 [The Recruit] 중에서

☑□□ 난 한물갔어. I'm obsolete.

2644 영화 [Kingdom Of Heaven] 중에서

☑□□ 내가 구시대적일 수도 있어. I may be old-fashioned.

2645 영화 [Non Stop] 중에서

비행은 제 취향이 아니에요. Flying is not my cup of tea.

Check 비행기를 이용해서 어딘가를 갈 때마다 힘들어한다면 '비행은 제 취향이 아니에요.' 라고 하는데요, Flying is not my cup of tea.입니다. 자신이 늘 사용해서 이미 익숙해진 찻잔에 비유에서 한 표현이죠.

2646 영화 [The Benchwarmers] 중에서

천성적으로 야구를 좋아해요, 야구를 천성적으로 잘해요.
Baseball is in my blood.

2647 영화 [Warrior] 중에서

전 발이 넓어요. I have a lot of contacts.

Check 주위에 아는 사람도 많고 연락을 주고받을 곳도 많다고 하면 우린 발이 넓다고 말합니다. 영어로 I have a lot of contacts.는 '전 연락할 곳이 많아요.', 다시 말해 '전 발이 넓어요.'의 의미입니다.

2648 영화 [Iron Man] 중에서

난 수전증 없어요. I have steady hands.

2649 영화 [The Queen's Corgi] 중에서

난 너랑 달라. I am nothing like you.

Check 모든 면에서 자신은 남과 다르다고 할 때 I am nothing like you.처럼 얘기할 수 있어요. 너와 똑같은 게 없다는 얘기이므로 결국 '난 너랑 달라.'의 의미랍니다.

2650 영화 [Zombieland : Double Tap] 중에서

찬밥 더운밥 가릴 때가 아냐. Beggars can't be choosers.

2651 영화 [Bruce Almighty] 중에서

나이가 마흔에 가까워지고 있어요. I'm pushing 40.

Check 재미있는 표현으로 자신의 나이를 얘기할 때 I'm pushing 40.처럼 말하면 '나이가 마흔에 가까워지고 있어요.'입니다. 동사 push를 사용했다는 점이 재밌네요.

2652 영화 [Goosebumps] 중에서

나 홈스쿨링 해. I'm homeschooled.

2653 영화 [Avengers : Age Of Ultron] 중에서

세상 물정을 잘 몰라. I was born yesterday.

Check 세상 물정에 대해 아무것도 잘 모르는 상황을 마치 어제 태어난 갓난아이에 비유해서 한 말이 I was born yesterday.입니다. 다시 말해서 '세상 물정을 잘 몰라.'의 뜻이랍니다.

2654 영화 [Aladdin] 중에서

난 너무 순진해 빠졌어. I'm so naive.

2655 영화 [Groundhog Day] 중에서

난 정말 어리석기도 하지! 나 너무 바보 같아! Silly me!

Check 자신 스스로가 너무 어리석거나 바보 같다고 느껴질 때 하는 말이 Silly me!예요. 의미는 '난 정말 어리석기도 하지!', '나 너무 바보 같아!'입니다.

2656 영화 [Coyote Ugly] 중에서

좀 전에 제가 완전 바보 같은 짓을 했네요.
I just made a complete fool of myself.

2657 영화 [Fantastic 4 : Rise Of The Silver Surfer] 중에서

☑□□ 그건 그냥 내 취향이 아냐. It's just not my kind of thing.

Check 별로 관심도 없고 흥미도 없다면 마음에서 멀어지게 됩니다. 영어로 It's just not my kind of thing.은 '그건 그냥 내 취향이 아냐.'예요.

2658 영화 [Predator] 중에서

☑□□ 내 취향이 아니었어, 내 스타일이 아니었어.
That wasn't my style.

2659 영화 [Mamma Mia] 중에서

☑□□ 난 혼자 있는 게 너무 좋아요. I love being on my own.

Check 혼자만의 생활에 너무 익숙해지면 누군가와 함께 하는 것이 때로는 불편하게 느껴질 수가 있습니다. 영어로 I love being on my own.이라고 하면 '난 혼자 있는 게 너무 좋아요.'입니다.

2660 영화 [The Chronicles Of Narnia : Prince Caspian] 중에서

☑□□ 혼자 있는 걸 선호하는 편이야. I prefer to be left alone.

2661 영화 [Goal : The Dream Begins] 중에서

☑□□ 난 외출 많이 안 해. I don't go out much.

2662 영화 [Finding Nemo] 중에서

☑□□ 가족 내력이야, 유전이야. It runs in my family.

Check 자신의 성격이나 행동이 부모님과 똑같을 때 우린 '가족 내력이야.'라고 말하죠. 네이티브들은 동사 run을 써서 It runs in my family.라고 합니다. 직역하면 '우리 가족 안에서 돈다.'이므로 '유전이야.'처럼 달리 말할 수 있죠.

2663 영화 [Hellboy] 중에서

☑□□ 부전자전 Like father, like son

2664 영화 [Wild Hogs] 중에서

☑□□ 내가 겁쟁이 같아? You think I'm a wimp?

Check 비격식적인 말로 wimp은 '소심한 사람' 또는 '겁쟁이'를 뜻합니다. 상대에게 You think I'm a wimp?라고 하면 의미가 '내가 겁쟁이 같아?'가 되는 거예요.

2665 영화 [My Bloody Valentine] 중에서

☑□□ 난 때론 겁이 많아. I'm kind of a pussy sometimes.

2666 영화 [Stomp The Yard] 중에서

☑□□ 난 보기만큼 강하지 못해. I'm not as tough as I look.

2667 영화 [American Sniper] 중에서

☑□□ 도대체 내가 왜 이기적이라는 거죠?
Why would you say I'm self-centered?

Check 자신 중심적이며 이기적인 사람을 일컬어 self-centered이라고 합니다. 이 표현을 활용해서 Why would you say I'm self-centered?라고 하면 '도대체 내가 왜 이기적이라는 거죠?'의 뜻이 된답니다.

2668 영화 [The Princess And The Frog] 중에서

☑□□ 나 완전 결백해. I'm completely innocent.

2669 영화 [Disturbia] 중에서

☑□□ 난 좀 수줍어하는 편이야. I'm a little on the shy side.

Check 남들보다는 부끄럼을 잘 타는 사람이 주위에 많습니다. 이런 상황에서 I'm a little on the shy side.처럼 말하면 그 의미는 '난 좀 수줍어하는 편이야.'가 됩니다.

2670 영화 [The Hobbit : The Desolation Of Smaug] 중에서

난 인내심이 많아. I'm patient.

2671 영화 [The Rock] 중에서

난 꼭 필요한 때만 밝혀. I'm on a need-to-know basis.

Check 어떤 정보에 대해 자신은 꼭 필요할 때만 남에게 얘기한다고 할 때 I'm on a need-to-know basis.라고 하죠. 의미는 '난 꼭 필요한 때만 밝혀.'로 on a need-to-know basis는 '필요할 때 필요한 건만 밝히는 방식'이에요.

2672 영화 [The Bourne Identity] 중에서

초조할 때면 이런 식으로 말해요.
I talk like this when I'm nervous.

2673 영화 [X-Men : First Class] 중에서

무례하게 굴려던 건 아니야. I didn't intend to be forward.

2674 영화 [Captain America : The Winter Soldier] 중에서

많은 것을 바라고 있다는 걸 알아. I know I'm asking a lot.

Check 누군가에게 너무 많은 것을 바라고 있거나 요구하고 있을 때 자신도 그런 사실을 잘 알고 있다고 인정하면서 I know I'm asking a lot.처럼 말한다면 '많은 것을 바라고 있다는 걸 알아.'의 뜻입니다.

2675 영화 [Ninja Turtles] 중에서

난 쉽게 감동받지 않아, 날 감동시키기는 쉽지 않아.
I'm a hard guy to impress.

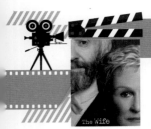

SCENE# 61. 상대방 이야기

2676 영화 [The Wife] 중에서

지독한 구두쇠군! What a cheapskate!

Check 돈이 아닌 자신이 사용하고 있던 낡고 싼 스케이트를 기부한다고 생각해보세요? 왠지 구두쇠 느낌이 팍 들죠. 영어로 What a cheapskate!는 '지독한 구두쇠군!'입니다.

2677 영화 [National Treasure] 중에서

넌 성인이잖아. You're a grown person.

2678 영화 [The Polar Express] 중에서

넌 의심쟁이야. You're a doubter.

2679 영화 [9] 중에서

당신은 단지 겁쟁이에 불과해요. You're nothing but a coward.

2680 영화 [Stealth] 중에서

넌 괴상한 녀석이야. You are a freak.

2681 영화 [National Treasure 2 : Book Of Secrets] 중에서

덕분에 살았어요. You are a lifesaver.

2682 영화 [Semi-Pro] 중에서

직업이 뭐예요? What do you do for a living?

2683 영화 [The Yellow Handkerchief] 중에서

직업이 뭐예요? What do you do?

2684 영화 [Tomb Raider] 중에서

어떤 일 하세요? What kind of work do you do?

2685 영화 [Starsky & Hutch] 중에서

누구 밑에서 일해? Who are you working for?

2686 영화 [The Equalizer 2] 중에서

일 때문에 왔어요? You're here on business?

2687 영화 [Harry Potter And The Half-Blood Prince] 중에서

넌 아버지랑 꼭 닮았어. You're very like your father.

Check 자신의 외모가 아버지랑 꼭 닮았을 경우 be like를 써서 표현합니다. 즉 상대방에게 You're very like your father.라고 하면 '넌 아버지랑 꼭 닮았어.'가 되죠.

2688 영화 [10,000 BC] 중에서

넌 그를 닮았어. You have his face.

2689 영화 [Braveheart] 중에서

널 보니 집에 있는 딸이 생각나네.
You remind me of my daughter back home.

2690 영화 [Glory] 중에서

네가 그렇게 잘났어? Who do you think you are?

2691 영화 [The Mummy] 중에서

네가 왜 그렇게 특별하다고 생각해?
What makes you so special?

2692 영화 [Glass] 중에서

너 특별하지 않아. You're nothing special.

2693 영화 [Tinker Bell And The Lost Treasure] 중에서

☑☐☐ 그녀는 경험이 많아.

She's got a lot of experience.

Check 어떤 일을 해결할 때 경험만큼 중요한 게 없습니다. '그녀는 경험이 많아.'를 영어로는 She's got a lot of experience.라고 하죠. 여기서 have(has) got은 '가지고 있다'예요.

2694 영화 [The Life Before Her Eyes] 중에서

☑☐☐ 그 애는 나랑 꼭 닮았어. She's just like me.

2695 영화 [Confessions Of A Shopaholic] 중에서

☑☐☐ 걘 통제 불능이야. She's out of control.

Check 통제 불가능한 상태를 be out of control이라고 해요. 사람이 그렇다면 통제 불능한 상태가 되는 거죠. 즉 She's out of control.은 '걘 통제 불능이야.'의 의미입니다.

2696 영화 [Edge Of Darkness] 중에서

☑☐☐ 그녀는 평판이 좋아요. She is well thought of.

2697 영화 [Mamma Mia] 중에서

☑☐☐ 내 딸은 주관이 뚜렷한 아이에요.

My daughter has a mind of her own.

2698 영화 [Interstellar] 중에서

☑☐☐ 걘 재주가 타고났어. He's got a knack for it.

Check 뭔가에 소질이나 재주가 있을 때 명사 knack을 사용해서 표현합니다. 즉 He's got a knack for it.은 '걘 재주가 타고났어.'로 여기서 has got a knack for는 '~에 소질이 있다', '~하는 재주가 있다'예요.

2699 영화 [The Rock] 중에서

그는 이제 내 나이 됐어. He is my age now.

2700 영화 [School Ties] 중에서

갠 깐깐해. He's tough.

2701 영화 [Greedy] 중에서

그는 사업에 재능이 있어요. He has a head for business.

2702 영화 [Ford & Ferrari] 중에서

그 친구 무서워 죽으려고 해요. That man is scared to death.

2703 영화 [Snowpierer] 중에서

그들은 매우 친절해요. They're very friendly.

Check 자신을 친절하게 대해주는 사람에게 friendly라는 형용사를 사용해서 표현할 수 있습니다. 즉 They're very friendly.라고 하면 '그들은 매우 친절해요.'라는 뜻입니다. 상대방이 그렇다면 You're so friendly.처럼 말할 수 있어요.

2704 영화 [The Accountant] 중에서

걔네들 모두 다 컸어. They're all grown up.

2705 영화 [Dragonball Evolution] 중에서

우린 많이 닮았어요. We're a lot alike.

Check 나와 상대방이 외모나 성격 면에서 비슷한 게 아주 많다고 생각될 때 We're a lot alike.라고 합니다. '우린 많이 닮았어요.'의 뜻이에요.

2706 영화 [Shrek The Third] 중에서

당신이 생각하는 것 보다 우린 비슷한 게 더 많아요.
We are more alike than you think.

2707 영화 [Jumper] 중에서

우린 좀 통하는 게 있어.
We kind of have this common thing.

2708 영화 [Hot Fuzz] 중에서

우린 이미 죽마고우예요. We're already firm friends.

Check 친구 중에도 아주 절친한 관계를 유지하고 있는 친구가 있어요. 우린 '죽마고우'라고 하죠. 바로 firm friends가 그렇습니다. '절친한 친구' 또는 '죽마고우'로 We're already firm friends.는 '우린 이미 죽마고우예요.'인 거죠.

MEMO)

영화 [Bolt] 중에서

0022 I'm listening. 듣고 있어요.

대화를 시작할 때 상대방의 말에 경청하는 것이 정말 중요한데요. I'm listening.은 열심히 듣고 있으니 말해 보라는 뜻이에요. 즉 '듣고 있어요.'의 의미로 상대방이 하고자 하는 말에 관심을 보일 때 사용합니다.

A Bolt, I can be a valuable addition to your team.

B I'm listening.

A 볼트, 난 네 팀에 소중한 일원이 될 수 있어.

B 듣고 있어.

* valuable 귀중한

영화 [Kick-Ass 2] 중에서

0023 Listen up. 잘 들어.

뭔가 중요한 얘기를 언급하고자 할 때 먼저 상대에게 자신이 하는 말에 귀 기울여 들으라고 말하죠. Listen up.처럼요. '잘 들어.'의 뜻으로 동사 listen은 '(신경 쓰면서) 듣다'예요.

A Well, listen up. I want you in school. I want you to stop talking to that boy. And I want you to promise me that this is never gonna happen again.

B Cross my heart, hope to die.

A 자, 내 말 잘 들어. 네가 학교에 있었으면 해. 그놈이랑 얘기 그만했으면 좋겠어. 그리고 이런 일이 다시는 일어나지 않기를 약속해줬으면 해.

B 맹세할게요.

* promise 약속하다

영화 [Maze Runner : The Scorch Trials] 중에서

0024 Do you hear me? 내 말 듣고 있어요?

자신이 하는 말에 상대방이 귀를 기우리며 듣고 있는지 궁금할 때 Do you hear me?라고 하죠. 의미는 '내 말 듣고 있어요?'예요.

A All those kids that we left behind back there. I don't want to end up like that. Hey! Do you hear me?

B Yeah, I hear you.

A 두고 온 애들 다 거기 있어. 그런 식으로 끝내고 싶진 않단 말이야. 이봐! 내말 듣고 있어?

B 응, 듣고 있어.

할리우드 영어표현

Unit 19
어디로 모실까요?

SCENE # 63 목적지

할리우드 표현 2709-2738

SCENE # 64 길 안내

할리우드 표현 2739-2757

SCENE # 65 운전

할리우드 표현 2758-2768

SCENE# 63. 목적지

2709 영화 [Beauty And The Beast] 중에서

어디 가? Where are you off to?

Check 우리는 '어디 가?'라고 하면 제일 먼저 Where are you going? 표현이 생각날 거예요. 하지만 비슷한 의미로 Where are you off to?도 있어요. 숙어로 be off는 '떠나다'입니다.

2710 영화 [Up] 중에서

어디 가는 거죠? Where are you going?

2711 영화 [The Equalizer 2] 중에서

어디 가? Where are you headed?

Check 보통 '어디 가?'를 Where are you going?이라고 하는데요, 네이티브들은 같은 의미로 Where are you headed?처럼 표현하기도 합니다. 숙어로 be headed의 뜻은 '향하다'예요.

2712 영화 [Deepwater Horizon] 중에서

오늘은 어디 가시죠? Where are you headed today?

2713 영화 [Spider-Man 2] 중에서

어디 가던 길이었어? Where were you headed?

2714 영화 [The Chronicles Of Narnia : The Lion, The Witch And The Wardrobe] 중에서

내가 어디 있었는지 안 궁금했어?
Weren't you wondering where I was?

2715

영화 [Coco] 중에서

☑□□ 우리 거의 다 왔어. We're almost there.

Check 가고자 하는 목적지에 거의 다와 갔을 때 하는 말이 We're almost there.입니다. '우리 거의 다 왔어.'라는 뜻이지요. 혹시 '우리 거의 다 온 것 같아.'처럼 자신의 생각을 얘기할 때는 I think를 넣어 I think we're almost there.처럼 말하면 되지요.

2716

영화 [Stomp The Yard] 중에서

☑□□ 우린 거의 다 온 거 같아. I think we're almost there.

2717

영화 [Underworld : Evolution] 중에서

☑□□ 거의 다와 가요. We're getting close.

2718

영화 [Hellboy] 중에서

☑□□ 여기야? This is it?

2719

영화 [Die Hard 3 : Die Hard With A Vengeance] 중에서

☑□□ 여기에요? Is this it?

2720

영화 [Ooops! Noah Is Gone] 중에서

☑□□ 우린 갈 길이 멀어. We got a long way to go.

Check 목적지까지 도착하려면 아직도 갈 길이 멀다고 일행들에게 얘기하고 싶을 때 We got a long way to go.처럼 표현하면 됩니다. 의미는 '우린 갈 길이 멀어.'가 되죠.

2721

영화 [Ultraviolet] 중에서

☑□□ 난 갈 곳이 없어. I don't have any place left to go.

2722 영화 [Premonition] 중에서

☑☐☐ 내가 여기에 왜 온 거 같아요?

Why do you think I came here?

Check 내가 방문한 목적이 뭔지 상대방이 제대로 알고 있는지 확인하고 싶어 Why do you think I came here?라고 하면 그 뜻은 '내가 여기에 왜 온 거 같아요?'입니다.

2723 영화 [Vicky Cristina Barcelona] 중에서

☑☐☐ 그는 돌아가길 갈망해요. He is anxious to get back.

2724 영화 [The Finest Hours] 중에서

☑☐☐ 집에 가는 길이었어요. I was on my way home.

Check 집으로 돌아가는 상황이었다면 be on one's way home으로 표현할 수 있어요. 즉 I was on my way home.은 '집에 가는 길이었어요.'로 여기서 home은 '자기 집으로'라는 뜻으로 부사 역할을 합니다.

2725 영화 [The Thirteenth Floor] 중에서

☑☐☐ 저는 곧장 집으로 갔어요. I went straight home.

2726 영화 [The 6th Day] 중에서

☑☐☐ 지금 집에 가는 중이야. I'm heading home now.

2727 영화 [Event Horizon] 중에서

☑☐☐ 우리는 집으로 가는 게 좋겠어요.

We'd better be on our way home.

2728 영화 [Predators] 중에서

☑☐☐ 출근 중이었어요. I was on my way to work.

Check 대중교통을 이용해서 출근하거나 자차로 출근하거나 자신은 직장으로 가는 중이었다고 얘기할 때 be on one's way to work 표현을 씁니다. 즉 I was on my way to work.은 '출근 중이었어요.'의 뜻이에요.

2729 영화 [Oblivion] 중에서

가는 중이에요. I'm on my way.

2730 영화 [Safe House] 중에서

지금 거기 가는 중이에요. I'm on my way there now.

Check 지금 열심히 약속 장소로 가고 있다고 할 때 I'm on my way there now.라고 하죠. 부사 there는 '그곳에', '거기에'로 결국 '지금 거기 가는 중이에요.'의 의미랍니다. 다른 말 중에 '이미 가는 길이었어요.'를 I was already on my way.처럼 응용해서 표현할 수 있답니다.

2731 영화 [Secretariat] 중에서

이미 가는 길이었어요. I was already on my way.

2732 영화 [300] 중에서

안 오실 줄 알았어요, 안 오실까 염려됐어요.
I was afraid you might not come.

2733 영화 [The Marine 5 : Battleground] 중에서

그 친구 오는 중이야. He's on his way.

Check 아는 사람이 지금 막 오는 중이라고 할 때 on one's way를 활용해서 He's on his way.라고 하면 됩니다. '그 친구 오는 중이야.'로 앞에서 말했듯이 on one's way는 '도중에' 또는 '다가오는'의 의미예요.

2734 영화 [The Sixth Sense] 중에서

그가 내 쪽으로 오고 있어. He's coming my way.

2735 영화 [The Bourne Ultimatum] 중에서

그는 도주 중이야. He's on the run.

2736 영화 [Thor : Ragnarok] 중에서

☑□□ 그냥 지나가는 길이에요. I'm just passing through.

Check 특별한 이유 때문에 방문한 것이 아니라 그냥 지나가는 중이라고 할 때 I'm just passing through.라고 합니다. 숙어로 pass through는 '거쳐 가다'이므로 뜻은 '그냥 지나가는 길이에요.'입니다.

2737 영화 [Night At The Museum : Secret Of The Tomb] 중에서

☑□□ 우리는 그냥 지나가는 길이에요. We're just passing through.

2738 영화 [Dragon : The Hidden World] 중에서

☑□□ 저 좀 지나갈게요, 좀 지나갑시다.
Excuse me, coming through.

MEMO)

SCENE# 64. 길 안내

2739 영화 [Dante's Peak] 중에서

네가 길을 잃으면 어쩌지?
What if you get lost?

Check 여행 중에 처음 방문한 곳이라면 혹시나 길을 잃을까 걱정되기도 합니다. 만약 What if you get lost?처럼 얘기하면 '네가 길을 잃으면 어쩌지?'의 뜻으로 get lost는 '길을 잃다'예요.

2740 영화 [Lion] 중에서

길을 잃었어요. I'm lost.

2741 영화 [The Hobbit : An Unexpected Journey] 중에서

길을 잃어버렸어. I lost my way.

2742 영화 [Kate & Leopold] 중에서

도대체 내가 어디에 있는 거야? Where the hell am I?

Check 자신이 있는 곳이 어딘지 몰라 당황스러운 말투로 얘기하게 됩니다. Where the hell am I?라고요. '도대체 내가 어디에 있는 거야?'로 the hell은 강조의 뜻으로 '도대체'의 의미예요. 간단하게 Where am I?(여기가 어디죠?)라고도 해요.

2743 영화 [Ready Player One] 중에서

여기가 어디죠? Where am I?

2744 영화 [The Queen's Corgi] 중에서

출구는 저쪽이에요. The exit is that way.

Check 누군가가 다가와 출구가 어디에 있는지 물었을 때 '출구는 저쪽이에요.'처럼 대답할 수 있어요. 영어로 The exit is that way.라고 합니다.

2745 영화 [The Final Destination 4] 중에서

이쪽에 비상구가 있어요. There is an exit this way.

2746 영화 [Batman V Superman : Dawn Of Justice] 중에서

☑□□ 남자 화장실은 이층에 있어요. Men's room is upstairs.

2747 영화 [Dawn Of The Dead] 중에서

☑□□ 모퉁이에 있어요. It's around the corner.

2748 영화 [John Wick 3 : Parabellum] 중에서

☑□□ 이쪽으로 오세요. Right this way.

2749 영화 [The Patriot] 중에서

☑□□ 이 길은 폐쇄됐어. This road is closed.

Check 차를 몰고 가는 도중에 앞에 길이 완전히 막혀 버렸다면 돌아갈 수밖에 없습니다. '이 길은 폐쇄됐어.'를 This road is closed.처럼 표현해요.

2750 영화 [Indiana Jones : And The Kingdom Of The Crystal Skull] 중에서

☑□□ 여긴 정말 막다른 곳이에요. This really is a dead end.

2751 영화 [The Matrix : Reloaded] 중에서

☑□□ 여기가 막다른 길이야. This is a dead end.

Check 여행 도중에 길을 잘못 들어 막다른 길에 놓이게 되면 어쩔 수 없이 오던 길로 다시 돌아가야 합니다. '여기가 막다른 길이야.'를 This is a dead end.처럼 말하며 dead end는 '막다른 곳'이에요. 부사 really를 함께 사용해서 의미를 좀 더 강조할 수가 있어요.

2752 영화 [Mad Max : Fury Road] 중에서

☑□□ 돌아가는 길이야. It's a detour.

2753 영화 [Road To Perdition] 중에서

그를 안으로 안내해. Show him in.

Check 누군가가 사무실로 자신을 찾아왔을 때 비서에게 안으로 안내하라고 말하게 됩니다. 동사 show를 써서 표현하는데요, 남자 손님일 경우에는 Show him in.처럼 말합니다. 여기서 show는 '안내하다'예요.

2754 영화 [You Again] 중에서

지름길로 갔어. I took a shortcut.

2755 영화 [Primeval] 중에서

우리 서둘러 피하자, 우리 필사적으로 도망치자.
I say we make a run for it.

2756 영화 [American Sniper] 중에서

나 바로 여기 있잖아. I'm right here.

2757 영화 [Final Destination 5] 중에서

그냥 갑자기 튀어나왔어요, 그냥 갑자기 나타났어요.
It just came out of nowhere.

Check 어딘 선가 갑자기 뭔가가 튀어나올 때 깜짝 놀라게 되는데요, 영어로 It just came out of nowhere.라고 하면 '그냥 갑자기 튀어나왔어요.', '그냥 갑자기 나타났어요.' 입니다. 숙어로 come out of nowhere는 '갑자기 나타나다'예요.

SCENE# 65. 운전

2758 영화 [Hotel Transylvania 3] 중에서

하마터면 큰일 날 뻔했어.

That was a close one.

Check 운전하다 보면 예상치 못한 일로 차사고 날 수도 있어요. 다행히도 그런 일이 일어나지 않았다면 That was a close one.하고 안도의 한숨 쉬게 되죠. 뜻은 '하마터면 큰일 날 뻔했어.'입니다. 같은 의미로 That was a close call.이 있는데요, 여기서 close call은 '위기일발', '구사일생'을 뜻해요.

2759 영화 [Independence : Resurgence] 중에서

하마터면 큰일 날 뻔 했어요. That was a close call.

2760 영화 [A Good Day To Die Hard] 중에서

차가 막혔던 거야? Did you get stuck in traffic?

Check 약속 시간에 늦게 온 사람에게 오는 길에 '차가 막혔던 거야?'식으로 물어볼 수 있어요. Did you get stuck in traffic?이라고 하죠. 숙어로 get stuck in traffic은 '교통 체중 때문에 (차가) 꼼짝 못 하다'의 뜻이에요.

2761 영화 [Sideways] 중에서

차가 줄곧 막혔어요.

It was bumper to bumper the whole way.

2762 영화 [Alexander And The Terrible, Horrible, No good, Very Bad Day] 중에서

공간이 없어요, 자리가 없어요. There's no room.

Check 차를 타거나 주차를 할 때 자리가 부족하면 스스로도 어쩔 수가 없어지게 됩니다. There's no room.이라고 하면 '방이 없어요.'가 아닌 '공간이 없어요.', '자리가 없어요.'로 명사 room은 '공간', '자리'의 뜻이에요.

2763 영화 [National Treasure 2 : Book Of Secrets] 중에서

견인되고 있어요. It's being towed.

2764 영화 [Resident Evil : The Final Chapter] 중에서

☑☐☐ 불빛들이 왜 이래? What's with the lights?

2765 영화 [Abominable] 중에서

☑☐☐ 태워줄까? Need a ride?

Check 차를 몰고 가다가 아는 사람을 길에서 발견했을 때 '태워 줄까?'식으로 한마디 건넬 수 있어요. Need a ride?라고 하는데 원래는 Do you need a ride?에서 do you를 생략한 겁니다.

2766 영화 [The Final Destination 4] 중에서

☑☐☐ 보험 들었어요? Do you have insurance?

2767 영화 [Ninja Turtles] 중에서

☑☐☐ 새 차 구입했어요? Did you get a new car?

2768 영화 [The Rookie] 중에서

☑☐☐ 그냥 차 몰고 지나가던 길이었어요. I was just driving by.

할리우드 영어표현

Unit 20

MP3

우리 처지가 이래요!

SCENE # 66 생각

할리우드 표현 2769-2804

SCENE # 67 느낌

할리우드 표현 2805-2884

SCENE # 68 상황 해결

할리우드 표현 2885-2895

* 영화 살짝 엿보기! **0025-0027**

SCENE# 66. 생각

2769 영화 [The Day After Tomorrow] 중에서

감 잡은 것 같아요, 요령을 터득하게 된 것 같아요.
I think I got the hang of it.

Check 익숙하지 않은 일도 연습하면 자연스럽게 몸에 익혀지게 되는데요, I think I got the hang of it.는 '감 잡은 것 같아요.', '요령을 터득하게 된 것 같아요.'로 get the hang of something은 '요령을 알게 되다'예요.

2770 영화 [Surf's Up] 중에서

내가 머리를 다친 거 같아요. I think I got a concussion.

2771 영화 [Open Season] 중에서

햇볕에 심하게 타기 시작했어.
I think I'm getting a sunburn, though.

2772 영화 [Batman Begins] 중에서

내게 딱 좋은 게 있는 거 같아요. I think I have just the thing.

Check 상대방이 원하는 것과 잘 어울리는 것이 생각날 때 '내게 딱 좋은 게 있는 거 같아요.' 처럼 말하죠. I think I have just the thing.처럼 표현합니다.

2773 영화 [Mission Impossible 3] 중에서

내가 함정에 빠진 것 같아. I think I'm being set up.

2774 영화 [Fly Away Home] 중에서

내 생각에 핵심은, 내 생각에 결론은
I think the bottom line is

2775 영화 [I, Robot] 중에서

아무도 이런 일 생길 거라곤 예상 못했어요.
I don't think anyone saw this coming.

2776 영화 [Moana] 중에서

꿈인 줄 알았어요. I thought it was a dream.

Check 전혀 예상치 못한 결과에 놀라 I thought it was a dream.이라고 하면 그 의미는 '꿈인 줄 알았어요.'입니다. 즉 믿기지 않는다는 속뜻이 담겨 있는 거예요.

2777 영화 [007 : Die Another Day] 중에서

인도적인 일이라 생각했어.
I thought it was the humane thing to do.

2778 영화 [The Matrix] 중에서

진짜가 아니라고 생각했어. I thought it wasn't real.

2779 영화 [Notting Hill] 중에서

지금쯤이면 모든 게 끝날 줄 알았어요.
I thought this would all be over by now.

2780 영화 [Dawn Of The Planet Of The Apes] 중에서

우린 기회가 있었다고 생각했어. I thought we had a chance.

Check 자신이 잘못 생각하거나 오해하고 있었을 때 I thought~ 패턴을 쓰는데요, I thought we had a chance.라고 하면 '우린 기회가 있었다고 생각했어.'의 뜻입니다.

2781 영화 [Flyboys] 중에서

우리 모두 같은 편이라 생각했어.
I thought we all are on the same side.

2782 영화 [Rambo 3] 중에서

충분히 생각해봤어요. I did think it over.

Check 중요한 일일수록 시간을 두고 신중하게 생각해야 합니다. 영어로 I did think it over.는 '충분히 생각해봤어요.'인데요, 숙어로 think over는 '심사숙고하다'입니다.

2783 영화 [Cloudy With A Chance Of Meatballs 2] 중에서

지난밤 네가 했던 말 생각해봤어.
I was thinking about what you said last night.

2784 영화 [Bridge To Terabithia] 중에서

갑자기 생각났어. I had a thought.

2785 영화 [The Last Witch Hunter] 중에서

재고해 볼 거야, 다시 생각해 볼 거야.
I'd think twice about that.

2786 영화 [Back To The Future 2] 중에서

이럴 줄 누가 알았겠어? Who would've thought?

Check 생각지도 못했던 일이 발생하면 깜짝 놀라 한마디 하게 됩니다. '이럴 줄 누가 알았겠어?'처럼 말이죠. 네이티브들은 Who would've thought?라고 표현해요.

2787 영화 [School Ties] 중에서

정말 그걸 생각 안 해 봤어요.
I haven't really thought about it.

2788 영화 [Under Siege 2 : Dark Territory] 중에서

그건 전혀 생각 못했어. I never thought of that.

2789 영화 [Sicario : Day Of The Soldado] 중에서

좋은 생각 있어요? 좋은 의견 있어요?

Do you have any thoughts?

Check 자신의 생각 보다는 상대방의 생각이 어떤지 궁금해서 Do you have any thoughts? 처럼 물어보면 '좋은 생각 있어요?', '좋은 의견 있어요?'의 의미예요.

2790 영화 [The Mummy] 중에서

너 정말 그렇게 생각해? Do you really think so?

2791 영화 [X-Men : Apocalypse] 중에서

여긴 생각했던 것만큼 나쁘지 않아.

It's not as bad as I thought here.

Check 자신이 생각했던 만큼 형편없지는 않다고 얘기할 때 It's not as bad as I thought here.라고 합니다. 동등비교 as ~as를 활용했는데요, 의미는 '여긴 생각했던 것만큼 나쁘지 않아.'이랍니다.

2792 영화 [Geostorm] 중에서

우리가 생각했던 것보다 더 심각해.

It's worse than we thought.

2793 영화 [The Core] 중에서

왜 그렇게 생각하시죠? What makes you think so?

Check 남이 말도 안 되는 얘기를 꺼 낼을 때 '왜 그렇게 생각하시죠?'라고 하고 반문하게 되는데요, 영어로는 What makes you think so?입니다.

2794

영화 [Into The Blue] 중에서

내가 여기서 뭐하고 있는 거 같아?

What do you think I'm doing here?

2795

영화 [Edge Of Tomorrow] 중에서

도대체 너 무슨 생각하고 있었던 거야?

What the hell were you thinking?

2796

영화 [Flyboys] 중에서

도대체 어디 가는 거야?

Where the hell do you think you're off to?

2797

영화 [Dawn Of The Planet Of The Apes] 중에서

그 점을 숙고해봤어요. I've gone over it in my head.

Check 시간을 두고 곰곰이 숙고하는 과정을 go over ~ in my head처럼 표현하는데요, I've gone over it in my head.는 '그 점을 숙고해봤어요.'로 go over는 '~을 검토하다'예요.

2798

영화 [Captain America : Civil War] 중에서

그 사람 말이 일리가 있어. I guess he has a point.

2799

영화 [Harry Potter And The Half-Blood Prince] 중에서

걔가 맞다고 생각해, 걔가 옳다고 생각해. I reckon he's right.

2800

영화 [Prince Of Persia : The Sands Of Time] 중에서

넌 그 점을 고려 안 했던 것 같아.

I suppose you didn't take that into account.

2801 영화 [Starsky & Hutch] 중에서

그냥 제 생각을 밝힌 거뿐이에요. I was just making a point.

2802 영화 [Man Of Steel] 중에서

무슨 생각 하고 있어? What's on your mind?

Check 뭔가 골똘히 생각하고 있는 이에게 What's on your mind?라고 하면 '무슨 생각 하고 있어?'의 뜻이에요. 숙어로 be on one's mind는 '마음에 걸려', '신경이 쓰여'예요.

2803 영화 [Source Code] 중에서

그냥 생각할 게 많아요. Just got a lot on my mind.

2804 영화 [Transformers : Age Of Extinction] 중에서

그건 역행적 사고야. That's backwards thinking.

Check 자신과 전혀 다른 방향으로 남이 생각하고 있을 때 '그건 역행적 사고야.'라고 말합니다. That's backwards thinking.이라고 하죠. 여기서 backwards는 '거꾸로'라는 뜻입니다.

SCENE# 67. 느낌

2805 영화 [Van Heldsing] 중에서

이건 개인적인 문제예요. This is personal.

Check 개인적인 일로 마음이 복잡 미묘한 상태일 때 This is personal.처럼 말하게 됩니다. '이건 개인적인 문제예요.'의 뜻이에요. 자신에게도 역시 개인적인 일이라고 할 때 This is personal for me. too.처럼 말해요.

2806 영화 [Bad Boys For Life] 중에서

이건 나에게도 개인적인 일이야. This is personal for me, too.

2807 영화 [The Matrix : Reloaded] 중에서

이건 미친 짓이야. This is insane.

Check 어느 누가 봐도 이런 행동은 말이 안 된다고 할 때 This is insane.처럼 얘기할 수 있어요. 의미는 '이건 미친 짓이야.'입니다.

2808 영화 [Amadeus] 중에서

이건 말도 안 돼요! 이건 불합리해요! This is absurd!

2809 영화 [A Good Day To Die Hard] 중에서

환장할 노릇이군! 이건 미친 짓이야! This is nuts!

2810 영화 [The Core] 중에서

이건 유치해. This is childish.

Check 남이 하는 행동이 마치 어린아이들의 행동처럼 느껴지면 '이건 유치해.'처럼 반응하게 되죠. 영어로는 This is childish.입니다.

2811 영화 [Lion King] 중에서

여기 섬뜩하네. This is weird.

2812 영화 [High School Musical 3 : Senior Year] 중에서

이건 좀 어색해. This is a little awkward.

2813 영화 [Wreck-It Ralph] 중에서

이건 가망 없어. This is hopeless.

2814 영화 [Rent] 중에서

늘 이런 식이야. This is so typical.

2815 영화 [Incredibles 2] 중에서

여기 아득하네요, 여기 제집 같아요. This is homey.

Check 처음 가본 장소지만 마치 자기 집처럼 편하게 느껴질 때 하는 말이 This is homey.입니다. '여기 아득하네요.' 또는 '여기 제집 같아요.'예요.

2816 영화 [Speed] 중에서

이쪽이 훨씬 더 좋군. This is much better.

2817 영화 [Into The Storm] 중에서

이거 대단하네. This is amazing.

2818 영화 [The Devil Wears Prada] 중에서

이게 가장 중요한 부분이야.
This is of the utmost importance.

Check 어떤 일이든 가장 중요하게 여겨지는 부분이 있습니다. 만약 '이게 가장 중요한 부분이야.'를 표현하고 싶다면 This is of the utmost importance.처럼 말하면 됩니다.

2819 영화 [12 Rounds : Extreme Cut] 중에서

이거 재밌겠는데. This just got interesting.

2820 영화 [Top Gun] 중에서

☑☐☐ 이건 복잡해질 수 있어요. This could be complicated.

2821 영화 [Guardians Of The Galaxy] 중에서

☑☐☐ 좀 너무한 거 아냐? 좀 너무하네. That's not fair.

Check 영어로 That's not fair.를 직역하면 '그건 공평치 않다.'입니다. 하지만 구어체에서는 '좀 너무한 거 아냐?'나 '좀 너무하네.'의 뜻입니다. 즉 일방적으로 뭔가 압도당할 때 That's not fair.라고 하며 푸념하죠.

2822 영화 [Fantastic Four] 중에서

☑☐☐ 재미없어. That's not funny.

2823 영화 [X-Men : Wolverine] 중에서

☑☐☐ 빤하지 뭐! That's obvious!

Check 남이 하는 행동이 빤하게 보일 때 That's obvious.라고 합니다. '빤하지 뭐!'의 뜻으로 형용사 obvious는 '너무 빤한', '확실한'의 의미랍니다.

2824 영화 [Disturbia] 중에서

☑☐☐ 오싹한데. That's creepy.

2825 영화 [Transformers : Age Of Extinction] 중에서

☑☐☐ 그거 괴상하군. That's freaky.

2826 영화 [Ghost In The Shell] 중에서

☑☐☐ 너무하네. That's unfair.

Check 남이 하는 말이나 행동이 왠지 부당하다고 느껴지면 '너무하네.'처럼 얘기하게 되죠. 마치 That's unfair.처럼 말이에요.

2827 영화 [The Shaggy Dog] 중에서
그거 이상하군. That's weird.

2828 영화 [Tropic Thunder] 중에서
그건 좀 애매해. That's tricky.

2829 영화 [No Escape] 중에서
진짜 너무하네요. That's mean.

2830 영화 [King Kong] 중에서
너무 안타까워요. That's depressing.

Check 어떤 모습을 마냥 보고 있노라면 왠지 우울하고 안타까운 마음만 들 때 That's depressing.이라고 합니다. '너무 안타까워요.'로 형용사 depressing은 '우울한', '우울하게 만드는'의 뜻이에요.

2831 영화 [Rio] 중에서
위로가 되네요. That's comforting.

2832 영화 [The Matrix : Revolutions] 중에서
맞습니다. That is correct.

2833 영화 [Vexille] 중에서
좀 한심하군. That's kind of pathetic.

Check 남이 하는 행동이 한심스럽게 느껴지면 형용사 pathetic을 써서 표현합니다. '한심한', '무기력한', '애처로운'의 뜻으로 That's kind of pathetic.은 '좀 한심하군.'의 뜻인 거죠.

2834 영화 [First Sunday] 중에서
좀 흥미롭군요. That's kind of interesting.

2835 영화 [Harry Potter : And The Deathly Hallows Part 1] 중에서

☑☐☐ 몹시 역겨워 죽겠어. That's bloody disgusting.

Check 역겹거나 구역질나는 모습을 보게 되었다면 That's bloody disgusting.처럼 한마디 하게 되는데요, '몹시 역겨워 죽겠어.'로 bloody는 부사로 '몹시'라는 뜻으로 사용되죠.

2836 영화 [Gravity] 중에서

☑☐☐ 정말로 다정하군요. That's so sweet.

2837 영화 [Hop] 중에서

☑☐☐ 너무하네요. That's just crass.

Check 형용사로 crass는 '심한', '지독한'의 뜻입니다. 즉 That's just crass.처럼 표현하면 '너무하네요.'라는 의미가 되죠.

2838 영화 [Predators] 중에서

☑☐☐ 꽤 시적인데. That's pretty poetic.

2839 영화 [Crank 2 : High Voltage] 중에서

☑☐☐ 그게 없는 거 보다는 나. That's better than none.

2840 영화 [Death Proof] 중에서

☑☐☐ 충분하고도 남아요. That's more than enough.

2841 영화 [X-Men : Wolverine] 중에서

☑☐☐ 맞아? Is that correct?

2842 영화 [Hunter Killer] 중에서

하마터면 큰일 날 뻔했어. That was close.

Check 자칫 위험한 상황에 빠질 뻔했다고 하며 하는 말이 '하마터면 큰일 날 뻔했어.'입니다. 네이티브들은 That was close.처럼 표현하며 안도의 한숨을 쉬죠.

2843 영화 [Sing] 중에서

그거 정말 끔직했어. That was very bad.

2844 영화 [The Smurfs] 중에서

징조가 안 좋아, 이거 예감이 안 좋아. That can't be good.

Check 돌아가는 상황으로 볼 때 징조가 안 좋거나 예감이 좋지 않다고 느껴질 때 하는 말이 That can't be good.이에요. 즉 '징조가 안 좋아.' 또는 '이거 예감이 안 좋아.'라는 의미랍니다.

2845 영화 [Braveheart] 중에서

그거 무거워 보여. That looks heavy.

2846 영화 [King Kong] 중에서

소용없어요. It's no use.

Check 좋지 않은 상황을 헤쳐나가려 부단히 애를 쓰고 있지만 전혀 효과가 없는 것 같을 때 It's no use.라고 하며 아쉬워하게 됩니다. 뜻은 '소용없어요.'입니다.

2847 영화 [The Expendables] 중에서

그건 소용없어. It is no good.

2848 영화 [Doctor Strange] 중에서

소용없어. It's useless.

2849

영화 [Switch] 중에서

☑□□ 굉장해. It's terrific.

Check 어떤 모습을 보고 멋있다고 할 때 It's terrific.이라는 표현을 사용합니다. '굉장해.'라는 뜻으로 형용사 terrific는 '멋진', '훌륭한' 또는 '엄청난'의 의미를 가지고 있죠.

2850

영화 [The Rock] 중에서

☑□□ 몹시 불결해요. It's nasty.

2851

영화 [The Hunger Games : Catching Fire] 중에서

☑□□ 아늑하네요. It's cozy.

2852

영화 [Alien : Resurrection] 중에서

☑□□ 그건 필연적이야. It's inevitable.

Check 이미 예상했던 결과에 대해 It's inevitable.이라고 하면 '그건 필연적이야.'의 뜻입니다. 즉 돌아가는 상황을 봤을 때 그런 결과가 나온 것은 당연한 것이라고 할 때 형용사 inevitable를 씁니다.

2853

영화 [Billy Lynn's Halftime Walk] 중에서

☑□□ 솔깃한데. It's tempting.

2854

영화 [300 : Rise Of An Empire] 중에서

☑□□ 모욕적이야. It is insulting.

2855

영화 [9] 중에서

☑□□ 끝났어. It's done.

2856

영화 [Superman Returns] 중에서

☑□□ 치명적이야. It's deadly.

2857 영화 [The Bucket List] 중에서

이제는 그게 무의미해. It's pointless now.

2858 영화 [Green Zone] 중에서

답답하죠, 맞죠? It's frustrating, right?

Check 일이 예상한 것처럼 진행되지 않으면 마음만 답답해집니다. It's frustrating, right? 이라고 하면 '답답하죠, 맞죠?'의 의미예요.

2859 영화 [Rambo : The Fight Continues] 중에서

아이러니하지, 안 그래? It's ironic, isn't it?

2860 영화 [Night At The Museum : Secret Of The Tomb] 중에서

좀 복잡해. It's kind of complicated.

Check 일이 엄청나게 복잡한 것 아니지만 조금은 그렇다고 할 때 It's kind of complicated.라고 합니다. 숙어로 kind of는 '조금'이므로 해석하면 '좀 복잡해.'가 되지요.

2861 영화 [Rescue Dawn] 중에서

좀 사적인 일이에요. It's kind of personal.

2862 영화 [The Cabin In The Woods] 중에서

그렇게 간단치 않아. It's not that simple.

Check 남이 생각한 만큼 돌아가는 상황이 그렇게 간단치만은 않다고 할 때 It's not that simple.이라고 합니다. 의미는 '그렇게 간단치 않아.'로 형용사 simple 앞에 that을 넣어 that simple이라고 하면 '그렇게 간단한'의 뜻이 되는 거예요.

2863 영화 [Captain America : The Winter Soldier] 중에서

그렇게 복잡하진 않아. It's not that complicated.

2864 영화 [Confessions Of A Shopaholic] 중에서

☑□□ 그렇게 나쁘지는 않을 거야. It can't be that bad.

2865 영화 [Surf's Up] 중에서

☑□□ 너무 중독성이 강해요. It's so addicting.

Check 중독성이 강하면 쉽게 중단하기가 어렵습니다. It's so addicting.이라고 하죠. 한마디로 말해 '너무 중독성이 강해요.'의 의미예요.

2866 영화 [Wall E] 중에서

☑□□ 전적으로 관련 있어! It's completely relevant!

2867 영화 [Cold Pursuit] 중에서

☑□□ 너무 아름다워요. It's absolutely stunning.

2868 영화 [Goosebumps 2] 중에서

☑□□ 그거 엄청 중요해. It's super important.

2869 영화 [Stargate] 중에서

☑□□ 아주 기막히게 좋아. It's pretty fabulous.

2870 영화 [Mirrors] 중에서

☑□□ 여기는 꽤 조용해요. It's pretty calm around here.

2871 영화 [Captain America : The Winter Soldier] 중에서

☑□□ 그것보다는 더 복잡해. It's more complicated than that.

Check 상대방이 생각했던 것 보다 돌아가는 상황이 좀 더 복잡하다고 할 때 비교급 형태를 사용해서 표현할 수 있어요. It's more complicated than that.처럼요. 의미는 '그것보다는 더 복잡해.'입니다.

2872 영화 [Man On Fire] 중에서

전보다는 더 좋아요. It's nicer than before.

2873 영화 [Eragon] 중에서

그건 무모했어, 그건 경솔했어. It was reckless.

Check 타인이 무모하거나 경솔한 행동을 보였을 때 따끔하게 훈계하는 건 당연합니다. It was reckless.라고 하면 '그건 무모했어.' 또는 '그건 경솔했어.'의 뜻이에요.

2874 영화 [Watchmen] 중에서

전례가 없었어, 유례가 없었어. It was unprecedented.

2875 영화 [Last Christmas] 중에서

우발적인 것은 아니었어요. It wasn't accidental.

2876 영화 [Unknown] 중에서

그렇게 안 좋은가요? Is it that bad?

Check 돌아가는 상황이 좋아 보이지 않으면 확인차 '그렇게 안 좋은가요?'라고 재차 물어보게 되는데요, Is it that bad?로 that은 형용사 bad의 의미를 좀 더 강조하는 역할을 합니다.

2877 영화 [Tinker Bell And The Lost Treasure] 중에서

충분하겠어? Is it enough?

2878 영화 [Megamind] 중에서

넌 너무 뻔해. You're so predictable.

Check 하는 말이나 행동이 빤히 들어다 보인다고 할 때 You're so predictable.이라고 합니다. 형용사 predictable에는 '예측할 수 있는', '너무 뻔한'이라는 뜻이 있어 해석하면 '넌 너무 뻔해.'가 되지요.

2879 영화 [The Hunger Games : Catching Fire] 중에서

☑□□ 혹시 티나요? 혹시 빤한가요? Is it obvious or something?

2880 영화 [Frozen 1] 중에서

☑□□ 이런! 아차! 실례! Oops!

Check 본의 아니게 실수를 하게 되면 사과하게 되죠. 행동이든 말이든 상관없습니다. 다시 말해서 놀람이나 사죄의 뜻을 나타내어 '이런!', '아차!', '실례!'정도로 사용되는 말이 Oops!예요.

2881 영화 [Hidden Figures] 중에서

☑□□ 별로요! Not particularly!

2882 영화 [Ready Player One] 중에서

☑□□ 좋아. Cool.

Check 상대방의 제안이 마음에 들거나 어떤 장소가 멋지다고 할 때 Cool.처럼 한 단어로 표현하기도 합니다. '좋아.'라는 뜻인데요, 네이티브들이 자주 사용하는 말이에요.

2883 영화 [Welcome To Marwen] 중에서

☑□□ 아주 좋아. Pretty good.

2884 영화 [Thirteen Ghosts] 중에서

☑□□ 진짜 희한하네! How weird!

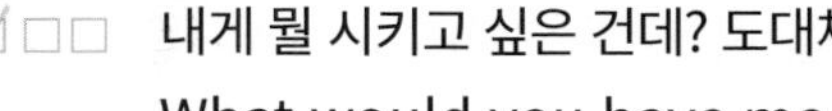

2885 영화 [Troy] 중에서

내게 뭘 시키고 싶은 건데? 도대체 어쩌라는 거야?
What would you have me do?

Check 지금 상황에서 자신이 어떻게 했으면 좋을지 궁금해서 하는 말이 What would you have me do?입니다. 의미는 '내게 뭘 시키고 싶은 건데?', '도대체 어쩌라는 거야?'예요.

2886 영화 [G-Force] 중에서

이제 내가 어떻게 해야 하지? What do you suggest I do?

2887 영화 [The Mummy Returns] 중에서

어떡해야 되지? What do I do?

Check 안 좋은 상황에 놓이게 되면 '어떡해야 하지?'라는 말이 자연스럽게 나옵니다. What do I do? 또는 What do we do?처럼 말이죠.

2888 영화 [Despicable Me 3] 중에서

우리 어쩌지? What do we do?

2889 영화 [Predators] 중에서

대안이 뭐야? What's the alternative?

Check 문제가 발생했다면 어떻게 그 문제에 대처할 건지 계획을 세워야 합니다. '대안이 뭐야?'라고 할 때 What's the alternative?라고 하는데요, 명사 alternative는 '대안'이에요.

2890 영화 [A Knight's Tale] 중에서

좀 더 두고 보자. That remains to be seen.

2891 영화 [Thor : The Dark World] 중에서

☑□□ 다른 방법이 없어요, 다른 방도가 없어요.
There is no other way.

2892 영화 [A Knight's Tale] 중에서

☑□□ 달리 할 게 없어요. There's nothing else to do.

2893 영화 [Pitch Black] 중에서

☑□□ 우린 계획대로 한다. We stick to the plan.

Check 다른 특별한 대안은 없고 지금 진행하는 대로 일을 처리하자고 할 때 We stick to the plan.이라고 합니다. '우린 계획대로 한다.'로 stick to는 '~을 고수하다'예요.

2894 영화 [Vexille] 중에서

☑□□ 그만 두는 편이 나, 중단하는 편이 나.
You might as well call it quits.

2895 영화 [Space Cowboys] 중에서

☑□□ 가망성이 별로 없어요. The odds are against you.

Check 현재로는 가망성이 전혀 보이지 않을 때 The odds are against you.라고 하죠. 직역하면 '가능성이 당신에게 대항하고 있어요.'지만 이 말은 '가망성이 별로 없어요.'의 뜻으로 쓰이는 표현이에요.

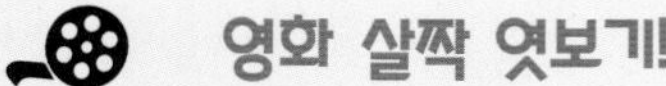

영화 [Spy] 중에서

0025 Don't panic. 겁먹지 마.

위기에 처하게 되면 당황한 나머지 나도 모르게 겁을 먹게 돼요. 어떻게 대처해 나아가야 할지 앞이 깜깜하게 됩니다. 동사 panic은 '공포에 사로잡히다'예요. 누군가 이런 상황 속에 빠져 어쩔 줄을 몰라할 때 Don't panic.(겁먹지 마)이라고 말하며 마음을 진정시킬 수 있어요.

A What am I supposed to do now?

B Okay, don't panic.

A 나 지금 어떻게 해야 돼?

B 알았어, 겁먹지 마.

영화 [Lucy] 중에서

0026 Don't bother. 신경 쓰지 말아요, 일부러 그럴 필요는 없어요.

타동사로 bother는 '귀찮게 하다'지만 자동사로는 '신경 쓰다', '일부러 ~하다'라는 뜻이에요. 그러므로 Don't bother.라고 하면 '신경 쓰지 마세요.' 또는 '일부러 그럴 필요는 없어요.'가 됩니다.

A I'm gonna tell them to stop following us.

B Don't bother.

A 그들에게 우리 따라오지 말라고 해야겠소.

B 일부러 그럴 필요는 없어요.

* follow 따라가다, 뒤를 잇다

영화 [Battleship] 중에서

0027 Stop messing things up. 일 망치지 마.

영어로 Stop messing things up.은 '일 망치지 마.'라는 뜻입니다. 자동사로 mess는 '망쳐 놓다'인데요, 한마디로 무언가를 혼란 상태로 빠트려 놓는 거죠.

A I'm sorry I messed up. And I'm going to talk to your father as soon as I get back.

B Stop messing things up, okay?

A 일 망쳐서 미안해. 돌아오면 아버지께 말씀드려볼게.

B 일 망치지 마, 알겠지?

* get back 돌아오다

할리우드 영어표현

Unit 21

지금 장난해?

SCENE # 69 분개

할리우드 표현 2896-2911

SCENE # 70 장난

할리우드 표현 2912-2915

SCENE# 69. 분개

2896 영화 [Chicken Little] 중에서

☑□□ 도저히 못 참겠어! 더는 못 참겠어!
That does it!

Check 누군가의 행동이나 말이 지나치다고 생각되면 '도저히 못 참겠어!', '더는 못 참겠어!' 라고 언성을 높여서 한마디 하게 되죠. 간단하게 That does it!이라고 해요.

2897 영화 [The Love Guru] 중에서

☑□□ 너에게 경고하고 있는 거야. I'm warning you.

2898 영화 [The Mummy] 중에서

☑□□ 내가 왜 너랑 씨름해야 하는 거지? Why do I put up with you?

2899 영화 [August Rush] 중에서

☑□□ 넌 날 신경 거슬리게 하고 있어.
You're getting on my nerves with that.

Check 상대방의 언행이 자꾸만 신경 거슬릴 때 충고하는 투로 '넌 날 신경 거슬리게 하고 있어.'라고 얘기하게 되죠. You're getting on my nerves with that.처럼요. 숙어로 get on one's nerves는 '신경을 건드리다'입니다.

2900 영화 [Mr. Destiny] 중에서

☑□□ 나한테 화풀이하고 있잖아. You're taking it out on me.

2901 영화 [Resident Evil : Retribution] 중에서

☑□□ 나한테 무슨 짓을 했던 거야? What have you done to me?

Check 도대체 이해 안 되는 행동을 상대방이 자신에게 했다면 '나한테 무슨 짓을 했던 거야?'처럼 반문하게 되는데요, What have you done to me?처럼 표현합니다. 전치사구 to me를 생략할 수 있어요.

2902 영화 [Frozen 1] 중에서

무슨 짓을 한 거니? What have you done?

2903 영화 [Logan] 중에서

나한테 무슨 짓 하는 거야? What are you doing to me?

2904 영화 [Gringo] 중에서

또 시작이군! Here we go again!

Check 싫은 뭔가가 또 일어날 것 같아 자신은 괴롭고 화가 난다는 것을 얘기할 때 Here we go again!이라고 합니다. '또 시작이군!'으로 이 표현에는 '이제는 지겨워 죽겠어!'라는 뉘앙스가 담겨 있는 거예요.

2905 영화 [Aladdin] 중에서

아휴~ 또야? Not again!

2906 영화 [The Commuter] 중에서

짜증 나. It sucks.

2907 영화 [Red] 중에서

제발, 그만해. For the love of Christ, stop it.

2908 영화 [Despicable] 중에서

나가! 가봐! Off you go!

Check 함께 있기가 좀 거북스럽거나 불편하다면 때로는 '나가!'라든지 '가봐!'처럼 말 꺼낼 수가 있어요. 영어로 Off you go!처럼 표현하죠.

2909 영화 [Ice Age : The Meltdown] 중에서

☑□□ 저리 가. Out of the way.

2910 영화 [Madagascar 3 : Europe's Most Wanted] 중에서

☑□□ 꺼져, 꺼져버려, 사라져. Naff off.

Check 보기 싫은 사람이 옆에 있으면 괜히 성가시게 되고 신경 쓰게 됩니다. 이때 Naff off. 라고 하면 '꺼져.', '꺼져버려.', '사라져.'라는 뜻이에요. 보통 naff를 off와 함께 사용합니다.

2911 영화 [Kick-Ass 2] 중에서

☑□□ 저리 가. You get away from me.

MEMO)

SCENE# 70. 장난

2912 영화 [Billy Lynn's Halftime Walk] 중에서

그냥 장난친 거예요.
I'm just messing with you.

Check 감정 상하게 하려던 행동이 아닌 그냥 장난삼아 하는 행동이라고 할 때 I'm just messing with you.라고 합니다. '그냥 장난 친 거예요.'로 mess with는 '~에게 문제를 일으키다', '장난치다'라는 의미예요.

2913 영화 [The Happening] 중에서

그냥 장난치고 있었던 거야. I was just messing with you.

2914 영화 [Black Swan] 중에서

그냥 장난친 거야. I'm just playing around.

2915 영화 [12 Rounds : Extreme Cut] 중에서

그냥 놀리는 거야. I'm just teasing.

Check 누군가를 그냥 놀릴 목적으로 말하고 행동했을 때 때로는 상대방이 기분 나빠할 수도 있어요. 이때 '그냥 놀리는 거야.'라고 말하고 싶다면 I'm just teasing.처럼 하면 되죠. 동사 tease는 '괴롭히다', '놀리다'예요.

할리우드 영어표현

Unit 22

MP3

선물이에요, 받아요!

SCENE # 71 선물

할리우드 표현 2916-2918

SCENE # 72 관심

할리우드 표현 2919-2920

SCENE # 73 감탄

할리우드 표현 2921-2927

SCENE # 74 취미

할리우드 표현 2928-2930

SCENE # 75 신고

할리우드 표현 2931-2932

SCENE# 71. 선물

2916 영화 [Prince Of Persia : The Sands Of Time] 중에서

☑□□ I have a gift for you. 너에게 줄 선물이 있어.

Check 누군가 생일이라면 축하한다는 말과 함께 선물을 주게 됩니다. 명사 gift는 '선물'로 I have a gift for you.라고 하면 그 뜻은 '너에게 줄 선물이 있어.'입니다.

2917 영화 [The Replacement Killers] 중에서

☑□□ 고별 선물을 가져왔어요.

I brought you a going-away present.

2918 영화 [Smurfs : The Lost Village] 중에서

☑□□ 이거 네 선물이야. Here's a present for you.

MEMO)

SCENE# 72. 관심

2919 영화 [The Core] 중에서

☑☐☐ 관심 있어? Are you interested?

Check 뭔가에 관심이 가는지 안 가는지 알고 싶어 상대에게 Are you interested?처럼 묻게 되는데요, 그 의미는 '관심 있어?'입니다. 형용사 interested '관심 있는', '흥미 있는'이에요.

2920 영화 [Revolutionary Road] 중에서

☑☐☐ 왜 그것에 관심이 있죠? Why are you interested in it?

MEMO)

SCENE# 73. 감탄

2921 영화 [Easy Rider] 중에서

멋진 장소를 가지셨군요. You got a nice place.

Check 멋있는 집을 가지고 있다면 칭찬으로 상대에게 You got a nice place.라고 말하게 되죠. '멋진 장소를 가지셨군요.'의 의민데요, 동사 have를 써서 You have a nice place.처럼 표현하기도 합니다.

2922 영화 [When A Stranger Calls] 중에서

당신 집이 근사하네요. Your house is amazing.

2923 영화 [Be Kind Rewind] 중에서

이 마을이 뭐가 그리 좋은데?
What is so great about this town?

2924 영화 [Despicable Me 3] 중에서

그거 정말 끝내주겠지? How awesome would that be?

2925 영화 [Hitman Agent 47] 중에서

당신 일을 엄청 좋아해요. I'm a big fan of your work.

Check 우리말에 '광팬'이라는 표현이 있는데요, 영어로는 a big fan이라고 하죠. 이 말을 활용해서 I'm a big fan of your work.이라고 하면 '당신 일에 광팬이에요.'로 즉 '당신 일을 엄청 좋아해요.'처럼 해석하면 됩니다.

2926 영화 [Reign Of Fire] 중에서

당신께 경의를 표합니다. Hats off to you.

2927 영화 [Everest] 중에서

☑□□ 몸 상태가 아주 좋아요, 건강하세요. You're in great shape.

Check 나이는 점점 들어가지만 건강 상태는 예전이나 지금이나 변함없이 좋아 보일 때 '몸 상태가 아주 좋아요.'라든지 '건강하세요.'처럼 칭찬의 한마디를 하게 되죠. You're in great shape.에서 be in shape은 '체력 관리하다', '몸 관리하다'입니다.

MEMO)

SCENE# 74. 취미

2928 영화 [Ghosts Of Mars] 중에서

☑☐☐ 취미가 뭐예요? What do you do for fun?

Check 상대방의 취미를 물을 때 hobby라는 말을 사용하는 대신에 for fun(재미로)을 이용해서 What do you do for fun?처럼 표현해야 합니다. 즉 '취미가 뭐예요?'라는 뜻이랍니다.

2929 영화 [Inside Out] 중에서

☑☐☐ 뭘 하는 걸 제일 좋아해?

What are your favorite things to do?

2930 영화 [Finding Dory] 중에서

☑☐☐ 내가 가장 좋아하는 것 중에 하나야. It's one of my favorites.

MEMO)

SCENE# 75. 신고

2931 영화 [Adventures In Zambezia] 중에서

☑□□ 신고할 게 있어요?

Do you have anything to declare?

Check 해외여행을 하다 보면 입국심사장에서 Do you have anything to declare?라는 표현을 듣게 됩니다. 뜻은 '신고할 게 있어요?'로 동사 declare는 '신고하다'인데요, 동사 confess(고백하다)를 넣어 Do you have anything to confess?처럼 달리 표현하면 '고백할 게 있어?'가 되지요.

2932 영화 [Pirates Of The Caribbean : Dead Men Tell No Tales] 중에서

☑□□ 고백할 게 있어? Do you have anything to confess?

MEMO)

할리우드 영어표현

Unit 23

MP3

준비됐어요!

SCENE # 76 계획

할리우드 표현 2933-2947

SCENE # 77 해야 할 일

할리우드 표현 2948-2953

SCENE # 78 준비 완료

할리우드 표현 2954-2962

SCENE # 79 작업 완료

할리우드 표현 2963-2964

* 영화 살짝 엿보기! **0028-0030**

SCENE# 76. 계획

2933 영화 [Sideways] 중에서

오늘 계획이 뭐야?
What's the plan for today?

Check 오늘은 무엇을 하며 보낼 생각인지 궁금해서 '오늘 계획이 뭐야?'라고 물어볼 수 있어요. 영어로는 What's the plan for today?입니다.

2934 영화 [Finding Dory] 중에서

정확히 어디가려는 거야?
Where exactly are you trying to go?

2935 영화 [Spectre] 중에서

정확히 마음속에 생각해 둔 게 뭐죠?
What do you have in mind, exactly?

2936 영화 [Jack The Giant Slayer] 중에서

좀 더 거창한 계획들이 있어. I have bigger plans.

Check 남이 생각하고 있는 것보다 더 큰 계획이 있다고 할 때 I have bigger plans.이라고 합니다. 형용사 big의 비교급인 bigger를 활용해서 표현한 건데요, 의미는 '좀 더 거창한 계획들이 있어.'입니다.

2937 영화 [Cars 3] 중에서

발표할 게 있어. I have an announcement to make.

2938 영화 [Stealth] 중에서

기존 계획에 변경이 생겼어. There's been a change of plans.

Check 돌발 변수로 기존 계획에 변경이 생겼다고 할 때 하는 말이 There's been a change of plans.이에요. 의미는 '기존 계획에 변경이 생겼어.'이죠. 물론 There's been a little change of plans.처럼 표현하면 '계획에 약간 변동이 생겼어요.'로 a little은 '약간의' 뜻이랍니다.

2939 영화 [Fast & Furious 6] 중에서

계획에 약간 변동이 생겼어요.
There's been a little change of plans.

2940 영화 [Transporter 2] 중에서

넌 내 계획을 망쳐놨어. You screwed up my plan.

2941 영화 [The BFG : Big Friendly Giant] 중에서

계획 있었는지 여쭤보는 거예요.
I was asking if you had a plan.

2942 영화 [Fast & Furious 4] 중에서

아침에 일어나면 먼저 출발부터 하자고.
I say we move out first thing in the morning.

Check 아침에 일어나서 제일 먼저 해야 할 일을 언급할 때 first thing in the morning 표현을 써요. 즉 I say we move out first thing in the morning.은 '아침에 일어나면 먼저 출발부터 하자고.'라는 뜻이랍니다.

2943 영화 [Hotel Transylvania 3] 중에서

먼저 할 일부터 해놓고. First things first.

2944 영화 [Mune] 중에서

무슨 꿍꿍이 속인지 알아, 네가 뭘 하려는 난 알아.
I know what you're up to.

Check 상대방의 생각이나 속셈을 훤히 드려다 볼 수 있을 때 하는 말이 I know what you're up to.입니다. 의미는 '무슨 꿍꿍이 속인지 알아.', '네가 뭘 하려는 난 알아.'가 되죠.

2945 영화 [I Feel Pretty] 중에서

여기가 내가 갈 곳이 아닌가요? Is this not where I go?

2946 영화 [Air Force One] 중에서

의도가 뭐죠? What are your intentions?

Check 도대체 어떤 의도로 이런 행동을 하려고 하는지 궁금해서 What are your intentions?처럼 물으면 '의도가 뭐죠?'의 뜻인데요, 명사 intention은 '의도' 또는 '의향', '의지'입니다.

2947 영화 [Australia] 중에서

무엇을 할 생각이에요? 무엇을 할 작정이에요?
What do you intend to do?

MEMO)

SCENE# 77. 해야 할 일

2948 영화 [We Were Soldiers] 중에서

한 번에 한 가지씩 할 거예요.
We'll do one at a time.

Check 중요한 일일수록 신중하게 처리하는 게 중요합니다. 숙어로 one at a time은 '한 번에 한 가지'이므로 We'll do one at a time.처럼 표현하면 '한 번에 한 가지씩 할 거예요.'가 되지요.

2949 영화 [Mamma Mia] 중에서

이곳 일만으로도 벅차요. I have enough to do here.

2950 영화 [Black Book] 중에서

나 작성해야 할 보고서가 있어. I've got a report to write.

2951 영화 [The Water Horse : Legend Of The Deep] 중에서

해야 될 더 나은 일도 없어요. I've got nothing better to do.

2952 영화 [Thor] 중에서

이런 일은 처음 해봐요.
I've never done anything like this before.

Check 난생처음 해보는 일에 대해 I've never done anything like this before.라고 하면 '이런 일은 처음 해봐요.'입니다. 전혀 경험이 없다는 뜻이 담겨 있는 거죠.

2953 영화 [Seeking Justice] 중에서

당신이 시키는 대로 다 했어요.
I've done everything you asked.

SCENE# 78. 준비 완료

2954 영화 [The Expendables 2] 중에서

☑□□ 빠를수록 좋아. The sooner, the better

Check 어떤 행동을 빨리 취하면 취할수록 결과가 더 좋게 나올 수가 있어요. 영어로 The sooner, the better는 '빠를수록 좋아.'입니다.

2955 영화 [Hidden Figures] 중에서

☑□□ 우린 준비 다 됐어. We're all set.

2956 영화 [Anna] 중에서

☑□□ 자, 시작합시다. Here it goes.

2957 영화 [Madagascar : Escape 2 Africa] 중에서

☑□□ 짐 다 챙겼어요, 짐 다 쌌어요. I'm all packed.

Check 여행을 떠나기 전에 가지고 갈 물건들을 먼저 챙기게 되는데요, 모든 짐을 다 싼 상태라면 I'm all packed.처럼 말하죠. 즉 '짐 다 챙겼어요.' 또는 '잠 다 쌌어요.'입니다.

2958 영화 [Finding Nemo] 중에서

☑□□ 일어났어. I'm up.

2959 영화 [The Boondock Saints 2 : All Saints Day] 중에서

☑□□ 나도 할게. I'm down with that.

2960 영화 [Faster] 중에서

☑□□ 난 그 일을 할 만큼 준비 안 됐어. I didn't think I was up to it.

Check 어떤 일을 수행할 만큼 자신은 준비가 아직 되지 않았다고 할 때 I didn't think I was up to it.이라고 합니다. 의미는 '난 그 일을 할 만큼 준비 안 됐어.'입니다.

2961 영화 [Hitman] 중에서

☑☐☐ 늘 그렇듯 흠잡을 데 없어요, 항상 그러듯이 완벽해요.
Impeccable, as always.

2962 영화 [Man Of Steel] 중에서

☑☐☐ 그밖에 필요한 거 없으세요? Anything else?

MEMO)

SCENE# 79. 작업 완료

2963 영화 [The Green Mile] 중에서

☑□□ 거의 다 끝나가요, 얼추 끝나가요.

I'm just about done.

Check 하고 있던 일이 거의 끝나갈 무렵이면 I'm just about done.처럼 얘기할 수 있어요. 의미는 '거의 다 끝나가요.' 또는 '얼추 끝나가요.'입니다. 숙어로 just about은 '거의', '대충', '얼추'예요.

2964 영화 [Shoot 'Em Up] 중에서

☑□□ 이 계획 거의 끝나가. This deal is almost done.

MEMO)

영화 살짝 엿보기!

영화 [Bolt] 중에서

0028 Mark my words. 내 말 명심해.

영어로 Mark my words.는 자신이 한 말을 명심해 새겨두라는 뜻이에요. 동사 mark는 '주의를 기울이다'이므로 '내 말 명심해.'의 의미가 되는 거죠.

A Mark my words, Mittens. One day someone's gonna stand up to you. Someone's gonna teach you a lesson.

B Yeah. I'm really scared now.

A 내 말 명심해, 미튼즈. 어느 날 누군가가 너와 맞설 거야. 너에게 본 떼를 보여 줄 거란 말이야.

B 그래. 지금 정말 겁나는데.

* teach ~ a lesson ~에게 본 떼를 보여주다

영화 [X-Men : Days Of Future Past] 중에서

0029 Pull yourself together. 정신 좀 차려.

좋은 일이나 나쁜 일로 평소와는 사뭇 다른 감정 상태를 보여주는 상대에게 흐트러진 마음을 제대로 추스르라고 말할 때 Pull yourself together.라고 하죠. '정신 좀 차려.'라는 뜻이에요.

A Hey, hey. Pull yourself together. It's not over yet.
이봐, 이봐. 정신 좀 차려. 아직 끝난 게 아냐.

B You don't believe that. 자넨 그걸 안 믿잖아.

A How do know that? 어떻게 알지?

* believe 믿다

영화 [Monsters University] 중에서

0030 Enough. 그만 좀 해, 참을 만큼 참았어, 참는 데도 한계가 있어.

남의 한 말에 대해 불만이나 격분을 표출할 때 Enough.라고 해요. '충분한'이 아닌 '그만 좀 해.', '참을 만큼 참았어.', '참는데도 한계가 있어.'처럼 사용되는 말이에요.

A Until the authorities arrive, this door stays off! 당국자가 올 때 까지는, 이 문은 폐쇄야!

B No! You can't do that! No! 아니요! 그럴 순 없어요! 안 돼요!

A Enough! I want this room cleared now! 그만 좀 해! 이 방을 당장 치우고 싶단 말이야!

* stay off 멀리하다

할리우드 영어표현

Unit 24

MP3

그거 쌤통이다!

SCENE # 80 자업자득

할리우드 표현 2965-2973

SCENE # 81 양심의 가책

할리우드 표현 2974-2985

SCENE # 82 복잡한 문제들

할리우드 표현 2986-3000

* 영화 살짝 엿보기! 0031-0033

SCENE# 80. 자업자득

2965 영화 [Kingdom Of Heaven] 중에서

☑□□ 뿌린 대로 거두는 법이야.

You reap what you sow.

Check 예상된 결과를 얻게 되었을 때 '뿌린 대로 거두는 법이야.'라고 얘기하게 됩니다. You reap what you sow.라고 하죠. 동사 reap는 '거둬들이다'고 sow는 '뿌리다'예요.

2966 영화 [Happy Feet 2] 중에서

☑□□ 난 당해도 싸. I deserved it.

2967 영화 [Dragonball Evolution] 중에서

☑□□ 이유 없이 생기는 일은 없어.

Everything happens for a reason.

2968 영화 [The Lord Of The Rings : The Return Of The King] 중에서

☑□□ 이로써 협상은 끝이군. I guess that concludes negotiations.

2969 영화 [The Life Before Her Eyes] 중에서

☑□□ 넌 배워야 할 게 많아. You have much to learn.

Check 살다 보면 배울 게 너무 많다는 사실을 알게 됩니다. 상대방에게 You have much to learn.처럼 말하면 '넌 배워야 할 게 많아.'입니다. 여기서 to learn은 much를 뒤에서 꾸며주는 역할을 하죠.

2970 영화 [Race To Witch Mountain] 중에서

☑□□ 당신이 감당하기 아주 벅찬 일이에요.

You are in way over your head here.

2971 영화 [In The Heart Of The Sea] 중에서

헛수고일 뿐이에요, 소용없어요, 무의미할 뿐이에요.

There's no point.

Check 어떤 행동을 취하던 결과가 바뀌지 않으면 허탈한 생각만 듭니다. There's no point.라고 하면 그 의미는 '헛수고일 뿐이에요.', '소용없어요.', 또는 '무의미할 뿐이에요.'입니다.

2972 영화 [Olympus Has Fallen] 중에서

이제는 돌이킬 수 없어, 돌이키기엔 너무 늦었어.

There is no going back.

2973 영화 [Inside Out] 중에서

돌이킬 수가 없어, 다시 되돌릴 수 없어.

There is no turning back.

Check 뭔가 원상태로 돌리고 싶어도 그럴 수가 없을 때 하는 말이 There is no turning back.입니다. 의미는 '돌이킬 수가 없어.', '다시 되돌릴 수 없어.'로 There is no going back.이라고도 합니다.

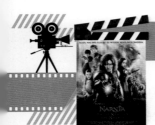

SCENE# 81. 양심의 가책

2974 영화 [The Chronicles Of Narnia : Prince Caspian] 중에서

☑□□ 책임은 저에게 있어요, 제 탓이에요.
The blame is mine.

Check 예상 못 했던 결과가 나오면 누군가는 그에 따라 책임을 지게 됩니다. 만약 The blame is mine.이라고 하면 '책임은 저에게 있어요.', '제 탓이에요.'의 의미예요.

2975 영화 [Meet The Robinsons] 중에서

☑□□ 난 이제 죽었다! I am so dead!

2976 영화 [Mad Max : Fury Road] 중에서

☑□□ 비난받을 사람은 우리가 아냐. We're not to blame.

2977 영화 [Hansel & Gretel : Watch Hunters] 중에서

☑□□ 그렇게밖에 말할 수가 없어, 그뿐이야. That's all there is to it.

Check 자신의 잘못이나 운이 나빠서 그렇게 되었다고 푸념하듯 말하는 표현이 That's all there is to it.입니다. 의미는 '그렇게밖에 말할 수가 없어.'나 '그뿐이야.'예요.

2978 영화 [Underworld : Awakening] 중에서

☑□□ 실수의 여지가 있어서는 안 되거든요.
There's no room for error with me.

2979 영화 [Batman V Superman : Dawn Of Justice] 중에서

☑□□ 몰랐다고 해서 죄가 없다곤 볼 순 없어.
Ignorance is not the same as innocence.

2980

영화 [The Last Samurai] 중에서

후회는 없어, 양심의 가책은 없어. I have no remorse.

Check 스스로 잘못한 일에 대해 어떤 후회나 양심의 가책을 느끼지 않을 때 하는 말이 I have no remorse.입니다. 명사 remorse는 '후회', '참회', '반성'이므로 '후회는 없어.'나 '양심의 가책은 없어.'가 되지요.

2981

영화 [Sin City] 중에서

너한테는 아무 억하심정 없어. I got no gripe with you.

2982

영화 [Ultraviolet] 중에서

내가 다 망쳤어. I screwed up.

Check 좋지 않은 일이 벌어진 것은 모두 다 자신의 탓으로 돌리며 '내가 다 망쳤어.'라고 할 때 I screwed up.이라고 합니다. 숙어로 screw up은 '~을 엉망으로 하다'예요.

2983

영화 [The Proposal] 중에서

내가 완전히 엉망으로 만들고 있단 말이야.
I'm just screwing it up.

2984

영화 [Green Lantern] 중에서

내가 이걸 망칠 뻔했었어. I would've screwed this up.

2985

영화 [The Benchwarmers] 중에서

나 완전히 들켰어. I'm totally busted.

Check 구어체에서 busted는 '들통난' 또는 '포착된'으로 쓰입니다. 나의 그릇된 행동이 남에게 포착되었을 때 '나 완전히 들켰어.'라고 하죠. 영어로는 I'm totally busted.처럼 말해요.

SCENE# 82. 복잡한 문제들

2986 영화 [Unbreakable] 중에서

☑□□ 난 거의 희망을 포기했어.
I almost gave up hope.

Check 마지막 희망까지 포기해야 하는 상황에 놓이게 되면 정말 비통한 심정마저 들게 됩니다. 희망을 포기한 상태라면 I almost gave up hope.처럼 말하게 되는데요, 의미는 '난 거의 희망을 포기했어.'입니다.

2987 영화 [The Lord Of The Rings : The Return Of The King] 중에서

☑□□ 유감스럽게도 그걸 잃어버렸어. I'm afraid I lost it.

2988 영화 [Saw 3] 중에서

☑□□ 나 갇혔어요. I'm locked in.

Check 밖으로 나가려고 하는데 문이 잠겨서 도저히 그렇게 못 하게 될 때 I'm locked in.처럼 말합니다. 의미는 '나 갇혔어요.'로 밖에서 문이 잠겨있어 안에 갇혀 있는 상태를 묘사하는 거죠.

2989 영화 [Sicario : Day Of The Soldado] 중에서

☑□□ 나 갇혔어. I'm stuck.

2990 영화 [Chicken Little] 중에서

☑□□ 잠겼어. It's locked.

2991 영화 [Shall We Dance?] 중에서

☑□□ 난 꼼짝 않고 사무실에만 있었어. I got hung up at the office.

2992 영화 [Monsters, Inc.] 중에서

☑□□ 땀도 안 나잖아. I'm not breaking a sweat.

2993 영화 [Wall E] 중에서

☑☐☐ 같은 논쟁 계속하는 게 지겨워.

I'm tired of having the same argument over and over.

Check 같은 얘기나 논쟁을 계속하게 되면 나도 모르게 지치게 됩니다. 영어로 I'm tired of는 '~이 지겹다'이므로 I'm tired of having the same argument over and over.는 '같은 논쟁 계속하는 게 지겨워.'의 뜻이죠.

2994 영화 [Freedomland] 중에서

☑☐☐ 그밖에 의지할 만한 사람이 없었어요.

I had no one else to turn to.

2995 영화 [Immortals] 중에서

☑☐☐ 나머지 사람들은 저에게 등 돌려요.

The others turn their backs on me.

2996 영화 [Stomp The Yard] 중에서

☑☐☐ 내 널 항상 안 도와주니? 내가 널 항상 안 돌봐줘?

Don't I always have your back?

2997 영화 [The Devil Wears Prada] 중에서

☑☐☐ 전 여기에 안 맞아요. I don't fit in here.

Check 새로운 직장의 분위기가 왠지 계속해서 어색하게 느껴지거나 하는 일이 자신에게 맞지 않다면 I don't fit in here.라고 하며 한숨만 내쉬게 됩니다. '전 여기에 안 맞아요.'의 뜻이에요.

2998 영화 [Dawn Of The Dead] 중에서

☑☐☐ 매번 해고 통지를 받았어요. I got pink slips every time.

2999 영화 [Pride And Glory] 중에서

☑□□ 정말 그 일이 하고 싶지 않아요. I'm just not up for that.

Check 마음 내키지 않은 일을 마지못해서 하기란 말처럼 쉽지 않아요. 예를 들어 뭔가를 하고 싶거나 원할 때 be up for something.이라고 하죠. 즉 I'm just not up for that.은 '정말 그 일이 하고 싶지 않아요.'가 됩니다.

3000 영화 [12 Rounds : Extreme Cut] 중에서

☑□□ 그건 내게 별로 흥미롭지 않아. That interests me very little.

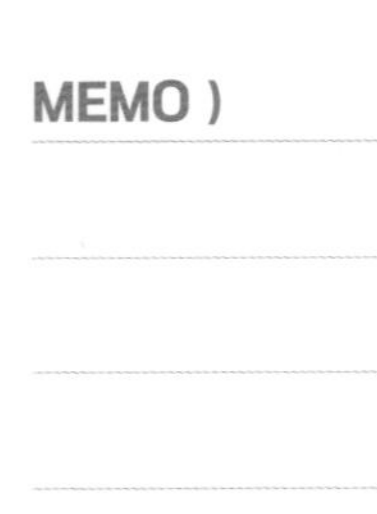

MEMO)

영화 살짝 엿보기!

영화 [Kick-Ass 2] 중에서

0031 This is so cool. 여기 정말 근사해요, 여기 정말 멋있네요.

멋진 장소에 들르게 되면 나도 모르게 입 밖으로 '근사하다', '멋지다'라는 말이 튀어나오죠. 형용사 cool를 사용해서 This is so cool.처럼 말해요. '여기 정말 근사해요.', '여기 정말 멋있네요.'로 형용사 cool에는 '멋진', '끝내주는'의 뜻이 있거든요.

A I thought this could be our meeting room.

B Whoa, this is so cool.

A 이곳이 우리 회의실이 될 수 있을 거라 생각했어.

B 와우, 이곳 정말 멋있어요.

* meeting room 회의실

영화 [Madagascar] 중에서

0032 It's on the house. 공짜예요, 무료입니다.

영어로 It's on the house.는 '공짜예요.' 또는 '무료입니다.'의 뜻입니다. 명사 house는 '집'이 아닌 '술집', '식당'을 의미합니다. 즉 음식 값이나 술값 등을 손님이 아닌 주인이 부담하겠다는 말이죠.

A Hey, have a drink. It's on the house.

B This is seawater.

A 이봐, 술 한잔해. 공짜야.

B 이거 바닷물이잖아.

* have a drink 술 한잔하다

영화 [Once] 중에서

0033 How much do I owe you? 얼마예요?

물건 등을 구입할 때 꼭 물어보는 게 있죠. 바로 가격이에요. How much is it?이라고 하지만 네이티브들은 How much do I owe you?라고도 표현하죠. '얼마예요?'로 동사 owe는 '빚지다'입니다.

A How much do I owe you?

B Oh, you're fine there. It's free.

A 얼마죠?

B 오, 됐어요. 공짜예요.

할리우드
생활
영어
3000